令和6年版

防災白書

内閣府

本白書は，災害対策基本法（昭和36年法律第223号）第9条第2項の規定に基づき第213回国会（常会）に報告を行った「防災に関してとった措置の概況」及び「令和６年度の防災に関する計画」について取りまとめたものである。

防災白書の刊行に当たって

内閣府特命担当大臣（防災）

松村祥史

　防災白書は、災害対策基本法に基づき、昭和38年から作成されています。62回目となる本白書は、本年6月14日に閣議決定の上、国会に報告されました。

　今年は、平成26年に発生した御嶽山噴火から10年の節目であること、また、令和5年に改正された活動火山対策特別措置法が本年4月に施行されたこと等を踏まえて、特集として「『火山』を知る、そして備える」と題し、教訓を踏まえた近年の火山防災対策等について紹介しています。

　また、本年1月1日に石川県能登地方で発生した地震は、同地方を中心に大きな被害をもたらしました。被災地域においては未だ復旧・復興に取り組んでいる最中ですが、政府は、発災以来、人命救助、インフラ・ライフラインの復旧、被災者生活支援等に全力を挙げて取り組んできたところです。本白書では、特集として「令和6年能登半島地震」と題し、主に発災から3ヶ月の状況や対応について整理し、取りまとめました。

　災害の多い我が国では、災害を自分の事として捉え、「自らの命は自らが守る」という意識を、お一人お一人に持っていただくことが重要です。本白書により、国民の皆様が、我が国における防災・減災政策の歩みや、最新の動向について理解を深められ、それぞれの防災の取組を更に進めていただくことを期待しています。

　引き続き、我が国の防災対策の推進について一層の御協力をいただければ幸いです。

令和6年7月

目　次

〈特集１〉
「火山」を知る、そして備える

第1部
我が国の災害対策の取組の状況等

第2部
令和4年度において防災に関してとった措置の概況

第3部
令和6年度の防災に関する計画

はじめに

　令和6年版防災白書では、特集1を「『火山』を知る、そして備える」と題し、平成26年に発生した御嶽山噴火について振り返り、その後充実・強化されてきた我が国の火山防災対策の進展等について記載しています。さらに、特集2は「令和6年能登半島地震」として、発災後の初動対応や被災者支援、復旧・復興に係る取組など、主に発災から3ヶ月間の状況や対応について記載しています。

　また、第1部においては、
- 自助・共助による事前防災と多様な主体の連携による防災活動の推進
- 防災体制・災害発生時の対応及びその備え
- 発生が危惧される災害種別ごとの対策
- 国際防災協力
- 国土強靱化の推進のための取組
- 原子力災害に係る施策の取組状況
- 令和5年度に発生した主な災害

に関し、令和5年度に重点的に実施した施策の取組状況について取り上げています。

「令和6年版防災白書」における主な法律・指針等の新設・改正事項（掲載順）	本体頁
・防災基本計画の修正	96p
・「災害時等における船舶を活用した医療提供体制の整備の推進に関する法律」の施行	105p
・「気候変動適応法」の改正、「熱中症対策実行計画」の策定と「気候変動適応計画」の一部変更	106p
・「日本海溝・千島海溝周辺海溝型地震における具体的な応急対策活動に関する計画」の作成	109p
・「宅地造成及び特定盛土等規制法」の施行	111p
・「活動火山対策特別措置法」の改正、施行	112p
・防災に関する国連ハイレベル会合における仙台防災枠組を推進するための「政治宣言」の採択	114p
・「国土強靱化年次計画2023」の策定、「国土強靱化基本計画」の改定	117p

特集1 「火山」を知る、そして備える

　我が国は、111の活火山を抱える世界有数の火山国である。火山は、私たちの生活に恵みを与えてくれる一方で、噴火に伴って発生する火砕流や大きな噴石等は、避難までの時間的猶予がほとんどなく、生命に対する危険の高い災害をもたらすおそれがある。平成26年（2014年）の御嶽山噴火では、予測困難な水蒸気噴火（火山の地下にある水が加熱され、又は減圧により、急激に水蒸気となって膨張することを駆動力とする噴火）が突如発生し、火口周辺に滞在していた多くの登山者が被災した。

　我が国においては、宝永4年（1707年）の富士山の宝永噴火や大正3年（1914年）の桜島の大正噴火など、これまでにも大規模な火山噴火が発生してきた歴史がある。大規模な火山噴火が発生した場合には、周辺地域が壊滅的な打撃を受け、その影響が長期にわたって続く可能性も考えられる。火山国に暮らす私たちは、過去の災害から学び、いつ起きるか分からない火山災害への備えを事前に進めておく必要がある。

　令和5年（2023年）に、噴火災害が発生する前の予防的な観点から、活動火山対策の更なる強化を図るため、「活動火山対策特別措置法」（昭和48年法律第61号。以下「活火山法」という。）の一部が改正され、これにより火山調査研究推進本部の設置や「火山防災の日」を制定することなどが新たに定められた。本改正法は、令和6年（2024年）4月に施行され、今後、より一層の火山防災対策の強化・充実が図られることとなる。

　このような背景を踏まえ、令和6年版防災白書では、特集1として「『火山』を知る、そして備える」をテーマに取り上げる。まず、第1章では、我が国における近年の火山噴火の事例として、令和6年（2024年）で10年の節目となる御嶽山噴火災害について改めて当時の状況を振り返り、その教訓を踏まえた火山防災対策について述べる。次に、第2章では、活火山法の制定や改正などを経ながら充実・強化されてきた我が国の火山防災対策の変遷について取りまとめる。その上で、第3章では、私たちが火山と共に生きるために、各地域で取り組まれている火山防災対策事例を紹介しながら、火山災害への備えについて論じる。

第1章　御嶽山噴火から10年、教訓を踏まえた火山防災対策について

　長野県と岐阜県にまたがる標高3,067mの御嶽山は、活火山としては富士山に次ぎ日本で二番目の高さを誇る。古くから、信仰の対象とされてきた霊山であるとともに、「日本百名山」にも選ばれ、その眺望の良さから多くの登山客に親しまれてきた山である。

　平成26年（2014年）9月27日午前11時52分、この日は久しぶりの好天に恵まれた、紅葉が最盛期の週末で、また、お昼時でもあったことから、御嶽山の山頂付近は多くの登山者で賑わっていた。そこに突如として水蒸気噴火が発生し、死者・行方不明者63名に上る人的被害をもたらした。被災者の救助・救出活動は、10月16日までの20日間にわたり、延べ1万5千余名の人員によって行われた。

　本章では、御嶽山噴火直後の状況や救助・救出活動について改めて振り返り、その後の火山防災対策、そして登山者や観光客等に求められる備えについて述べる。

| 図表 1 - 1 | 御嶽山の位置及び山頂部地図 |

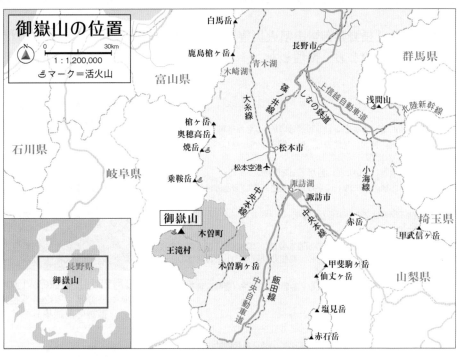

出典：長野県（2020）「長野県御嶽山噴火災害対応記録集」
（参照：https://www.pref.nagano.lg.jp/bosai/kurashi/shobo/bosai/bosai/ontakesankiroku.html）
※山小屋名、登山道、標高数値などは噴火当時のもの

長野県が取りまとめた「長野県御嶽山噴火災害対応記録集」に基づき、噴火直後の状況や救助・救出活動の記録について以下のとおり整理した。

9月27日（土）

11時52分	御嶽山が噴火。
12時01分	山小屋から木曽広域消防本部に119番通報「約40名が避難している」。
12時36分	気象庁が「火口周辺警報」を発表し、噴火警戒レベルをレベル1（平常）からレベル3（入山規制）に引き上げ。
13時過ぎ	王滝頂上山荘に避難していた登山者が下山を開始。
14時20分	長野県警察が「山頂付近に約150名が取り残されているとの情報がある」と発表。
19時頃	長野県が意識不明者は7名と明らかにする。
19時25分	230名程度の下山を確認。
20時30分	長野県が消防庁に緊急消防援助隊の派遣を要請。消防庁は1都3県（東京都、山梨県、静岡県、愛知県）に対し、高度救助隊及び山岳援助隊の出動を要請。
22時30分	山小屋への避難者は骨折の疑いのある2名を含む35名（警察官等を含む）。下山せずに一夜を過ごす。

9月28日（日）

05時30分	自衛隊ヘリが出動、救助活動を開始。
06時51分〜	自衛隊ヘリにより、山頂付近で助けを求めている2名を救助、搬送。その後も順次、救助・救出活動が行われる。
07時40分	長野県警察管区機動隊、緊急消防援助隊、長野県消防相互応援隊、自衛隊からなる救助隊（地上隊）が順次入山。
11時40分	入山した救助隊（地上隊）が複数の要救助者と接触。負傷者には応急処置を施す。
12時	消防庁が「負傷者37名、うち3名が重症」と発表。
14時〜	救助隊（地上隊）が6名の登山者を発見し、徒歩での下山誘導を開始。有毒な火山ガスが検知されたため、救助活動を中止。長野県警察が要救助者30数名を確認したと発表。
19時30分	気象庁が火口周辺警報を切り替え、火口から4km程度の範囲で火砕流にも警戒するよう呼び掛け。
22時45分	長野県警察が4名の死亡確認を発表。この時間までに10代から60代までの30名が搬送され、そのうち10名が火山灰を吸い込んだことによる気道熱傷などと診断。

9月29日（月）

06時10分〜	救助隊（地上隊）が順次入山。
07時09分〜	自衛隊ヘリが出動。順次、救助・救出活動が行われる。
11時25分	火山ガスの濃度が高いため、救助隊（地上隊）が下山を開始。捜索は中断。
16時30分	長野県警察が新たに6名の死亡確認を発表。

9月30日（火）

06時12分頃	火山性微動の振幅が大きくなる。
06時20分〜	救助隊（地上隊）が入山するも、火山活動が活発化していることから救助・救出活動を一時中止。
12時15分	噴火の可能性が高まってきたことから、長野県災害対策本部がこの日の救助隊（地上隊）の活動中止を決定。
12時40分	救助隊（地上隊）が下山を開始。
14時20分	長野県災害対策本部がヘリでの救助・救出活動中止も決定。

10月1日（水）

05時10分	火山性微動は継続しているものの、大きな変化がない状態が続いているとして長野県災害対策本部が救助・救出活動の再開を決定。
06時15分	救助・救出活動開始。後方支援も含めると1,000名余りの体制となった。
07時23分〜	大型輸送ヘリが出動。順次、要救助者の救助が行われる。
11時45分	長野県警察が、29日までに死亡が確認された12名の死因を噴石が頭や体に当たったことによる外傷性ショックの「損傷死」と発表。

【9月28日】複数の火口から噴煙があがる
出典：長野県（2020）「長野県御嶽山噴火災害対応記録集」

【9月28日】損壊が激しい御嶽頂上山荘
出典：長野県（2020）「長野県御嶽山噴火災害対応記録集」

【10月1日】火山灰で覆いつくされた岩場を捜索
出典：長野県（2020）「長野県御嶽山噴火災害対応記録集」

※次ページに続く

特集1
「火山」を知る、そして備える

10月2日（木）

06時〜	救助隊（地上隊）が順次入山。大型輸送ヘリは山頂付近視界不良のため離陸を見合わせ。
11時26分〜	山頂で降雨を確認。その後、長野県災害対策本部が捜索中止を決定。九合目まで登っていた救助隊（地上隊）に下山を指示。
14時45分	長野県警察が、死亡した47名中46名は噴石が直撃したことなどによる「損傷死」、残る1名は噴火による熱風を吸い込んだことによる「熱傷死」と発表。

10月3日（金）

04時55分	降雨のため、長野県災害対策本部がこの日の活動中止を決定。
10時30分	長野県災害対策本部が10月2日までに死亡が確認された47名以外に、行方不明者が16名と発表。

10月4日（土）

05時45分	山頂や登山道周辺で土砂災害などのおそれがないかをヘリで調査。
06時30分	救助・救出活動開始。
15時00分	要救助者4名を収容し、この日の活動を終了する。

10月5日（日）

05時07分	台風が接近したため、長野県災害対策本部がこの日の活動中止を決定。

10月6日（月）

14時02分	自衛隊ヘリにより山頂付近を偵察するも、視界が悪く確認できず。
14時05分	降雨のため安全が確保できないなどとして、長野県災害対策本部が捜索再開の見送りを決定。

10月7日（火）

06時43分	救助・救出活動開始。
16時31分	自衛隊ヘリにより要救助者3名を収容し、救助・救出活動終了。

10月8日（水）

06時	救助・救出活動開始。
15時58分	自衛隊ヘリにより要救助者1名を収容し、救助・救出活動終了。

10月9日（木）

06時	大型輸送ヘリが離陸するも、視界不良につき山頂に着陸できず。
09時10分	長野県災害対策本部が、天候不順・視界不良のため、この日すべての救助・救出活動の中止を決定。

10月10日（金）

06時	救助・救出活動開始。この日は救助・救出活動の入山者数が初めて500名を超える。
17時07分	救助・救出活動終了。

10月11日（土）

06時	救助・救出活動開始。
16時26分	自衛隊ヘリにより要救助者1名を収容し、救助・救出活動終了。

10月12日（日）

06時	救助・救出活動開始。
15時06分	救助・救出活動終了。
17時	台風の接近が見込まれるため、10月13日〜14日の救助・救出活動の中止を決定。

10月13日（月） ※救助・救出活動中止
10月14日（火） ※救助・救出活動中止

18時30分	15日以降は救助・救出活動の第3期と位置付け、最大規模の人員を投入して、これまで捜索してきた箇所を再確認することに。

10月15日（水）

06時	救助・救出活動開始。
11時	山頂付近の天候悪化につき、全部隊の捜索活動の中止を決定。

10月16日（木）

06時	救助・救出活動開始。発災以降最大規模の958名の入山。後方支援も含めると1,961名に及ぶ（ヘリコプターは飛行できず、全隊員が地上からの入山）。
08時03分	長野県消防防災ヘリによる上空からの目視による捜索を実施。
09時26分	救助隊（地上隊）が山頂に到着。
14時28分	救助・救出活動終了。救助隊（地上隊）の下山開始。
17時40分	救助・救出活動の終了が決定される。

なお、長野県災害対策本部は、翌年の平成27年（2015年）7月29日〜8月6日に6名の行方不明者の再捜索を実施。7月31日に行方不明者1名を発見した。

出典：長野県（2020）「長野県御嶽山噴火災害対応記録集」を基に内閣府作成
（参照：https://www.pref.nagano.lg.jp/bosai/kurashi/shobo/bosai/bosai/ontakesankiroku.html）

【10月4日】火山灰に足を取られ、移動するだけでも体力を消耗する
出典：長野県（2020）「長野県御嶽山噴火災害対応記録集」

【10月7日】輸送ヘリが一ノ池に到着　泥濘地への着陸は高度な技術を要した
出典：長野県（2020）「長野県御嶽山噴火災害対応記録集」

【10月10日】王滝頂上付近から山頂方向を望む
出典：長野県（2020）「長野県御嶽山噴火災害対応記録集」

【10月16日】発災以来最大の人数を動員　山頂周辺を隈なく捜索した
出典：長野県（2020）「長野県御嶽山噴火災害対応記録集」

第2節　御嶽山噴火の教訓を踏まえた火山防災対策について

　平成26年（2014年）の御嶽山噴火では、予測困難な水蒸気噴火が突如発生し、火口周辺で多くの登山者が犠牲となった。御嶽山の麓の地方公共団体では、噴火警戒レベルが1に引き下げられた以降も必要な安全対策が整うまでの間、立入規制を実施してきた。その後、避難施設や防災行政無線の整備など、登山者に対する安全対策が講じられたことから、令和5年（2023年）7月29日、平成26年（2014年）の噴火から9年ぶりに御嶽山の王滝頂上と剣ヶ峰を結ぶ登山道の立入規制が解除され、長野、岐阜両県いずれの登山口からも登頂が可能となった。長野県、木曽町及び王滝村では、御嶽山噴火の教訓を踏まえ、火山防災力・防災意識の向上に向けて以下の取組を実施している。

（ハード及びソフト対策に係る取組）
　長野県、木曽町及び王滝村は、御嶽山が活火山であることの十分な理解と認識のもと、ハード・ソフト両面の安全性を着実に向上させていくことを目的に、平成30年（2018年）に「御嶽山防災力強化計画」を策定した。本計画に基づき、以下の取組を行っている。
・突発的な噴火に備えて、剣ヶ峰山頂及び八丁ダルミに消防防災施設整備費補助金等を活用し、避難施設（退避壕等）を整備するとともに、山小屋の屋根等を衝撃耐久力のある高機能繊維織物で補強
・避難促進施設を指定し、当該施設における避難確保計画の策定を支援
・登山道は、避難路としての安全性を確保するため、整地やロープ設置を実施。また、規制状況や避難路の伝達、注意喚起のための標識等を設置
・山頂部の登山者に対する情報伝達手段を確保するため、防災行政無線スピーカーを整備するとともに、登山シーズン中の一定期間、パトロール員の常駐などを実施

御嶽山に設置された避難施設（王滝村）
出典：長野県

（火山防災意識の向上に向けた取組）
　長野県では、御嶽山噴火災害を踏まえ、火山と共生するために必要な啓発の方向性やその具体策を検討するため、平成28年（2016年）6月に「長野県火山防災のあり方検討会」を設置し、「ビジターセンター等での情報発信」と「人材を活用した火山防災の普及啓発制度」の2点について検討が行われた。
　「ビジターセンター等での情報発信」については、御嶽山噴火災害の記録と記憶の伝承とともに、登山者への火山情報発信の拠点として、令和4年（2022年）8月に、2つの「御嶽山ビジターセンター」（長野県が王滝村田の原に整備した「やまテラス王滝」、木曽町が町内三岳地区に整備した「さとテラス三岳」の2施設）が開館した。
　「人材を活用した火山防災の普及啓発制度」については、御嶽山地域で登山者、観光客への情報発信の強化や噴火災害の記憶を語り継ぐことの重要性を踏まえ、火山防災のための人材活用の新たな取組として、長野県が平成29年度（2017年度）に「御嶽山火山マイスター制度」を創設した。令和

6年（2024年）3月現在、28名の火山マイスターが認定されており、御嶽山ビジターセンターを拠点に防災教育等の普及啓発や地域振興につながる活動など、様々な取組を実施している。

長野県立　御嶽山ビジターセンター
「やまテラス王滝」
出典：長野県

木曽町　御嶽山ビジターセンター
「さとテラス三岳」
出典：長野県

出前講座に応じる御嶽山火山マイスター（長野市）
出典：長野県

長野県公式ＰＲキャラクター「アルクマ」と安全登山
啓発に取り組む御嶽山火山マイスター（木曽町）
出典：御嶽山火山マイスターネットワーク

（火山研究の推進）
　平成28年（2016年）、長野県、木曽町及び王滝村は、御嶽山の火山防災対策の強化を図るため、研究施設の設置を名古屋大学に要請した。これを受け、名古屋大学は平成29年（2017年）7月に木曽町三岳支所内に御嶽山火山研究施設を開設した（現在は、木曽町御嶽山ビジターセンター内に移動）。本施設は、最新の火山研究を通じた御嶽山火山活動の評価力の向上、地域の防災力向上と火山防災人材の育成と知見の普及などの役割を担っている。

名古屋大学　御嶽山火山研究施設（木曽町御嶽山ビジターセンター内）
出典：長野県木曽町

第3節 登山者等の備え

　平成26年（2014年）の御嶽山噴火災害の教訓を踏まえ、平成27年（2015年）には活火山法の改正により、登山者は自らの身を守る備えをするよう努めることとされた。登山時のみならず、観光で訪れる際にも以下のポイントを踏まえて行動することが望ましい[1]。

① 火山情報を集める

　かつては、現在活動している、つまり噴火している火山は「活火山」、現在噴火していない火山は「休火山」あるいは「死火山」と呼ばれていた。しかし、火山の活動の寿命は長く、数百年程度の休止期間はほんのつかの間の眠りでしかないということから、噴火記録のある火山や今後噴火する可能性がある火山を全て「活火山」と分類する考え方が主流となった。

　この考え方を踏まえ、平成15年（2003年）に火山噴火予知連絡会は「概ね過去1万年以内に噴火した火山及び現在活発な噴気活動のある火山」を活火山として定義し直し、令和6年（2024年）4月時点で、火山調査研究推進本部政策委員会によって111の活火山が選定されている[2]。

図表1-2　活火山と常時観測火山の分布

　　△火山名：**活火山（111火山）**
　　▲火山名：**常時観測火山（50火山）**

出典：気象庁

1　内閣府ホームページ「火山への登山のそなえ」
　（参照：https://www.bousai.go.jp/kazan/kazan_sonae/index.html）

2　気象庁ホームページ「活火山とは」
　（参照：https://www.data.jma.go.jp/vois/data/tokyo/STOCK/kaisetsu/katsukazan_toha/katsukazan_toha.html）

　活火山のうち50火山について、気象庁は、噴火の前兆等を捉えるために、地震計、監視カメラ等を整備し、関係機関（大学等研究機関や自治体・防災機関）からのデータ提供も受けながら、火山活動を24時間体制で観測・監視している（以下「常時観測火山」という。）。また、その他の火山も含めて計画的かつ必要に応じて機動的に観測を行うなどして、噴火警報・予報（噴火警戒レベル）等を的確に発表している。これから訪れようとする山が活火山であれば、事前にこれらの情報を確認することが大切である[3]。

　噴火警戒レベルは、火山活動の状況に応じて「警戒が必要な範囲」と住民等が「とるべき防災対応」を5段階に区分して発表する指標であり、常時観測火山のうち、周辺に住民や登山者等が存在しない硫黄島を除く49火山全てにおいて運用が開始されている。また、火山災害要因（大きな噴石、火砕流など）の影響が及ぶおそれのある範囲を地図上に特定し、視覚的に分かりやすく描画した火山ハザードマップに、防災上必要な情報として、避難先、避難経路、避難手段等に関する情報のほか、住民や一時滞在者等への情報伝達手段等を付加して作成された火山防災マップを確認し、噴火時の避難場所などを確認しておくことも重要である。

図表1-3			噴火警戒レベル					

種別	名　称	対象範囲	噴火警戒レベルとキーワード			説明		
						火山活動の状況	住民等の行動	登山者・入山者への対応
特別警報	噴火警報（居住地域）又は噴火警報	居住地域及びそれより火口側	レベル5	避難		居住地域に重大な被害を及ぼす噴火が発生、あるいは切迫している状態にある。	危険な居住地域からの避難等が必要（状況に応じて対象地域や方法等を判断）。	
			レベル4	高齢者等避難		居住地域に重大な被害を及ぼす噴火が発生すると予想される（可能性が高まってきている）。	警戒が必要な居住地域での高齢者等の要配慮者の避難、住民の避難の準備等が必要（状況に応じて対象地域を判断）。	
警報	噴火警報（火口周辺）又は火口周辺警報	火口から居住地域近くまで	レベル3	入山規制		居住地域の近くまで重大な影響を及ぼす（この範囲に入った場合には生命に危険が及ぶ）噴火が発生、あるいは発生すると予想される。	通常の生活（今後の火山活動の推移に注意。入山規制）。状況に応じて高齢者等の要配慮者の避難の準備等。	登山禁止・入山規制等、危険な地域への立入規制等（状況に応じて規制範囲を判断）。
		火口周辺	レベル2	火口周辺規制		火口周辺に影響を及ぼす（この範囲に入った場合には生命に危険が及ぶ）噴火が発生、あるいは発生すると予想される。	通常の生活。（状況に応じて火山活動に関する情報収集、避難手順の確認、防災訓練への参加等）。	火口周辺への立入規制等（状況に応じて火口周辺の規制範囲を判断）。
予報	噴火予報	火口内等	レベル1	活火山であることに留意		火山活動は静穏。火山活動の状態によって、火口内で火山灰の噴出等が見られる（この範囲に入った場合には生命に危険が及ぶ）。		特になし（状況に応じて火口内への立入規制等）。

出典：気象庁ホームページ
　　　（https://www.data.jma.go.jp/vois/data/tokyo/STOCK/kaisetsu/level_toha/level_toha.htm）

3　気象庁が発表する噴火警報・予報（噴火警戒レベル）をはじめとする各火山情報は、「火山登山者向けの情報提供ページ」で確認することができる。
　（参照：https://www.data.jma.go.jp/vois/data/tokyo/STOCK/activity_info/map_0.html）

図表1-4 火山防災マップの例（御嶽山）

出典：御嶽山火山防災協議会資料を基に内閣府作成
（https://www.ontake-volcano.jp/wp/wp-content/themes/responsive_261/pdf/bousaitaisaku/bosaimap.pdf）

② 登山届を提出する

御嶽山噴火時には、登山届を提出していない登山者が多かったこともあり、行方不明者の特定に時間を要した[4]。入山時に登山届の提出を徹底することは、自らの命を守るだけでなく、災害時の救助・救出活動全体の迅速化にもつながる。このことから、活火山法に登山届の努力義務規定が追加され、さらに、オンラインによる登山届の導入等、登山届提出が容易となるように地方公共団体が配慮することが盛り込まれた。既にオンライン申請や他の提出方法を導入している地方公共団体もあるため、活火山への登山を予定している場合には、事前に登山を行う地域の地方公共団体ホームページ等を確認することが望ましい。

---

4 内閣府ホームページ「御嶽山噴火を踏まえた今後の火山防災対策の推進について（報告）」（中央防災会議　防災対策実行会議　火山防災対策推進ワーキンググループ）（平成27年3月26日）
（参照：https://www.bousai.go.jp/kazan/suishinworking/pdf/20150326_hokoku.pdf）

図表1-5	登山計画書の届出方法例

長野県での登山は「登山計画書」の届出が必要です！

長野県内で指定された登山道（指定登山道）を通行する場合は、登山計画書の届出が必要です。
事前に登山計画書を作成することで、山の特性を知り、十分な準備をし、安全で楽しい登山をしましょう！
登山計画書の届出は、万が一遭難した際の迅速な救助活動にもつながります。

登山をされる方へ
長野県では、新型コロナウイルス感染症拡大防止のため「入山注意報」を発表しています。

- 万が一に備えて、山岳保険への加入をおすすめします。
- 登山に適した服装や装備を整えてから登ってください。
- 豚熱ウイルスのまん延を防ぐため、皆様のご協力をお願いします。

登山計画書の届出方法

長野県では個人情報の保護と**迅速な救助活動**につなげるため、**オンラインによる届出を推奨**しています。
下記いずれかの方法で提出して、登山当日は、作成した登山計画書を携行しましょう！

オンライン

ながの電子申請サービス（別ウィンドウで外部サイトが開きます）

- ご自身で作成した計画書を添付ファイルとして提出することもできます。
- 計画書の内容を変更する場合は、再度ながの電子申請から提出してください。
　※提出日時の新しいものを変更後の計画としています。
- 登山を中止する場合、別途入力は不要です。また下山届も不要です。

出典：長野県ホームページ
（https://www.pref.nagano.lg.jp/kankoki/smartphone/tozankeikakusho.html）

③　火山防災対策グッズを持参する

　御嶽山噴火により命を落とした方の多くが、噴石が頭や体に当たったことに伴う外傷性ショックによる「損傷死」であった。このことからも、自分の身を守るためにヘルメットを携行することは大切である。また、噴火後は空気中に火山灰の細かい粒子が漂い、目を開けづらくなることも想定される。降灰対策としてゴーグルやマスク、さらには、火山灰により日の光が届かなくなり、周囲が暗くなってしまうおそれがあることから、ヘッドライトも持参すると良い。

　雨具、タオル、非常食、飲料水、携帯電話等の通信機器・予備電源、登山地図、コンパスなどの携帯必需品は、火山災害のみならず、予期せぬ事態への備えとして持参することが望ましい。

④　登山中も常に注意する

　まずは、噴気孔や火口周辺のくぼ地などの危険な場所には近づかないようにする。異常を発見した場合には、下山するとともに、市町村や警察などに速やかに連絡する。

　また、御嶽山噴火の災害教訓を踏まえ、中央防災会議「防災対策実行会議」の下に「火山防災対策推進ワーキンググループ」が設置され、その中で退避壕・退避舎等の避難施設の整備の在り方についても言及されており、御嶽山噴火で火口周辺に降り注いだ噴石に対し、身を守る上で山小屋等に退避

する行動が有効であったとされている[5]。そのため、火山防災マップなどを活用し、噴火時に避難する場所を事前に確認しておくことが重要である。気象庁では、噴火発生時に登山者や住民が身を守る行動を取れるよう、噴火が発生したことを端的にいち早く伝える噴火速報を発表している。もし、登山中に噴火速報が発表されたときや噴火に巻き込まれた際は、近くの山小屋や退避壕、岩陰など、頭や体を守れる場所に一時避難することが重要である。

特集1

「火山」を知る、そして備える

5　内閣府（2015）「活火山における退避壕等の充実に向けた手引き」
　　（参照：https://www.bousai.go.jp/kazan/shiryo/pdf/201512_hinan_tebiki3.pdf）

第2章　我が国の火山防災対策について

第1節　活動火山対策特別措置法と御嶽山噴火を踏まえた改正

　活火山法は、昭和48年（1973年）に、相次ぐ桜島の噴火により、噴石や降灰への対策が急務であったことなどを背景に、「活動火山周辺地域における避難施設等の整備等に関する法律」として制定された。その後、昭和53年（1978年）に、有珠山の噴火による大量の火山灰が被害をもたらしたことなどを受けて、「活動火山対策特別措置法」に名称が変更されるとともに、公共施設の降灰除去、降灰防除のための施設整備に係る措置を追加するなどの改正が行われた。このように、活火山法は、基本的に噴火により被害が生じている事態に直接対応する、避難施設の整備等のハード対策を重視した法律として制定・改正され、噴火が発生した一部の火山地域において限定的に運用されてきた。

　平成26年（2014年）の御嶽山噴火により、火口周辺で多数の死者・負傷者が出るなど甚大な被害が発生したことから、火山現象の変化をいち早く捉え、伝達することが重要であること、住民のみならず、登山者も対象とした警戒避難体制の整備が必要であり、そのためには、専門的知見を取り入れた火山ごとの検討が必要不可欠であることなど、火山防災対策に関する様々な課題が改めて認識された。

　これを受けて、平成27年（2015年）7月に活火山法が改正され、活動火山対策の対象として、火山地域の住民だけでなく登山者についても明記されるとともに、以下のような措置が講じられた。

- ・関係都道府県及び市町村は、想定される火山現象の状況に応じた警戒避難体制の整備に関し必要な協議を行うための協議会（以下「火山防災協議会」という。）を設置すること
- ・火山現象の発生及び推移に関する情報や警報・予報の伝達、住民、登山者、観光客等がとるべき避難のための措置について、市町村長が行う通報・警告、避難場所や避難経路等、警戒避難体制に関する事項を地域防災計画に定めること
- ・その際、専門的知見を取り入れた検討を行うために、国や関係する地方公共団体、火山専門家等が参画する火山防災協議会の意見を聴取すること
- ・住民や登山者、観光客等が集まる集客施設の所有者等は、避難確保計画を作成すること
- ・国及び地方公共団体は火山研究機関相互間の連携の強化や火山専門家の育成・確保、地方公共団体は、登山者や観光客等の情報の把握、登山者や観光客等自身は火山情報の収集など自らの身を守る手段を講じるよう努めること

　このように、平成27年（2015年）の改正により、活火山法は、これまで講じられてきた避難施設の整備等のハード対策に加えて、警戒避難体制の整備等のソフト対策の充実も図られ、より総合的に活動火山対策を進める法律となった。

　火山は、複数の都道府県や市町村にまたがって存在することも多く、また、火山災害は広域にわたり影響を及ぼすことが想定されることから、噴火時等においては、関係する国の機関及び地方公共団体の間で整合性のとれた対応をとり、住民や登山者等の円滑な避難に支障を来さないようにする必要がある。また、火山ごとに地形や噴火特性など異なる特徴があることから、災害の特徴に応じた警戒避難体制を整備するため、火山防災協議会の設置が義務付けられた。火山防災協議会は、現在、気象庁が常時観測している50火山のうち、周辺に住民や登山者等が存在しない硫黄島を除く49火山で設置されており、関係する都道府県及び市町村が中心となり、火山現象について専門的知見を有する専門家なども参画し、平常時から関係者が「顔の見える関係」を築き、噴火時の「防災対応のイメージ」を共有した上で、必要な防災対応を共同で検討するなど、火山防災対策について主体的かつ継続的な検討に取り組んでいる。

　さらに、噴火に伴って発生する現象は、複雑に変化しながら継続し、同じ火山でも噴火ごとにそれ

ぞれ異なる特徴がある。このことから、各火山において、監視観測・調査研究体制を充実させ、様々な学術的分野にわたる科学的知見に基づいた防災対応をとることが必要不可欠となる。

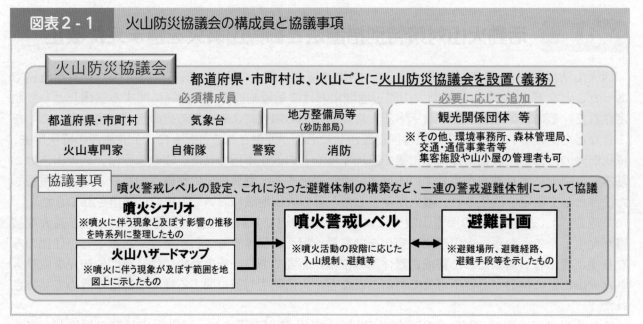

図表2-1　火山防災協議会の構成員と協議事項

出典：内閣府資料

第2節　近年の火山をめぐる動向と予防的観点からの法改正

　前節のとおり、御嶽山噴火を踏まえた活火山法の改正以降、各火山地域において火山防災対策が進められてきたが、近年の国内火山をめぐる状況に鑑み、活動火山対策の更なる強化を図る動きがある。

　例えば、富士山では富士吉田市市街地近くに新たな火口位置が特定されたこと（雁ノ穴噴出物の火口）などにより、想定される火口範囲が広がった。また、火山ハザードマップの基となるシミュレーションの結果、火山噴火に伴う各現象の影響範囲が拡大し、溶岩流や融雪型火山泥流が到達する可能性のある市町が新たに追加された。これを受け、富士山火山防災対策協議会では、令和3年（2021年）に富士山ハザードマップを改定し、これに基づく避難計画も令和5年（2023年）に改定した（図表2-2）。

図表2-2	富士山想定火口範囲の拡大

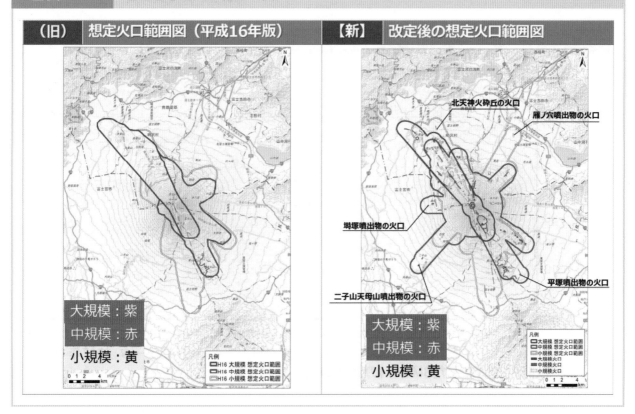

（旧）想定火口範囲図（平成16年版）　　【新】改定後の想定火口範囲図

出典：静岡県ホームページ
　　　（参照：https://www.pref.shizuoka.jp/_res/projects/default_project/_page_/001/030/023/
　　　20210326_fujisan_013houkokusyo_setumeisiryou02.pdf）

　また、桜島では、大規模噴火の可能性が指摘されている。日本における20世紀最大の火山噴火とされる大正噴火では、大正3年（1914年）1月12日10時5分に桜島の西側山腹で噴火が開始し、その10分後には、東側山腹から大音響とともに爆発が発生した。流出した溶岩により、島の西側に位置した複数の集落が埋没し、東側では幅400m、深さ72mあった瀬戸海峡を閉塞し、大隅半島と陸続きとなった。

桜島大正噴火の様子（鹿児島市市街地側から）
※大正3年（1914年）1月14日午前　溶岩流が流下し始めている
出典：鹿児島県立博物館

　この大正噴火から110年が経過した現在、地下にあるマグマだまりには、大正噴火発生当時と同等量のマグマが蓄積されていると推定されており（図表2-3）、次の大規模噴火に対する警戒を要する時期に入ったとされている。

| 図表2-3 | 姶良カルデラのマグマ蓄積状況 |

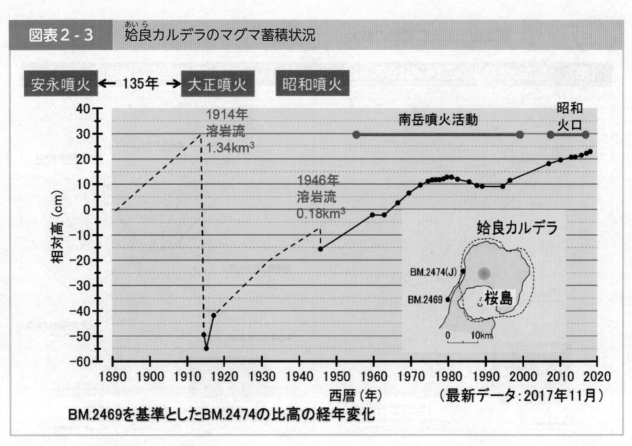

BM.2469を基準としたBM.2474の比高の経年変化

出典：京都大学防災研究所火山活動研究センター
（参照：https://www.bousai.go.jp/kazan/senmonka/pdf/dai5kai/siryo2_2.pdf）

このような近年の国内火山をめぐる状況に鑑み、噴火災害が発生する前の予防的な観点から、活動火山対策の更なる強化を図り、住民や登山者等の生命及び身体の安全を確保することを目的として、令和5年（2023年）に活火山法が議員立法により改正された（令和6年4月施行）。

本改正の主なポイントは6点あり、それぞれについて紹介する。

（1）避難確保計画の作成等に係る市町村長による援助等について（法第8条関係）

火山現象の発生時に、噴火警報や避難指示といった情報を住民や登山者等に確実に伝え、迅速かつ円滑に避難が行われるためには、不特定多数の方が利用する施設（山小屋、ロープウェイ駅、宿泊施設等）や、避難に時間を要する要配慮者が利用する施設（老人福祉施設、病院、学校等）における利用者の安全を確保するための取組が重要となる。このため、これらの施設であって、かつ、市町村地域防災計画に名称及び所在地が定められた施設（以下「避難促進施設」という。）では、平成27年（2015年）の活火山法改正により防災体制や利用者の避難誘導、訓練及び防災教育に関する事項等を定めた避難確保計画を作成・公表するとともに、これに基づき訓練を実施することが、求められるようになった。しかしながら、現状として、施設管理者等が避難確保計画を作成するためのノウハウを有していないことや、小規模な施設にとっては計画作成自体が負担となっていることなどの課題もあり、取組が進んでいない施設も存在している。

上記を踏まえて、避難促進施設の所有者又は管理者が避難確保計画の作成等を行うに当たって、市町村長が必要な情報提供や助言、その他の援助をするとともに、必要に応じて、火山防災協議会に意見を求めることができることが明記された。

（2）登山者等に関する情報の把握等について（法第11条関係）

火山現象発生時の救助・捜索活動に際して、被災者情報の収集と集約、被災した可能性のある登山

者の早期把握、安否確認等を円滑に進めるためには、登山届等により登山者等の情報をあらかじめ把握しておくことが重要になる。また、登山者等自身においても、火山へ立ち入る際には、突然の噴火の可能性など、一定のリスクがあることを認識し、自らの安全を確保するために必要な手段を講じておく必要がある。このため、地方公共団体に対しては、登山者等の情報を把握すること、登山者等に対しては、自らの安全を確保する手段を講じることについて、従来から努力義務規定が設けられているところであるが、この取組をより一層促進させる必要がある。

今回の活火山法改正では、必要な情報及びその重要性についての規定も追加され、努力義務規定の内容が強化された。

具体的には、地方公共団体は、登山者等の円滑かつ迅速な避難の確保を図るため、立入りの日や移動の経路など、登山者等に関する情報の把握に努めなければならないこととするとともに、オンラインによる登山届の導入など、情報提供の容易化に必要な配慮をすることが追加された。

一方、登山者等は、立入りの日や移動の経路等の情報が、火山現象の発生時における救助活動にとって重要であることに鑑み、地方公共団体への当該情報の提供に努めるとともに、火山噴火のおそれに関する情報の収集や関係者との連絡手段の確保、円滑かつ迅速な避難のために必要な手段を講ずるよう努めなければならないこととされた。

これらの改正を踏まえ、登山届の提出率を向上させるための取組が一層推進されることが期待されている。

（3）迅速かつ的確な情報の伝達等について（法第12条関係）

活火山法において、気象庁は、火山の爆発から住民等の生命及び身体を保護するため必要があるとき、火山現象に関する情報を関係都道府県に通報し、通報を受けた都道府県は、指定地方行政機関や指定地方公共機関、関係市町村等に必要な通報又は要請をしなければならないと規定されている。また、都道府県から通報を受けた市町村長は、その情報を住民や登山者、その他団体等に伝達しなければならないと規定されている。特に火山現象の発生時においては、住民等の円滑かつ迅速な避難のための情報伝達が重要となる。

このため、今回の法改正では、情報通信技術を活用するなどして、火山現象の発生時における円滑かつ迅速な避難のために必要な情報が住民等に迅速かつ的確に伝えられるようにすることが明記された。

（4）火山に関する専門人材の育成及び継続的な確保等について（法第30条関係）

火山現象を科学的に理解し、適切な防災対策につなげていくためには、火山に関する専門的な知識を有した人材が必要である。平成27年（2015年）の活火山法改正を受けて、火山専門家の育成が図られているが、国と地方公共団体がより一層連携して火山に関する人材を確保していくことが重要である。

このため、今回の法改正では、国及び地方公共団体は、相互の連携の下に、火山に関し専門的な知識又は技術を習得させるための教育の充実を図り、能力の発揮の機会を確保すること等を通じた人材の育成及び継続的な確保に努めなければならないことが明記された。

例えば、文部科学省では、火山に関する広範な知識と高度な技術を有する火山研究者の育成を行うため、平成28年度（2016年度）から「次世代火山研究・人材育成総合プロジェクト」を実施している。令和6年度（2024年度）からは、火山研究者を目指す社会人や自治体等における実務者にも対象を広げ、即戦力となる火山研究・実務人材を育成するプログラムを実施予定である。また、内閣府等では、全国の火山防災協議会に参画する火山専門家が、各協議会の枠を越えて横断的に情報交換できる会議を開催し、若手専門家が火山防災対策を進める上で抱えている課題などについても共有・意見交換できる場を設け、専門人材の育成機会としても活用している。

地方公共団体においても、上記改正の趣旨を踏まえた取組について検討されることが期待される。地方公共団体の先進的な取組の事例としては、山梨県で採用している富士山噴火対策の専門ポストと

なる「火山防災職」が挙げられる。本職は、富士山火山防災対策の各種計画や防災訓練、研修会等に関する企画立案及び運営業務に携わり、行政職員と火山専門家という2つの顔を持つ貴重な人材として期待されている。

（5）火山調査研究推進本部について（法第31条〜第36条関係）

火山の噴火現象は、多様で予測が難しく、大規模な噴火が発生すれば、長期間にわたり広範囲に甚大な被害をもたらすことから、火山災害を軽減するためには、火山の観測や調査研究を実施し、火山活動を適切に評価することが重要となる。

国として、火山に関する観測、測量、調査及び研究を一元的に推進することの必要性から、文部科学省に特別の機関として「火山調査研究推進本部」（以下「火山本部」という。）が新たに設置された。

火山本部には、政策委員会と火山調査委員会の2つの委員会が設置されている。政策委員会では、火山の調査研究に関する総合的かつ基本的な施策や調査観測計画を策定する。本計画に基づき、関係行政機関や大学等において観測、測量、調査及び研究が行われる。火山調査委員会では、調査研究の成果を収集、整理、分析して、総合的な評価を行う。

このような形で、火山本部では、国の火山研究の司令塔として国内の火山調査研究を一元的に推進し、その成果が火山防災対策の強化につながることが期待されている。

図表2-4　火山調査研究推進本部の体制及び役割

火山調査研究推進本部（火山本部）の体制・役割

火山調査研究推進本部（火山本部）は、火山に関する観測、測量、調査及び研究を推進することにより、活動火山対策の強化に資することを目的として、火山に関する調査研究の推進を所掌とする文部科学省に設置され、司令塔として火山調査研究を一元的に推進します。

火山調査研究推進本部（本部長：文部科学大臣）

本部員：内閣官房副長官補（内政担当）、内閣官房副長官補（事態対処・危機管理担当）、内閣府事務次官、総務事務次官、文部科学事務次官、経済産業事務次官、国土交通事務次官

政策委員会

委員長　藤井 敏嗣　山梨県富士山科学研究所所長／国立大学法人東京大学名誉教授

- 観測、測量、調査及び研究の推進について総合的かつ基本的な施策の立案
- 関係行政機関の火山に関する調査研究予算等の事務の調整
- 総合的な調査観測計画の策定
- 総合的な評価に基づく広報

施策・計画等 →
← 評価結果等

火山調査委員会

委員長　清水 洋　国立研究開発法人防災科学技術研究所火山研究推進センター長／国立大学法人九州大学名誉教授

- 観測、測量、調査又は研究を行う関係行政機関、大学等の調査結果等の収集、整理、分析、これに基づく総合的な評価

連携 →

国、地方公共団体等　総合的な評価等を活用した活動火山対策強化

総合基本施策・調査観測計画 ↓

調査観測データ・研究成果 ↑

関係省庁、研究開発法人、大学等
総合基本施策や調査観測計画等に基づき、観測、測量、調査又は研究を実施

文部科学省研究開発局　地震火山防災研究課

出典：文部科学省ホームページ
（参照：https://www.mext.go.jp/a_menu/kaihatu/jishin/1285728_00005.html）

（6）火山防災の日について（法第37条関係）

　国民の間に広く活動火山対策についての関心と理解を深めるため、8月26日が新たに「火山防災の日」と定められた。これは、我が国で最初の火山観測所が浅間山に設置され、観測が始まった日である明治44年（1911年）8月26日が由来となっている。

　国及び地方公共団体は、「火山防災の日」には、防災訓練等その趣旨にふさわしい行事が実施されるように努めることが規定された[6]。地方公共団体においては、その実効性を上げるため、地域の実情に応じて、9月1日の「防災の日」に関連して実施される防災訓練やイベント等と連携させるなど、工夫して実施されることが期待される。

浅間火山観測所
出典：気象庁

　内閣府では、令和4年度（2022年度）から火山防災訓練の検討・実施に関する支援事業を実施しており、支援等を通して得られた成果に基づき、令和5年（2023年）8月に訓練の企画等を支援するための「地方公共団体等における火山防災訓練の企画・運営ガイド（第1版）」と「地方公共団体等における火山防災訓練の取組事例集（第1版）」を作成し、ホームページで公表している[7]。

　これらの資料も活用しながら、火山地域における防災訓練等の取組が促進されることが期待される。

6　気象庁では、火山防災を推進するため、より多くの方に火山の魅力・恩恵を知っていただきつつ、火山災害に備えていただけるよう、「火山防災の日」特設サイトを気象庁ホームページ内で公表している。
　（参照：気象庁ホームページ「火山防災の日」特設サイト：https://www.data.jma.go.jp/vois/data/tokyo/kazanbosai/index.html）

7　内閣府ホームページ（参照：https://www.bousai.go.jp/kazan/shiryo/index.html）

　宝永噴火は、旧暦宝永4年11月23日（1707年12月16日）の正午前ごろに始まった。富士山の南東斜面に開いた火口から立ち上った噴煙は成層圏に達し、火口東側の上空は噴煙に覆われ、辺り一面が暗くなったと言われている。噴火は12月9日未明までの16日間断続的に続き、火山灰は西風にのって江戸や房総半島周辺にまで降り積もった。

　富士山の周辺地域では、噴石や火山灰などの噴出物が降り注ぎ、地震や噴出物の重みで家屋の倒壊などが多数発生したものの、火砕流や溶岩流が村里に押し寄せるなどということはなく、また、冬季で登山者がいなかったことから、多くの死者や怪我人が出たとする記録は見当たらない[1]。しかし、周辺の田畑は多いところで数メートルも埋没して、その後の長期間にわたり耕作ができなくなった。また、火山灰は富士山の東側に位置する酒匂川などの河床にも堆積し、さらには大雨時に山々からも大量の火山灰が流れ込み、幾度も浸水被害を引き起こすなど、その影響は長期に及んだ。

　この噴火では、火山から遠く離れた地域においても、火山灰による住民の生活や健康への影響が生じた。例えば江戸では、降り注いだ火山灰が乾いた風に舞い、のどを患う者が増えたことで、風邪が流行したという記録が残っている[2]。さらに、現代の都市が広く火山灰に見舞われた場合には、健康への影響に留まらず、車や鉄道による移動が制限される、停電や断水が発生するなど、生活や社会経済活動に大きな影響が生じることも想定される。このような想定される影響を踏まえ、現在、内閣府を始めとする関係省庁と地方公共団体等が連携し、富士山噴火に伴う広域降灰に対する課題や対策について検討を進めている。

　富士山ではこれまで、宝永噴火以外にも様々な規模、様式の噴火が発生している。例えば、平安時代に発生した貞観噴火では、多量に放出された溶岩流が本栖湖まで達したとされている。今後、富士山で、いつ、どのような噴火が起こるのかは分からないが、こうした過去の噴火履歴や当時の経験を生かして、ハザードマップの作成や避難計画の策定など、将来の噴火に備えた対策が進められている。

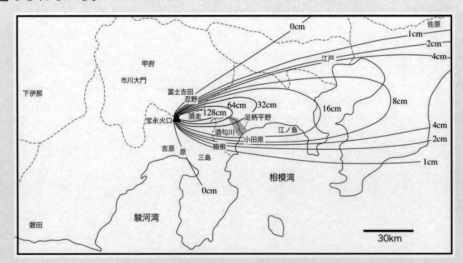

宝永噴火に関連する主な地名を示した地図

宝永火口の位置（▲）と降灰の等層厚線も示した。破線は現代の県境。
出典：中央防災会議（2011）「災害史に学ぶ　火山編」

1：中央防災会議（2006）「1707富士山宝永噴火報告書」p.161
2：中央防災会議（2006）「1707富士山宝永噴火報告書」p.78

【コラム】
海底火山について知る　－水面下で起きている火山活動－

　我が国はプレートの沈み込みに伴う火山活動が活発な「火山大国」であり、現在は111の活火山が存在することが知られているが、その多くは火山活動の把握が可能な陸域のものであり、海域にはまだまだ未知の活火山が眠っていると考えられている。海域火山の調査研究は陸の火山に比べて大きく後れを取っており、不意打ちの火山噴火によって火山災害が大きくなる懸念がある。

　こうした背景を踏まえ、国立研究開発法人海洋研究開発機構（以下「JAMSTEC」という。）では、海域火山における災害の発生予測や地球環境への影響評価を行い、災害の軽減につなげることを目指して、海域の火山と地球内部を統合的に理解する調査研究を推進している。

　JAMSTECでは、近年火山活動が活発な伊豆・小笠原諸島周辺海域を主要なターゲットと位置付け、所有する海底広域研究船「かいめい」などの船舶を用いて火山試料の採取や地下構造データ等を取得し、詳細に解析することにより火山活動の理解を目指している。令和3年（2021年）8月に爆発的な噴火が発生した福徳岡ノ場では大量の軽石が日本各地の沿岸に漂着し、漁業の操業等に想定外の大きな影響が出たことは記憶に新しい。JAMSTECではそれらの軽石を詳細に分析し、この爆発的な噴火は火山地下深くからマグマ溜まりに貫入した玄武岩マグマの影響により引き起こされていたことを明らかにした。また、令和5年（2023年）10月に鳥島周辺で地震活動が活発化し、津波が発生した際には、「かいめい」を用いて周辺海域の緊急調査航海を実施し、孀婦海山の中央付近にカルデラ状の海底地形があることを確認した。現在はこのカルデラ状の海底地形と一連の地震・津波活動の関連性を分析している。

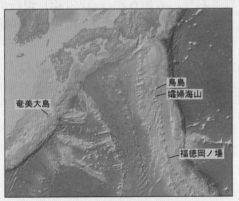

福徳岡ノ場、伊豆鳥島、孀婦海山、
奄美大島周辺海域地図
出典：JAMSTEC

令和3年（2021年）10月の南西諸島
（奄美大島、鹿児島県）の海岸の様子と、
漂着した軽石（南大東島、沖縄県）の写真
出典：JAMSTEC

第3章 「火山」と共に生きる

第1節 各地域における火山防災対策の取組

　第2章第1節で述べたとおり、各火山地域では火山防災協議会を設置し、地元の地方公共団体が主体となって警戒避難体制の整備等を進めている。これは、噴火に伴って発生する現象や地形的な特性、居住地域との位置関係や観光客・登山客の往来などが火山ごとに異なり、防災体制を構築する上では、全国一律ではなく、火山ごとの特徴に応じ、検討することが重要であるためである。一方で、近年噴火を経験したことのある地域・地方公共団体は国内でも限られており、噴火の経験をしていない火山地域では、火山防災協議会における火山防災対策の取組に課題を感じているところも少なくない。

　内閣府では、火山防災協議会の垣根を越えて、各火山防災協議会の構成員が一堂に会する「火山防災協議会等連絡・連携会議」を年に1回開催している。本会議では、各協議会や地方公共団体が抱える課題の共有や、先進的な取組事例の情報交換などを通じて、各火山防災協議会の中だけに留まらず、火山専門家や関係行政機関等とも火山防災対策を進める上での連携を強化することが期待される。

　次に、火山噴火の経験を生かして、独自の火山防災対策の取組を進めている火山地域について、以下に紹介する。

(桜島：鹿児島県鹿児島市)

　鹿児島市では、桜島で大正噴火（第2章第2節参照）級の大規模噴火が切迫しているという想定で、「桜島火山爆発総合防災訓練」を鹿児島県と共催で実施している。

　この訓練は、昭和46年（1971年）から毎年実施されており、令和6年（2024年）現在までに54回開催されている。令和2年度（2020年度）以降、11月の住民避難訓練と1月の避難所体験・展示訓練に分けて実施されている。

　11月の住民避難訓練では、噴火警戒レベルの引上げ前後の防災対応について、鹿児島市から桜島全域への防災行政無線による注意喚起や各町内における避難のための協議、避難指示等を受けた避難行動などが実施される。

　その他、大正噴火の教訓を次世代へとつなげることを目的として、避難促進施設になっている桜島島内全ての小・中学校における訓練、消防や警察、自衛隊といった防災関係機関が連携する訓練なども併せて実施される。

小学校での避難行動
出典：鹿児島県鹿児島市

関係機関が集まる火山防災連絡会
出典：鹿児島県鹿児島市

　1月の避難所体験・展示訓練は、桜島島内から市街地へ避難した後の生活を想定した訓練となっており、対象となる地区を変更しながら毎年実施されている。訓練会場となる避難所では、避難所体験のほか、関係機関が用意した展示の見学などもできる。

訓練会場での住民への説明会
出典：鹿児島県鹿児島市

避難所体験・展示訓練の様子
出典：鹿児島県鹿児島市

　また、鹿児島市では、桜島の継続的な火山活動を受けて、市民と地域、事業者、研究機関・行政が一体となって、桜島に対する総合的な防災力の底上げを図るとともに、火山の魅力を交えながら世界に発信することにより、交流人口を含めた関係人口の拡大を図るため、「鹿児島市火山防災トップシティ構想」[8] を策定している。

　本構想では、市民の誰もが桜島の成り立ちや火山の恵み、文化を学び、桜島への関心と愛着を育むとともに、火山災害時における対応を理解し、身につけるために、次世代に「つなぐ」火山防災教育を取組の柱の１つとして推進しており、例えば、「桜島訪問体験学習」として、市街地側の小学６年生が実際に桜島を訪れ、火山専門家等による現地説明を受けるなどの機会創出に取り組んでいる。

　そのほか、「鹿児島モデル」による世界貢献として、上述の桜島火山爆発総合防災訓練などへの国内外からの視察受入れや、他の火山地域における火山災害発生時の支援体制の構築などを進めている。

「桜島訪問体験学習」の様子
出典：鹿児島県鹿児島市

（伊豆大島：伊豆大島ジオパーク、東京都大島町）

　平成22年（2010年）に日本ジオパークに認定された伊豆大島ジオパークでは、地球活動の痕跡が読み取れる豊富な資源を活用することにより、ジオパークの視点から防災教育を推進している。日本ジオパークには、火山活動により形成された地形・地質が含まれる地域も多く、認定される際には、地殻変動や地震活動、火山活動等によって引き起こされた災害の経験・知見を基に、どのような防災・減災活動が行われているかについても審査されることから、ジオパーク活動の一環として、火

8　鹿児島市ホームページ「鹿児島市火山防災トップシティ構想」
　（参照：https://www.city.kagoshima.lg.jp/kikikanri/kazan/topcitykousou.html）

【火山】と共に生きる　第３章　第１節　各地域における火山防災対策の取組

山防災教育や火山に関する知識の普及について取り組むことは、親和性が高いと言える[9]。

伊豆大島ジオパークの見どころとなる「ジオサイト」は、その全てが過去の伊豆大島噴火によって生じたものであるため、各ジオサイトから、今後起こり得る噴火災害（噴火によって発生する様々な現象とその規模など）について語ることができる。地元の児童や生徒を対象とした防災教室や体験学習、観光客を対象としたガイドツアーといった取組の中で、火山がもたらす災害と豊かな恵みの両面について学び、理解する機会を提供している。このようなジオパーク活動を通じて、災害発生の危険性に対して自らの判断で行動できる力の養成や、災害文化の次世代への継承、他地域への発信を始めとする様々な効果が期待されている。

また、東京都大島町では、大島町地域防災計画の中で、伊豆大島ジオパークの活動を通じ、火山防災に関する知識・情報の普及啓発を図ることを定めている。災害に関する情報の発信は、風評被害を招くおそれがあることから、観光などのツーリズムと相反するように見られがちであるため、このような公的な計画として位置付けることは、火山防災に関する普及啓発を進める上で有効な手段であると言える。

教育旅行モニターツアーの様子
出典：東京都大島町

親子火山実験教室の様子
出典：東京都大島町

（有珠山：洞爺湖有珠火山マイスター、北海道西胆振地域）

これまで数十年おきに噴火してきた有珠山のある北海道の西胆振地域では、火山との共生をテーマに、必ず訪れるであろう次の噴火に備えるために、火山の特性や自然について正しく学び、噴火の記憶や災害を軽減する知恵などを、世代を超えて語り継ぐ人づくりの仕組みとして、洞爺湖や有珠火山地域の自然や特性について正確な知識を有する人を地域限定の称号「洞爺湖有珠火山マイスター」に認定している。「洞爺湖有珠火山マイスター」は、地域防災のリーダーとして地域防災力の向上を図るとともに、地域の魅力発信にも活かすことを目的として、平成20年（2008年）に制度が開始し、令和5年（2023年）現在では70名の火山マイスターが認定され、防災教育や学習会などの講師やサポートなどに取り組んでいる。

有珠火山地域では、過去に発生した火山活動により、洞爺湖や昭和新山を始めとする現在の景観が形作られ、温泉を始めとする資源や産業も生み出された。火山がもたらす災害を正しく理解した上で、地元では恵みを享受し、共生の道を歩んでいる。また、たくさんの恵みがあるこの地域には、火山に普段なじみのない地域に住む観光客も数多く訪れる。このような観光客（特に修学旅行生などの学生）に対して、ガイドとともに過去の噴火災害の伝承や火山防災に対する知識の普及を行うことにより、国民が広く火山に対する関心や理解を深める一助となっている。

9　日本ジオパーク委員会では、ユネスコのガイドラインに沿って日本ジオパークを認定している。日本ジオパークは、ユネスコ世界ジオパークとそれを目指す国内ジオパークからなり、令和5年（2023年）5月現在、46地域が認定されている。
（参照：日本ジオパークネットワーク　https://geopark.jp/geopark/）

洞爺湖有珠火山マイスターによる防災教育活動の様子
（左：有珠山山頂部、右：金比羅山麓散策路）
出典：洞爺湖有珠山ジオパーク

第2節　「火山」との共生

　火山は一旦噴火を始めると、甚大な被害をもたらし、人々の生活に大きな影響を及ぼすことがある。前節で述べたように、火山地域においては、火山災害に関する周知・啓発の取組を含めた対策が進められているものの、火山を訪れる登山者の火山防災に対する意識は必ずしも高いものではない。例えば、令和3年（2021年）に行われた登山者を対象としたWEB調査（複数回答方式）では、「火山噴火」について「とても気をつけている」と回答した人の割合は全体の17.6％と、天候の急変や熱中症など、登山時に遭遇し得る他のリスクと比べて、相対的に低い水準となっているという調査結果がある（図表3-1）。

図表3-1	登山時に遭遇するリスクへの評価

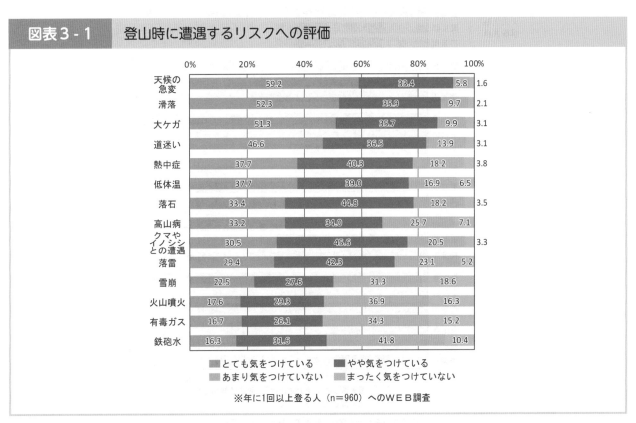

	とても気をつけている	やや気をつけている	あまり気をつけていない	まったく気をつけていない
天候の急変	59.2	33.4	5.8	1.6
滑落	52.3	35.9	9.7	2.1
大ケガ	51.3	35.7	9.9	3.1
道迷い	46.6	36.5	13.9	3.1
熱中症	37.7	40.3	18.2	3.8
低体温	37.7	39.0	16.9	6.5
落石	33.4	44.8	18.2	3.5
高山病	33.2	34.0	25.7	7.1
クマやイノシシとの遭遇	30.5	45.6	20.5	3.3
落雷	29.4	42.3	23.1	5.2
雪崩	22.5	27.6	31.3	18.6
火山噴火	17.6	29.3	36.9	16.3
有毒ガス	16.7	26.1	34.3	15.2
鉄砲水	16.3	31.6	41.8	10.4

※年に1回以上登る人（n＝960）へのWEB調査

出典：安本・関谷（2022）「火山噴火に対する意識：「登山者」と首都圏住民へのアンケート調査をもとに」（東京大学大学院情報学環情報学研究. 調査研究編38，39-77）を基に内閣府作成
（参照：https://www.iii.u-tokyo.ac.jp/manage/wp-content/uploads/2022/03/38_2.pdf）

また、火山に関する情報などの認知度について、「登山者」と「首都圏住民（東京都民、神奈川県民）」を対象としたＷＥＢ調査によれば、多くの項目で「登山者」が「首都圏住民」の認知度を上回り、噴火速報や噴火警戒レベルなどの情報に対する「首都圏住民」の認知度は、「登山者」の３分の２程度と低くなっている、という調査結果がある（図表3-2）。当文献においては、「首都圏住民」は火山の周辺に住んでいないため、このような火山情報に接する機会が少ないことが背景にある、と述べられている。

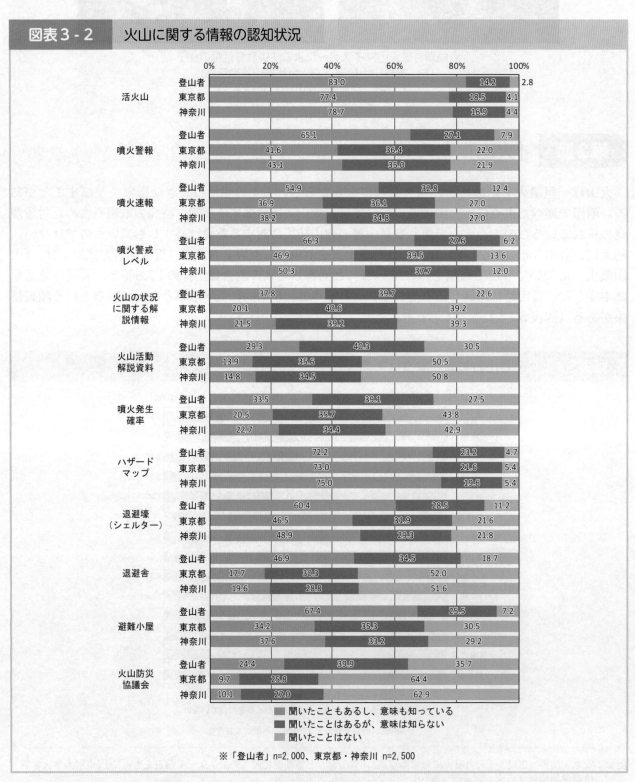

図表3-2　火山に関する情報の認知状況

凡例:
- 聞いたこともあるし、意味も知っている
- 聞いたことはあるが、意味は知らない
- 聞いたことはない

※「登山者」n=2,000、東京都・神奈川 n=2,500

出典：安本・関谷（2022）「火山噴火に対する意識：「登山者」と首都圏住民へのアンケート調査をもとに」（東京大学大学院情報学環情報学研究．調査研究編38, 39-77）を基に内閣府作成
（参照：https://www.iii.u-tokyo.ac.jp/manage/wp-content/uploads/2022/03/38_2.pdf）

内閣府が令和4年（2022年）9月に実施した「防災に関する世論調査」において、地震、津波、火山噴火、台風や大雨などによる自然災害が起きたときに、どのように対処するかなどについて話し合ったことが「ない」と回答した者（全体の36.9％）に対して、その理由を聞いたところ（複数回答方式）、「話し合うきっかけがなかったから」の回答選択率が圧倒的に高かった（58.1％）（図表3-3）。このことから、火山情報に接する機会が少なくなれば、火山災害へ備えるきっかけも失われてしまうことが考えられる。このため、火山災害の特性や地域による違いも意識した上で、国民に働きかける取組を強化していくことが求められる。

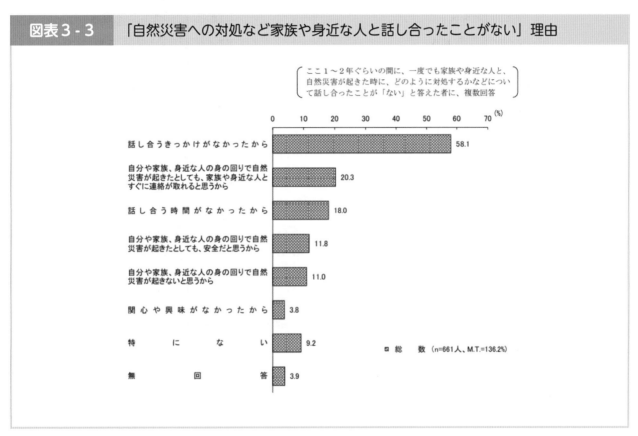

図表3-3　「自然災害への対処など家族や身近な人と話し合ったことがない」理由

出典：内閣府「防災に関する世論調査」（令和4年9月調査）

　一方で、火山は私たちに豊かな、他に代えがたい恵みをもたらす。火山活動によって造られた雄大な山体の姿、火口にできたカルデラ湖、高低差によって生まれた滝などの魅力ある風景は、訪れる人々に楽しみと憩いをもたらす。また、火山の熱によって生まれる温泉は、我が国の観光資源の一つと言える。

　観光庁による訪日外国人消費動向調査によれば、訪日前に最も期待していたこと（単一回答方式）として、「自然・景勝地観光」の割合は12.4％と「日本食を食べること」に次いで高く、「温泉入浴」の割合も6.0％と一定の割合を占める。また、次回滞在時にしたいこと（複数回答方式）として「自然・景勝地観光」、「温泉入浴」の割合はいずれも50％程度と他項目に比べても高く、訪日外国人観光客にとっても火山の恵みは重要な観光資源の一つであると考えられる（図表3-4）。

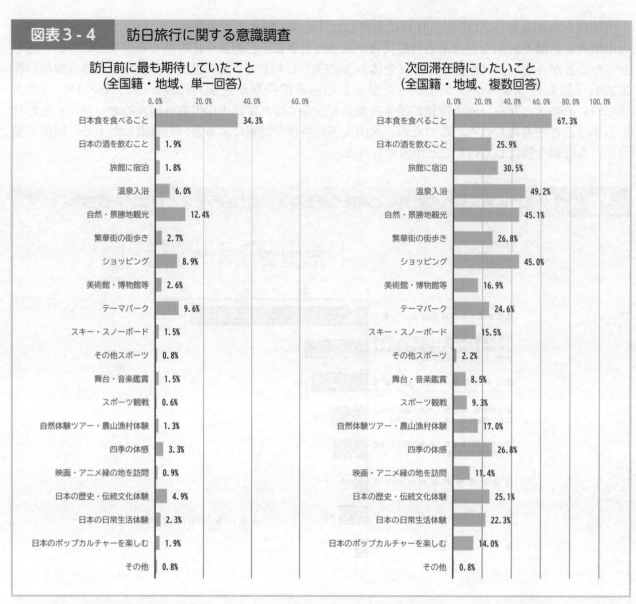

図表3-4　訪日旅行に関する意識調査

訪日前に最も期待していたこと
（全国籍・地域、単一回答）

項目	割合
日本食を食べること	34.3%
日本の酒を飲むこと	1.9%
旅館に宿泊	1.8%
温泉入浴	6.0%
自然・景勝地観光	12.4%
繁華街の街歩き	2.7%
ショッピング	8.9%
美術館・博物館等	2.6%
テーマパーク	9.6%
スキー・スノーボード	1.5%
その他スポーツ	0.8%
舞台・音楽鑑賞	1.5%
スポーツ観戦	0.6%
自然体験ツアー・農山漁村体験	1.3%
四季の体感	3.3%
映画・アニメ縁の地を訪問	0.9%
日本の歴史・伝統文化体験	4.9%
日本の日常生活体験	2.3%
日本のポップカルチャーを楽しむ	1.9%
その他	0.8%

次回滞在時にしたいこと
（全国籍・地域、複数回答）

項目	割合
日本食を食べること	67.3%
日本の酒を飲むこと	25.9%
旅館に宿泊	30.5%
温泉入浴	49.2%
自然・景勝地観光	45.1%
繁華街の街歩き	26.8%
ショッピング	45.0%
美術館・博物館等	16.9%
テーマパーク	24.6%
スキー・スノーボード	15.5%
その他スポーツ	2.2%
舞台・音楽鑑賞	8.5%
スポーツ観戦	9.3%
自然体験ツアー・農山漁村体験	17.0%
四季の体感	26.8%
映画・アニメ縁の地を訪問	11.4%
日本の歴史・伝統文化体験	25.1%
日本の日常生活体験	22.3%
日本のポップカルチャーを楽しむ	14.0%
その他	0.8%

出典：観光庁「訪日外国人消費動向調査」（2023年年間値の推計（集計結果）［観光・レジャー目的］）を基に内閣府作成
（参照：https://www.mlit.go.jp/kankocho/tokei_hakusyo/gaikokujinshohidoko.html）

　また、溶岩流や山体崩壊によりできた広大な平野、降り積もった火山灰は水はけも良く、長い年月を経て農業に適した土壌となる。さらに、火山活動によって作られた地層は多くの隙間を有し、内部に多くの水を蓄える。山麓では火山がもたらす湧水や地下水は、生活用水としてだけではなく、農業や牧畜、工業などにも利用され、人々の暮らしを支えている。こうした特性から、古くから信仰の対象となっている火山もあり、歴史的・文化的な価値から火山が評価されることも多い。

火山の恵み
出典：静岡県富士宮市

　このように、世界有数の火山国である我が国では、火山山麓に住む人々はもちろん、そこを訪れる観光客を始め、多くの人々が火山の恵みを享受している。周辺地域への災害の脅威と豊かな恵みの両面を併せ持つ火山と共生していくためには、私たちは火山の特性を正しく理解し、万一の噴火に備えておくことが求められており、前節で述べたように、各地域において各種火山防災に係る取組が行われている。このような各地域で開催される火山防災訓練や防災教室、ガイドツアー等の機会を活用するとともに、各種ホームページ等により情報収集を行うなど、火山について正しく知り、必要な備えを行うことが重要である。

第3節　おわりに

　我が国の火山防災対策の基礎となる活火山法は、御嶽山噴火災害を踏まえ平成27年（2015年）に改正され、令和5年（2023年）には火山災害が発生する前の予防的な観点から更なる改正がなされた。今回の改正では火山本部の設置による国内の火山調査研究の一元的な推進、火山に関する専門的な知識を有した人材育成の充実、「火山防災の日」の制定などにより、火山防災対策がより一層推進されることとなった。また、本章第1節で紹介したように、火山周辺地域においては、火山の特性も踏まえた防災対策や共生に向けた取組などがそれぞれ進められている。しかしながら、ひとたび火山噴火が発生すると、計り知れない被害や深刻な社会影響をもたらすこともある。世界有数の火山国である我が国においては、災害の脅威と豊かな恵みの両面を併せ持つ火山について正しく知り、必要な備えを行っていくために、国民一人一人の火山防災意識の向上を図り、火山噴火がもたらす社会への影響を考慮して、官民が連携してあらゆる分野で火山防災対策を推進していく必要がある。

令和6年能登半島地震

特集2 令和6年能登半島地震

　令和6年1月1日に石川県能登地方で発生した地震は、同地方を中心に、多くの人命や家屋、ライフラインへの甚大な被害をもたらすとともに、被害の範囲は、新潟県や富山県などにも広く及んだ。現在（令和6年4月1日時点）も多くの被災者の方々が避難所生活を強いられており、政府は1月1日に設置した「令和6年能登半島地震非常災害対策本部」の下で引き続き被災者支援を行うとともに、1月31日に設置した「令和6年能登半島地震復旧・復興支援本部」の下で被災地の再生に向けて政府一丸となって復旧・復興に取り組んでいるところである。今後、今回の災害に係る検証や教訓の抽出などに取り組んでいくこととなるが、本書においては、第1章では本地震の被害状況等について、第2章では発災後の初動対応や被災者支援、復旧・復興など、主に発災から3か月間の状況や対応について整理し、第3章では本地震を受けた今後の防災への対応について述べる。

第1章　令和6年能登半島地震及びその被害の概要

第1節　令和6年能登半島地震の概要

（1）地震に関する概要

　令和6年1月1日16時10分、石川県能登地方の深さ16km（暫定値）を震源とするマグニチュード7.6（暫定値）の地震（以下、本特集において「本地震」という。）が発生し、石川県の輪島市及び志賀町で震度7を観測したほか、北海道から九州地方にかけて震度6強から1を観測した。気象庁は、同日に、本地震及び令和2年12月以降の一連の地震活動について、名称を「令和6年能登半島地震」と定めた。

　能登地方では令和2年12月から地震活動が活発になり、令和2年12月1日から令和5年12月31日までに、震度1以上を観測する地震が506回発生している（図表1-1）。また、令和5年5月5日には、能登半島沖の深さ12㎞（暫定値）でマグニチュード6.5（暫定値）の地震が発生し、石川県珠洲市で震度6強を観測し、石川県を中心に人的被害や建物被害が発生した。その後、時間の経過とともに地震の発生数は減少していた中で、令和6年1月1日に本地震が発生した（図表1-2）。

図表 1 - 1	令和2年12月から令和5年12月までの能登地方における月別最大震度別地震回数

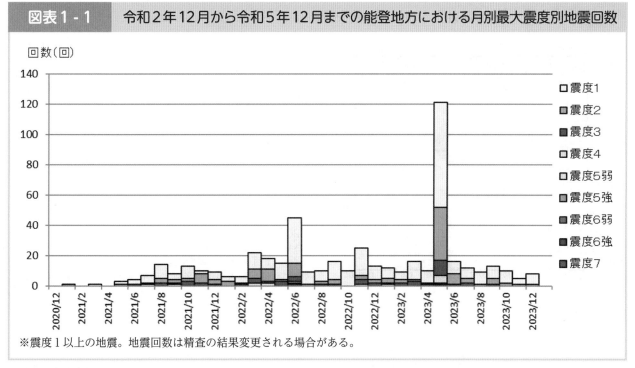

※震度1以上の地震。地震回数は精査の結果変更される場合がある。

出典：気象庁資料

図表 1 - 2	2024年1月1日16時10分　石川県能登地方の地震の震度分布図

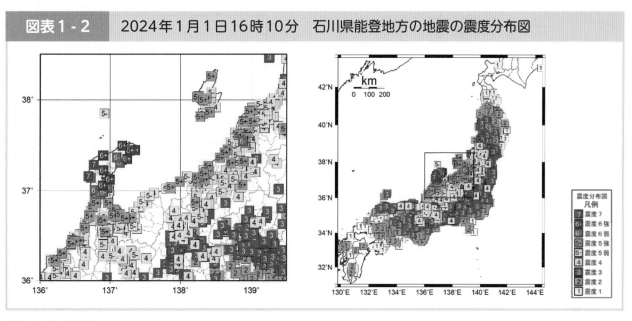

出典：気象庁資料

　令和5年12月までの地震活動は、能登半島北東部の概ね 30 km四方の範囲であったが、1月1日の本地震直後から、北東－南西に延びる150km程度の範囲に広がっている（図表1-3）。この地震の震央周辺では、同日16時12分にマグニチュード5.7の地震（最大震度6弱）、16時18分にマグニチュード6.1の地震（最大震度5強）、6日23時20分にマグニチュード4.3の地震（最大震度6弱）、9日17時59分にマグニチュード6.1の地震（最大震度5弱）が発生するなど、現在（令和6年4月1日現在）もおおむね同様の範囲で地震が発生しており、1月1日16時から4月1日0時までの間に、最大震度1以上を観測した地震は 1,772 回発生している（図表1-4）。

図表1-3	令和6年能登半島地震の震央分布図

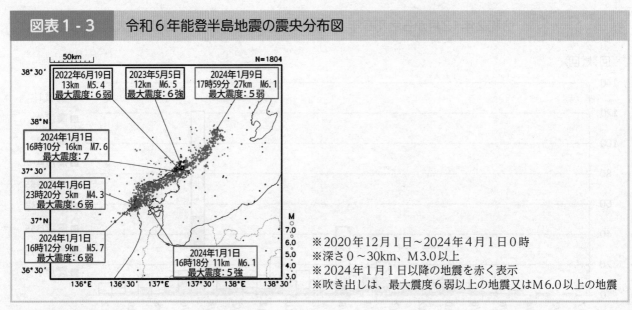

※2020年12月1日～2024年4月1日0時
※深さ0～30km、M3.0以上
※2024年1月1日以降の地震を赤く表示
※吹き出しは、最大震度6弱以上の地震又はM6.0以上の地震

出典：気象庁資料

図表1-4	「令和6年能登半島地震」の日別最大震度別地震回数

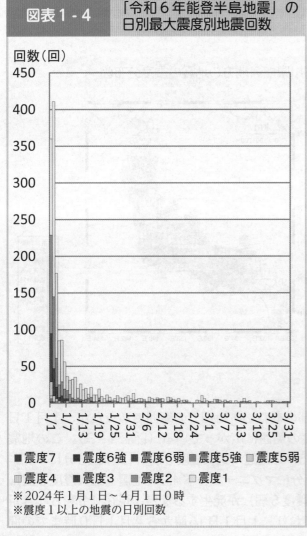

■震度7　■震度6強　■震度6弱　■震度5強　□震度5弱
■震度4　■震度3　■震度2　□震度1
※2024年1月1日～4月1日0時
※震度1以上の地震の日別回数

出典：気象庁資料

図表1-5	陸のプレートでの主な地震活動の地震回数比較（マグニチュード3.5以上）

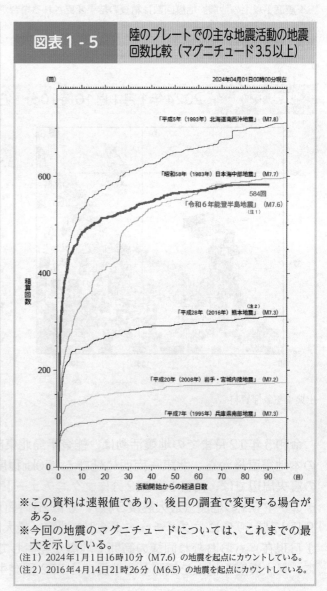

※この資料は速報値であり、後日の調査で変更する場合がある。
※今回の地震のマグニチュードについては、これまでの最大を示している。
(注1) 2024年1月1日16時10分（M7.6）の地震を起点にカウントしている。
(注2) 2016年4月14日21時26分（M6.5）の地震を起点にカウントしている。

出典：気象庁資料

地殻変動は、令和2年12月頃から観測されていたが、本地震の発生に伴って、国土地理院の電子基準点により、輪島2観測点で2.0m程度の南西方向への変動、1.3m程度の隆起が見られるなど、能登半島を中心に大きな地殻変動が見られた。また、新潟県などの日本海側だけでなく、関東地方や中部地方など広い範囲で北西から北向きの地殻変動が観測された。陸域観測技術衛星「だいち2号」が観測した合成開口レーダー画像の解析によると、輪島市西部で最大4m程度の隆起、最大2m程度の西向きの変動が検出された（**図表1-6**）。この隆起は、能登半島北岸の広い範囲で海岸線が変化し、陸化として空中写真や現地調査によって確認された（**図表1-7**）。また、石川県、富山県、新潟県などの沿岸部を中心として幅広い地域で液状化現象による被害が確認された。

図表1-6	電子基準点データ及び「だいち2号」観測データの解析による令和6年能登半島地震（1月1日 マグニチュード7.6）に伴う地殻変動

出典：国土地理院資料

図表1-7	地震前後の海岸線の変化

鹿磯漁港での約4mの隆起を確認

出典：国土地理院資料

（2）津波に関する概要

本地震により石川県能登に対して大津波警報が、山形県から福井県及び兵庫県北部に対して津波警報が発表された（**図表1-8**）。金沢観測点（港湾局）で80cm、酒田観測点（気象庁）で0.8mなど、北海道から九州地方にかけての日本海沿岸を中心に津波を観測した（**図表1-9**）。そのほか、空中写真や現地観測から、能登半島等の広い地域で津波による浸水が認められた。また、現地調査により、石川県珠洲市や能登町で4m以上の津波の浸水高、新潟県上越市で5m以上の遡上高を確認した。

図表1-8	津波警報等発表状況（1月1日16時22分発表）

出典：気象庁資料

図表1-9	津波の観測状況

出典：気象庁資料

現地調査における津波の痕跡または漂着物が認められた地点

能登町白丸（石川県）：浸水高4.7m地点　　上越市船見公園（新潟県）：遡上高5.8m地点

出典：気象庁資料

被害の概要

　前節のとおり、1月1日に発生した本地震は多くの人命や家屋へ甚大な被害をもたらした。**図表2-1**は、「能登半島地震」の被害状況等について、阪神・淡路大震災、東日本大震災及び熊本地震と比較したものである。

図表2-1	「能登半島地震」と他の地震災害における被害状況等の比較			
	阪神・淡路大震災	東日本大震災	熊本地震	能登半島地震 注1
発生年月日	1995年1月17日 午前5時46分	2011年3月11日 午後2時46分	前震：2016年4月14日 午後9時26分 本震：4月16日 午前1時25分	2024年1月1日 午後4時10分
地震規模	マグニチュード7.3	モーメントマグニチュード9.0	マグニチュード6.5 マグニチュード7.3	マグニチュード7.6
死者・行方不明者 （うち災害関連死）	6,437人 （うち約900人）	22,325人 （うち約3,800人）	276人 （うち約220人）	263人 （うち30人 注2） ※5月28日現在の暫定値
全壊住家	約10万5千棟	約12万棟	約9千棟	約8千棟 ※5月28日現在の暫定値

注1）「能登半島地震」の欄には、一連の地震における最大規模の地震（令和6年1月1日16時10分石川県能登地方の地震）に係る情報を記載。
注2）「能登半島地震」に係る「災害関連死」の値は、当該災害による負傷の悪化又は避難生活等における身体的負担による疾病により死亡し、「災害弔慰金の支給等に関する法律」（昭和48年法律第82号）に基づき災害が原因で死亡したものと認められた5月28日現在の暫定値である。

出典：5月28日現在で確認できた内閣府資料、警察庁資料、復興庁資料、消防庁資料、気象庁資料、緊急災害対策本部資料、非常災害対策本部資料、石川県資料、兵庫県資料、熊本県資料を基に内閣府作成

（1）人的被害

　本地震により多数の家屋倒壊が発生し、死者・行方不明者263名の被害をもたらした。死者は石川県1県に集中し、石川県輪島市112名（行方不明者3名）、珠洲市111名、穴水町20名、能登町9名、七尾市5名、志賀町2名、羽咋市1名の犠牲者が発生した（5月28日現在）。

　警察庁情報（3月31日現在。石川県が発表した死者（災害関連死を除く。）のうち、警察が取り扱った228人を対象としたもの。）によると、死因の約4割が「圧死」、約2割が「窒息・呼吸不全」で、多くの人が倒壊した建物の下敷きとなったとみられる。また、寒さが影響して亡くなった「低体温症・凍死」が1割強と続いた。さらに、年代別では70代が62人と最多で、80代51人、90代27人が続き、70代以上が約6割を占めた。10歳未満は4人、10代が8人だった。

（2）建物被害

　住家被害は、新潟県、富山県、石川県、福井県、長野県の5県で発生し、全壊が8,459棟（石川県8,108棟、富山県245棟、新潟県106棟）、半壊・一部破損が115,324棟（石川県72,799棟、新潟県23,361棟、富山県18,555棟、福井県591棟、長野県18棟（一部破損のみ））、床上・床下浸水が25棟（新潟県14棟、石川県11棟）となり、被災地全体で計12万棟を超える住家被害が発生した（5月28日現在）。また、石川県における非住家被害は約2万6千棟とされている（5月28日現在[1]）。

1　石川県ホームページ「被害等の状況について（第135報）」
　（参照：https://www.pref.ishikawa.lg.jp/saigai/documents/higaihou_135_0528_1400.pdf）

第1節 初動対応

（1）初動及び本部体制の確立

　政府は、本地震の発生を受けて、1月1日16時11分に官邸対策室を設置し、16時15分には、岸田内閣総理大臣から、①国民に対し、津波や避難等に関する情報提供を適時的確に行うとともに、住民避難等の被害防止の措置を徹底すること、②早急に被害状況を把握すること、③地方自治体とも緊密に連携し、人命第一の方針の下、政府一体となって、被災者の救命・救助等の災害応急対策に全力で取り組むことが指示された。17時30分には、特定災害対策本部が設置され、さらに22時40分には、同本部を格上げして非常災害対策本部が設置され、2日9時15分に第1回非常災害対策本部会議が開催された。

　また、1日20時00分に内閣府調査チームを石川県庁へ派遣した。さらに、同日23時22分には古賀内閣府副大臣を本部長とする非常災害現地対策本部（以下「現地対策本部」という。）を石川県庁内に設置した。現地対策本部は、インフラ、物資、生活支援、生業（なりわい）再建に関する4つのチームを編成し、石川県庁と緊密な連携を図った。特に、インフラチームにおいては、法面崩壊、倒木、電柱倒壊等による道路交通途絶が生じ、ライフライン復旧活動にも一部支障が生じたため、現地対策本部内に道路、電気、通信、水道の関係者でチームを構成し、被害を受けたインフラ施設の復旧順位を明確にして効率的な道路啓開の調整を行いながら、復旧作業が進められた。また、被害の大きかった能登地域の6市町（七尾市、輪島市、珠洲市、志賀町、穴水町、能登町）には内閣府及び関係省庁の連絡調整要員（リエゾン）を派遣し、被災地の状況確認や被災市町との連絡調整を行った。

第1回非常災害対策本部会議
出典：首相官邸ホームページ

岸田内閣総理大臣による非常災害現地対策本部
（石川県庁内）での激励（1月14日）
出典：内閣府

（2）救出・救助活動

　地震発生後、人命救助を第一に、警察、消防、海上保安庁、自衛隊等が連携し、大規模な救出、救助活動が行われた。

　警察では、発災直後から広域緊急援助隊（警備部隊）の派遣を行うなど全国警察から部隊を派遣し、石川県警察と一体となって被災者の救出、救助活動や行方不明者の捜索等の各種警察活動を実施した。4月1日までに被災地に派遣された警察職員は延べ約9万人にのぼり、倒壊家屋内からの救出、救助や警察用航空機（ヘリコプター）によるホイスト救助等により、114名を救助した。

　消防庁では、発災当初から約2,000名規模で緊急消防援助隊を出動させた。緊急消防援助隊と地元消防本部を合わせ、合計で延べ約7万人程度が消火、倒壊家屋からの救出、消防防災ヘリコプターによる孤立集落からの救出、病院や高齢者福祉施設からの転院搬送を実施した。その結果、435名を救

助、3,500名の救急搬送を行った（1月1日の地震発生後から3月5日までの累計、4月1日現在）。

海上保安庁では、4月1日までに延べ、巡視船艇等1,453隻、航空機306機、特殊救難隊18名、機動救難士316名が、救急搬送や行方不明者の捜索などを実施した。

防衛省では、道路網が寸断された半島部において、発災直後から航空機による被害情報収集や捜索救助活動等を開始しており、1月2日には統合任務部隊を編成し、最大約1万4千人態勢で対応に当たった。また、当初から自衛隊のヘリコプターなどを集中運用して人命救助を実施しつつ、洋上の艦船を拠点とした物資輸送や道路の開通作業に必要な重機や車両、資機材の輸送の実施など、陸・海・空自衛隊の能力を最大限に発揮し活動に当たり、4月1日現在で、約1,040名を救助（避難者の輸送等を含む）した。

警察用航空機によるホイスト救助（輪島市）
出典：警察庁

倒壊家屋現場における夜間の活動（珠洲市）
出典：警察庁

消防隊と消防団による消火活動（輪島市）
出典：消防庁

緊急消防援助隊による高齢者の救急搬送（輪島市）
出典：消防庁

救助活動を行う自衛隊（珠洲市）
出典：防衛省

自衛隊と消防隊員による人命救助（輪島市）
出典：防衛省

（3）火災の発生状況と消火活動

　火災は、石川県で11件、富山県で5件、新潟県で1件発生し、地元消防本部と消防団が消火活動に当たった。特に、石川県輪島市では、本地震直後に日本三大朝市の一つである輪島朝市で焼損棟数約240棟、焼失面積約49,000㎡に及ぶ火災が発生した。本火災は、延焼しやすい木造密集地域で発生したもので、地震に伴い、断水による消火栓が使用できず、建物倒壊により一部の防火水槽が使用できないなど、消火活動が困難な状況の中で地元消防本部と消防団が消火活動を行い、2日7時30分に鎮圧し、6日17時10分に鎮火した。

輪島朝市の火災
出典：共同通信社

（4）志賀原子力発電所における対応

　政府は、本地震の発生を受けて、1月1日16時19分に原子力規制委員会・内閣府事故合同警戒本部を設置し、北陸電力株式会社志賀原子力発電所等の情報発信等を行った。北陸電力株式会社志賀原子力発電所においては、使用済燃料プールの波打ち現象（スロッシング）による溢水、一部の変圧器故障による油漏れ等が発生したが、使用済燃料の冷却や電源等、必要とされる安全機能は確保されていることを確認した。

　また、周辺の一部モニタリングポストにおいて測定が確認出来ない状況が生じたが、敷地近傍のモニタリングポスト指示値等に異常は認められず、発電所の安全確保に影響のある問題が生じていないことを確認した。

（5）応急医療活動

　発災後、被災地の医療機関の多くが被災した。また、建築物被害が軽微又は全半壊を免れた医療機関においても職員の出勤、患者搬送、医薬品等の搬送等に支障が生じた。このため、被災者の医療支援を行うため、医療機関や避難所等に全国から災害派遣医療チーム（以下「DMAT」という。）、災害派遣精神医療チーム（以下「DPAT」という。）、日本医師会災害医療チーム（以下「JMAT」という。）、災害支援ナースなどの派遣が行われ、救命措置等の応急医療活動を実施したことに加え、自衛隊の医官や看護官等による衛生支援チームが、孤立地域を中心に巡回診療を実施した。

　傷病者搬送、入院患者避難、病院支援等を行うDMATはこれまでに1,139チーム、避難所巡回等を通じ、避難者のこころのケアを実施するDPATは196チーム、被災市町や2次避難所等において医療支援を実施するJMATは1,008チームが派遣され、被災地で活動した。また、公益社団法人日本看護協会の災害支援ナースは延べ3,040名が避難所や被災地の医療機関に派遣された（4月1日現在）。

　さらに、感染症の専門家等が避難所等の感染管理についての助言等を行うとともに、被災県以外の都道府県及び指定都市から派遣された災害時健康危機管理支援チーム（以下「DHEAT」という。）による保健所等の指揮調整機能の支援や、各地方公共団体から派遣された保健師等による各市町で作成した住民のリストに基づく巡回訪問等の実施により避難所や在宅等で避難生活を送る被災者の健康管理等を行った。

DMATによる患者搬送
出典：厚生労働省

（6）生活必需物資の調達及び輸送

　発災直後より、総理の指示を受け、被災地からの要請を待たずに被災者の命と生活環境に不可欠な物資を国が支援する「プッシュ型支援」を開始し、翌2日には支援物資の第1便が石川県の広域物資輸送拠点に到着した。

　具体的な支援物資は、食料、飲料水、乳児用粉ミルク・液体ミルク、毛布、携帯トイレ等の緊急性を要する物資に加えて、特に寒さ対策に必要な防寒着、暖房器具や燃料、避難所等での女性や子育て世帯の方の視点を踏まえて生理用品、お尻拭きシート、乳児用おむつのほか、被災者の健康を確保するための弾性ストッキング、避難所の環境改善に必要な段ボールベッドや、断水が長期化する中で洗濯ニーズに対応するための簡易洗濯キットや洗濯機等の物資など、被災地のニーズを踏まえた支援を実施した。また、民間の物流事業者の協力の下、広域物資輸送拠点から被災地方公共団体への輸送は、主に自衛隊や一般社団法人石川県トラック協会が対応した。さらに、各被災市町の物資輸送拠点においても、市町ごとに物流事業者が担当して避難所等への端末輸送に対応したほか、専門ボランティア団体等が仕分け作業に対応した。

広域物資輸送拠点（石川県産業展示館）
出典：内閣府

民間物流事業者の協力による
広域物資輸送拠点からの搬出作業
出典：内閣府

自衛隊ヘリによる物資空輸（輪島分屯基地）
出典：防衛省

【コラム】
情報収集衛星　加工処理画像の公開

　内閣官房内閣情報調査室内閣衛星情報センター（以下「衛星センター」という。）では、外交・防衛等の安全保障及び大規模災害等への危機管理のために必要な情報の収集を主な目的として、情報収集衛星を開発・運用している。情報収集衛星によって得られた情報等に基づいて作成した画像を含む成果物は、官邸及び利用省庁に配布され、情勢判断や政策決定に活用されている。

　こうした活動の一環として、衛星センターでは、国内における大規模な被害を伴う災害や事故等の発生に際して、情報収集衛星の画像が被災等の状況の早期把握や被災者等の迅速な救助・避難等に資すると判断された場合には、衛星の能力が明らかにならないよう加工処理をした画像（以下「加工処理画像」という。）について、官邸や利用省庁へ配布するのみならず、一般の国民に対して公開している。平成27年に公開を始めてから令和5年度までの間に、大規模な洪水や火山噴火、地震等9件の災害に関し、加工処理画像を公開してきた。

　令和6年1月1日に発生した能登半島地震においては、被災地域に関する21件の加工処理画像を内閣官房ホームページ上で公開した。あわせて、関係府省庁にも提供することで被災状況の解明、災害派遣活動、復旧作業等に寄与している。

令和6年能登半島地震に係る被災地域
（左：輪島市中心部（火災発生箇所）、右：珠洲市上戸町（土砂崩落による河道閉塞））
出典：内閣官房ホームページ（参照：https://www.cas.go.jp/jp/houdou/240111csice.html）

第2節　発災以来の政策対応

（1）支援制度等の適用等
①災害救助法の適用
　新潟県、富山県、石川県及び福井県の計35市11町1村に「災害救助法」（昭和22年法律第118号）が適用された（法適用日1月1日）。国庫負担により、各県が実施する応急的な救助（避難所の設置・運営、応急仮設住宅の供与等）が可能となった。

②激甚災害の指定
　「激甚災害に対処するための特別の財政援助等に関する法律」（昭和37年法律第150号）に基づき、1月11日に指定政令の閣議決定を行い、激甚災害（地域を限定しない本激）に指定した。これによ

り、公共土木施設災害復旧事業等に関する特別の財政援助、農地等の災害復旧事業等に係る補助の特別措置、中小企業信用保険法による災害関係保証の特例等、合計12の措置が適用された（2月9日の閣議決定による追加指定含む）。

③特定非常災害の指定

特定非常災害の指定については、「特定非常災害の被害者の権利利益の保全等を図るための特別措置に関する法律」（平成8年法律第85号）に基づき、1月11日に指定政令の閣議決定を行い、令和6年能登半島地震による災害を特定非常災害として指定するとともに、本特定非常災害に対し、行政上の権利利益に係る満了日の延長に関する措置、期限内に履行されなかった義務に係る免責に関する措置、債務超過を理由とする法人の破産手続開始の決定の特例に関する措置、相続の承認又は放棄をすべき期間の特例に関する措置、民事調停法による調停の申立ての手数料の特例に関する措置を適用した。

④大規模災害復興法に基づく非常災害の指定

「大規模災害からの復興に関する法律」（平成25年法律第55号。以下「大規模災害復興法」という。）に基づき、1月19日に指定政令の閣議決定を行い、令和6年能登半島地震による災害を非常災害として指定した。これにより、被災した港湾、空港、海岸等について、地方公共団体に代わって国が権限代行により復旧工事を行うことが可能となった。

⑤生活の再建に向けた措置

1月6日に石川県は全域（19市町）に「被災者生活再建支援法」（平成10年法律第66号）の適用を決定、その後も富山県（全域（15市町村））、新潟県（全域（30市町村））が同法の適用を順次決定した。これにより、住宅が全壊等の被害を受けるなど一定の要件に該当した場合に、当該住宅に居住していた被災世帯に対し、住宅の被害状況に応じて、基礎支援金（最大100万円）及び住宅の再建方法に応じた加算支援金（最大200万円）が支給されることとなった。

加えて、能登地域の6市町（七尾市、輪島市、珠洲市、志賀町、穴水町、能登町）では、他の地域と比べて特に被災状況が深刻であるとともに、高齢化率が著しく高いことのみならず、家屋を建設できる土地が極めて少ないなど、半島という地理的な制約があって、住み慣れた地を離れて避難を余儀なくされている方も多い。そのため、地域コミュニティの再生に向けて乗り越えるべき、大きくかつ複合的な課題があるという実情・特徴を踏まえ、当該地域において、住宅半壊以上の被災をした高齢者・障害者のいる世帯、資金の借入や返済が容易でないと見込まれる世帯を対象として、石川県が最大300万円の給付を行う新たな交付金制度（地域福祉推進支援臨時特例交付金）が創設された。

また、「災害弔慰金の支給等に関する法律」（昭和48年法律第82号）に基づき、災害による死者の遺族に災害弔慰金、災害により重度障害を負った方に災害障害見舞金が支給されるとともに、要件に該当する世帯主に災害援護資金の貸付が実施された。

（2）被災地、被災地方公共団体等への広域応援

今般の災害においては、被災者支援、被災地方公共団体支援等のため、被災地外から数多くの機関が支援に駆けつけている。

前節で述べたとおり、救急・救助等のため警察（警察災害派遣隊）、消防（緊急消防援助隊）、自衛隊、海上保安庁の各部隊が被災地に派遣されており、保健・医療・福祉分野においてもDMAT、DPAT、JMAT、日本災害歯科支援チーム（JDAT）、日本災害リハビリテーション支援協会（JRAT）、DHEAT、日本環境感染学会災害時感染制御支援チーム（DICT）、日本栄養士会災害支援チーム（以下「JDA-DAT」という。）、災害派遣福祉チーム（以下「DWAT」という。）ほか、災害支援ナース等の看護師や保健師や介護職員など医療・福祉に携わる多くの職員が被災地に派遣されている。

また、道路啓開のほか、災害復旧事業、緊急避難輸送、緊急物資輸送などの輸送の支援や被災建築物の応急危険度判定のため、ＴＥＣ-ＦＯＲＣＥ（国土交通省緊急災害対策派遣隊、以下「ＴＥＣ-ＦＯＲＣＥ」という。）が派遣されたほか、ＭＡＦＦ-ＳＡＴ（農林水産省・サポート・アドバイス・チーム）など各省庁においても各分野における災害復旧や被災者支援のための専門組織が派遣されている。

ＴＥＣ-ＦＯＲＣＥによる判定対象の確認（珠洲市）
出典：国土交通省

ＴＥＣ-ＦＯＲＣＥによる判定ステッカーの
記入・貼付（穴水町）
出典：国土交通省

ＭＡＦＦ-ＳＡＴによる被災ため池における
ブルーシートの設置（志賀町）
出典：農林水産省

ＭＡＦＦ-ＳＡＴによる
農業集落排水施設の点検（能登町）
出典：農林水産省

被災地方公共団体に対する全国の地方公共団体からの広域応援も大規模に実施されている。被災地方公共団体の災害マネジメント支援のため能登地域の被災６市町に総括支援チームが派遣されるとともに、４月１日までに、石川県内14市町、富山県内３市及び新潟県内１市に対して、62都道府県市から対口支援方式（カウンターパート方式）による支援チームの派遣（避難所の運営・罹災証明書の交付等の災害対応業務を担う職員の派遣）を決定し、活動を行っている。また、インフラ・ライフラインの応急対応や復旧に関しても、水道、電気、通信等において全国からの応援派遣が行われたほか、被災地の水道が長期にわたり断水状態となったため、全国の地方公共団体等から給水車やトイレトレーラーの派遣も行われた。

なお、発災当初から多くの応援地方公共団体職員、復旧事業者、ボランティア等の支援者が被災地に入り、多岐にわたる支援を実施したが、被災地ではホテル・旅館等も大きな被害を受け、宿泊施設が不足した。このため、石川県等において、特別交付税措置や独立行政法人中小企業基盤整備機構の仮設施設整備支援事業等も活用し、支援者のための宿泊施設の確保・充実に努めるなど、支援者支援を実施した。

| 図表2-2 | 被災地方公共団体に対する主な取組・支援と支援団体等 |

主な取組・支援	主な支援団体 等
人命救助・捜索活動	広域緊急援助隊（警察庁）、緊急消防援助隊（消防庁）、自衛隊、海上保安庁
医療支援 保健活動 感染症対策	DMAT（災害派遣医療チーム）、DHEAT（災害時健康危機管理支援チーム）、 DICT（日本環境感染学会災害時感染制御支援チーム）、自衛隊 等
災害マネジメント支援	地方公共団体職員派遣 （総括支援チーム）他
避難所運営（給食・入浴支援） 罹災証明書の交付支援 物資管理・輸送支援	地方公共団体職員派遣 （対口支援チーム）、自衛隊 等
給水支援 インフラ調査復旧支援 のと鉄道七尾線復旧支援 農地・農業用施設調査等 漁港施設調査等	（公社）日本水道協会、TEC-FORCE（国土交通省緊急災害対策派遣隊）、自衛隊、 RAIL-FORCE（（独）鉄道建設・運輸施設整備支援機構 鉄道災害調査隊）、 国土技術政策総合研究所、国立研究開発法人 土木研究所、国立研究開発法人 建築研究所、 国立研究開発法人 港湾空港技術研究所、全国土地改良事業団体連合会、 （一社）水産土木建設技術センター、MAFF-SAT（農林水産省・サポート・アドバイス・チーム）等
被災建築物応急危険度判定 被災宅地危険度判定	全国被災建築物応急危険度判定協議会、地方公共団体職員派遣、 TEC-FORCE（国土交通省）等
災害廃棄物処理支援	災害廃棄物処理支援員制度（人材バンク） D.Waste-Net（災害廃棄物処理支援ネットワーク）等
学校再開に向けた支援 （スクールカウンセラー及び 教職員派遣）	（一社）日本臨床心理士会 各都道府県・指定都市教育委員会
被災ペット支援	（公社）日本獣医師会、地方公共団体職員派遣

出典：内閣府資料

（3）支援パッケージと財政措置、税制上の対応

政府は、1月2日、内閣総理大臣決定により、内閣官房副長官を長とし、各府省庁事務次官等を構成員とする「令和6年能登半島地震被災者生活・生業再建支援チーム」を設置し、被災者の生活や生業の再建を迅速かつ円滑に支援することとした。同支援チーム等における検討の成果をもとに、1月25日に「生活の再建」「生業の再建」「災害復旧等」の分野ごとに政府として緊急に対応すべき施策を「被災者の生活と生業（なりわい）支援のためのパッケージ」（令和6年能登半島地震非常災害対策本部決定。以下「支援パッケージ」という。）として取りまとめ、公表した[2]。

また、政府は、発災時点において残額が4,600億円を超えていた令和5年度予算の一般予備費等を活用し、変化する財政需要に対して機動的に対応した。具体的には、まず、1月9日に当面のプッシュ型の物資支援への財政的裏付けとして予備費の使用（約47.4億円）を決定した。そして、支援パッケージの施策の実施のため必要となる財政措置として、1月26日に1,553億円、3月1日に1,167億円の予備費の使用等を決定した。さらに、令和6年度においても復旧・復興の段階に応じた切れ目ない機動的な対応が可能となるよう、1月16日に、令和6年度予算について、一般予備費を5,000億円増額して計1兆円を計上する変更を決定し、4月23日には、支援パッケージの施策の実施のため必要となる財政措置として、1,389億円の予備費の使用を決定した。

被災地方公共団体に対する地方財政措置としては、まず1月9日に石川県及び県内17市町をはじめとする51団体、さらに2月9日に石川県及び県内7市町に対して、当面の資金繰りを円滑にするため、3月に交付すべき特別交付税の一部（261億400万円）を繰り上げて交付することを決定した。その上で、3月22日には令和5年度特別交付税の交付決定を行い、このうち令和6年能登半島地震の災害関連経費分は402億円となった。また、応援職員等の宿泊場所を石川県が一元的に確保

---

2 内閣府ホームページ「被災者の生活と生業（なりわい）支援のためのパッケージ」
（参照：https://www.bousai.go.jp/pdf/240125_shien.pdf）

する場合の費用に対する新たな特別交付税措置や、上下水道の災害復旧事業及び隣接住宅地も含めてエリア一体的な液状化対策を講じる「宅地液状化防止事業」に対する地方財政措置の拡充なども実施した。

税制に関しては、所得税等の申告・納付等の期限の延長を講じたほか、2月21日に成立（同日公布・施行）した「令和六年能登半島地震災害の被災者に係る所得税法及び災害被害者に対する租税の減免、徴収猶予等に関する法律の臨時特例に関する法律」（令和6年法律第1号）等に基づき、住宅・家財等の資産の損失の令和5年分の所得税及び令和6年度分の個人住民税の計算における雑損控除の適用、災害減免法の特例による令和5年分の所得税の減免、事業用資産の損失の令和5年分の所得税の計算上の必要経費への算入を可能とする等の措置を実施した。

このほか、個人住民税が全額免除される水準となった被災者を含む世帯について、非課税世帯等への物価高対策支援（合計10万円／世帯。こども加算5万円／人）の対象とすることとした。

（4）被災地に寄せられた善意の支援への対応

発災以降、避難所運営や重機によるがれき撤去などの被災者支援を専門とする270を超えるNPO等の専門ボランティア団体が被災地に入り、活動を行っている。また、1月2日より全国災害ボランティア支援団体ネットワーク（JVOAD）が石川県庁に入り、専門ボランティア団体、行政、社会福祉協議会等との情報共有会議を通じた情報共有・活動調整を行っている。

また、被災地の社会福祉協議会が主体となって、各市町に災害ボランティアセンターが設置されたことにより、ボランティア希望者の受付、刻々と変化する被災者のニーズとボランティアを結びつけるマッチング等が実施され、被災した住宅の片付けや災害ゴミの分別・運搬等の活動が行われている。特に今般の災害では、発災当初は被災地へのアクセス道路が限られることによる渋滞の発生や、被災地内での宿泊場所の不足等から、一般ボランティアが直接被災地入りすることを控えていただきたい旨の呼びかけが石川県等からなされた。このため、一般ボランティアは主に金沢市内等から発着するボランティアバスによって被災地入りすることとなり、多くの被災者が2次避難等により地域外に避難したためボランティアニーズの把握が困難だったことと相まって、過去の災害に比べてボランティアの活動人数は限定されることとなった。これに対し、石川県は国や関係機関と連携しつつ被災地内における宿泊拠点の確保を進め、ボランティア等支援者の活動環境の整備に取り組んだ。5月6日までのボランティアの活動人数は石川県、富山県、新潟県分あわせて延べ約9万人であった（石川県資料[3]及び全国社会福祉協議会調べ）。

石川県においては、被災された方々へのお見舞いとして寄せられた義援金（4月1日現在で約564億円）を公平に配分するため、石川県令和6年（2024年）能登半島地震災害義援金配分委員会を設置し、2月1日の第1回委員会以降、順次配分計画を決定した。これにより、石川県においては、第2回委員会までに、死者・行方不明者100万円、重傷者10万円、住家全壊100万円（いずれも第一次配分、第二次配分の合計）等の義援金の配分が決定された[4]。また、富山県においても同様に義援金配分委員会の決定に基づく義援金の配分が決定されたほか、新潟県、福井県においても予定されている。

3　石川県ホームページ「知事記者会見（令和6年5月8日）」
　　（参照：https://www.pref.ishikawa.lg.jp/chiji/kisya/r6_5_8/documents/0508_kisyakaikensiryou.pdf）

4　石川県ホームページ「令和6年（2024年）能登半島地震災害義援金配分委員会について」
　　（参照：https://www.pref.ishikawa.lg.jp/kousei/gienkinbussi/r6notohantoujishingienkin.html）

炊き出しを行う支援団体
出典：OPEN JAPAN

住家の片付けを行う一般ボランティア
出典：石川県

（5）令和6年能登半島地震復旧・復興支援本部の設置

　政府は、1月31日に、能登半島地震からの復旧・復興を関係省庁の緊密な連携のもと政府一体となって迅速かつ強力に進めるため、内閣総理大臣を本部長、全閣僚等を本部員とする「令和6年能登半島地震復旧・復興支援本部」を設置した。具体的には、1月25日の支援パッケージの取りまとめを受け、同本部において、①各府省の復旧・復興に向けた進捗状況の確認、②各府省の施策の整合性の確認、③予備費の執行等に係る連絡調整等を行うこととされた。同本部会議は2月1日以降計5回開催[5]され（5月8日現在）、被災地のニーズを受け止めながら、機動的・弾力的に予備費等を活用し、インフラ・ライフラインの復旧、被災者・被災事業者支援等により復旧・復興を推進している。

第3節　インフラ・ライフライン等の被害への対応

（1）インフラ関係

①道路

　能登半島の大動脈と言われる国道249号を始め、多くの道路に崩落、土砂崩れ、ひび割れ、段差が生じた。特に石川県においては、のと里山海道、国道249号、珠洲道路、七尾輪島線などの県管理道路で最大93か所が通行止めとなり（1月5日現在）、奥能登全体が孤立状態とも呼べるようなアクセスが困難な状態に陥った。多くの道路で通行止め等が発生した能登半島では、被災地に流入する車両が一部の道路に集中することにより、各地で渋滞が発生し、支援物資の運搬や復旧作業の支障となった。また、道路の通行止めにより33地区最大3,345人（1月5日現在）が支援を受けられない孤立状態に陥ったため、孤立集落の解消が喫緊の課題となった。

　このため、国土交通省では1月2日から幹線道路の緊急復旧に着手し、24時間体制を構築して地元を中心とした各建設業協会や一般社団法人日本建設業連合会の応援を受け、緊急復旧作業を順次実施した。特に沿岸部では被災箇所が多数確認されたため、自衛隊と連携し、内陸側・海側の両方からくしの歯状の緊急復旧も進めて、13方向で通路を確保した。その結果、1月9日には緊急復旧により半島内の幹線道路の約8割が通行可となり、さらに1月15日には約9割まで進捗した。これらにより、孤立集落は1月19日に実質的に解消したところであり、引き続き、水道・電力などの要望、被災地方公共団体の要請を踏まえ、道路管理者にとらわれず、国・県・市町が役割分担しながら緊急復旧を実施している。また、1月23日には権限代行により国が石川県に代わり本格復旧を代行することを決定し、復旧を進めている。

5　内閣府ホームページ「令和6年能登半島地震　復旧・復興支援本部」
　（参照：https://www.bousai.go.jp/updates/r60101notojishin/hukkyuhonbu.html）

国道249号中屋トンネル（輪島市）
出典：国土交通省

能越自動車道（穴水町）
出典：国土交通省

土砂崩れにより寸断された道路
出典：共同通信社

輪島市の孤立集落に続く道
出典：共同通信社

孤立住民避難支援を行う陸上自衛隊員
出典：防衛省

自衛隊ヘリによる孤立集落からの住民避難支援
出典：防衛省

②土砂災害・海岸

　3月28日現在において、土砂災害が440件発生（石川県409件、新潟県18件、富山県13件）し、特に石川県では6河川（14か所）で河道閉塞等を確認した。国は石川県と連携し、ＴＥＣ-ＦＯＲＣＥによる調査や監視カメラの設置など、監視体制を構築し、地方公共団体にも監視映像を提供するなど警戒避難体制を支援している。また、土砂災害発生箇所のうち、不安定な状態で斜面や渓流に土砂・流木が堆積し、今後の降雨により二次災害が発生するおそれが高い石川県河原田川、町野川及び国道249号の沿岸部において、国による緊急的な土砂災害対策を実施している。

海岸については、石川県の12海岸において堤防護岸損壊等の施設の被災を確認した。宝立正院海岸では、復旧工事を権限代行により国土交通省が実施することとし、地域の復興まちづくり計画と整合を図りながら本復旧を進めることとしている。

③鉄道

　発災直後、被災した各県で鉄道の運転が見合わせられたものの、北陸新幹線、ＪＲ北陸線は、1月2日から運転を再開した。レールのゆがみや支柱の傾斜等が生じたＪＲ七尾線（津幡－和倉温泉）は、1月15日から高松－羽咋間で、1月22日から羽咋－七尾間で、2月15日から七尾－和倉温泉間で運転を再開した。大規模な土砂流入や広範にわたる路盤損傷等、被害の規模が大きかった第三セクターののと鉄道七尾線（和倉温泉－穴水）では、ＴＥＣ-ＦＯＲＣＥや独立行政法人鉄道建設・運輸施設整備支援機構の鉄道災害調査隊（ＲＡＩＬ-ＦＯＲＣＥ）を現地に派遣し、被災状況調査や事業者に対する技術的助言等の支援を行った。また、特に被害の大きな土砂流入2箇所については、並行する国道249号等の道路復旧工事との事業間連携により、土砂撤去作業の早期着手や土砂搬出作業の円滑化を実現した。これらの取組により、2月15日には和倉温泉駅-能登中島駅間で、4月6日には全線で運転を再開した。また、運転再開までの間、代替輸送の情報について国土交通省ホームページ等で発信すること等を通じ、利用者の利便性の確保を行った。

④港湾・港湾海岸

　港湾に関しては、新潟県、富山県、石川県、福井県にある29港のうち、計22港湾（七尾港、輪島港、飯田港など）で岸壁や防波堤の損傷等の被害が確認された。特に被害が大きかった能登地域の港湾においては、石川県からの要請により七尾港、輪島港、飯田港、小木港、宇出津港、穴水港の計6港について、1月2日より「港湾法」（昭和25年法律第218号）第55条の3の3に基づき、港湾施設の一部管理を国土交通省が代行して実施することとなった。以後、各港湾で被災した施設の応急復旧等を進め、船舶による支援活動が展開されている。

輪島港における被害状況
出典：国土交通省

　また、2月1日には、石川県、富山県、七尾市からの要請により、上記6港に伏木富山港、和倉港、和倉港海岸、飯田港海岸を加えた計8港2海岸について、「大規模災害復興法」に基づき、被災した一部の港湾・海岸施設の本格的な復旧工事について、国土交通省が代行して行うこととなった。おおむね2年以内の復旧完了を目指し、取組を進めることとしている。

⑤航空

　能登空港は、滑走路等に多数の亀裂及び灯火等に損傷が生じたため、発災当初より閉鎖されたが、発災翌日からは救援ヘリコプターの受入れを開始し、1月12日には、救援機の受入れ時間の拡大や

滑走路の応急復旧により自衛隊固定翼機の受入れを開始した。1月27日からは能登－羽田間を1日1往復（発災前は1日2往復）、週3日での民間航空機の運航も再開され、4月15日からは毎日1日1往復で運航している（4月末現在）。今後は「大規模災害復興法」の適用による権限代行により、国土交通省が本格的な復旧工事を実施することとしている。

（2）ライフライン関係
①電力
　北陸電力送配電株式会社管内において、電柱の倒壊や断線により、1月1日に最大約4万戸が停電した。北陸電力送配電株式会社では、発災当初より電力各社や協力企業から作業員や電源車等の応援を受け、連日千人規模で対応し、道路啓開の進捗と併せて、優先すべき場所に工事車両、人員を投入して、配電線復旧重点工事、電源車等での代替供給を開始する等により、停電の続く避難所等における早期の停電解消に努めた。こうした復旧に向けた取組の結果、4月1日現在では、安全確保等の観点から電気の利用ができない家屋等（北陸電力送配電株式会社が保安上の措置を実施）を除き復旧した。

地震により倒壊した電柱
出典：北陸電力送配電株式会社

②ガス
　都市ガスについては、発災当初の段階で液状化の影響による導管被害等により一部で一時的に供給を停止したものの、1月5日には、ガス製造事業者や一般ガス導管事業の被害・供給支障については解消した。

　ガス小売事業（旧簡易ガス）については、住宅崩壊等により復旧困難な場所を除き、供給再開している。

　LPガスについては、供給基地や充填所等の設備支障があったものの、別の場所からの代替配送や被災地内の在庫のボンベの活用等により、供給面での支障が生じることはなかった。

③上水道・下水道
　石川県を始めとして新潟県、富山県、福井県、長野県、岐阜県の6県29市7町1村にある最大約136,440戸で配水管破損、管路破損等の被害により断水が生じた。5月8日現在、石川県内の2市（輪島市、珠洲市）の約3,110戸で、なお断水が続いている。浄水場の被害に加えて、耐震化されていない水道管で損傷が生じただけでなく、耐震管でも継ぎ手部分が抜けるなどの破断が生じた。こうした断水の状況に対し、まず応急給水活動として全国から給水車等が被災地に派遣され、発災から約

1か月後の1月31日現在では公益社団法人日本水道協会等から98台、自衛隊41台、国土交通省8台の計147台の給水車が被災地に派遣されていた[6]ほか、独立行政法人水資源機構の可搬式浄水装置が珠洲市に設置され、海上保安庁においても七尾港、輪島港岸壁に着岸した巡視船艇から自衛隊給水車等への給水を行った。水道施設の復旧に関しては、施設被害の甚大さとアクセスや宿泊拠点が制限される能登地域での支援の難しさから復旧作業は難航したものの、被害状況の調査や復旧計画の立案を行う水道事業体の技術職員が順次現地に派遣され、復旧作業が着実に進んでいる。

東京都水道局による応急給水活動
出典：国土交通省

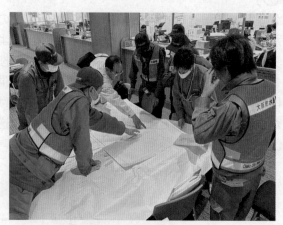

大阪市水道局と能登町との協議
出典：国土交通省

　また、下水道に関しても、1月5日より全国の地方公共団体の下水道職員や民間事業者（公益社団法人日本下水道管路管理業協会等）が下水道管路の復旧支援を実施したほか、1月7日からは地方共同法人日本下水道事業団により、稼働停止の下水処理場、ポンプ場の緊急支援を実施した。特に被害の大きかった石川県能登地域の6市町においても、4月1日現在では既に下水処理場及びポンプ場の稼働停止は解消している。現在、水道の復旧状況に遅れることがないよう、早期復旧に向けて、令和6年4月の水道行政の厚生労働省から国土交通省への移管も踏まえ、上下水道一体となって早期復旧に向けた支援が実施されているほか、集落排水施設、浄化槽と連動した復旧作業が進められている。

輪島市における送水管復旧工事
出典：国土交通省

珠洲市における仮設圧送管の布設工事
出典：国土交通省

6　厚生労働省ホームページ「石川県能登地方を震源とする地震について（第60報）」（別紙）
　　（参照：https://www.mhlw.go.jp/content/001200995.pdf）

④通信

　設備の故障や停電により、携帯電話の基地局の稼働停止が発生し、１月３日には、携帯電話事業者
４社の合計で839基地局が停波した。特に石川県においては、発災直後は８市町において支障エリ
アが発生し、被害の大きかった６市町（七尾市、輪島市、珠洲市、志賀町、穴水町、能登町）の通信
可能なエリアは、支障ピーク時において被災前の20〜30％まで減少した。携帯電話事業者各社では、
移動型基地局等（船上基地局、可搬型衛星アンテナ、有線給電ドローン、車載型基地局）を活用して
応急復旧を進めた結果、立入困難地点を除き応急復旧がおおむね終了したことが携帯電話事業者４社
より１月18日に公表された。本格復旧に関しては各社において商用電源の復旧、光ファイバーの張
替、基地局の修理等が進められている。また、通信インフラが復旧していない地域においては、総務
省による調整を通じて通信事業者から衛星通信機器が避難所などに提供され、インターネット通信に
活用された。

　固定電話については、他のライフラインと比較すれば発災後比較的速やかに復旧したものの、輪島
市の一部では、４月１日現在でも固定電話や光回線を使ったインターネット接続サービスが利用でき
ない状況が生じている。

船上基地局
出典：株式会社ＮＴＴドコモ

衛星通信機器
出典：ＫＤＤＩ株式会社

⑤放送

　放送インフラに関しては、地上波テレビ・ラジオが発災当初、商用電源の供給停止によって稼働し
ていた予備電源の燃料枯渇等により一部エリアで停波となったため、被災者が信頼できる情報を入手
できるよう、商用電源が復旧していない中継局への自衛隊等との連携等による燃料補給、ＮＨＫ金沢
局の番組の放送への衛星放送の活用、避難所等へのテレビ・アンテナの設置等の措置が取られ、その
後の商用電源の復旧もあり、１月24日には全域で停波が解消している。また被災地域はケーブルテレ
ビの依存度が高く（能登町96.4％、珠洲市70.1％等）、主センター施設までの復旧が迅速になされ
たほか、ケーブルの断線等による伝送路の復旧が進められている。

（３）公共施設等
①文教施設

　新潟県、富山県、石川県を中心に国立学校32校、公立学校888校、私立学校102校、社会教育・
体育・文化施設等761件の物的被害が確認された（４月１日現在）。特に被害の大きかった石川県内
では冬休み明けの１月９日には公立学校86校が休校し（２月６日までに短縮授業やオンライン学習
等を活用しつつ、全ての学校で一定の教育活動が再開）、輪島市や珠洲市、能登町の中学校では金沢
市・白山市の施設へ集団避難が実施された。また、多くの学校が避難所として使用されることとなっ
た。

②医療・社会福祉施設

　医療施設については、4月1日現在で石川県内の19施設など最大計26施設で被災が確認され、2医療機関において倒壊の危険のある建物がある（建物内の患者は搬送済み）。3施設で停電が、23施設で断水が発生していたが、4月1日現在においては、石川県内全ての医療機関の断水は復旧した。被災地における医療体制確保の中心となる能登北部公立4病院においては、発災直後からDMAT等による診療・広域避難支援や看護師の応援派遣により、必要な医療機能が維持された。

　社会福祉施設については、高齢者関係施設で、石川県内の191施設など最大計307施設で被災が確認され、30施設で停電が、161施設で断水が発生していた。4月1日現在において、うち71施設で断水が続いている。また、障害者関係施設においても、石川県内の41施設など最大計48施設で被災が確認され、6施設で停電が、30施設で断水が発生していた。4月1日現在において、うち1施設で停電が、28施設で断水が続いている。避難生活の長期化等を踏まえ、DMAT等が中心となり、被災地の高齢者関係施設から、被災地外の医療機関や高齢者関係施設、1.5次避難所（次節参照）に要介護高齢者等が搬送された。また、被災地における高齢者関係施設や障害者関係施設においては介護職員の応援派遣等により、介護・障害福祉サービスの提供体制確保に必要な支援を実施した。

③文化財

　新潟県、富山県、石川県を中心に文化財等計401件（うち国宝（建造物）2件、重要文化財は建造物55件及び美術工芸品6件）が被害を受けたほか、世界遺産4件、日本遺産40件の被害も確認された（4月1日現在）。また、国の重要無形文化財である輪島塗の工房や店舗なども大きな被害を受けた。

第4節　被災者生活支援等

（1）避難生活（2次避難含む）

　被災地では12万棟を超える住家被害が発生したため、発災直後より多くの被災者が長期にわたる避難生活を送ることとなった。発災直後（1月2日5時現在）は、1道1府9県の約1,300ヶ所の避難所が開設され、避難者数は5万人を超えた。翌3日6時現在では、新潟県、富山県、石川県の3県で約480ヶ所の避難所が開設され、約3万人が避難していた。避難所には食料・衣料等の生活必需品や、段ボールベッド、パーティション、仮設トイレ等の避難所環境整備に必要な資材がプッシュ型支援により届けられたほか、水道の断水のためトイレトレーラーの派遣や水循環型のシャワー設備等が設置された。また、一般的な避難所では生活に支障が想定される、高齢者、障害者、乳幼児その他の特に配慮を要する者（以下「要配慮者」という。）などを受け入れる福祉避難所も開設された。

　避難所運営は、被災した地方公共団体の職員が担うほか、全国から応援派遣された地方公共団体職員や被災地入りしたNPO等の専門ボランティア団体等によって支援された。避難所運営を含めた支援者の宿泊環境の改善のためトレーラーハウスやコンテナハウス等も数多く被災地に届けられて活用された。被害の大きかった石川県では発災直後は約3万人が避難していたが、その後は減少し、5月8日現在では石川県の275避難所で約4千人が避難生活（2次避難等含む）を続けている（**図表2-3**）。

図表2-3　避難所への避難者数の推移

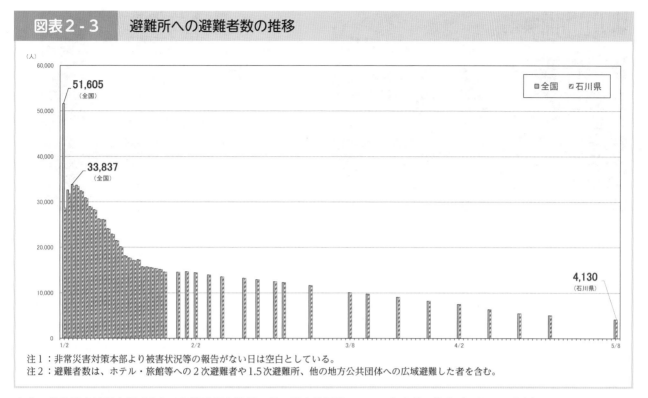

注1：非常災害対策本部より被害状況等の報告がない日は空白としている。
注2：避難者数は、ホテル・旅館等への2次避難者や1.5次避難所、他の地方公共団体への広域避難した者を含む。

出典：非常災害対策本部「令和6年能登半島地震に係る被害状況等について」を基に作成（5月8日現在）
　　　（参照：https://www.bousai.go.jp/updates/r60101notojishin/r60101notojishin/index.html）

パーティションの設置（能登町）
出典：内閣府

キッチンカー（大阪府から派遣）
出典：内閣府

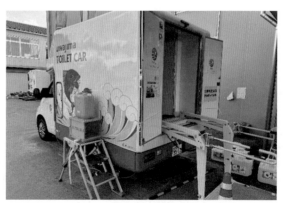

トイレカー（愛媛県宇和島市から派遣）
出典：内閣府

岸田内閣総理大臣による
輪島市の避難所視察（1月14日）
出典：内閣府

松村内閣府特命担当大臣（防災）及び
古賀内閣府副大臣による志賀町の避難所視察（2月10日）
出典：内閣府

　能登地域の被災地では、道路の寸断により多くの孤立集落が発生したほか、孤立していない地域においても上下水道や電気等のライフラインの被害により日常生活を送ることが困難となり、特に高齢者等の災害関連死も懸念されたため、石川県において被災者を環境が整ったホテル・旅館等に避難（2次避難）させることとなった。受入先となるホテル・旅館等を確保するため、観光庁を中心として旅行業界との調整が図られ、1月9日には約5,000人分の宿泊施設が確保され、さらに2月末までの間に全国で約31,000人分が確保された。宿泊施設の迅速な確保に向けて1泊当たりの災害救助費の利用額の基準が特例的に7,000円から10,000円に引き上げられた。また、いしかわ総合スポーツセンター（金沢市内）等に一時的な避難所（1.5次避難所）が開設され、高齢者等の要配慮者を中心に最大で367人（1月21日）の避難者を受け入れた[7]。2次避難所への避難に関しては、石川県において、自衛隊ヘリによる空輸支援及び国土交通省が確保したバス・タクシーも活用して1月8日までに小松市等の2次避難所に196人が避難した[8]ことを皮切りに、県内外の2次避難所となるホテル・旅館等に最大5,275人（2月16日）が避難した（**図表2-4**）[9]。

　1.5次避難所では、高齢者や障害者などの要配慮者が安心して暮らすことができるよう、診療体制の構築や介護職員等の派遣、生活相談窓口の開設（生活福祉資金の貸付）、1.5次避難所に避難している高齢者の県内外の福祉施設への入所調整などが行われている。

　避難者数は被災地のライフライン復旧や仮設住宅建設が進むにつれて減少しており、5月8日現在で、1.5次避難所では64人（累計1,495人）、2次避難所では1,729人（累計10,999人）の被災者が避難生活を続けている（**図表2-5**）。

7　石川県ホームページ「第27回災害対策本部員会議」（p21、28）
　　（参照：https://www.pref.ishikawa.lg.jp/saigai/documents/0121shiryo.pdf）

8　石川県ホームページ「第16回災害対策本部員会議」（p25）
　　（参照：https://www.pref.ishikawa.lg.jp/saigai/documents/0109kaigisiryou.pdf）

9　内閣府ホームページ「令和6年能登半島地震に係る検証チーム（第3回）」（資料2、p1）
　　（参照：https://www.bousai.go.jp/updates/r60101notojishin/pdf/kensho_team3_shiryo02.pdf）

図表2-4	主な2次避難の状況 （2月16日）

1.5次避難所（いしかわ総合スポーツセンター）
出典：内閣府

※2月16日現在における2次避難先の状況をすべて図示したものではない。

出典：内閣府資料

図表2-5	石川県の2次避難者数の推移

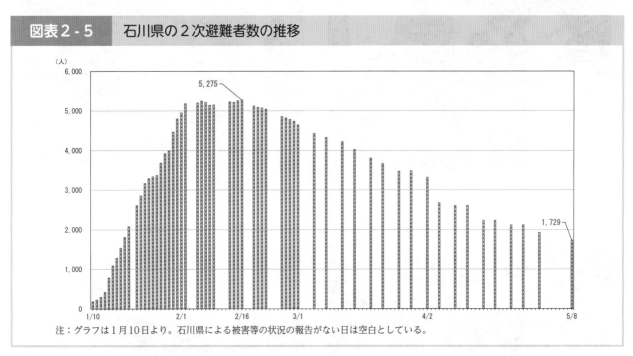

注：グラフは1月10日より。石川県による被害等の状況の報告がない日は空白としている。

出典：石川県「被害等の状況について」を基に作成（5月8日現在）
　　（参照：https://www.pref.ishikawa.lg.jp/saigai/202401jishin-taisakuhonbu.html#higai）

　被災者の医療支援を行うため、医療支援チーム（DMATやJMAT等）が被災地の医療ニーズを把握し、病院支援や医療支援などを行ってきた。また、被災県以外の都道府県及び指定都市から派遣されたDHEATが保健所等の指揮調整機能を支援するとともに、保健師、管理栄養士等が各市町で作成した住民のリストに基づき巡回訪問等を実施し、避難所や自宅等で避難生活を送る被災者の健康管理を行ってきた。

　JDA-DATは、特殊栄養食品（嚥下困難者用食品、アレルゲン除去食品、液体ミルク等）が必要な方に必要な食品を提供する拠点（特殊栄養食品ステーション）を設置するとともに、避難所（1.5次避難所含む）や在宅の要配慮者等への継続的な個別の栄養アセスメントと、その結果を踏まえた栄養・食生活支援を行った。

　DWATは、避難所（1.5次避難所含む）における福祉的支援と併せて、避難所を拠点として周辺の在宅避難者に対しても生活の困り事等の相談支援等も実施している。在宅高齢者・障害者等に対しては、介護支援専門員や相談支援専門員等の福祉の専門チームが、保健師等と連携しながら個別訪問を行い、状況確認を実施している。

　災害に便乗した犯罪から被災者を守り、安全・安心を確保するため、警察では、全国から特別派遣部隊を派遣し、パトカー等による被災地のパトロールや避難所における警戒を実施するとともに、避難所において相談対応や防犯指導等を行ったほか、避難所等へ防犯カメラを設置した。

DMATによる医療支援（輪島市）
出典：厚生労働省

1.5次避難所内に設置したDWATによる
「なんでも福祉相談コーナー」
出典：厚生労働省

保健師による巡回訪問（輪島市）
出典：厚生労働省

保健師による健康管理（輪島市）
出典：厚生労働省

【コラム】
能登半島地震における男女共同参画の視点による取組

　これまでの災害では、防災の意思決定過程や災害対応の現場への女性の参画が十分確保されず、被災者支援において女性と男性で異なるニーズに適切に対応されないといった課題が生じた。

　こうした観点から、今般の令和6年能登半島地震において、内閣府男女共同参画局は発災直後から被災地方公共団体に対し、「男女共同参画の視点からの防災・復興ガイドライン」に基づく取組を要請。さらに同局職員を非常災害現地対策本部に派遣して、男女共同参画の視点に立った避難所の開設・運営について支援を行った。1.5次避難所における具体的な取組としては、ガイドラインに掲載されている「避難所チェックシート」に基づき、石川県の協力を得て、女性用トイレへの生理用品の配置及び女性避難者用休養スペース・キッズスペース・授乳室の設置等に取り組んだほか、県の主導で避難所の運営管理への女性の参画を進め、物資配布担当への女性職員の配置等を行った。

　また、避難所等における性被害・性暴力や配偶者等からの暴力の防止等のため、石川県が作成したポスターの掲示等による啓発、SNSや啓発カードを活用した被害にあった場合の相談先の周知、防犯ブザーの被災市町への配布（プッシュ型支援により4,200個）等を実施した。

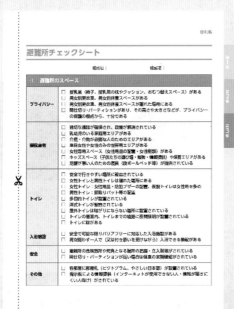

1.5次避難所（いしかわ総合スポーツ
センター）のキッズスペース
出典：内閣府

出典：「男女共同参画の視点からの防災・復興ガイドライン」
　　　第3部便利帳「避難所チェックシート」
　　　（参照：https://www.gender.go.jp/policy/
　　　saigai/fukkou/pdf/guidelene_07.pdf）

（2）住まいの確保

　被災地では12万棟を超える住家が被害を受け、被災者の住まいの確保が喫緊の課題となった。特に甚大な被害を受けた奥能登地域では、応急仮設住宅の建設に適した平地が限られることに加え、建設工事従事者のための宿泊拠点が少なく、また、水道等のライフライン復旧にも時間を要する中、住まいの確保に向けた取組が進められた。

住宅再建の前提となる被害認定調査や罹災証明書発行のため、内閣府では、1月13日に罹災証明書の申請や被害認定調査の実施に関する留意事項（外観調査の簡素化、写真等を活用した判定、空中写真等を活用した一括全壊判定による迅速化など）を示し、調査や交付の迅速化に関する周知を図るとともに、その後も迅速かつ適切に被害認定調査及び罹災証明書の交付が行われるよう、新潟県、富山県及び石川県内の関係市町村に対し助言した[10]。このほか、1.5次避難所等においても罹災証明書の交付手続ができるよう窓口が設けられたほか、マイナンバーカードを利用してマイナポータルから罹災証明書の発行を申請できるなどオンライン申請の取組が各地方公共団体で進められている[11]。

避難者の方々に対する応急的な住まいに関する支援としては、「応急仮設住宅（建設型）」の他に、民間賃貸住宅を借上げて供与する「賃貸型応急住宅（みなし仮設）」、「公営住宅等の提供」等があり、石川県が県内外の地方公共団体や国と連絡調整を行い、地域の実情、提供までに要する時間等を総合的に勘案しながら、順次、応急仮設住宅等を提供してきた。

①応急仮設住宅（建設型）

応急仮設住宅（建設型）は、1月12日に輪島市と珠洲市で、15日からは能登町と穴水町で着工した。5月8日現在で応急仮設住宅（建設型）の着工戸数は5,771戸であり、うち3,557戸が完成している。建設にあたっては、ムービングハウス、トレーラーハウス、プレハブ、木造（長屋型）など多様な応急仮設住宅の建設を進めている。また、石川県は従来型の建設を進めるとともに、里山里海景観に配慮した木造長屋タイプのまちづくり型の建設を拡大し、さらには地元集落を離れ、賃貸型応急住宅（みなし仮設）等で生活する被災者がふるさとに回帰できるように木造戸建てタイプのふるさと回帰型の建設も進めている。

ムービングハウス（珠洲市）

トレーラーハウス（志賀町）

プレハブ（輪島市）

まちづくり型（輪島市）　ふるさと回帰型（イメージ）

出典：内閣府資料

10　内閣府ホームページ「令和6年能登半島地震に係る罹災証明書の迅速な交付に向けた留意事項等について」（令和6年1月13日事務連絡）
　　（参照：https://www.bousai.go.jp/updates/r60101notojishin/pdf/tsuuchi_r60113_seirei.pdf）

11　デジタル庁ホームページ「【令和6年能登半島地震】罹災証明書（り災証明書）のオンライン申請について」
　　（参照：https://www.digital.go.jp/2024-noto-peninsula-earthquake#ishikawa）

②賃貸型応急住宅（みなし仮設）

　石川県は民間賃貸住宅を活用した賃貸型応急住宅（みなし仮設）の確保を進めており、石川県において約4,500戸を確保し、5月8日現在の入居決定戸数は3,549戸となっている。また、石川県から近隣県に転居する場合の提供可能戸数は新潟県1,000戸、富山県1,500戸、福井県1,200戸となっている。

③公営住宅等の提供

　国土交通省は、4月1日現在で、即入居可能な公営住宅等を全都道府県において約9,300戸確保し、入居済み戸数は約800戸となっている。また、高齢者が安心して暮らせるよう各種相談等に対応する「生活支援アドバイザー」を配置したＵＲ賃貸住宅を全国で300戸確保した。

　また、財務省は、4月1日現在で、北陸4県の即入居可能な国家公務員宿舎等の情報として、新潟県107戸、富山県188戸、石川県139戸、福井県101戸を提供しており、石川県の要請を受け、石川県の国家公務員宿舎105戸の使用を許可した。

（3）災害廃棄物の処理等

　今回の地震による被災家屋からの片付けごみ、全壊・半壊建物の解体に伴う災害廃棄物の発生量は、石川県内だけでも約244万トンと推計されている[12]。

　被災地の復旧・復興のためには損壊家屋の早期解体を進める必要があり、申請に基づき市町が所有者に代わって解体・撤去する公費解体が進められている。特に被害の大きい石川県内の6市町（七尾市、輪島市、珠洲市、志賀町、穴水町、能登町）等では公費解体の申請受付・契約事務の加速化のために、災害廃棄物処理の知見・経験を有する環境省職員や地方公共団体職員によるマネジメント支援とともに、応援地方公共団体職員派遣により、申請受付等の支援を行っている。被災市町村の災害廃棄物処理を支援する「災害等廃棄物処理事業費補助金」について、損壊家屋等の公費解体・撤去において全壊家屋に加えて半壊家屋を特例的に支援の対象とするとともに、国庫補助の地方負担に対して95％の交付税措置を講じるほか、被災市町村の財政力に鑑みて災害廃棄物処理の財政負担が特に過大となる場合に、県が設置する基金を活用して地方負担額を特例的に軽減することにより、円滑・迅速な災害廃棄物処理に向けた支援を行っている。被災市町においては、倒壊のおそれがあるなど解体の優先度の高い家屋から公費解体が進められており、5月5日現在で石川県内356棟の解体が実施された。4月は100班規模、5月以降は500から600班規模の解体事業者が順次現地入りし、石川県災害廃棄物処理実行計画の目標年次である令和7年10月の解体工事完了を目指し、解体工事の加速化を図っている。

12　石川県ホームページ「令和6年能登半島地震に係る石川県災害廃棄物処理実行計画（令和6年2月29日）」（p5）
　　（参照：https://www.pref.ishikawa.lg.jp/haitai/documents/jikkoukeikaku.pdf）

公費解体状況（穴水町）
出典：環境省

仮置き場への災害廃棄物の搬入状況（穴水町）
出典：環境省

第5節　生業（なりわい）再建支援等

（1）中小・小規模事業者の支援

　石川県を中心とする北陸地方等において製造業、中小企業の建物や設備の損傷等の被害が多数発生した。4月1日現在、被災地域外のサプライチェーンにも影響を及ぼしうる業種については、9割超が生産を再開又は再開の目処が立っている状況である一方、繊維、工芸品については、約2割の企業において生産再開の目処が立っていない状況となっている。特に、地震の揺れや輪島朝市通りの火災で店舗や工房の多くが倒壊・焼失した輪島塗など、被災地の重要な地場産業である伝統産業も甚大な被害を受けた。

　被災事業者の再建支援のため、政府は1月11日に本災害を激甚災害（地域を限定しない本激）に指定し、「中小企業信用保険法」（昭和25年法律第264号）による災害関係保証の特例を適用した上で、1月25日には生業再建のための措置を含む支援パッケージを取りまとめた。中小企業庁等においては、被災事業者による施設・設備等の復旧費用を、石川県では最大15億円、新潟県、富山県、福井県の3県では最大3億円を補助する中小企業特定施設等災害復旧費補助金（なりわい再建支援事業）や、事業再建に係る費用を最大200万円補助する小規模事業者持続化補助金、被災地の商店街のアーケード・街路灯等の復旧や集客イベント開催への支援、そのほか日本政策金融公庫等による金融支援等を行っている。また、新型コロナウイルス感染症や令和5年5月の地震による事業への影響が続く中で、既往債務による二重債務問題に対応するため、「能登半島地震復興支援ファンド」を設立したほか、被災事業者の復旧・復興に向けた資金繰り支援を始めとする各種相談体制を構築し、上記ファンドでの債権買取支援等につなげるために「能登産業復興相談センター」を開設した。加えて、コロナ禍での民間金融機関による実質無利子・無担保融資（民間ゼロゼロ融資）等の返済条件変更時の追加保証料をゼロとする支援も行っている。さらに、伝統産業の復興については、輪島塗仮設工房の設置や、事業継続に必要な道具・原材料の費用を最大1,000万円補助する等の支援を行っている。

岸田内閣総理大臣による輪島塗事業者との車座対話（2月24日）
出典：首相官邸ホームページ

（2）農林水産業の支援

　今般の災害により、農業においては、農地や農道、用排水路、ため池等の農業用施設の損壊に加え、畜舎や農業用ハウス、共同利用施設等が損壊したほか、農業・畜産用機械の被害が多数発生した。また、林野関係においては、広範囲での山地崩壊、林道等の被害や、木材加工流通施設や特用林産振興施設の被害が発生した。水産業においては、津波や地盤の隆起等により、漁船の転覆、沈没、座礁や漁港施設の損壊、共同利用施設の損傷等多くの被害が発生した。特に、世界農業遺産に登録された「能登の里山里海」のシンボルでもある白米千枚田（棚田）で大きな被害が生じたことや、イカ釣り漁船の拠点港として知られる鹿磯漁港（輪島市）をはじめとして、多くの漁港で地盤の隆起等により出漁できない状態が続いていることが、被災地の主要産業でもある一次産業の象徴的な被害となっている。

白米千枚田の亀裂
出典：内閣府

岸田内閣総理大臣による白米千枚田の視察（2月24日）
出典：首相官邸ホームページ

鹿磯漁港における地盤の隆起（輪島市）
出典：水産庁

農林水産関係の支援のため、農林水産省は、機械・ハウス・畜舎等の再建・修繕への補助、水稲作の継続や他作物への転換のための種子・種苗の確保、農業用ハウス資材等の営農再開に向けた生産資材の導入、農作業委託への補助、漁船・漁具の復旧への補助、木材加工流通施設等の復旧・整備への補助、山地崩壊箇所の復旧・整備への補助、農地や農業用施設の復旧への補助を行っており、特に農地・農業用施設の復旧は激甚災害（地域を限定しない本激）指定により高い国庫補助率となっている。

林野関係に関しては、輪島市・珠洲市等で大規模な山腹崩壊などが発生し、そのうち被害が甚大な奥能登地域7ヶ所について、国直轄による災害復旧等事業に着手し、本格復旧に向けて継続的に支援している。

水産業に関しては、石川県内69漁港のうち60漁港で被災し、輪島市・珠洲市を中心に地盤隆起が多数確認された。これまでの方法での復旧に加えて、特に地盤隆起等による被害が大きい漁港（約20漁港）については、短期的な生業再開のための仮復旧と、中長期的な機能向上のための本復旧（泊地の浚渫や隣接地への沖出し等）の2つのフェーズに分けた復旧が必要であり、「大規模災害復興法」に基づく水産庁による代行工事（鵜飼漁港海岸、狼煙漁港）など、復旧工事を支援している。また、輪島港で海底隆起等により身動きが取れなくなった漁船（約200隻）をサルベージ船により移動しているほか、漁業者による漁場復旧の取組支援として状況調査、漂流・堆積物の除去、漁場環境の復旧・回復の活動を支援している。

今後、地域の将来ビジョンを見据えた復興方針の検討、復旧と連携した農地・農業用施設等の機能向上、景観にも配慮した棚田の復旧や観光とも連携した持続可能な里山づくり、山地災害発生の危険性が高い荒廃地における治山対策・森林整備、里海資源を活かした海業振興等の漁港施設等の機能向上等を支援することとしている。

（3）観光復興等への支援

地域の主要産業のひとつである観光産業もこの災害により大きな被害を受けた。4月1日現在で、能登地域についてはほとんどの宿泊施設で甚大な被害が出ており、稼働できていないほか、金沢・加賀地域等の石川県内の宿泊施設、新潟県、富山県及び福井県の宿泊施設は、稼働しているものの多数のキャンセルや予約控えが発生している。また、能登地域の代表的な観光地である輪島朝市は火災により約240棟、約49,000㎡が焼失して再建の目処が立っておらず、有数の温泉街である和倉温泉（七尾市）では20余りの旅館・ホテルが全て被害を受けたが、一部の施設では支援者向けの宿泊拠点としての活用も行われている。

観光産業の復興支援のため、生業（なりわい）再建支援等の中小・小規模事業者支援策や、雇用調整助成金の特例等による被災事業者の従業員の雇用維持に加え、観光庁等においては、観光需要・経済活動の回復や風評被害の払拭等を図るため、3月16日の北陸新幹線金沢－敦賀間開業の機会も捉え、1月26日より被災地を始めとして北陸地域に関する正確な情報の発信、被災地の観光復興・北

陸地域全体の誘客に資するプロモーションを重点的に行っている。また、旅行需要喚起策として３月16日より「北陸応援割」（補助率50％、最大２万円／泊）を実施し、さらに能登地域については復興状況を見ながらより手厚い旅行需要喚起策を検討することとしている。このほか、ふるさと納税を活用した特産品販売、旅行等を促進する。

出典：北陸応援割ポータルサイト（参照：https://oen.hk.campaign-management.jp/）

第6節　復興に向けたまちづくり

（1）復興まちづくり支援

　今後、甚大な被害を受けた奥能登地域を中心に、被災市町において復興まちづくりに向けた議論が進められることとなるが、被災市町における復興まちづくりを支援するため、国土交通省では７市町（七尾市、輪島市、珠洲市、志賀町、中能登町、穴水町、能登町）において被害状況の把握や住民アンケート等直轄調査を３月から順次実施することにより復興まちづくり計画の策定を支援するとともに、４月からは国土交通省職員による地区担当の配置、独立行政法人都市再生機構（ＵＲ都市機構）による技術支援、関係省庁連携による横断的支援等により計画段階から事業段階まで復興まちづくりを継続的に支援することとしている。

　また、内閣府及び内閣官房において、被災地方公共団体が復興まちづくりを検討する際に活用できるよう、復興まちづくりのアイデアやヒント、事業を進める際の留意点等を整理したものを２月22日に「復興まちづくりに当たっての参考資料」として取りまとめ、公表した。

（2）液状化対策

　国土交通省では、発災以降、ＴＥＣ−ＦＯＲＣＥによる現地調査を実施したほか、国・県・被災市町村による会議などを通じて、液状化対策に関する支援制度や取組事例について情報提供してきた。

　また、液状化に伴い地表面が横方向に移動する、いわゆる「側方流動」が発生し、特に著しい液状化被害が集中した地域については、地形・地質等の条件を踏まえた効率的な対策工法を検討することとしている。

　加えて、地方公共団体が実施する、公共施設と隣接宅地等の一体的な液状化対策に対する支援策である「宅地液状化防止事業」について、補助率を通常の１／４から１／２に引き上げるとともに、効果促進事業により、被災者が地方公共団体の支援を受けて、宅地液状化防止事業実施の際に支障となる被災した地盤や住宅基礎の復旧等を行う場合に、国と地方公共団体で最大２／３で補助を行うことができると示すなど、支援策の強化を行い、被災市町村による取組を支援している。

　被災地の円滑な復旧・復興に向けては、宅地液状化防止事業により面的な液状化対策などを行うことが重要となるため、国の直轄調査によって得られた知見の活用などにより、被災した地方公共団体

に対する技術的支援を行い、可能な限り広い範囲で早期の事業化が実現するよう支援することを通じて、液状化による被害が再び発生しないようなまちづくりを推進していくこととしている。

内灘町における液状化被害状況
出典：国土交通省

松村内閣府特命担当大臣（防災）による
富山県の液状化被害現場視察（1月20日）
出典：内閣府

　令和6年能登半島地震による被災地の復旧・復興支援はいまだ途上であり、今後も継続的に取り組んでいく必要がある。一方、今般の災害から得た経験、教訓を踏まえて、災害対応を不断に見直していくことが重要であり、令和6年能登半島地震においても、一連の災害対応を振り返る中で浮かび上がった課題を乗り越える方策や、災害対応上有効と認められる新技術等を洗い出し、初動対応・応急対策を強化するための措置等について、今後の対策に反映する必要がある。

　このため、令和6年能登半島地震における地方公共団体支援、避難所運営、物資調達・輸送などの発災後の災害応急対応について、対応に当たった職員の経験を収集し、整理するため、内閣官房副長官補を座長とし、関係府省庁の幹部級職員を構成員とする「令和6年能登半島地震に係る検証チーム」を開催した[13]。

　本検証チームでは、今回の災害応急対応について評価できる点と改善すべき点を抽出し、現在も復旧等に向けた取組が行われている被災地を含め、今後の災害対応に活かしていくことを目的として、点検作業を行うこととしている。点検の対象とする災害応急対応として、「令和6年能登半島地震被災者生活・生業再建支援チーム」を立ち上げて各府省庁が連携して対応した地方公共団体支援、避難所運営及び物資調達・輸送の3分野のほか、半島という地理的制約の中で、これまでの災害対応と比較しても困難な状況の下、初動対応・応急対策に大きく貢献したスタートアップの新たな技術にも焦点を当てることとした。

　令和6年能登半島地震から得られた経験・教訓については、本検証チームの自主点検に加え、有識者を交えた検討を行い、制度面や運用面での改善につなげ、今後の災害対応に活かしていくこととしている。

13　内閣府ホームページ「令和6年能登半島地震に係る検証チーム」
　　（参照：https://www.bousai.go.jp/updates/r60101notojishin/kensho_team.html）

【コラム】
災害時におけるインターネット上の偽・誤情報対策

災害時におけるインターネット上の偽・誤情報の流通・拡散は、迅速な救命・救助活動や円滑な復旧・復興活動等の妨げになりかねないものであり、また犯罪にもつながり得るものであることから、救命・救助、復旧・復興などの対応と併せて、当該問題への対応は重要である。

令和6年能登半島地震においては、「不審者・不審車両への注意を促す不確実な投稿」「存在しない住所が記載されるなど、不確かな救助を呼びかける投稿」といった真偽の不確かな投稿が流通したと指摘されている。総務省では、SNSの活用等により、偽・誤情報に惑わされないよう注意喚起を行っているほか、主要なSNS等のデジタルプラットフォーム事業者に対して、明らかに事実と異なり、社会的に混乱を招くおそれのある情報の削除など、利用規約等を踏まえた適正な対応をとっていただくよう総務省を通じて要請を行った。

また、「被災者の生活と生業（なりわい）支援のためのパッケージ」において、「被災地におけるネット上の偽・誤情報対策」として、被災地の住民を始めとする国民の皆様に対する様々な広報手段を複層的に組み合わせた注意喚起の実施、偽・誤情報対策に係る技術の活用などの施策を推進している。

なお、総務省では、「デジタル空間における情報流通の健全性確保のあり方に関する検討会（座長：宍戸常寿 東京大学大学院法学政治学研究科教授）」において、国際的な動向を踏まえつつ、表現の自由をはじめとする様々な権利・利益に配慮しながら、デジタルプラットフォーム事業者を含む幅広い関係者の意見を踏まえて、総合的な対策を検討しているほか、啓発教育教材「インターネットとの向き合い方～ニセ・誤情報に騙されないために～」を作成・公表している。

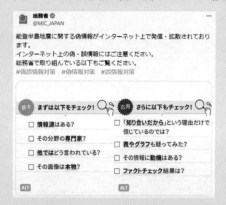

総務省公式X①（令和6年1月2日）

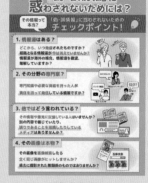

政府広報

総務省公式X②（令和6年1月15日）

啓発教育教材

（参照：総務省ホームページ　https://www.soumu.go.jp/use_the_internet_wisely/special/nisegojouhou/）[1]
（参照：総務省ホームページ　https://www.soumu.go.jp/use_the_internet_wisely/special/fakenews/）[2]
（参照：政府広報オンラインお役立ち記事　https://www.gov-online.go.jp/article/202403/entry-5920.html）[3]
（参照：政府広報オンラインX　https://x.com/gov_online/status/1749982855172595722?s=46）[4]

1 　　2 　　3 　　4

我が国は、その自然的条件から各種の災害が発生しやすい特性を有しており、令和5年度において
も、令和6年能登半島地震を始めとした多くの災害により被害が発生した。第1部では、最近の災害
対策の施策、特に令和5年度に重点的に実施した施策の取組状況を中心に記載する。

第**1**章 災害対策に関する施策の取組状況

第**1**節 自助・共助による事前防災と多様な主体の連携による防災活動の推進

1-1 国民の防災意識の向上

我が国ではその地形や気象などの自然的条件により、従来から多くの自然災害を経験してきた。こ
のため、平常時においては堤防の建設や耐震化など災害被害の発生を防止・軽減すること等を目的と
したハード対策と、ハザードマップの作成や防災教育など災害発生時の適切な行動の実現等を目的と
したソフト対策の両面から対策を講じて、万が一の災害発生に備えている。また、災害発生時には、
災害発生直後の被災者の救助・救命、国・地方公共団体等職員の現地派遣による被災地への人的支
援、被災地からの要請を待たずに避難所や避難者へ必要不可欠と見込まれる物資を緊急輸送するプッ
シュ型の物資支援、激甚災害指定や「被災者生活再建支援法」（平成10年法律第66号）等による資
金的支援など、「公助」による取組を絶え間なく続けているところである。

しかし、今後発生が危惧される南海トラフ地震や日本海溝・千島海溝沿いの巨大地震、さらに近年
激甚化・頻発化する気象災害等によって広域的な大規模災害が発生した場合において、「公助」の限
界が懸念されている。

阪神・淡路大震災では、生き埋めになった人の約8割が家族も含む「自助」や近隣住民等の「共
助」により救出されており、「公助」である救助隊等による救出は約2割程度に過ぎなかったという
調査結果がある（**図表1-1-1**）。

市町村合併による市町村エリアの広域化や地方公共団体の公務員数の減少など、地方行政を取り巻
く環境が厳しさを増す中、高齢社会の下で配慮を要する者は増加傾向にある。このため、国民一人一
人が災害を「他人事」ではなく「自分事」として捉え、防災・減災意識を高めて具体的な行動を起こ
すことにより、「自らの命は自らが守る」「地域住民で助け合う」という防災意識が醸成された地域社
会を構築することが重要である。

| 図表1-1-1 | 阪神・淡路大震災における救助の主体と救出者数 |

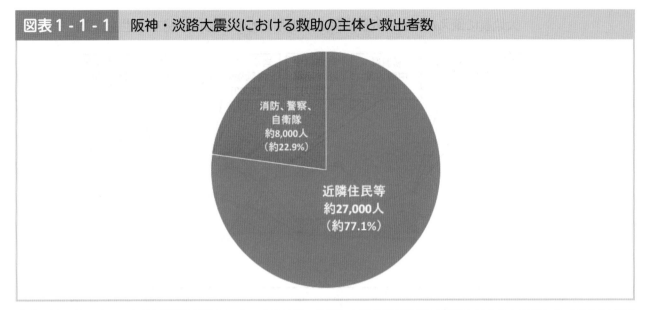

出典：河田惠昭（1997）「大規模地震災害による人的被害の予測」自然災害科学第16巻第1号より内閣府作成（平成28年版防災白書　特集「未来の防災」掲載）

　防災・減災のための具体的な行動とは、まずは「自助」として、地域の災害リスクを理解し、家具の固定や食料の備蓄等による事前の「備え」を行うことや、避難訓練に参加して適切な避難行動を行えるように準備すること、台風の接近時などに、住民一人一人に合わせて、あらかじめ時系列で整理した自分自身の避難行動計画（マイ・タイムライン）を作成することなどが考えられる。また、発災時における近所の人との助け合い等の「共助」による災害被害軽減のための取組が必要である。

　内閣府が令和4年9月に実施した「防災に関する世論調査」の結果によると、「自助」の重要性の認識や具体的な対策を講じる動きは、阪神・淡路大震災、東日本大震災といった大災害を経て、着実に国民の間に浸透している（**図表1-1-2**）。しかし、熊本地震が発生し、大きな被害をもたらしたにもかかわらず、その後に実施した平成29年の調査では、例えば「家具等の固定」が40.6％となるなど、「自助」の取組の実施率は頭打ち傾向にある。また、直近の令和4年の調査は、平成29年までの個別面接聴取法と異なり郵送法で実施しているため、従前の調査結果との単純比較はできないものの、総じて取組の実施率は高まっていないおそれがある。その背景として、多くの国民にとっては、災害の被害状況等を報道で見聞きするだけであり、自らが被災者となる実感が得られないことから、災害の発生を契機とした国民の防災意識の高まりが得られにくくなっているとも考えられる。

図表1-1-2 大地震に備えた自助の取組に係る選択率の推移（防災に関する世論調査）

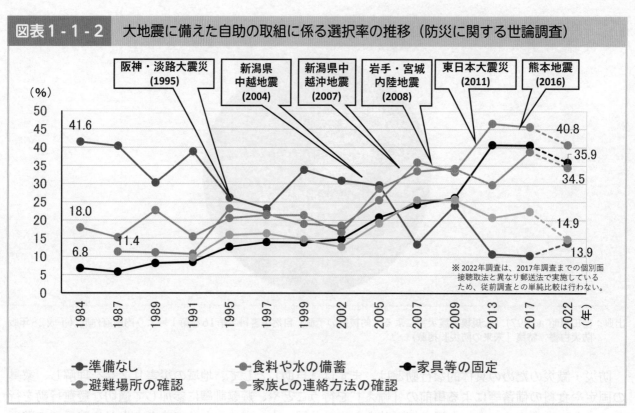

出典：内閣府「防災に関する世論調査」

　特集1第3章第2節「『火山』との共生」で述べたとおり、令和4年の調査では「自然災害への対処などを家族や身近な人と話し合ったことがない」と回答した者（全体の36.9%）に対して、その理由を新たに聞いたところ（複数回答方式）、「話し合うきっかけがなかったから」の回答選択率が圧倒的に高かった（58.1%）。このことから、着手の一歩を踏み出せていない国民に働きかける取組を強化していくことが求められる。

　「共助」についても、令和元年東日本台風における長野県長野市長沼地区等のように、平時より地域の防災リーダーが主体となり、避難計画の作成や避難訓練等の「共助」の取組を行っていた地域においては効果的な避難事例がみられ、「共助」の重要性が改めて認識されたところである。

　行政が「公助」の充実に不断の努力を続けていくことは今後も変わらないが、地球温暖化に伴う気象災害の激甚化・頻発化、高齢社会における支援を要する高齢者の増加等により、突発的に発生する激甚な災害に対して既存の防災施設等のハード対策や行政主導のソフト対策のみで災害を防ぎきることはますます困難になっている。行政を主とした取組だけではなく、国民全体の共通理解の下、住民の「自助」・「共助」を主体とする防災政策に転換していくことが必要である。現在、地域における防災力には差が見られるところであるが、防災意識の高い「地域コミュニティ」の取組を全国に展開し、効果的な災害対応ができる社会を構築していくことが求められている。

1-2　防災推進国民会議と防災推進国民大会

　広く各界各層が情報、意見の交換及びその他の必要な連携を図り、中央防災会議と協力しつつ、国民の防災に関する意識向上を図るため、地方六団体、経済界、教育界、医療・福祉関係等の各界各層の有識者から成る「防災推進国民会議」が平成27年に開催され、普及・啓発活動を行っている。

（1）防災推進国民大会（ぼうさいこくたい）2023

　内閣府、防災推進国民会議及び防災推進協議会（災害被害軽減の国民運動推進を目的として活動する業界団体等で構成される組織）の共同主催により、「防災推進国民大会（ぼうさいこくたい）

2023」を令和5年9月17日から18日に、発災から100年を迎えた関東大震災の震源地である神奈川県で開催した。「次の100年への備え～過去に学び、次世代へつなぐ～」をテーマに、多くの方に大震災を振り返っていただくとともに、災害への「備え」と「助け合い」の大切さを次世代につないでいく大会を目指した。

オープニングでは、主催者を代表して松村内閣府特命担当大臣（防災）が開会の挨拶を行い、「毎年の開催を通じて、防災の輪が全国各地に広がり、地域の防災力が高まることで、我が国全体に、災害への「備え」が一層強化されることを願っている」旨を述べた。その後、清家防災推進国民会議議長及び防災推進協議会会長（日本赤十字社社長）が主催者挨拶を、黒岩神奈川県知事及び山中横浜市長が開催地挨拶を行った。オープニングセッションでは、立命館大学歴史都市防災研究所の北原客員研究員による「関東大震災―救護・救済を中心に」をテーマとする基調講演等が行われ、関東大震災がどのような災害であったかを振り返った。また、内閣府が主催するハイレベルセッションでは、「次の100年に向けて、来るべき巨大地震にどう備えるか」をテーマに、黒岩神奈川県知事、大久保横浜市副市長、上村内閣府大臣官房審議官、入江松本大学教授、大木慶應義塾大学准教授及び阪本兵庫県立大学教授が登壇して、それぞれの立場からディスカッションを行い、モデレーターの福和名古屋大学名誉教授が全体を取りまとめ、災害の備えの大切さを見つめ直した。

このほか、行政、公益団体、学術界、民間企業、ＮＰＯ等の様々な団体による、災害教訓や「自助」・「共助」の取組等に関するセッション、参加者が体験しながら防災を学ぶワークショップ、ブース展示、ポスター展示、ステージ発表、車両等の屋外展示、出展者が自由に企画する「オリジナルセッション」等により、約400の出展団体が防災・減災活動等を紹介した。

クロージングでは、若者による今後の防災への想い等未来に向けたメッセージの発信、秋本防災推進国民会議副議長（公益財団法人日本消防協会会長）による主催者挨拶、荏本神奈川大学名誉教授による大会総括及び開催地での出展に向けた取組「ぼうさいこくたい2023現地情報共有・連携会議」の報告がなされた。また、次回開催地である熊本県の蒲島知事からビデオメッセージが寄せられ、締めくくりとして堀井内閣府副大臣（当時）から参加者への感謝と、次回大会への期待が表明された。同大会の現地来場者は約16,000人、オンライン視聴数は約11,000回であり、いずれも過去最多の参加数となった。同大会を通じて、行政による「公助」、国民一人一人が「自らの命は自らが守る」意識を持って災害に備える「自助」、地域、学校、企業、ボランティア等が助け合う「共助」の組み合わせが、我が国全体の防災力を高めること、そして、来るべき大規模災害への「備え」と「助け合い」をつないでいくことの重要性が確認された。

松村内閣府特命担当大臣（防災）による開会挨拶

清家議長による主催者挨拶（オープニング）

北原客員研究員による基調講演（オープニング）

ハイレベルセッション

若者によるメッセージの発信（クロージング）

秋本副議長による主催者挨拶（クロージング）

（2）第9回防災推進国民会議

　第9回防災推進国民会議は、令和5年12月20日に総理官邸大ホールで開催された。冒頭、岸田内閣総理大臣は、防災推進国民会議の各団体の防災活動への取組に対する感謝の言葉とともに、「災害は、いつ起こるかわからない。南海トラフ地震や首都直下地震等の大規模災害のリスクに直面する我が国の防災意識の向上のためには、各界各層の皆様方の不断の取組が欠かせない」とした上で、国民会議構成団体の一層の協力を賜りたいと述べた。

　続いて、「防災推進国民大会（ぼうさいこくたい）2023」等の活動報告等があり、日本商工会議所及び日本介護支援専門員協会から「自助」・「共助」による防災意識の向上に向けた取組が、日本消防協会から令和6年8月に日本消防の総合拠点として新日本消防会館が建設されることが紹介された。

第9回防災推進国民会議の様子（岸田内閣総理大臣出席）

　また、令和5年は、大正12年に発生した関東大震災から100年の節目の年に当たることから、国民の防災意識の向上を図るため、令和5年1月に「関東大震災100年」特設ページを開設し、関東大震災の関連資料や報告書等を掲載するとともに、行政機関や各種団体等による関東大震災100年

関連行事の予定等を集約、発信したことや、国・地方公共団体・防災推進国民会議構成団体・民間団体等が、「関東大震災100年」共通ロゴマークを適宜活用しながらこの1年間実施した「関東大震災100年」にちなんだ関連行事等の紹介も行われた。

2023年
関東大震災 100年

「関東大震災100年」共通ロゴマーク

(「関東大震災100年」特設ページ　https://www.bousai.go.jp/kantou100/index.html)

1-3 防災訓練・防災教育の取組

災害発生時には、国の行政機関、地方公共団体、その他の公共機関等の防災関係機関が一体となって、住民と連携した適切な対応をとることが求められることから、平時より関係機関が連携した訓練等、防災への取組を行うことが重要である。このため、防災関係機関は「災害対策基本法」（昭和36年法律第223号）、防災基本計画、その他の各種規程等に基づき、災害発生時の応急対策に関する検証・確認と住民の防災意識の高揚を目的として、防災訓練を実施することとされている。

令和5年度は、防災訓練実施に当たっての基本方針や政府における総合防災訓練等について定めた「令和5年度総合防災訓練大綱」（令和5年5月30日中央防災会議決定）に基づき、以下のような各種訓練を実施した。

（1）「防災の日」総合防災訓練

令和5年9月1日の「防災の日」に、首都直下地震発生直後を想定した訓練を行った。まず、岸田内閣総理大臣を始めとする閣僚が徒歩で官邸に参集し、緊急災害対策本部会議の運営訓練を実施した。同会議では、神奈川県相模原市の本村市長とのテレビ会議を通じた被害状況や支援要請の把握、各閣僚からの被害・対応状況の報告、人命第一での対応方針の確認など、地方公共団体等と連携しながら、地震発生直後の応急対策の実施体制、手順確認等を行った。会議終了後には、岸田内閣総理大臣が記者会見を行い、NHK中継を通じて国民へ、家屋の倒壊や土砂災害の危険性が高まっており、命を守る行動をとることや、経済的・社会的混乱を最小限に抑えるため、食料や生活必需品の買いだめ、買い急ぎを控えていただくよう呼びかけを行った。また、併せて緊急災害対策本部の設置、災害緊急事態の布告などに必要な手続に係る訓練も実施した。

また、同日に相模原市を主会場とする九都県市合同防災訓練が行われ、岸田内閣総理大臣や関係閣僚等が現地調査訓練として参加した。岸田内閣総理大臣は、警察、消防、自衛隊などによる救出救助訓練の視察、マンホールトイレの設営訓練やバケツリレーによる消火訓練の体験等を行った。

政府本部運営訓練
出典：首相官邸ホームページ

九都県市合同防災訓練と連携した現地調査訓練
出典：首相官邸ホームページ

（2）政府図上訓練

　令和5年12月に首都直下地震を想定した緊急災害対策本部事務局運営訓練（内閣府（中央合同庁舎8号館））と緊急災害現地対策本部運営訓練（東京湾臨海部基幹的広域防災拠点（有明の丘地区））を連動させて実施した。本訓練においては、関係府省庁職員や東京都、埼玉県、千葉県、神奈川県の職員が参加し、訓練会場に参集した上で、実際の災害に近い状況を模擬した状況付与型訓練と、災害発生時に関係機関の連携を要する課題等について討議する討議型訓練を実施した。

　地域ブロック毎の訓練では、被災が想定される道府県等と連携し、日本海溝・千島海溝周辺海溝型地震、南海トラフ地震を想定した緊急災害現地対策本部運営訓練を実施した。令和5年11月に東北（仙台市）、北海道（札幌市）、同年12月に近畿（大阪市）において、現地に参集した上で、状況付与型訓練と討議型訓練を実施した。

　なお、令和6年1月に実施予定であった九州（熊本市）、同年2月に実施予定であった四国（高松市）及び中部（名古屋市）の訓練は、令和6年能登半島地震への対応のため中止とした。

首都直下地震を想定した
緊急災害対策本部事務局運営訓練

日本海溝・千島海溝周辺海溝型地震を想定した
緊急災害現地対策本部運営訓練（北海道）

（3）防災教育の取組

　全ての国民が災害から自らの命を守るためには、災害時に国民一人一人が適切な行動をとることができるようになることが極めて重要である。このため、こどもの頃から必要な防災知識や主体的な防災行動を身に付けることができるよう、実践的な防災教育を全国に展開していく必要がある。

　政府においては令和4年3月に閣議決定された「第3次学校安全の推進に関する計画」に基づき、
・全国全ての学校で地域の災害リスクや正常性バイアス等の必要な知識を教える実践的な防災教育や避難訓練を実施できるよう、発達段階を考慮した防災教育の手引きを新たに作成し周知する
・学校現場で活用しやすい教材やデータ等を作成し、その普及を図るとともに、特に幼児期からの防災教育については、家庭に向けた情報伝達・啓発を行うためのひな形も含めて幼児向けの教材

を作成し、保護者及び幼児に対する防災教育の充実を図る
・実践的な避難訓練の実施状況や見直しの状況を始めとする全国の学校の防災教育に関する実施内容を定期的かつ具体的に調査し、主要な指標を設定し、その状況を公表する
などの取組を進めている。

　令和5年度は、文部科学省において、中学校、高等学校教員向けの防災教育の手引きを作成するとともに、内閣府においては、未就学児の防災教育の充実に向けた事例収集等を行った。

【コラム】
「知る・備える・行動する」で防災教育を効果的に実践する

兵庫県立大学　環境人間学部・大学院環境人間学研究科　教授　木村玲欧
（防災教育チャレンジプラン　実行委員会　委員長）

　防災教育を効果的に実践するためには、「知る・備える・行動する」の３つの視点が重要だと言われている（注）。「知る」は、地震・津波・火山噴火などを科学的に理解したり、気象災害を過去の被害を踏まえて理解したりすることで、いわば「敵の姿を知る」ことである。「備える」は、災害時に発生する被害・影響や、救助や避難生活などの様々な課題を知り、過去の災害教訓をもとに自分の備えに生かすことである。「行動する」は、地図などを用いて地域で起こる災害を想定した上で、災害時の身の安全を確保する方法、被害を出さない対策、出てしまった被害を小さくする「自助」・「共助」のあり方について実践していくことである。

　これらの３つの視点によって、全国各地で防災教育が実践されており、これらの実践のノウハウを共有するための機会もある。国民の防災意識の向上、災害に関する知識や経験等の共有を図るため、内閣府、防災推進国民会議及び防災推進協議会の共同主催により、平成28年度から「防災推進国民大会（ぼうさいこくたい）」が毎年開催されており、学校現場だけでなく、個人・地域・組織・行政・企業等における防災教育の様々な取組が紹介され、意見交換の場となっている。また、平成16年度から開始された「1.17防災未来賞『ぼうさい甲子園』」は、阪神・淡路大震災やその後の自然災害からの教訓を踏まえ、兵庫県、毎日新聞社、公益財団法人ひょうご震災記念21世紀研究機構（人と防災未来センター）が主催となった取組である。未来に向け安全で安心な社会をつくるため、児童生徒が学校や地域において、主体的に取り組む防災教育の先進的な活動を顕彰するもので、ホームページからその内容を知ることができる。

　さらに、防災教育実践自体を１年間にわたって支援する動きもある。内閣府が推進する「防災教育チャレンジプラン」は、防災教育への意欲を持つ全国各地の団体・学校・個人などから、より充実した防災教育のプランを公募により選出し、１年間にわたって実践のための資金や知恵などの支援をするプログラムである。平成16年度にスタートし、毎年10〜30団体、令和5年度までの20年間に約350団体の実践活動を支援している。21年目を迎える令和6年度は「新・防災教育チャレンジプラン」として再スタートし、時代に即した重点テーマとして、①「学校・地域連携」、②「デジタル等企業の技術を用いた防災教育」を設定し、実践団体の募集を行った。その結果、12団体を実践団体として選定した。今後、これらの団体による活動が全国の地域や学校での防災教育活動の推進の一助となることを期待している。これまでの実践内容や防災教育の知見は、先述の「防災推進国民大会（ぼうさいこくたい）」にて防災教育交流会というシンポジウム形式で共有したり、ホームページでも紹介している。

　様々な機会を有効活用しながら、「知る・備える・行動する」防災教育によって、災害に対して「自助」・「共助」・「公助」の力を高めていくことが求められている。

「防災推進国民大会（ぼうさいこくたい）2023」において実施された「2023年度防災教育交流フォーラム」
出典：内閣府ホームページ
（参照：https://www.bosai-study.net/cp2023/forum/report.html）

注：池田真幸・永田俊光・木村玲欧・李泰榮・永松伸吾（2021）全国で展開される防災教育教材の現状分析〜学習指導要領との関係性を踏まえた今後の防災教育のあり方〜, 地域安全学会論文集, No.39, pp.103-111.

1-4 津波防災に係る取組

（1）津波避難訓練

　令和5年度は「津波防災の日（11月5日）」を中心に、全国各地で国、地方公共団体、民間企業等の主催する地震・津波防災訓練が実施された。

　内閣府では地方公共団体と連携し、住民参加型の訓練を全国10ヶ所（北海道釧路町、青森県おいらせ町、福島県広野町、三重県紀宝町、和歌山県串本町、徳島県鳴門市、徳島県小松島市、大分県日出町、鹿児島県西之表市、鹿児島県奄美市）で実施した。これらの訓練では、地震発生時に我が身を守る訓練（シェイクアウト訓練）及び揺れが収まった後に津波からの避難行動を行う訓練（津波避難訓練）のほか、安否確認、避難所開設訓練等を行った。また、住民が参加して、地域の被害想定や地理的条件等を知り、津波からの適切な避難行動につなげるきっかけ等とするワークショップを訓練の前後に開催した。訓練及びワークショップには延べ約9,000人が参加した。

我が身を守る訓練（徳島県小松島市）

津波避難訓練（大分県日出町）

避難所開設訓練（福島県広野町）

防災に関するワークショップ（徳島県鳴門市）

（2）普及啓発活動
①津波防災の普及啓発活動

　「津波防災の日」及び「世界津波の日」について周知し、津波防災への認識や取組を促進するため、令和5年度は全国の企業、地方公共団体等における啓発ポスターの掲示、大手コンビニエンスストアやスーパーマーケットにおけるレジ・ディスプレイ画像の表示など、様々な媒体を活用して普及啓発を行った。

令和5年度の津波防災啓発ポスター　　　　　コンビニエンスストアなどのレジ・ディスプレイ画像

②令和5年度「津波防災の日」スペシャルイベントの実施

　11月5日の「津波防災の日」及び「世界津波の日」当日には、内閣府、防災推進国民会議及び防災推進協議会の主催によって、「津波防災の日」スペシャルイベントをオンラインで開催した。

　同イベントでは、松村内閣府特命担当大臣（防災）からの挨拶に続いて、基調講演として、今村東北大学災害科学国際研究所教授から、「100年前の関東大震災での津波を振り返る―複合災害の姿―」と題した発表が行われた。また、岩手県大槌町及び神奈川県横須賀市からそれぞれの地域における津波防災に関する取組について紹介されたほか、登壇者との意見交換が行われた。

　同イベントのアーカイブ動画は「津波防災特設サイト」において公開されている。

　（参照：https://tsunamibousai.jp/）

松村内閣府特命担当大臣（防災）による開会挨拶　　　第1部　今村教授による基調講演

第2部　パネルディスカッションの様子

1-5　住民主体の取組（地区防災計画の推進）

　地区防災計画制度は、平成25年の「災害対策基本法」の改正により、地区居住者等（居住する住民及び事業所を有する事業者）が市町村と連携しながら、「自助」・「共助」による自発的な防災活動を推進し、地域の防災力を高めるために創設された制度である。これによって地区居住者等が地区防災計画（素案）を作成し、市町村地域防災計画に地区防災計画を定めるよう、市町村防災会議に提案できることとされている。

　地区防災計画は、地区内の住民、事業所、福祉関係者など様々な主体が、地域の災害リスクや、平時・災害時の防災行動、防災活動について話し合い、計画の素案の内容を自由に定め、その後、市町村地域防災計画に位置付けられることで、「自助」・「共助」と「公助」をつなげるものである。計画内容はもとより、地区住民等が話し合いを重ねることなど、作成過程も共助の力を強くする上で重要である。

　令和5年4月1日現在、43都道府県216市区町村の2,428地区の地区防災計画が地域防災計画に定められ、さらに46都道府県389市区町村の6,510地区で地区防災計画の策定に向けた活動が行われている。制度創設から10年が経過し、地区防災計画が更に浸透していくことが期待される（図表1-5-1、図表1-5-2）。

図表1-5-1　地域防災計画に反映された地区防災計画数（令和5年4月1日現在）

◆地域防災計画に反映済み：**43**都道府県、**216**市区町村、**2,428**地区　　※調査対象：市区町村
（**R4年度に新たに反映された計画　367地区**）　　※R5.4.1時点の集計値

都道府県名	市区町村数	地区数	都道府県名	市区町村数	地区数	都道府県名	市区町村数	地区数
北海道	10	51	石川県	1	1	岡山県	4	10
青森県	0	0	福井県	1	1	広島県	1	1
岩手県	5	49	山梨県	10	553	山口県	3	87
宮城県	3	61	長野県	13	106	徳島県	1	1
秋田県	2	2	岐阜県	7	27	香川県	4	32
山形県	5	51	静岡県	6	29	愛媛県	7	86
福島県	2	7	愛知県	9	23	高知県	3	44
茨城県	6	83	三重県	5	19	福岡県	8	88
栃木県	8	17	滋賀県	3	11	佐賀県	0	0
群馬県	2	34	京都府	4	49	長崎県	0	0
埼玉県	7	21	大阪府	5	84	熊本県	13	302
千葉県	3	10	兵庫県	9	173	大分県	0	0
東京都	11	186	奈良県	4	11	宮崎県	3	8
神奈川県	4	38	和歌山県	1	1	鹿児島県	15	60
新潟県	2	2	鳥取県	1	4	沖縄県	2	2
富山県	2	2	島根県	1	1	計	216	2,428

出典：内閣府資料

| 図表1-5-2 | 地区防災計画の策定に向けて活動中の地区数（令和5年4月1日現在） |

◆地区防災計画の策定に向けて活動中(注)
：46都道府県、389市区町村、6,510地区

※調査対象：市区町村
※R5.4.1時点の集計値

(注)市区町村に提案済みだが地域防災計画には未反映分を含む

都道府県名	市区町村数	地区数	都道府県名	市区町村数	地区数	都道府県名	市区町村数	地区数
北海道	11	46	石川県	12	379	岡山県	9	130
青森県	3	11	福井県	16	846	広島県	5	100
岩手県	4	15	山梨県	13	86	山口県	3	26
宮城県	9	370	長野県	18	147	徳島県	8	22
秋田県	0	0	岐阜県	6	57	香川県	14	48
山形県	6	120	静岡県	6	89	愛媛県	6	33
福島県	11	51	愛知県	12	27	高知県	1	1
茨城県	6	32	三重県	14	100	福岡県	9	100
栃木県	22	91	滋賀県	8	177	佐賀県	1	1
群馬県	5	76	京都府	6	33	長崎県	3	24
埼玉県	10	164	大阪府	12	379	熊本県	28	841
千葉県	7	46	兵庫県	9	406	大分県	1	305
東京都	8	69	奈良県	5	14	宮崎県	8	46
神奈川県	9	150	和歌山県	2	13	鹿児島県	13	585
新潟県	8	172	鳥取県	3	8	沖縄県	6	19
富山県	9	28	島根県	4	27	計	389	6,510

出典：内閣府資料

（1）地区防災計画の動向

　内閣府において、令和4年度中に地域防災計画に定められた367地区の地区防災計画の事例等を分析したところ、以下のような特徴が見られた（**図表1-5-3、図表1-5-4、図表1-5-5**）。

　① 　地区防災計画の作成主体は、40.0％が自治会・町内会、54.8％が自主防災組織であった。

　② 　地区内の人口については、59.4％が500人以下、71.2％が1,000人以下であった。

　③ 　地区防災計画策定のきっかけは、67.3％の地区が「行政側の働きかけ」であった。

このことから、地区防災計画の策定には、行政による後押しが重要であると考えられる。

| 図表1-5-3 | 令和4年度中に地域防災計画に定められた地区防災計画の作成主体 |

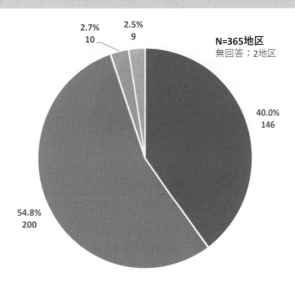

N=365地区
無回答：2地区

40.0%
146

2.7%
10

2.5%
9

54.8%
200

■ 自治会・町内会　■ 自主防災組織　■ 地域運営組織・街づくり協議会　■ その他

その他：
• 町会関係者を中心に組織した策定準備委員会
• 管理組合
• 学区連絡協議会
• 自治会・町内会と自主防災組織の連合

出典：内閣府資料

| 図表1-5-4 | 令和4年度中に地域防災計画に定められた地区防災計画に関する地区内の人口 |

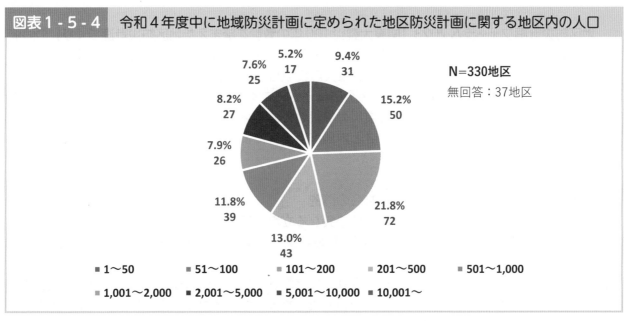

N=330地区
無回答：37地区

5.2%
17

9.4%
31

7.6%
25

15.2%
50

8.2%
27

7.9%
26

11.8%
39

13.0%
43

21.8%
72

■ 1～50　■ 51～100　■ 101～200　■ 201～500　■ 501～1,000
■ 1,001～2,000　■ 2,001～5,000　■ 5,001～10,000　■ 10,001～

出典：内閣府資料

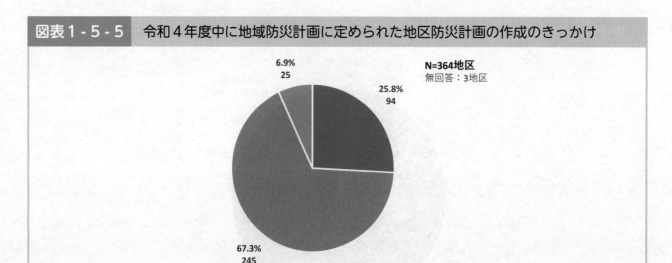

図表1-5-5 令和4年度中に地域防災計画に定められた地区防災計画の作成のきっかけ

N=364地区
無回答：3地区

6.9%
25

25.8%
94

67.3%
245

■居住者が自発的に開始　■行政側の働きかけ　■その他

出典：内閣府資料

（2）地区防災計画の策定促進に向けた内閣府の取組

　内閣府は、地区防災計画の策定促進のため、地区防災計画ガイドライン等の地区防災計画の策定の際に参考となる資料の作成や、地区防災計画を地域別・テーマ別に一覧できる「地区防災計画ライブラリ」の構築を行っている。また、令和5年度には以下のとおりフォーラムや研修等を開催した。

　（参照：https://www.bousai.go.jp/kyoiku/chikubousai/index.html）

①　地区防災計画フォーラム2023「関東大震災100年の教訓を踏まえた地区防災計画づくり」の開催

　各地における地区防災計画づくりに関する事例や経験の共有を図り、地区防災計画の策定を促進するため、「地区防災計画フォーラム2023「関東大震災100年の教訓を踏まえた地区防災計画づくり」」を、令和5年9月17日に「防災推進国民大会（ぼうさいこくたい）2023」の一つのセッションとして開催した。本フォーラムでは、関東大震災の被災地である東京、神奈川をはじめとする各地の地区防災計画づくりの事例を踏まえて、有識者と内閣府担当官による議論が行われた。また、本フォーラムのアーカイブ動画を公開した。

②　地区防災計画の作成に関する基礎研修会の開催

　地区防災計画の作成に取り組む方々に向けて異なる立場の視点や取組を紹介することで、地区防災計画の作成を推進するため、「地区防災計画の作成に関する基礎研修会」を令和5年12月22日にオンライン配信により開催した。

　同研修会では地区防災計画の作成支援に取り組む有識者、自治体の職員、それ以外の作成支援人材の方などがそれぞれの立場における経験について述べた後、参加者からの質問に回答した。また、この研修会についてアーカイブ動画を公開した。

③　地区防災計画に関するモデル事業

　内閣府は、平成26年度から地区防災計画の作成の支援のためのモデル事業を実施している。令和5年度は、山梨県山梨市日川地区、大阪府岸和田市畑町及び岡山県矢掛町中川地区が対象となり、有識者や内閣府担当官の支援の下、地区防災計画づくりを進めた。

【コラム】

地区防災計画制度施行10年を迎えて

神戸大学名誉教授・地区防災計画学会名誉会長　室﨑　益輝

　災害が進化すれば、それに見合う形で防災も進化しなければならず、コミュニティ防災も進化しなければならない。東日本大震災は、そのコミュニティ防災の進化が必要なことを、私たちに教えてくれた。その東日本大震災を受け、平成25年の6月に災害対策基本法が改正され、コミュニティ主体の地区防災計画制度の規定が盛り込まれた。

　この改正を受け、翌年の3月に地区防災計画策定のガイドラインが示され、4月からその施行が始まった。今年は、その施行から10年を迎える。15地区のモデル事業からスタートした取組であったが、燎原の火のように地区防災計画の取組は全国に広がり、10年間で内閣府が把握しているだけでも9,000近くの地区で取り組まれている。

　地区防災計画制度は、防災における協働や協治の大切さを踏まえ、公的な地域防災計画の中に、ボトムアップ型のコミュニティ提案としての地区防災計画を取り込んで、地域の防災力の向上を図ろうとするものであった。第一に地域の実状に即した防災の展開、第二に住民の自発性を引き出す防災の展開、第三に多様な担い手が連携する防災の展開、第四に持続的に課題を追及する防災の展開を、企図していた。

　その中から、内閣府が事例集として提示している「地区防災計画ライブラリ」に示される創意工夫に満ちた取組が生まれている。応急時の活動だけでなく、予防時や復興時の活動まで広がっている。居住者に加えて事業者や市民団体さらには関係人口が関わる活動、行政区界を飛び超えて隣接コミュニティが連携する活動も生まれている。さらには、それらを産学官民の関係者が集まって研究する「地区防災計画学会」のような場もできている。

　令和6年能登半島地震でも、地区防災計画の重要性が確認されており、より多くのコミュニティで果敢に取り組まれるようにしたい。

地区防災計画学会のシンポジウムの模様
出典：専修大学金思穎ゼミ提供

地区防災計画学会誌
出展：地区防災計画学会ホームページ

1-6　ボランティア活動の環境整備について

　発災時には、ボランティア、ＮＰＯその他多様な団体が被災地にかけつけ、きめ細やかな被災者支援を行い、重要な役割を果たしている。内閣府においては、ボランティア・ＮＰＯ等による被災者支援の活動が円滑に行われるよう環境整備に努めており、近年、大規模災害時には、行政・ボランティア・ＮＰＯ等の多様な被災者支援主体が連携し、情報の共有、活動の調整をしながら、被災者支援の活動を行うことが定着してきている。

（1）官民連携による被災者支援体制整備の推進

　内閣府が令和5年11月に実施した「官民連携による被災者支援体制等に関する状況調査」によると、23都道府県において、官民連携による被災者支援体制（災害中間支援組織等）が整備されていることが確認できた。官民連携による被災者支援体制の育成に向けた動きがないと回答した県では、その理由について、「連携先となるNPO（災害中間支援組織を含む）が定まっていない」、「官民連携の必要性が浸透していない」という回答が多く見られた。本調査から県域レベルでの災害中間支援組織の設置を促進する上で、官民連携の重要性の発信・普及啓発や先行的な事例の横展開が引き続き求められることが分かった。

　内閣府では、行政、社会福祉協議会等の災害ボランティアセンター関係者、NPO等が平時から顔を合わせ、連携・協働する時の諸課題について議論し、相互理解を深められるよう、研修会を実施している。令和5年度は、「多様な主体間における連携促進のための研修会」をオンライン配信により実施し、多様な主体間の連携の必要性について行政、社会福祉協議会、災害中間支援組織等それぞれの立場から説明を行い、25都道府県から約114人が受講した。

（2）官民連携による被災者支援体制整備モデル事業

　専門性を有するNPO、企業等の多様な民間主体が、被災者支援の担い手としてその能力を有効に発揮できる環境を整備するためには、都道府県域レベルで、多様な担い手間の活動調整や情報共有等のコーディネーションを行う災害中間支援組織の設置や機能強化を進めていくことが重要である。このため、内閣府ではモデル事業により、災害中間支援組織を設置・機能強化しようとしている都道府県に対する支援を行い、取組のさらなる加速化を図った。具体的には、官民連携による被災者支援人材育成・訓練や県域の民間団体のネットワーク化などの取組を進めた。

　また、本モデル事業で得た知見やノウハウについて、他の都道府県に対して広く共有し、全国において都道府県域での災害中間支援組織の設置等に向けた取組が進むよう支援した。

官民連携による被災者支援体制整備モデル事業

官民連携による被災者支援人材育成・訓練の様子

ネットワーク会議の様子

（3）「避難生活支援リーダー／サポーター」モデル研修・避難生活支援アドバイザー（仮称）育成OJTに向けた検討

　近年、自然災害が激甚化・頻発化しているとともに、避難生活が長期化する場合もあり、避難所の設置期間が数週間から数ヶ月に及ぶ場合もあり、避難生活環境の向上が課題となっている。発災後、様々な業務を抱える中で、避難所の開設後、その運営を市町村等の自治体職員が中心となって担い続けることには限界があり、被災者の避難生活支援にあたっては「自助」と「共助」の視点を欠かすことはできない。また、長期化する避難所の運営には専門の知識とスキルが必要となる。

　このため、内閣府では、令和3年5月に取りまとめられた「防災教育・周知啓発ワーキンググループ（災害ボランティアチーム）」の提言を踏まえ、意欲のある地域の人材に、体系的なスキルアップの機会を提供し、避難生活支援の担い手となる人材を各地に増やし、地域の防災力強化につなげてい

く「避難生活支援・防災人材育成エコシステム」の実現に向けた取組を進めている。

　令和5年度は、前年度に引き続き、避難生活支援を担う人材である「避難生活支援リーダー／サポーター」の育成を進めるためのモデル研修を全国6地区（広島県広島市、熊本県八代市、岡山県瀬戸内市、岐阜県関市、静岡県島田市及び愛知県岡崎市）で実施した。

　モデル研修は事前のオンデマンド学習（1単位20分程度×8単位）と2日間の演習で構成され、演習では、避難所の様子を再現した会場での環境改善演習やロールプレイによる対人コミュニケーション演習等を行った。

　また、避難生活支援アドバイザー（仮称）の育成に向けたカリキュラム検討の一環として、上記モデル研修の受講者や研修の講師候補者を令和6年能登半島地震の被災地において避難生活の長期化が懸念される避難所に、1週間程度派遣する試行的プログラムを実施し、アドバイザーに必要とされる実際の避難所運営支援や避難所の生活環境改善に関する知見やスキルの整理を行った。

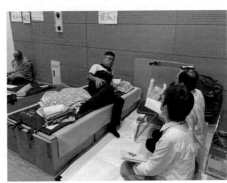

「避難生活支援リーダー／サポーター」モデル研修の様子

1-7　事業継続体制の構築

（1）中央省庁の業務継続体制の構築

　中央省庁においては、これまで、首都直下地震等の発災時に首都中枢機能の継続性を確保する観点から、中央省庁ごとに業務継続計画を策定し、業務継続のための取組を進めてきた。平成26年3月には、「首都直下地震対策特別措置法」（平成25年法律第88号）に基づき「政府業務継続計画（首都直下地震対策）」（以下「政府業務継続計画」という。）が閣議決定されたことを受け、中央省庁はこれまでの業務継続計画について見直しを行った。

　内閣府においては、中央省庁の業務継続計画の策定を支援するため、平成19年6月にガイドラインを策定した。その後、近年の災害の激甚化・頻発化や社会情勢の変化などを踏まえて同ガイドラインの見直しを行っており、最近では令和4年4月に改定を行った。また、政府業務継続計画に基づき、中央省庁の業務継続計画の実効性について、有識者等による評価を行っており、これを受けて中央省庁は、必要に応じて業務継続計画の見直しや取組の改善等を行っている。

　政府としては、このような取組を通じて、首都直下地震発生時においても業務を円滑に継続することができるよう、業務継続体制を構築していくこととしている。

（2）地方公共団体の業務継続体制の構築

　地方公共団体は、災害発生時においても行政機能を確保し業務を継続しなければならない。このため、地方公共団体において業務継続計画を策定し、業務継続体制を構築しておくことは極めて重要である。地方公共団体における業務継続計画の策定状況は、都道府県においては平成28年4月時点で100％に達し、市区町村においても令和5年6月時点で100％に達した（図表1-7-1）。

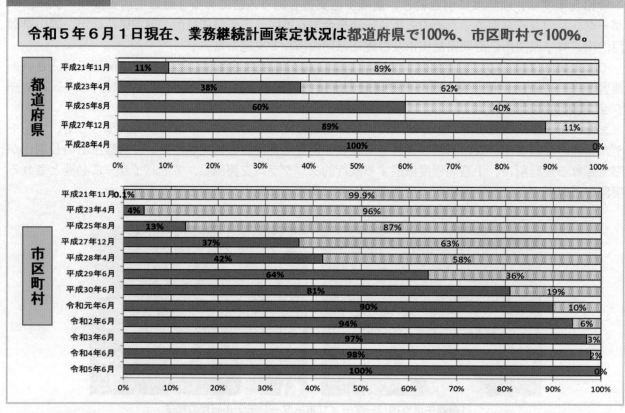

図表1-7-1　地方公共団体における業務継続計画の策定状況

令和5年6月1日現在、業務継続計画策定状況は都道府県で100％、市区町村で100％。

都道府県

平成21年11月	11%	89%
平成23年4月	38%	62%
平成25年8月	60%	40%
平成27年12月	89%	11%
平成28年4月	100%	0%

市区町村

平成21年11月	0.1%	99.9%
平成23年4月	4%	96%
平成25年8月	13%	87%
平成27年12月	37%	63%
平成28年4月	42%	58%
平成29年6月	64%	36%
平成30年6月	81%	19%
令和元年6月	90%	10%
令和2年6月	94%	6%
令和3年6月	97%	3%
令和4年6月	98%	2%
令和5年6月	100%	0%

出典：平成21年11月：地震発生時を想定した業務継続体制に係る状況調査（内閣府（防災）及び総務省消防庁調査）
　　　平成23年4月：地方自治情報管理概要（平成24年3月）（総務省自治行政局地域情報政策室調査）
　　　平成25年8月：地方公共団体における総合的な危機管理体制に関する調査（総務省消防庁調査）
　　　平成27年12月：地方公共団体における「業務継続計画策定状況」及び「避難勧告等の具体的な発令基準策定状況」に係る調査（総務省消防庁調査）
　　　平成28年4月、平成29年6月、平成30年6月、令和元年6月、令和2年6月、令和3年6月：地方公共団体における業務継続計画策定状況の調査結果（総務省消防庁調査）
　　　令和4年6月：地方公共団体における業務継続計画等の策定状況の調査結果（総務省消防庁調査）
　　　令和5年6月：地方公共団体における業務継続計画等の策定状況及び非常用電源の確保状況等の調査結果（内閣府（防災）及び総務省消防庁調査）

　内閣府では、「市町村のための業務継続計画作成ガイド」（平成27年5月策定）、「大規模災害発生時における地方公共団体の業務継続の手引き」（令和5年5月改定）及び「市町村のための人的応援の受入れに関する受援計画作成の手引き」（令和3年6月改定）を策定し、周知しているほか、地方公共団体における業務継続体制の構築や受援体制の構築を支援するため、内閣府・消防庁の連携により、市町村の担当職員を対象とした研修会・説明会を平成27年度から毎年度開催している。

（3）民間企業の事業継続体制の構築

　大規模災害等が発生して企業の事業活動が停滞した場合、その影響は自社にとどまらず、サプライチェーンの途絶などにより、関係取引先や地域の経済社会、ひいては我が国全体に多大な影響を与えることとなる。そのため、大規模災害等の発生時における企業の事業活動の継続を図ることは、極めて重要である。

　内閣府では、企業の事業継続計画（BCP）の策定を促進するため、平成17年にガイドラインを策定し、本ガイドラインに沿ったBCPの策定を推奨している。ガイドラインの内容は、社会情勢の変化等を踏まえて見直しを行ってきており、最近では、令和5年3月に改定版を公表した。また、企業における取組をより一層促進するため、BCP策定のポイントを分かりやすくまとめた簡易パンフレットや、参考となる取組事例集を作成・周知するなど、業界団体等と連携して事業継続に係る取組の普及を進めている。

内閣府では、ＢＣＰの策定率を始めとした民間企業の取組に関する実態調査を隔年度で継続して実施しており、「令和５年度企業の事業継続及び防災の取組に関する実態調査」では、ＢＣＰを策定した企業は大企業76.4％（前回調査（令和３年度）では70.8％）、中堅企業45.5％（前回調査では40.2％）と、ともに増加しており、策定中を含めると大企業は85.6％、中堅企業は57.6％となっている（**図表1-7-2**）。

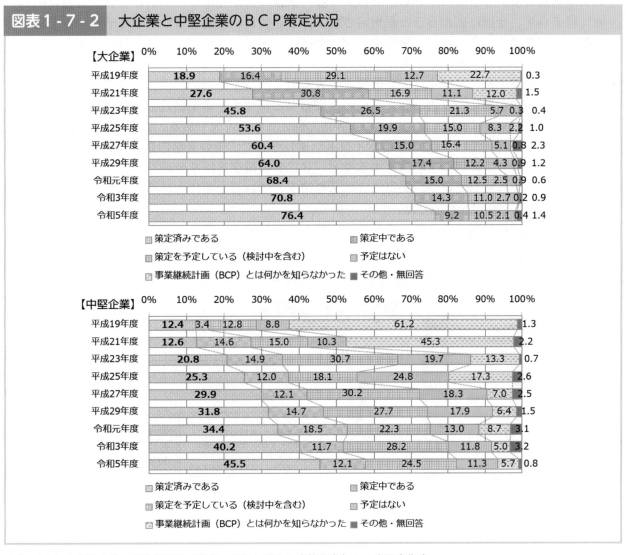

図表1-7-2　大企業と中堅企業のＢＣＰ策定状況

出典：「令和５年度企業の事業継続及び防災の取組に関する実態調査」より内閣府作成

【コラム】
事業継続力強化に向けた企業向け簡易パンフレット等の発信

　南海トラフ地震や首都直下地震など我が国の経済活動に甚大な影響をもたらす大規模災害の発生が切迫しているとされている。このような大規模災害が発生した場合、被害や影響は被災地に留まらず、全国に広がることが想定されている。特に、各産業はサプライチェーンを通じて相互依存関係にあり、1社の事業中断が、全国へと連鎖的に広がり、国内外の関連企業や産業全体に影響が波及することが懸念される。

　こうした事業活動に及ぼす甚大な影響をできる限り回避するためには、これまで取組を進めてきた事業所の耐震化や安否確認、食料等の備蓄などに加え、事業継続計画の策定、仕入先の複数化、企業間や業種を超えた連携等の「事前の備え」が不可欠である。このため内閣府では、令和5年12月に、BCP策定の重要ポイント（※）として、重要業務の選定、目標復旧時間の設定、必要リソースの確保を明確化するなど、BCPの策定方法を分かりやすくまとめた簡易パンフレットを作成したほか、実際にBCPを策定している企業における取組やその効果などをまとめた取組事例集を作成した。

　切迫する大規模地震を乗り越えるため、今後も、経済団体や業界団体と連携し、我が国における事業継続の取組を強化していく。

※BCP策定の重要ポイント（簡易パンフレットより抜粋）

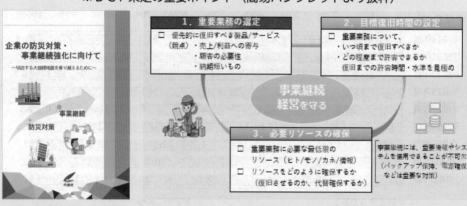

出典：内閣府ホームページ
簡易パンフレット：https://www.bousai.go.jp/kyoiku/kigyou/pdf/pamphlet_231212.pdf

取組事例集：https://www.bousai.go.jp/kyoiku/kigyou/pdf/jirei_231212.pdf

1-8　産業界との連携

（1）防災経済コンソーシアム

　社会全体の災害リスクマネジメント力を向上させるため、民間事業者においても大規模な自然災害に対する事前の備えを充実していく必要性がある。このための事業者の意見交換・交流の場として、平成30年に「防災経済コンソーシアム」が設立された（図表1-8-1）。

　この「防災経済コンソーシアム」では、それぞれの業界の特性に応じた創意工夫により、事業者の災害リスクマネジメント力向上のための普及・啓発を図る等の「防災経済行動原則」を策定しており、令和5年度は、17団体のメンバーが主に当該原則の理念をそれぞれの下部組織まで普及・啓発する活動を行った。具体的には、2回の事務部会を開催し、メンバー間の意見交換に加え、内閣府に

よる防災や事業継続に関する施策の紹介、有識者による講演等を実施した。
（参照：https://www.bousai.go.jp/kyoiku/consortium/index.html）

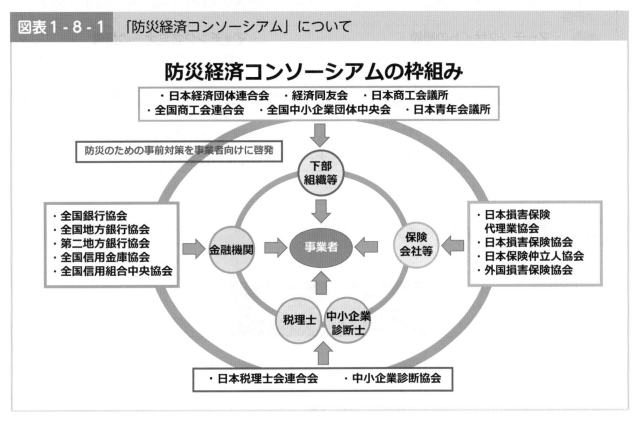

図表1-8-1　「防災経済コンソーシアム」について

出典：内閣府資料

（2）防災×テクノロジー官民連携プラットフォーム

　近年、激甚化・頻発化する災害に対して、より効果的・効率的に対応していくためには、地方公共団体等においてもデジタル技術を始めとする先進技術を積極的に活用していくことが重要である。一部の地方公共団体等では、既に先進技術の活用が進められ、災害対応において効果を発揮しているものの、先進技術に関する情報収集や技術導入の機会が限られていることから、導入が進んでいない地方公共団体等も多い。

　このため、内閣府において、令和3年度に、災害対応に当たる地方公共団体等のニーズと民間企業等が持つ先進技術のマッチングや、地方公共団体等における先進技術の効果的な活用事例の横展開等を行う場として、「防災×テクノロジー官民連携プラットフォーム」を設置した（図表1-8-2）。

　これまでに、常設のウェブサイト（以下「マッチングサイト」という。）を運営するとともに、地方公共団体等と民間企業等が交流する場となるセミナー（以下「マッチングセミナー」という。）を開催している。

　マッチングサイトは、令和3年7月から運用を開始しており、地方公共団体等は自団体が抱える防災上の課題やニーズを、民間企業等は自社が保有する防災に有用な技術を、それぞれ登録することができる。令和6年3月末現在、地方公共団体等は約450件、民間企業等は約1,060件がマッチングサイトに登録している（図表1-8-3）。

図表1-8-2	防災×テクノロジー官民連携プラットフォーム（防テクＰＦ）の概要

マッチング支援

・災害対応を行う地方公共団体等の困りごとや関心事項(ニーズ)と民間企業等が持つ先進技術のマッチングの場の提供

　➡　・**マッチングサイトの開設**　　　　・**マッチングセミナーの開催**

先進技術の活用事例の共有、導入に関するノウハウ等の全国展開

・先進技術の導入事例、効果的な活用事例を共有
・技術導入における課題の洗い出しや効果の検証を行い、それら先進技術導入に関するノウハウ等を全国展開

　➡　**マッチングサイト・マッチングセミナー等を通じた情報発信**

出典：内閣府資料

図表1-8-3	防テクＰＦマッチングサイトの概要

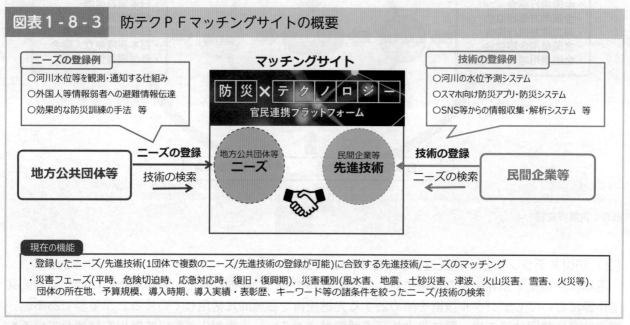

ニーズの登録例
○河川水位等を観測・通知する仕組み
○外国人等情報弱者への避難情報伝達
○効果的な防災訓練の手法　等

技術の登録例
○河川の水位予測システム
○スマホ向け防災アプリ・防災システム
○SNS等からの情報収集・解析システム　等

マッチングサイト
防災×テクノロジー
官民連携プラットフォーム

地方公共団体等　ニーズの登録 / 技術の検索　→　地方公共団体等 **ニーズ**　　民間企業等 **先進技術**　←　技術の登録 / ニーズの検索　**民間企業等**

現在の機能
・登録したニーズ/先進技術(1団体で複数のニーズ/先進技術の登録が可能)に合致する先進技術/ニーズのマッチング
・災害フェーズ(平時、危険切迫時、応急対応時、復旧・復興期)、災害種別(風水害、地震、土砂災害、津波、火山災害、雪害、火災等)、団体の所在地、予算規模、導入時期、導入実績・表彰歴、キーワード等の諸条件を絞ったニーズ/技術の検索

出典：内閣府資料

　登録されたニーズや技術は、合致しそうな相手と自動的にマッチングされるほか、「平時」から「復旧・復興期」までの災害フェーズや、「風水害」「地震」等の災害種別、導入費用、導入実績など、条件を絞って自由に検索することもできる。また、登録団体は、有用な情報を持つ相手方に対して、マッチングサイトに登録されている連絡先から連絡を取ることが可能となっている。

　（参照：https://www.bosaitech-pf.go.jp）

　マッチングセミナーは、令和5年度末までに計8回開催され、地方公共団体等に実際に導入されている先進技術の事例紹介、災害対策を目的とした地方公共団体等の独自施策の紹介、民間企業等と地方公共団体等が一対一で直接、自社の技術の紹介及び自団体の課題やニーズ等の相談ができる「個別相談会」等を実施した。

　これらの取組により、地方公共団体等が先進技術を知る機会の提供や、民間企業等による地方公共団体等への技術の紹介及び地方公共団体等による企業への課題の共有がなされ、新たな導入の契機となるなどしている。

（3）「災害への備え」コラボレーション事業

　関東大震災から100年の節目を迎える令和5年は、首都直下地震や南海トラフ地震等の巨大災害のおそれに対する備えを強化する重要な機会であった。

　このため、内閣府では、国民・家庭・事業所の各レベルでの防災意識を高め、日常生活における「災害への備え」を促進するため、内閣府とコラボレーションする民間企業等を募集し、平素の事業活動を通じて広汎な普及啓発を推進する事業（「災害への備え」コラボレーション事業）を実施した（図表1-8-4）。

　本事業は、令和6年3月末現在で124の企業等が賛同しており、各企業等が「災害への備え」に関する活動を実施したほか、令和5年9月には内閣府と賛同企業等による意見交換会を開催した。なお、本事業は今後も実施する予定である。

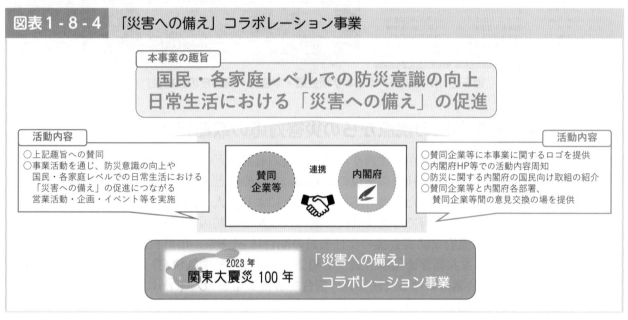

図表1-8-4　「災害への備え」コラボレーション事業

出典：内閣府資料

1-9　学術界の取組

　我が国では、地震、津波、噴火、豪雨等の自然現象、土木、建築等の構造物、救急医療、環境衛生等の医療・衛生、経済、地理、歴史等の人々の営み、情報、エネルギー等の様々な領域において、防災についての研究活動が行われている。東日本大震災を受け、これらの分野の総合的で複合的な視点からの防災・減災研究が不可欠であり、専門分野の枠を超えた異なる分野との情報共有や交流を進め、学際連携を行うことの必要性が認識された。このため、日本学術会議や関係する学会等での議論を経て、防災減災・災害復興に関わる学会のネットワークとして、平成28年1月に47の学会が連携した「防災学術連携体」が発足した。令和6年3月末現在、62学協会（正会員59学会、特別会員3協会）が同連携体に参加している。

　同連携体は、日本学術会議防災減災学術連携委員会と共同で、令和5年8月に第5回「防災に関する日本学術会議・学協会・府省庁の連絡会」を開催し、「防災・減災を担う人材をどう育成するか」をテーマに、中央省庁と学術界の双方からそれぞれの取組を発表した。また、令和5年4月、7月、9月、令和6年3月には公開シンポジウムを開催し、防災科学が果たすべき役割について広く意見交換を実施した。

第5回「防災に関する日本学術会議・学協会・府省庁の連絡会」

1-10　男女共同参画の視点からの災害対応の取組強化

　災害は全ての人の生活を脅かすが、性別や年齢、障害の有無などの違いにより受ける影響が異なることが知られている。災害に強い社会の実現のために、女性やこども、高齢者、障害がある方など、それぞれのニーズの違いを踏まえた災害対応を行うことにより、人々が災害から受ける影響を最小限にすることが重要である。内閣府では男女共同参画の視点からの防災・復興の取組を推進してきた。

　令和5年4月現在、都道府県防災会議の女性委員の割合は21.8％、市町村防災会議では10.8％に留まっており、第5次男女共同参画基本計画（令和2年12月25日閣議決定）で掲げている成果目標（都道府県・市町村防災会議における女性委員の割合を令和7年までに30％にすること）には達していない（図表1-10-1、図表1-10-2）。

　そこで、令和5年4月に各地方公共団体に対し、内閣府男女共同参画局長と内閣府政策統括官（防災担当）の連名で地方防災会議における女性委員の登用加速を促す通知を発出した。さらに、令和6年2月には、地方公共団体の首長、幹部職員及び地方防災会議委員を対象にオンラインシンポジウムを実施した。各団体による取組事例の紹介と、防災の意思決定過程や災害対応の現場における女性の参画の重要性についての認識を共有した。また、令和5年9月には「防災推進国民大会（ぼうさいこくたい）2023」において、防災に関わる女性たちが地域や組織の枠を越えて「つながる」ことを目的に、「みんなで語ろう！『女性の視点からの防災』」と題し、ワークショップを開催した。民間団体や女性防災士、地域の女性防災リーダーとのネットワークを強化した。

　令和6年1月に発生した能登半島地震においては、男女共同参画局の職員を非常災害現地対策本部に派遣し、「災害対応力を強化する女性の視点〜男女共同参画の視点からの防災・復興ガイドライン〜」（令和2年5月作成。以下本項において「ガイドライン」という。）及びガイドラインに含まれる女性の視点からの「避難所チェックシート」の周知・活用を依頼するなど、男女共同参画の視点から災害対応に取り組んだ。

　また、令和3年から毎年実施しているガイドラインに基づく地方公共団体の取組状況調査については、各取組の進捗度の更なる「見える化」を図り、全国各地で男女共同参画の視点からの取組を加速することを目指している。

　これからも男女共同参画の視点に立った取組を進め、地域の災害対応力の向上につなげていく。

＊第5次男女共同参画基本計画において掲げる主な取組：
・平常時より、国においても、地方公共団体においても、防災・危機管理部局と男女共同参画部局

とが、より密接に連携・協働し、男女共同参画の視点に立った防災・復興の取組を進める。
- ・都道府県防災会議における女性委員の割合について、各都道府県に対して、女性の参画拡大に向けた取組を促進するよう要請する。また、女性委員のいない市町村防災会議の早期解消とともに、女性委員の割合を増大する取組を促進するため、都道府県と連携し、女性を積極的に登用している市町村の好事例の展開などを行う。
- ・地方公共団体の災害対策本部について、女性職員や男女共同参画担当職員の配置、構成員となる男性職員に対する男女共同参画の視点からの取組に関する理解促進等が図られるよう、平常時から働きかけを行う。
- ・ガイドラインに基づく地方公共団体の取組状況をフォローアップして「見える化」する。
  （参照：https://www.gender.go.jp/about_danjo/basic_plans/5th/pdf/2-08.pdf）

図表 1 -10- 1　都道府県防災会議における委員に占める女性の割合

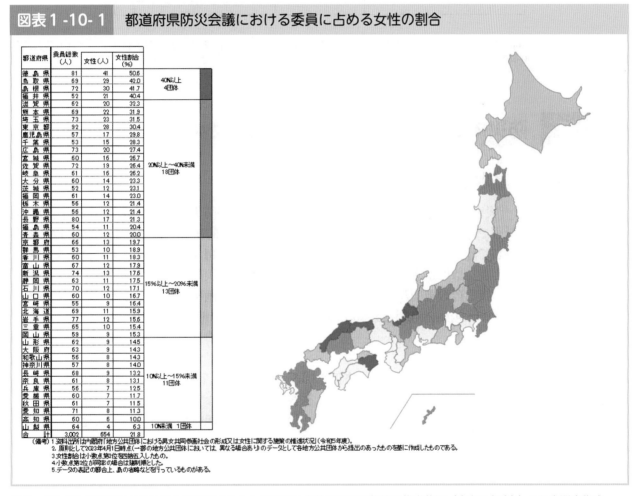

都道府県	委員総数(人)	女性(人)	女性割合(%)	
徳島県	81	41	50.6	40%以上 4団体
鳥取県	69	29	42.0	
島根県	72	30	41.7	
福井県	52	21	40.4	
滋賀県	62	20	32.3	20%以上～40%未満 18団体
熊本県	69	22	31.9	
埼玉県	73	23	31.5	
東京都	92	28	30.4	
鹿児島県	57	17	29.8	
千葉県	53	15	28.3	
広島県	73	20	27.4	
宮城県	60	16	26.7	
佐賀県	72	19	26.4	
岐阜県	61	16	26.2	
大分県	60	14	23.3	
茨城県	52	12	23.1	
福岡県	61	14	23.0	
栃木県	56	12	21.4	
沖縄県	56	12	21.4	
長野県	80	17	21.3	
福島県	54	11	20.4	
青森県	60	12	20.0	
京都府	66	13	19.7	15%以上～20%未満 13団体
群馬県	53	10	18.9	
香川県	60	11	18.3	
富山県	67	12	17.9	
新潟県	74	13	17.6	
静岡県	63	11	17.5	
石川県	70	12	17.1	
山口県	60	10	16.7	
宮崎県	55	9	16.4	
北海道	69	11	15.9	
岩手県	77	12	15.6	
三重県	65	10	15.4	
岡山県	59	9	15.3	
山形県	62	9	14.5	10%以上～15%未満 11団体
大阪府	63	9	14.3	
和歌山県	56	8	14.3	
神奈川県	57	8	14.0	
長崎県	68	9	13.2	
奈良県	61	8	13.1	
兵庫県	56	7	12.5	
愛媛県	60	7	11.7	
秋田県	61	7	11.5	
愛知県	71	8	11.3	
高知県	60	6	10.0	
山梨県	64	4	6.3	10%未満 1団体
合計	3,002	654	21.8	

（備考）1. 資料出所は内閣府「地方公共団体における男女共同参画社会の形成又は女性に関する施策の推進状況（令和5年度）」。
2. 原則として2023年4月1日時点（一部の地方公共団体においては、異なる場合あり）のデータとして各地方公共団体から提出のあったものを基に作成したものである。
3. 女性割合は小数点第2位を四捨五入したもの。
4. 小数点第2位が同率の場合は順列順とした。
5. データの表記の都合上、県の省略などを行っているものがある。

出典：「地方公共団体における男女共同参画社会の形成又は女性に関する施策の推進状況（令和5年度）」より内閣府作成

図表 1 -10- 2	第5次男女共同参画基本計画における都道府県防災会議及び市町村防災会議の成果目標と現状値

項目	現状	成果目標（期限）
都道府県防災会議の委員に占める女性の割合	21.8% （2023年）	30% （2025年）
市町村防災会議の委員に占める女性の割合		
女性委員が登用されていない組織数	274 （2023年）	0 （2025年）
委員に占める女性の割合	10.8% （2023年）	15%（早期）、 更に30%を目指す（2025年）

出典：「第5次男女共同参画基本計画～すべての女性が輝く令和の社会へ～」（令和2年12月25日閣議決定）、「地方公共団体における男女共同参画社会の形成又は女性に関する施策の推進状況（令和5年度）」より内閣府作成

第2節　防災体制・災害発生時の対応及びその備え

2-1　防災基本計画の修正

　防災基本計画は、「災害対策基本法」第34条第1項に基づき中央防災会議が作成する我が国の防災に関する基本的な計画であり、「災害及び災害の防止に関する科学的研究の成果並びに発生した災害の状況及びこれに対して行なわれた災害応急対策の効果を勘案して毎年防災基本計画に検討を加え、必要があると認めるとき」は修正することとされている。また、防災基本計画に基づき、地方公共団体は地域防災計画を、指定行政機関及び指定公共機関は防災業務計画を作成することとされている。

　（参照：https://www.bousai.go.jp/taisaku/keikaku/kihon.html）

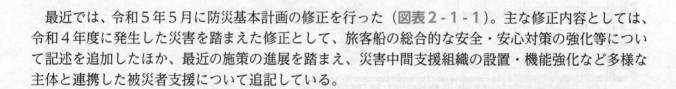

　最近では、令和5年5月に防災基本計画の修正を行った（**図表2-1-1**）。主な修正内容としては、令和4年度に発生した災害を踏まえた修正として、旅客船の総合的な安全・安心対策の強化等について記述を追加したほか、最近の施策の進展を踏まえ、災害中間支援組織の設置・機能強化など多様な主体と連携した被災者支援について追記している。

図表2-1-1	防災基本計画修正（令和5年5月）の概要

防災基本計画修正（令和5年5月）の概要

■防災基本計画

災害対策基本法に基づき、中央防災会議が作成する我が国の防災に関する総合的かつ長期的な計画で、指定行政機関や指定公共機関が作成する防災業務計画や、自治体が作成する地域防災計画の基本となるもの

主な修正項目

最近の施策の進展等を踏まえた修正

○多様な主体と連携した被災者支援

・都道府県による災害中間支援組織（※1）の育成・強化、関係者の役割分担の明確化

・災害ボランティアセンター設置予定場所の明確化

・災害ケースマネジメント（※2）などの被災者支援の仕組みの整備

　※1 NPO・ボランティア等の活動支援や活動調整を行う組織
　※2 一人ひとりの被災者の状況を把握した上で、関係者が連携して、被災者に対するきめ細やかな支援を継続的に実施する取組

○国民への情報伝達

・長周期地震動階級に係る情報の解説・伝達

・通信障害発生時の丁寧な周知広報の実施

・障害者の情報取得・意思疎通に係る施策の推進

○デジタル技術の活用

・被災者台帳、避難行動要支援者名簿の作成等へのデジタル技術の活用

日本海溝・千島海溝周辺海溝型地震に係る基本計画の変更を踏まえた修正

○北海道・三陸沖後発地震注意情報（※）の解説・伝達

※日本海溝・千島海溝沿いの巨大地震の想定震源域とその周辺でMw7.0以上の地震が発生した場合、「北海道・三陸沖後発地震注意情報」を発信し、大地震の発生可能性が平時よりも相対的に高まっているとして、後発地震への注意を促す取組について、令和4年12月より運用を開始。

令和4年に発生した災害を踏まえた修正

＜北海道知床で発生した遊覧船事故＞

○旅客船の総合的な安全・安心対策の強化

　※海上災害対策編の修正

＜トンガ諸島の火山噴火による潮位変化＞

○火山噴火等による津波に関する普及啓発・情報伝達

出典：内閣府資料

2-2　地方公共団体の首長、職員に対する研修内容の充実

　迅速かつ的確な災害対応は、地方公共団体の首長や防災担当職員の知識と経験によるところが大きい。このため、内閣府においては「危機事態に迅速・的確に対応できる人」や「国・地方のネットワークを形成できる人」を目指すべき人物像とした人材育成を行うために、平成25年度より地方公共団体の職員等を対象とする「防災スペシャリスト養成」に資する研修を企画・運営している。

　令和5年度は、法令制度等の防災基礎から指揮統制等の防災マネジメントに至る防災業務全般の知識・技術を習得する「有明の丘研修」を、8～10月期と12～3月期にオンデマンド形式の座学と集合形式（対面）の演習で実施した。なお、令和5年度は、防災基礎コースの完全オンデマンド化、一部のコースでの職位別演習の実施等のリニューアルを実施した。また、地域特性による災害対応の課題を踏まえた地域防災力の向上を目的とし、都道府県と内閣府の共催で実施している「地域研修」を全国5ヶ所で実施した。なお、令和5年度は、地域の実情やニーズに合わせたカリキュラムについて、応募団体（都道府県）と内閣府及び研修コーディネーターからなる「地域検討会」を開催しながら検討を行った。

　加えて、災害対応の現場で防災業務を行う応援職員等が、短時間に担当業務の基礎的な知識を習得するための「災害対応eラーニング」については、令和5年7月に「災害廃棄物処理」を公開するとともに、引き続き、「避難所開設・運営」、「住家被害認定調査・罹災証明書交付」、「避難情報の判断・伝達」の3テーマの運用を行った。

なお、これら研修の企画・運営に当たっては、防災関連の有識者からなる「防災スペシャリスト養成」企画検討会を開催し、社会情勢・ニーズ等を踏まえた助言を勘案しながら研修内容等の見直しと拡充を図った。

　大規模な災害発生時は、地方公共団体の首長や危機管理・防災責任者等が国や他の地方公共団体等と密接に連携しながら迅速かつ的確な災害対応を図る必要がある。このため、全国の市区長・町村長を対象とした「全国防災・危機管理トップセミナー」を内閣府及び消防庁の共催で実施し、災害発生時に十分なリーダーシップを発揮し、災害危機管理における対応力の向上に資する支援を行った。また、都道府県の部局長・危機管理監等を対象とした「防災・危機管理特別研修」や市町村の危機管理・防災責任者を対象とした「自治体危機管理・防災責任者研修」を内閣官房、内閣府及び消防庁の共催により実施し、初動対応や災害対応の各フェーズで必要となる知識・技術を深め、平時から「顔の見える関係」の構築を図った。

「有明の丘研修」の様子

「地域研修（徳島県）」の様子

「災害対応eラーニング」（災害廃棄物処理）

「全国防災・危機管理トップセミナー」の様子

2-3　指定緊急避難場所と指定避難所の確保

　「指定緊急避難場所」とは、津波や洪水等による危険が切迫した状況において、住民等の生命の安全の確保を目的として住民等が緊急に避難する施設又は場所を位置付けるものであり、「指定避難所」とは、避難した住民等を災害の危険性がなくなるまで必要な期間滞在させ、又は災害により家に戻れなくなった住民等を一時的に滞在させることを目的とした施設となっている。

　東日本大震災時においては、避難場所と避難所が必ずしも明確に区別されておらず、そのことが被害拡大の一因ともなった。このため、内閣府は平成25年に「災害対策基本法」を改正し、市町村長は指定緊急避難場所及び指定避難所を区別してあらかじめ指定し、その内容を住民に周知（公示）しなければならないこととした。令和4年4月1日現在の指定緊急避難場所の指定状況は**図表2-3-1**のとおりとなっている。

| 図表2-3-1 | 指定緊急避難場所の指定状況 | | | | | | | |

	指定緊急避難場所の指定状況							
	洪水	崖崩れ、土石流及び地滑り	高潮	地震	津波	大規模な火事	内水氾濫	火山現象
指定箇所数（箇所）	70,979	66,671	22,577	85,901	39,118	40,550	37,990	10,665
想定収容人数（万人）	12,263	13,426	5,992	23,872	8,874	17,813	7,621	2,705

出典：消防庁「地方防災行政の現況」を基に内閣府作成（それぞれの区分毎に複数回答あり）

　また、指定緊急避難場所は国土地理院が管理するウェブ地図「地理院地図」で閲覧できるようにしている。

　（参照：https://www.gsi.go.jp/bousaichiri/hinanbasho.html）

　内閣府は、消防庁とともに、地方公共団体に対して指定緊急避難場所の指定等を促しているところである。また、災害の種類ごとに指定緊急避難場所を指定することとなっているため、案内板等を整備又は更新する際は、避難者が明確に判断できるように制定した「災害種別避難誘導標識システム（JIS Z 9098）（平成28年3月）」にならい表示するように全国の地方公共団体に呼びかけている（図表2-3-2）。なお、災害種別避難誘導標識システムの国際規格（ISO22578）が令和4年2月に発行された。

　（参照：https://www.bousai.go.jp/kyoiku/zukigo/index.html）

| 図表2-3-2 | 災害種別避難誘導標識システムによる案内板の表示例 |

・避難場所を表す図記号（必須）
・災害種別一般図記号（必須）
・適不適表示マーク（適しているものに"○"を、不適には"×"を示す。）

・避難場所であることを記載（避難場所の名称記載例）
・外国語併記が望ましい（英語併記の例）

出典：内閣府資料

　また、「災害対策基本法」第49条の7に基づく指定避難所の指定状況については、平成26年10月1日現在は48,014ヶ所であったが、令和4年12月1日現在は82,184ヶ所に増加した。

　災害時に避難所において不自由な生活を強いられる状況下においても、生活の質を向上させ、良好な生活環境の確保を図ることが重要と考えられる。このため、内閣府では市町村における避難所や福祉避難所の指定の推進、避難所のトイレの改善、要配慮者への支援体制や相談対応の整備等に係る課題について幅広く検討し、必要な対策を講じている。

　近年では、令和2年度に開催された「令和元年台風第19号等を踏まえた高齢者等の避難に関するサブワーキンググループ」（以下「高齢者SWG」という。）において、福祉避難所ごとに受入対象者を特定して、あらかじめ指定の際に公示することによって、受入対象者とその家族のみが避難する施設であることを明確化できる制度を創設することが適当であるとされたことを踏まえ、令和3年5月

に「災害対策基本法施行規則」（昭和37年総理府令第52号）及び「福祉避難所の確保・運営ガイドライン」等の改正を行った。

　また、避難所をめぐって、感染症対策、生活環境等の改善、立地状況に応じた適切な開設、防災機能設備等の確保、女性の視点を踏まえた避難所運営などの対応が必要となっていることから、令和4年4月に「避難所における良好な生活環境の確保に向けた取組指針」、本取組指針に基づく「避難所運営ガイドライン」と「避難所におけるトイレの確保・管理ガイドライン」を改定し、公表した。

　また、避難所運営における先進的な取組事例について、令和4年7月に「避難所における生活環境の改善および新型コロナウイルス感染症対策等の取組事例集」を公表した。

　（参考：https://www.bousai.go.jp/taisaku/hinanjo/index.html）

2-4　個別避難計画の作成

　近年の災害において多くの高齢者や障害者等が被災している。このため高齢者ＳＷＧの最終とりまとめ等において、自ら避難することが困難な高齢者・障害者等の避難行動要支援者ごとの避難支援等を実施するための計画である個別避難計画の作成を一層推進することにより、高齢者等の円滑かつ迅速な避難を図る必要があるとの指摘を受けた。そして、一部の市町村において作成が進められている個別避難計画について、全国的に作成を推進する観点から、個別避難計画の作成を市町村の努力義務とすることが適当とされた。

　高齢者ＳＷＧからの提言を踏まえ、「災害対策基本法」が令和3年5月に改正・施行されたことを受け、市町村における個別避難計画の円滑な作成を推進するため、「避難行動要支援者の避難行動支援に関する取組指針」を改定・公表し、市町村が優先度が高いと判断する避難行動要支援者について、おおむね5年程度で個別避難計画の作成に取り組むことや個別避難計画の作成手順などを示した。

　個別避難計画作成の所要経費については、令和3年度に新たに地方交付税措置を講ずることとされ、令和6年度においても引き続き講ずることとされている。

　個別避難計画を作成する市町村により、災害の態様やハザードの状況、気候に加え、人口規模、年齢構成、避難先の確保状況など、地域の状況が異なり、個別避難計画の作成に当たって課題となる事柄は様々である。

　このため、個別避難計画作成モデル事業を、令和3年度では34市区町村及び18都府県において、令和4年度では23市区町村及び11都道府県において、令和5年度においては57市区町村及び21都道府県において実施し、個別避難計画の効果的・効率的な作成手法を構築して、全国の自治体に対し、計画作成のプロセス及びノウハウの共有を図った（図表2-4-1）。

　令和5年度からは、都道府県個別避難計画推進会議を開催するなど都道府県に対する支援を強化しており、また、実際に個別避難計画の作成経験がある自治体職員（サポーター）を支援が必要な自治体に派遣して、取組における課題を一緒に考え、助言などの支援を行うピアサポート（サポーター派遣）も併せて実施し、重層的かつきめ細やかな支援の実現に努めている。

図表2-4-1	令和5年度個別避難計画作成モデル事業について

令和5年度個別避難計画作成モデル事業について

1.都道府県を対象とした加速化促進事業の実施

　都道府県による市町村支援のため、地域の実情に応じた様々な取組事例を収集、整理し、都道府県による市町村支援を可能とするための知見やノウハウなどの基盤を整備し普及を図る。

・16団体採択
　北海道、山形県、福島県、東京都、神奈川県、新潟県、長野県、愛知県、滋賀県、京都府、大阪府、奈良県、徳島県、長崎県、鹿児島県、沖縄県

2.都道府県個別避難計画推進会議の開催

　全国都道府県の担当者の出席を得て、先進事例等の紹介、各都道府県の作成状況、市町村の取組状況を共有し、都道府県による市町村支援の促進を図る。（年度内4回開催）
　・第1回　6月6日実施　・第2回　8月25日実施　・第3回　11月9日実施　・第4回　3月12日実施

3.ピアサポート（サポーター派遣）

　先導的に取り組んでいる自治体職員をサポーターとして全国の自治体に派遣し、抱えている課題に対し、助言等を行い作成につなげる。
　・62団体実施

4.普及啓発（内閣府において実施）

　内閣府において、事業の成果について自治体、関係団体への更なる普及啓発、情報共有の促進を図る。
　・ポータルサイトを開設し、関係通知、取組事例、様式、自治体が実施した研修の記録動画などを掲載

出典：内閣府資料

　また、モデル団体の取組を基に、作成手順を整理したものを、個別避難計画の作成に取り組む市町村の担当者や関係者に向けて示し、普及啓発を図った（**図表2-4-2**）。

図表2-4-2	個別避難計画の作成に取り組むみなさまへ（抜粋）

出典：内閣府資料
　　　（https://www.bousai.go.jp/taisaku/hisaisyagyousei/r4kohou.html）

これらの取組により、避難行動要支援者の避難の実効性を確保し、個別避難計画の全国的な作成推進を図った。

2-5　被災者支援の充実に向けた検討

被災者支援に関する制度や取組の現状を踏まえ、より効率的で質の高い被災者支援について検討することを目的として、令和4年5月に「被災者支援のあり方検討会」を開催した。同検討会においては、避難生活の環境改善、住まいの確保・改善、被災者支援における多様な主体間の連携強化、災害ケースマネジメント（一人ひとりの被災者の状況を把握した上で、関係者が連携して、被災者に対するきめ細やかな支援を継続的に実施する取組）等について議論が進められている。同検討会での議論も踏まえ、下記のとおり、災害ケースマネジメントの手引きの作成や説明会の開催、ＮＰＯやボランティア等との連携強化のためのモデル事業の実施等の取組を行っている。また、同検討会においては、継続的に議論を行い、実現可能なものから実行に移すなど、被災者支援の充実強化に取り組んでいくこととしている。

特に災害ケースマネジメントについては、これまで、先進的な地方公共団体の事例をまとめた「災害ケースマネジメントに関する取組事例集」の作成や、被災経験の有無を問わず、地方公共団体が災害ケースマネジメントを実施できるよう、標準的な手法をまとめた手引きの作成等の取組を行ってきた。

令和5年度は、防災基本計画に災害ケースマネジメントの位置付けを明確化するとともに、災害ケースマネジメントの普及・啓発を図るために、行政職員向けに手引きの具体的な取組方法を示す全国講習会や、全国の10県と連携して災害ケースマネジメントに関わる地方公共団体及び民間団体が平時から顔の見える関係の構築を目指す説明会を実施した。

（参照：https://www.bousai.go.jp/taisaku/hisaisyagyousei/case/index.html）

令和6年度以降も引き続き、事例集や手引きを活用し、地方公共団体職員・福祉関係者・ＮＰＯ等の幅広い関係者を対象とした説明会を開催するほか、官民連携のプラットフォームの構築や地方公共団体を対象に災害ケースマネジメントに係るモデル事業を実施するなど、災害ケースマネジメントの普及に向け、取り組む。

2-6　防災におけるデジタル技術の活用等

（1）災害時の情報の集約化

災害発生時には、国・地方公共団体、民間企業の各機関がそれぞれ収集している、被害状況や避難者の動向、物資の状況などの情報を共有することが重要である。このため、平成29年度から「国と地方・民間の『災害情報ハブ』推進チーム」を立ち上げ、情報のやりとり等について検討を進めてきた。

（参照：https://www.bousai.go.jp/kaigirep/saigaijyouhouhub/index.html）

この検討を踏まえ、令和元年度から、ＩＳＵＴ（Information Support Team）という大規模災害時に被災情報や避難所などの情報を集約・地図化・提供して、地方公共団体等の災害対応を支援する現地派遣チームの運用を開始した。災害現場では、被害状況や災害廃棄物の情報等、時々刻々と変化し、事前にデータで共有する体制が整えられないもの（動的な情報）も存在する。ＩＳＵＴがそのような情報を収集・整理・地図化し、電子地図を表示するためのサイトである、ＩＳＵＴサイトにおいて体系的に整理するとともに、関係機関（行政機関、指定公共機関等）へ共有することで、災害対応機関の迅速かつ的確な意思決定を支援することができる。

これまでＩＳＵＴは、令和元年東日本台風や、令和6年能登半島地震において、道路規制・通行止め、避難所状況、福祉施設状況等の情報を共有するなど、ＩＳＵＴサイトによる災害対応機関への情

報支援を実施した。

　また、ISUTがより迅速かつ効果的な活動を行うため、令和3年度より地図化などの業務の一部について民間事業者へ委託し、体制強化を図るとともに、ISUTサイトの活用に関する研修プログラムなども実施した。

（2）デジタル・防災技術ワーキンググループでの提言を踏まえた対応

　内閣府では、令和3年5月に取りまとめられた「デジタル・防災技術ワーキンググループ」の提言を踏まえ、防災DXを進めるため、以下を中心とした各種取組を推進している。

①　次期総合防災情報システム（SOBO-WEB）の整備

　総合防災情報システムは、災害情報を地理空間として共有し、災害時における政府の迅速・的確な意思決定の支援を目的としたシステムであるが、更なる情報収集機能等の強化が必要不可欠である。令和6年度に運用を開始した次期システムにおいては、国立研究開発法人防災科学技術研究所が研究開発の一環として運用しているSIP4D（Shared Information Platform for Disaster Management）等の仕組みを実装し、利用対象範囲も中央省庁の他に地方公共団体や指定公共機関まで拡大する。また、情報収集・分析・加工・共有等の機能の実現・強化や他の災害対応機関とシステム連携するため、災害時に必要となる情報項目（災害対応基本共有情報）や情報の取扱いルールを策定した。

図表2-6-1　次期総合防災情報システム（SOBO-WEB）の概要図

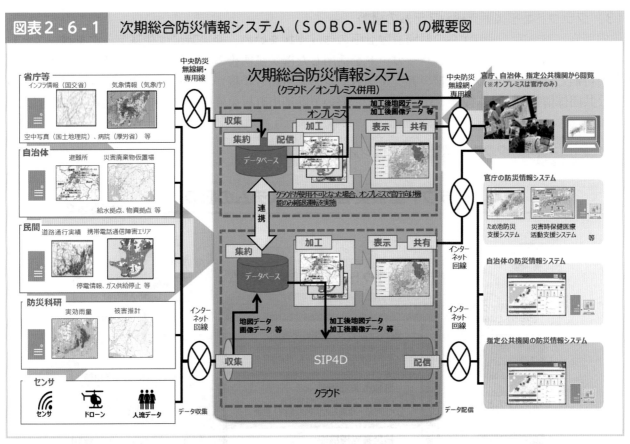

出典：内閣府資料

②　「防災IoT」データを活用した災害対応の高度化の検討

　災害現場においては、各種カメラや防災ヘリ等による状況確認に加え、ドローン等による空撮なども行われている。これらを含めた各種IoTによる膨大・多様なデータを、被災自治体を含めた各防災関係機関の間において適切に取得・共有するため、データ形式や使用する機器の規格等の、技術的

な標準手法の整理に資する調査事業を実施し、検証システムを立ち上げ、その有効性について検証を実施している。令和6年度には、調査事業で得られたニーズを踏まえた、システム構築を実施する。

③ 防災分野における個人情報の取扱いの検討

従来、自治体ごとの個人情報保護条例において、個人情報の取扱いの定めは様々であった（いわゆる「2,000個問題」）が、デジタル改革関連法により共通ルールが定められ、個人情報の取扱いを一元的に監視監督する体制が構築された。これを契機とし、令和4年3月に「防災分野における個人情報の取扱いに関する検討会」を開催し、令和5年3月に地方公共団体等が災害対応や、平時の準備において個人情報等の取扱いに疑義が生じることが無いように個人情報の取扱いを明確化した「防災分野における個人情報の取扱いに関する指針」を策定した。

本指針は、以下の2点を基本的な方針としている。

a 発災当初の72時間が人命救助において極めて重要な時間帯であるため、積極的な個人情報の活用を検討すべきであること。

b 一方で、個人情報の活用においては、個人情報保護法や災害対策基本法に則り、個人の権利利益を保護する必要があること。例えばDVやストーカー行為の被害者等、特に個人の権利利益を保護する必要がある者には十分な配慮が必要であること。

内閣府では、説明会の開催等を通じて当該指針の周知を図っているところであり、引き続き、地方公共団体の防災分野における個人情報の適切な取扱いに向けて取り組む。

（3）クラウド型被災者支援システムの構築

内閣府において、平時からの個別避難計画の作成支援を始め、発災時には住基データをベースとした被災者台帳の作成、マイナンバーカードを活用した罹災証明書等のオンライン申請・コンビニ交付等が可能となる「クラウド型被災者支援システム」を令和3年度から令和4年度にかけて開発し、地方公共団体情報システム機構（J-LIS）において参加市町村を募り令和4年度から運用を開始した。

| 図表2-6-2 | クラウド型被災者支援システムの概要 |

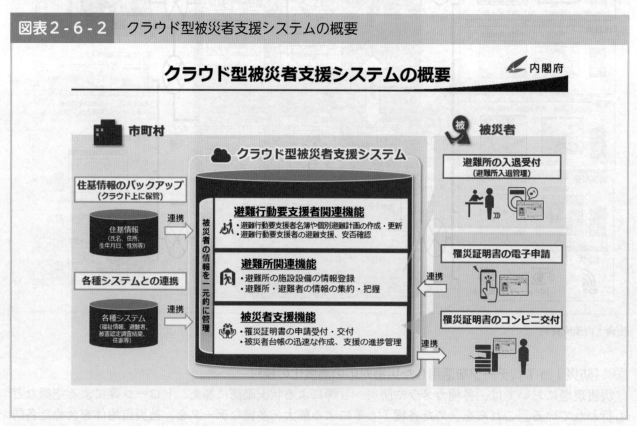

出典：内閣府資料

2-7　自然災害即応・連携チーム会議の開催等

　大規模災害発災直後の政府の初動対応と応急対策を迅速・円滑に行うためには、内閣危機管理監を始めとする政府の災害担当局長等が、平時から「顔の見える関係」を構築し、適切な役割分担と相互の連携協力を図ることが重要である。

　このため、関係者間の情報交換・共有を図る会議として、「自然災害即応・連携チーム会議」を開催している。また、これまで平成30年7月豪雨や、令和元年東日本台風といった大規模災害発生時には、政府として、被災者の生活支援を更にきめ細かく、迅速かつ強力に進めるため、内閣官房副長官（事務）の下に各省横断の被災者生活支援チームを開催してきた。このチームを通じ、電力や水道の早期復旧、被災者ニーズの把握はもとより、水、食料、段ボールベッド、パーティション等のプッシュ型支援、避難所生活の環境整備、被災自治体への職員派遣、住まいの確保など、必要が生じる事柄を先取りし、関係省庁が一体となって、被災地の生活と生業の再建に向けた対策パッケージを取りまとめるなど、被災者の生活支援を政府一丸となって迅速に進めてきた。

　これらの経験を踏まえ、令和2年度より、今後大規模災害が発生した場合には被災者の生活・生業の迅速・円滑な再建支援のために「被災者生活・生業再建支援チーム」を設置することを防災基本計画に明記し、その設置をルール化した。

　令和6年能登半島地震においては、1月1日に令和6年能登半島地震非常災害対策本部が設置されたことを踏まえ、翌1月2日に被災者生活・生業再建支援チームを設置し、被災地の生活と生業の再建に向けた検討を行った。

2-8　災害時における船舶を活用した医療提供体制の整備の検討

　病院船（災害時等において船内で医療活動を行うことを主要な機能とする船舶をいう。）に関しては、従来から政府において、調査研究や既存船舶を活用した実証訓練が実施されてきた。

　令和3年には議員立法により「災害時等における船舶を活用した医療提供体制の整備の推進に関する法律」（令和3年法律第79号）が成立した。政府は、令和4年7月に内閣官房に船舶活用医療推進本部設立準備室を設置し、令和5年度においては関係府省連絡会議の開催、災害時に医療活動が可能な民間船舶及び医療モジュールを活用した実証訓練や、関係府省と医療関係団体が連携し、日本海溝・千島海溝周辺海溝型地震を想定して、自衛隊艦艇等を活用した災害医療活動の訓練の実施等を通じて、同法の施行に向け政府一体となって検討を進めた。

　同法は、災害時等に備え、船舶を活用した医療提供体制の整備の推進を目的とするものであり、令和6年6月1日に施行された。同法は陸上医療との役割分担・連携協力や災害時等における医療の提供の用に主として供するための船舶の保有、人員の確保等を基本方針として挙げ、また、内閣に船舶活用医療推進本部を設置すること等を定めている。政府はこの基本方針に基づき、必要な法制上又は財政上の措置等を講じるとともに、整備推進計画を策定することとされている。

　引き続き、これまでの政府の取組を活かしつつ、医療関係団体等の意見にも十分に耳を傾けながら、災害時における船舶を活用した医療提供体制の整備の推進に向けて取り組んでいく。

2-9　気候変動リスクを踏まえた防災・減災対策

（1）緩和策と適応策は気候変動対策の車の両輪

　近年の平均気温の上昇や大雨の頻度の増加など、気候変動及びその影響が世界各地で現れており、気候変動問題は人類や全ての生き物にとっての生存基盤を揺るがす「気候危機」とも言われている。個々の気象現象と地球温暖化との関係を明確にすることは容易ではないが、今後、地球温暖化の進行に伴い、このような猛暑や大雨のリスクはさらに高まることが予測されている。

　我が国では、2050年ネットゼロと整合的で野心的な目標として、2030年度に温室効果ガスを

2013年度から46%削減することを目指し、さらに、50%の高みに向けて挑戦を続けることとしている。しかしながら、2050年ネットゼロ実現に向けて気候変動対策を着実に推進し、気温上昇を1.5℃程度に抑えられたとしても、極端な高温現象や大雨等の発生リスクは増加すると予測されていることから、現在生じている、又は将来予測される被害を回避・軽減するため、適応の取組が必要となる（図表2-9-1）。

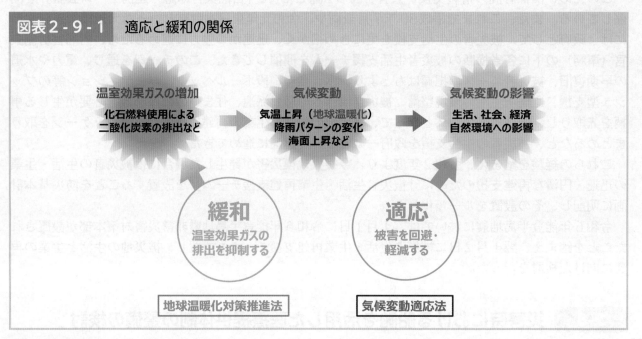

図表2-9-1　適応と緩和の関係

温室効果ガスの増加
化石燃料使用による
二酸化炭素の排出など

気候変動
気温上昇（地球温暖化）
降雨パターンの変化
海面上昇など

気候変動の影響
生活、社会、経済
自然環境への影響

緩和
温室効果ガスの
排出を抑制する

適応
被害を回避・
軽減する

地球温暖化対策推進法

気候変動適応法

出典：環境省資料

（2）気候変動適応計画の推進
　気候変動適応の法的位置付けを明確化し、一層強力に推進していくため、平成30年6月13日に「気候変動適応法」（平成30年法律第50号。以下「適応法」という。）が公布され、同年12月1日に施行された。適応法施行前の同年11月には適応法の規定に基づき、「気候変動適応計画」（以下「適応計画」という。）が策定された。
　令和2年12月には、気候変動及び多様な分野における気候変動影響の観測、監視、予測及び評価に関する最新の科学的知見を踏まえ、「気候変動影響評価報告書」を公表し、令和3年10月には、同報告書を踏まえ、適応計画の改定を行った。令和5年4月には、政府一体となった熱中症対策の推進のため、適応法が改正され、同年5月には「熱中症対策実行計画」の策定と適応計画の一部変更（「熱中症対策実行計画」の基本的事項の追加）について閣議決定した。
　また、関係府省庁により構成される「気候変動適応推進会議」において、適応計画に基づく施策の短期的な進捗管理方法について確認した。その方法に基づき、分野別・基盤別施策に関する取組状況やＫＰＩ（政府の適応に関する取組の短期的な進展を確認することを目的とし、目標や効果につながる施策の達成度合いを、可能な限り定量的に測定するための重点的な指標）の実績値を把握し、適応計画のフォローアップ報告書として令和5年10月に公表した。
　（参照：http://www.env.go.jp/earth/tekiou.html）

（3）「気候変動×防災」「適応復興」の取組
　環境省及び内閣府は、令和2年6月に気候変動対策と防災・減災対策を効果的に連携して取り組む戦略である「気候危機時代の『気候変動×防災』戦略」を公表した（図表2-9-2）。
　環境省では、各分野の政策において気候変動対策と防災・減災対策を包括的に講じていく「気候変動×防災」を組み込み、政策の主流にしていくため、令和3年10月に改定した適応計画でも考え方

等を盛り込むとともに、原形復旧にとらわれず土地利用のコントロールを含めた気候変動への適応を進める「適応復興」の取組を促進するための地方公共団体向けの「できることから始める『気候変動×防災』実践マニュアル－地域における気候変動リスクを踏まえた防災・減災対策のために－」を令和6年3月に公表した。

（参照：https://www.env.go.jp/earth/earth/tekiou/page_01311.html）

図表2-9-2　「気候危機時代の『気候変動×防災』戦略」概要

気候危機時代の「気候変動×防災」戦略（共同メッセージ）概要　令和2年6月30日

【自然要因】
・気候変動により気象災害が激甚化・頻発化しており、今後も大雨や洪水の発生頻度の増加が予測される
・これまでの想定を超える気象災害が各地で頻繁に生じる時代を迎えた

【社会要因】
・人口減少と少子高齢化による避難行動要支援者増加と支援世代減少
・都市への人口集中による災害リスクの高まり
・感染症と自然災害が同時に発生する複合リスク

・気候変動リスクを踏まえた抜本的な防災・減災対策が必要
・SDGsの達成も視野に入れながら、気候変動対策と防災・減災対策を効果的に連携させて取り組む戦略を示す

気候変動×防災の主流化
・気候変動と防災は、あらゆる分野で取り組むべき横断的な課題である。
・気候変動のリスクを可能な限り小さくするため、温室効果ガスを削減する緩和にも取り組む。
・各分野の政策において「気候変動×防災」を組み込み、政策の主流にしていくことを追求する。

課題	方向性	今後の取組例
脱炭素で防災力の構築に向けた包括的な社会の推進	・あらゆる主体が、各分野で、様々な手法により、気候変動対策と防災・減災対策を包括的に実施 ・「災害をいなし、すぐに興す」社会の構築 ・土地利用のコントロールを含めた弾力的な対応により気候変動への適応を進める「適応復興」の発想を持って対応	・東京等に過度に集積する人口、産業等の地方分散の推進 ・気候変動を踏まえた基準や計画に基づくインフラ施設の整備 ・災害危険エリアになるべく住まわせない土地利用、災害リスクに適応した暮らし ・古来の知恵に学び、自然が持つ多様な機能を活用して災害リスクの低減等を図る「グリーンインフラ」や「生態系を活用した防災・減災」の本格的な実行 ・デジタル時代の社会変革（テレワーク等）の有効活用 ・避難所等での感染症や熱中症のリスクへの対応 ・再生可能エネルギーの導入加速化など脱炭素社会への移行
個人、企業、地域の意識改革と変容と連携の促進、緊急時の行動備え	・「自らの命は自らが守る」自助・「皆と共に助かる」共助の意識の促進、適切な防災行動、あらゆる主体が連携・協力する災害対応の促進	・避難行動を促すための意識改革、行動変容のための取組 ・気象災害の激甚化も念頭においた、地区防災計画、避難行動要支援者の個別計画、企業の事業継続計画等の策定推進 ・地域レベルで多世代が気候変動と防災を学び、災害に備える環境づくり ・治水に係る連携、地域の企業から住民への避難場所の提供、災害廃棄物の収集・運搬をはじめとする被災者支援活動における官民を超えた多くの関係者の連携
国際協力の海外展開の推進	・パリ協定、仙台防災枠組及びSDGsを「『気候変動×防災』の三位一体」として同時達成	・防災に関するわが国の技術やノウハウを用いた各国の防災力向上への貢献 ・アジア防災センターやアジア太平洋気候変動適応情報プラットフォームを通じた国際的な適応の取組の強化、プラットフォーム間の連携の推進

出典：内閣府・環境省資料
（https://www.bousai.go.jp/pdf/0630_kikohendo.pdf）

（4）災害時の避難生活や片付け作業における熱中症対策

　夏季に自然災害が発生した場合、被災直後のインフラ障害や物資の不足等により、避難生活や片付け作業において熱中症のリスクが高まることが考えられる。このため、環境省・内閣府・消防庁・厚生労働省・気象庁が連携し、災害時の避難生活や片付け作業における熱中症対策に関するリーフレットを令和3年3月に作成した（令和5年5月改訂）。令和5年度においても、夏季を迎えるに当たって、7月に地方公共団体への周知等を行った（**図表2-9-3**）。

図表2-9-3　災害時の熱中症予防リーフレット

出典：環境省ホームページ
（https://www.wbgt.env.go.jp/pdf/pr/20230530_leaflet_in_disasters.pdf）

第3節　発生が危惧される災害種別ごとの対策

3-1　地震・津波災害対策

（1）南海トラフ巨大地震対策の検討

　南海トラフ沿いの巨大地震の防災対策については、平成26年3月に作成した南海トラフ地震防災対策推進基本計画（以下本項において「基本計画」という。）等に基づき、国や地方公共団体、民間事業者等が連携し、重点的に進めてきたところであるが、令和6年3月には、基本計画の作成から10年が経過することから、基本計画の見直しに向けた検討を開始した。

　令和5年2月に、地震学や地震工学等の有識者で構成される「南海トラフ巨大地震モデル・被害想定手法検討会」を開催し、最新の科学的知見を踏まえ、津波高や震度分布、被害想定の計算手法等の技術的な検討を進めている。

　（参照：https://www.bousai.go.jp/jishin/nankai/kento_wg/index.html）

　さらに、令和5年3月には、中央防災会議防災対策実行会議の下に「南海トラフ巨大地震防災対策検討ワーキンググループ」を設置し、基本計画に掲げた防災対策の進捗状況の確認と課題の整理、「南海トラフ巨大地震モデル・被害想定手法検討会」で検討した新たな計算手法と、防災対策の進捗を踏まえた被害想定の見直しなど、今後推進すべき新たな対策の検討を進めている。

　（参照：https://www.bousai.go.jp/jishin/nankai/taisaku_wg_02/index.html）

（2）首都直下地震対策の検討

　首都直下地震の防災対策については、平成26年3月に作成、平成27年3月に変更（平成27年から10年間の減災目標、施策の具体目標を設定）した首都直下地震緊急対策推進基本計画（以下本項において「基本計画」という。）等に基づき、国や地方公共団体、民間事業者等が連携し、重点的に

進めてきたところであるが、令和7年3月には基本計画における減災目標等の設定から10年が経過することから見直しに向けた検討を開始した。

令和5年12月に中央防災会議防災対策実行会議の下に「首都直下地震対策検討ワーキンググループ」を設置し、基本計画に掲げた防災対策の進捗状況の確認と課題の整理、「首都直下地震モデル・被害想定手法検討会」で別途検討する津波高や震度分布、被害想定に係る新たな計算手法と防災対策の進捗を踏まえた被害想定の見直しなど、今後推進すべき新たな対策の検討を進めている。

（参照：https://www.bousai.go.jp/jishin/syuto/taisaku_wg_02/index.html）

また、大規模地震の発生に伴う帰宅困難者対策については、ガイドラインを策定して（平成27年3月）、原則3日間の一斉帰宅抑制を基本原則とする対策に取り組んでいる。一方、近年の社会状況の変化等を受け、有識者からなる委員会において取りまとめられた「帰宅困難者等対策に関する今後の対応方針」（令和4年8月）に基づき、帰宅困難者等対策の実効性を確保するための具体方策について検討を進めている。

（参照：https://www.bousai.go.jp/jishin/syuto/kitaku/kento_index.html）

（3）日本海溝・千島海溝沿いの巨大地震対策の検討

日本海溝・千島海溝沿いの巨大地震の防災対策については、令和2年4月に「日本海溝・千島海溝沿いの巨大地震対策検討ワーキンググループ」を設置し、令和3年12月には最大クラスの地震・津波による人的・物的・経済的被害想定結果を、令和4年3月には被害想定を踏まえた防災対策を取りまとめた。このワーキンググループの報告を受け、「日本海溝・千島海溝周辺海溝型地震に係る地震防災対策の推進に関する特別措置法」（平成16年法律第27号）の下、令和4年9月には、日本海溝・千島海溝周辺海溝型地震に係る地震防災対策を推進すべき地域等の指定を行うとともに、「日本海溝・千島海溝周辺海溝型地震防災対策推進基本計画」（以下本項において「基本計画」という。）を変更したところである。

また、日本海溝・千島海溝沿いでは、モーメントマグニチュード7.0以上の地震が発生した後、続いて発生する大規模な地震（後発地震）の事例なども確認されていることから、後発地震への備えとして、令和4年11月に「北海道・三陸沖後発地震注意情報防災対応ガイドライン」を公表するとともに、令和4年12月から「北海道・三陸沖後発地震注意情報」の運用を開始した。

令和5年5月には、実際に発災した場合に備えて、警察・消防・自衛隊の救助部隊の活動拠点等をあらかじめ明確にし、積雪寒冷地特有の課題や地理的条件も踏まえながら、速やかに救助活動等を実施できるようタイムラインを明示した「日本海溝・千島海溝周辺海溝型地震における具体的な応急対策活動に関する計画」を作成した。

今後、基本計画に定められた減災目標の達成に向けた防災対策や、北海道・三陸沖後発地震注意情報の性質や内容を踏まえた適切な防災行動の普及・啓発に取り組み、関係地方公共団体等と連携しながら、日本海溝・千島海溝周辺海溝型地震対策を引き続き推進していく。

（参照：https://www.bousai.go.jp/jishin/nihonkaiko_chishima/WG/index.html）

（4）中部圏・近畿圏直下地震対策の検討

過去の地震事例によると、西日本においては、活断層の地震により甚大な被害がもたらされた事例や、南海トラフ地震の前後に活動が活発化した事例があり、府県を越えて市街地が広がっている中部圏・近畿圏で大規模地震が発生した場合の被害は甚大かつ広域にわたると想定される。

この中部圏・近畿圏直下地震については、平成16年から平成20年にかけて、中央防災会議の下、被害想定や防災対策の検討・取りまとめが行われたが、その後に発生した平成23年の東日本大震災の教訓や最新の知見を踏まえ、見直しを行う必要がある。

このため、令和4年11月に地震学や地震工学等の有識者で構成される「中部圏・近畿圏直下地震モデル検討会」を内閣府で開催し、現時点の最新の科学的知見を踏まえ、従来の中部圏・近畿圏直下

地震モデルを見直し、あらゆる可能性を考慮した新たな地震モデルを構築するための検討を進めている。本検討会で、中部圏・近畿圏直下地震が発生した場合に想定される震度分布等の推計を行った後、被害想定や防災対策の検討を行う予定である。

（参照：https://www.bousai.go.jp/jishin/chubu_kinki/kentokai/index.html）

3-2　風水害・土砂災害対策

（1）首都圏等における洪水・高潮氾濫からの大規模広域避難の検討

地球温暖化に伴い、勢力がより強い台風の割合が増えること等が懸念され、今後、大規模広域避難が必要となる大規模水害が発生するおそれが予測されている。また、我が国の三大都市圏には「ゼロメートル地帯」が広く存在しており、堤防の決壊等により大規模水害が発生した場合には、多数の住民が避難することによる大混雑の発生や、逃げ遅れによる多数の孤立者の発生が予想されている（図表3-2-1）。

このことから、平成28年6月に中央防災会議防災対策実行会議の下に設置した「洪水・高潮氾濫からの大規模・広域避難検討ワーキンググループ」において、三大都市圏における洪水や高潮氾濫からの大規模かつ広域的な避難の在り方等について検討が行われ、平成30年3月に「洪水・高潮氾濫からの大規模・広域避難に関する基本的な考え方（報告）」が取りまとめられた。

（参照：https://www.bousai.go.jp/fusuigai/kozuiworking/）

| 図表3-2-1 | 三大都市圏のゼロメートル地帯 |

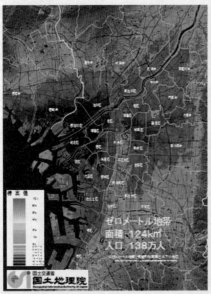

出典：国土地理院ホームページより内閣府作成

同報告を踏まえ、内閣府では、大規模水害時の大規模広域避難の実装に向けて、特に行政機関等関係機関が連携して取り組むべき事項について整理するとともに、関係機関間の連携・役割分担の在り方について検討することを目的として、平成30年6月に東京都と共同で設置した「首都圏における大規模水害広域避難検討会」を令和3年度までに7回開催し、令和4年3月に「広域避難計画策定支援ガイドライン（報告書）」を作成した。

（参照：https://www.bousai.go.jp/fusuigai/suigaiworking/suigaiworking.html）

令和4年6月には、東京都と共同で、首都圏における大規模水害時の広域避難等を円滑に実施するために、平時から各機関の関係を深めた上で、必要な取組事項等について、それぞれの行動等の具体化を図ることを目的として「首都圏における広域的な避難対策の具体化に向けた検討会」を設置し、同ガイドラインに基づき更なる取組の具体化に向けた検討を進めている。

（参照：https://www.bousai.go.jp/fusuigai/suigaiworking/kouikihinan.html）

（2）盛土の安全確保対策の推進

令和3年7月に静岡県熱海市で大雨に伴って盛土が崩落し、大規模な土石流災害が発生したことや、土地利用に関する各法律による規制が必ずしも十分でないエリアが存在していること等を踏まえ、「宅地造成等規制法」（昭和36年法律第191号）を法律名・目的も含めて抜本的に改正し、土地の用途（宅地、農地、森林等）にかかわらず、危険な盛土等を全国一律の基準で包括的に規制するための「宅地造成及び特定盛土等規制法」（以下「盛土規制法」という。）が令和5年5月26日に施行された。

盛土規制法の概要は以下のとおりである（**図表3-2-2**）。

図表3-2-2　盛土規制法の概要

1. スキマのない規制

規制区域 ◆ 都道府県知事等が、<u>盛土等により人家等に被害を及ぼしうる区域を規制区域</u>として指定
⇒・市街地や集落、その周辺など、人家等が存在するエリアについて、農地や森林を含めて広く指定
　・市街地や集落からは離れているものの、地形等の条件から人家等に危害を及ぼしうるエリア（斜面地等）も指定

規制対象 ◆ 規制区域内で行われる盛土等を <u>都道府県知事等の許可</u>の対象に

2. 盛土等の安全性の確保

許可基準 ◆ 盛土等を行うエリアの地形・地質等に応じて、<u>災害防止のために必要な許可基準を設定</u>

中間検査 完了検査 ◆ 許可基準に沿って安全対策が行われているかどうかを確認するため、①<u>施工状況の定期報告</u>、②<u>施工中の中間検査</u>及び③<u>工事完了時の完了検査</u>を実施

3. 責任の所在の明確化

管理責任 ◆ 盛土等が行われた土地について、<u>土地所有者等が常時安全な状態に維持する責務</u>を有することを明確化

監督処分 ◆ 災害防止のため必要なときは、<u>土地所有者等だけでなく、原因行為者</u>に対しても、是正措置等を<u>命令</u>
※ 当該盛土等を行った造成主や工事施工者、過去の土地所有者等も、原因行為者として命令の対象になり得る

4. 実効性のある罰則の措置

罰則 ◆ 罰則が抑止力として十分機能するよう、無許可行為や命令違反等に対する懲役刑及び罰金刑について、<u>条例による罰則の上限より高い水準に強化</u>
※ 最大で懲役3年以下・罰金1,000万円以下・法人重科3億円以下

出典：国土交通省資料

また、国土交通省と農林水産省では、盛土等の安全基準の在り方等を検討することを目的に令和4年6月に設置した「盛土等防災対策検討会」における有識者等の意見を踏まえ、「基礎調査実施要領」や「盛土等の安全対策推進ガイドライン」、「不法・危険盛土等への対処方策ガイドライン」、「盛土等防災マニュアル」等を策定した。

同法に基づく規制が速やかに、かつ、実効性を持って行われるよう、都道府県等による規制区域指定のための基礎調査の実施や、危険な盛土等に対する安全性把握調査、安全対策等の取組を支援するなど、引き続き盛土等の安全確保対策を推進する。

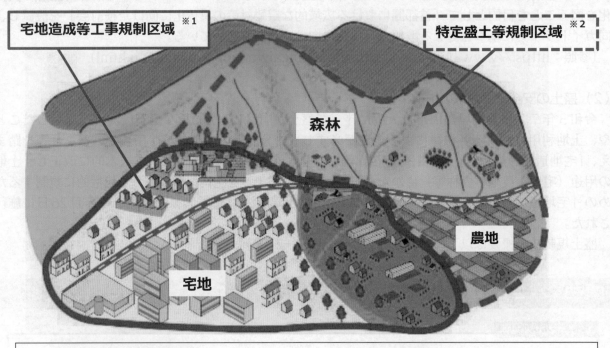

図表3-2-3　規制区域のイメージ図

宅地造成等工事規制区域 ※1

特定盛土等規制区域 ※2

森林

農地

宅地

※1 【宅地造成等工事規制区域】
市街地や集落など、人家等がまとまって存在し、盛土等がされれば人家等に危害を及ぼしうるエリア

※2 【特定盛土等規制区域】
市街地や集落等からは離れるものの、地形等の条件から、盛土等がされれば人家等に危害を及ぼしうるエリア

出典：国土交通省資料

3-3　火山災害対策

　特集1第2章「我が国の火山防災対策について」で述べたとおり、御嶽山噴火災害（平成26年9月）の教訓等を踏まえ、平成27年に改正された「活動火山対策特別措置法」（昭和48年法律第61号）では、火山災害警戒地域に指定された地方公共団体（23都道県、179市町村）が、火山地域の関係者で構成される「火山防災協議会」で検討された「火山単位の統一的な避難計画」に基づき、警戒避難体制の整備に関する具体的かつ詳細な事項を地域防災計画に定めることとしている。また、市町村が指定する集客施設や要配慮者が利用する施設（避難促進施設）の所有者等に対して、施設利用者の円滑な避難を確保するため、「避難確保計画」の作成や計画に基づく訓練の実施等を義務付けている。

　また、噴火災害が発生する前の予防的な観点から、活動火山対策の更なる強化を図るため、令和5年にも改正（令和6年4月施行）がなされた。これにより、市町村が「火山防災協議会」の助言も得ながら、避難確保計画の作成等に必要な情報の提供や助言、その他の援助ができるようになるなど、規定が強化された。加えて、日本で最初の火山観測所が浅間山に設置され、観測が始まった8月26日を「火山防災の日」とし、火山防災の日には火山防災訓練等の行事を実施するよう努めることなどが新たに規定された。

　しかしながら、実際に噴火を経験したことのある職員は限られており、また、火山ごとに想定される噴火の規模や地域の特性などには様々な違いがあることから、計画の検討等に課題を抱える地方公共団体等も少なくない。このため、内閣府では、計画検討の具体の手順や留意事項などを取りまとめた手引きの作成、地方公共団体等と協働での避難計画や避難確保計画の検討、協働検討で得られた知見や成果を反映した手引きの改定や取組事例集の作成を行うとともに、地方公共団体等で火山防災の主導的な役割を担った経験のある実務者を「火山防災エキスパート」として火山地域に派遣するな

ど、全国の火山防災対策の推進に取り組んでいる。

令和4年度及び5年度には、地方公共団体における火山防災訓練の実施を促し、避難計画及び同計画に基づき策定された地域防災計画の検証や、住民等の火山防災意識を高めることを目的に、モデル地域における訓練の企画・実施を支援した。また、令和5年8月には、地方公共団体との協働での検討を通じて得られた知見・成果について、「地方公共団体等における火山防災訓練の企画・運営ガイド」及び「取組事例集」として取りまとめた。今後、これらの資料も活用しながら、「火山防災の日」などの機会を捉えて、各火山地域における火山防災訓練などの取組が推進されることが期待される。

また、「大規模噴火時の広域降灰対策検討ワーキンググループ」が令和2年に取りまとめた降灰の影響や対策の基本的な考え方等を踏まえ、引き続き、関係省庁、地方公共団体等と連携し、具体的な対策について検討を進めている。

3-4 雪害対策

我が国は、急峻な山脈からなる弧状列島であり、冬季には、シベリア方面から冷たい季節風が吹き、日本海には南からの暖流があるため、日本海側で多量の降雪・積雪がもたらされる。そのため、屋根の雪下ろし中の転落、雪崩や暴風雪災害のほか、降積雪による都市機能の麻痺、交通の障害といった雪害が毎年発生している。令和5年度においても、大雪等が予想される場合には、関係省庁災害警戒会議を開催するなど、警戒体制に万全を期するとともに、実際に大雪となった場合には、被害状況等を踏まえ、政府一体となって災害応急対策に当たった。

また、過去の雪害事例を踏まえ、降雪による被災経験が少ない市町村であっても迅速かつ的確に降雪対応を実施できるよう、内閣府では、平成31年1月に「市町村のための降雪対応の手引き」（令和5年11月改訂）を作成し、その後も最新の取組等を反映させ、各地方公共団体へ周知を行っている。

また、豪雪地帯においては、「豪雪地帯対策特別措置法」（昭和37年法律第73号）及び同法に基づき策定する豪雪地帯対策基本計画により、雪害の防除を始めとした総合的な豪雪地帯対策を実施している。国土交通省では令和5年度において、豪雪地帯安全確保緊急対策交付金により、安全な地域づくりの将来構想の設定及びその実現のための地域のルールや取組を定める安全克雪方針の策定、同方針策定に向けた除排雪時の安全対策に係る試行的な取組（共助除排雪体制の整備、安全講習会の開催、命綱固定アンカーの普及活動、除排雪の自動化・省力化に関する技術の開発導入等）を行う地方公共団体への支援を行っている。

第4節 国際防災協力

4-1 国連などの国際機関を通じた防災協力

我が国は、災害の経験・知識や防災の施策を多く蓄積しており、これらを共有することにより、防災分野で世界の議論をけん引し、世界各国における防災の取組強化に貢献している。特に、平成27年3月に第3回国連防災世界会議を宮城県仙台市で開催したことを踏まえ、そこで採択された「仙台防災枠組2015－2030」（以下「仙台防災枠組」という。）の実施において、主導的な役割を果たすことが世界各国から期待されている。このため、内閣府や外務省においては、国連などの国際機関を通じた防災協力を積極的に推進している。

（1）国連防災機関（UNDRR）を通じた防災協力

仙台防災枠組を推進するため、同枠組の実施に係るモニタリング、調整、各地域や国の支援等を行っている国連防災機関（UNDRR：United Nations Office for Disaster Risk Reduction）の活動を支援するため、令和5年度は内閣府及び外務省が合わせて約537万ドル（約7億3,500万円）

を拠出している。

　仙台防災枠組の実施期間において中間年となる令和5年に、この枠組みの取組や達成状況を振り返り、後半期に向けた課題などを洗い出す中間レビューが実施され、日本を含む各国が国連に対し、これまでの取組状況を報告した。

　このレビュー結果を踏まえ、令和5年5月には国連本部で8年ぶりの防災に関する国連ハイレベル会合が開催された。我が国からは中野内閣府大臣政務官（当時）が代表として出席し、2030年の仙台防災枠組の目標達成に向けた我が国の取組を発表したほか、G7議長国の我が国とG20議長国のインドの共催により、「防災投資」をテーマとするサイドイベントを開催した。

　ハイレベル会合では、後半期の推進を加速化させるための「政治宣言」（11ページからなる各国合意文書）が採択された。政治宣言では、気候変動の影響等を踏まえた災害リスク分析の強化、防災部局と気候変動部局等の関係機関間の連携、民間投資を含めた防災投資の誘導策の強化、被災地域の増加を踏まえた「より良い復興（Build Back Better）」の経験共有といった取組を一層強化すること等が確認された。

「仙台防災枠組2015-2030」中間レビュー・ハイレベル会合の様子

（2）国際復興支援プラットフォーム（IRP）

　国際復興支援プラットフォーム（IRP：International Recovery Platform）は、平成17年に兵庫県神戸市で開催された第2回国連防災世界会議で採択された「兵庫行動枠組2005-2015」を受けて、円滑な復興を支援するためのネットワークと同枠組の充実を図ること、復興に関する教訓の発信や復興に向けた共通手法・仕組みを開発すること、復興計画・構想策定に助言や支援を行うことなどを目的として、同年3月に神戸市に設立された。仙台防災枠組において、IRPは「より良い復興（Build Back Better）」を推進するための国際的なメカニズムの一つとして、その強化がうたわれている。日本政府（内閣府）は運営委員会共同議長としてその発展の基盤づくりに貢献するとともに、IRPの活動を支援している。

　令和6年1月25日には神戸市において「国際復興フォーラム2024」が開催され、「より良い復興の実現に向けて—高まる気候変動のリスクとレジリエント（強靱）な復興—」のテーマの下、70ヶ国から347名が参加した。フォーラムでは、強靱な復興に当たっての課題や復興への備え、及び島しょ国における復興の取組について議論が行われた。またグループセッションでは、「より良い復興」の世界的な推進のため、日本の経験と教訓が共有された。

国際復興フォーラムの様子

（3）アジア防災センター（ＡＤＲＣ）との共同活動を通じた防災協力

　アジア防災センター（ＡＤＲＣ：Asian Disaster Reduction Center）は、災害教訓をアジア地域と共有するため、平成10年に兵庫県神戸市に設立されたものであり、令和6年3月現在、アジアの32ヶ国が加盟している。ＡＤＲＣは、防災情報の共有、加盟国の人材育成、地域コミュニティの防災力向上の3つを柱として、仙台防災枠組のアジアでの推進を主導している。人材育成の一環としては、加盟国から客員研究員を招聘しており（令和6年3月現在で累計132名）、防災政策の研究等を通じて加盟国の防災政策の企画立案に貢献する人材を育成している。また、各国の防災体制や最新災害情報等の収集及びホームページ上での提供、災害発生時の衛星データを利用した災害情報の活用推進といった活動も行っている。

　内閣府はＡＤＲＣとの共催により、「アジア防災会議（ＡＣＤＲ：Asian Conference on Disaster Reduction）」を開催し、加盟国や国際機関等からの参加を得て、アジアにおける防災・減災の課題に関する情報共有、意見交換、連携促進等を行っている。第19回目の同会議は「効果的な防災対策の実施—防災分野におけるデジタルトランスフォーメーション（ＤＸ）の推進—」をテーマに、令和5年10月20日にタジキスタン国ドゥシャンベにて開催された。加盟国（当時の31ヶ国中18ヶ国）を始め、国際機関、地域機関、民間セクター、学術・研究機関の代表など120名が現地で参加し、オンラインでは7加盟国から合計111名が参加した。同会議では、松村内閣府特命担当大臣（防災）がビデオメッセージによる開会挨拶を行い、仙台防災枠組の実施進捗と課題を確認するとともに、地震や地盤災害のリスク削減の技術、氷河湖決壊洪水や広域化する森林火災といった気候危機に対応する先進的な取組等について、情報共有や意見交換がなされた。

アジア防災会議の様子

4-2 　二国間等防災協力

　内閣府は国際機関を通じた取組に加え、海外からの防災を担当する閣僚級の訪問等の機会を通じて、防災政策の経験を共有するなど、世界各国の政府における防災担当部局との連携を深めている。

（1）日ＡＳＥＡＮ防災閣僚級会合の開催を通じたＡＳＥＡＮとの連携

　「日ＡＳＥＡＮ防災閣僚級会合」は日本とＡＳＥＡＮ間の防災協力を一層強化するため、日本政府（内閣府）とＡＳＥＡＮ加盟10ヶ国の防災担当部局により、令和3年10月に発足した。

　令和5年10月12日に「第3回日ＡＳＥＡＮ防災閣僚級会合」が初めて対面形式でベトナムにて開催され、堀井内閣府副大臣（当時）が共同議長として出席、令和4年に策定された「日ＡＳＥＡＮ防災行動計画」の進捗状況を確認した。あわせて、令和5年は日ＡＳＥＡＮ友好協力50周年・日越外交関係樹立50周年の節目に当たることから、これまでの防災協力の成果を確認する記念式典、及び我が国防災関連企業の対ＡＳＥＡＮ進出を促進するための官民防災セミナーを国土交通省と連携して実施した。

日ＡＳＥＡＮ防災閣僚級会合・記念式典の様子

（2）内閣府と米国連邦緊急事態管理庁（FEMA）との連携

　米国連邦緊急事態管理庁（FEMA：Federal Emergency Management Agency）とは、平成26年12月に締結された協力覚書に基づき、国際会議やビデオ会議等を通じて情報共有や意見交換を実施している。

（3）日韓防災会議の開催を通じた日韓の連携

　平成10年10月の日韓首脳会談の際に取り交わされた「21世紀に向けた新たな日韓パートナーシップのための行動計画」に基づき、平成11年から毎年持ち回りで日韓防災会議を開催している。新型コロナウイルス感染症の影響等により平成28年以降開催されていなかったが、韓国側から再開に向けた意思表示があり、令和5年12月18日に開催に至った。会議では両国の災害管理にかかる優良事例について発表を行ったほか、同日に韓国の災害対応の拠点となる中央災難安全状況室の視察を行った。

日韓防災会議の様子

（4）防災技術の海外展開に向けた官民連絡会（ＪＩＰＡＤ）の活動

　「防災技術の海外展開に向けた官民連絡会（ＪＩＰＡＤ：Japan International Public-Private Association for Disaster Risk Reduction）」は、我が国が強みを有する防災技術やノウハウを、官民が一体となり積極的に海外展開していくことを目的に令和元年に設立されたものであり、令和6年3月現在で209企業・団体が会員となっている。

　ＪＩＰＡＤでは、我が国の防災政策・技術・ノウハウを一体的に紹介するとともに、官民ネットワークを構築し、防災協力関係を強化する「官民防災セミナー」を開催している。

　令和5年10月には前述の「日ＡＳＥＡＮ防災閣僚級会合」のサイトイベントとして、ベトナム（ハロン）にて、国土交通省と連携して日ＡＳＥＡＮ官民防災セミナーを開催した。同セミナーの基調講演では、ベトナム堤防管理・防災局長より日越防災協働対話の実績について紹介があった。パネルディスカッションでは、国土交通省・ベトナム進出日系企業、同取引先の地方政府、ＡＳＥＡＮ諸国代表等により、防災分野の官民連携の実践が討議された。その後実施したレセプションでは日本企業5社による自社製品や技術の紹介を実施、ＡＳＥＡＮ加盟国、企業等約140人が出席した。

日ＡＳＥＡＮ官民防災セミナーの様子

　その他にも、海外から防災行政幹部や担当官が訪日する機会を捉え、内閣府において官民防災セミナーを実施した。令和5年7月にはＪＩＣＡ研修で来日したフィジー防災関連機関、令和5年11月には地震対策の知見を学びに来日したカザフスタン・アルマティ副市長やＪＩＣＡ招へい事業で来日したフィリピン市民防衛局長官を対象に、内閣府から日本の災害対策の知見及びその日本での災害対策に欠かせない日本企業の貢献を紹介するとともにＪＩＰＡＤ企業・団体がプレゼンテーションを行い、その後参加者との意見交換を実施した。

第5節　国土強靱化の推進のための取組

5-1　国土強靱化年次計画の策定

　政府は、「国土強靱化年次計画2023」（以下本節において「年次計画2023」という。）を令和5年7月28日に決定（国土強靱化推進本部決定）した。年次計画2023は、同日に閣議決定した新たな「国土強靱化基本計画」（以下本節において「基本計画」という。）に基づき、35の施策グループごとに2023年度に取り組むべき主要施策等を取りまとめるとともに、定量的な指標により進捗を管理し、ＰＤＣＡサイクルにより施策の着実な推進を図るためのものである。また、年次計画2023では、令和2年12月に策定した「防災・減災、国土強靱化のための5か年加速化対策」（以下本節において「5か年加速化対策」という。）の2年目完了時点（令和4年度末）の進捗状況等についても取りまとめている。（図表5-1-1）。

国土強靱化年次計画2023の概要－1

国土強靱化
NATIONAL RESILIENCE

年次計画は、「国土強靱化基本計画」に基づき、35の施策グループごとに当該年度に取り組むべき主要施策等をとりまとめるとともに、定量的な指標により進捗を管理し、PDCAサイクルにより施策の着実な推進を図るもの。

1. 2023年度の国土強靱化の取組のポイント

① 国土強靱化政策の展開方向
■基本計画に基づき「国民の生命と財産を守る防災インフラの整備・管理」、「経済発展の基盤となる交通・通信・エネルギーなどライフラインの強靱化」、「デジタル等新技術の活用による国土強靱化施策の高度化」、「災害時における事業継続性確保をはじめとした官民連携強化」、「地域における防災力の一層の強化」に沿って取組を進める。

② 5か年加速化対策の推進（令和3年度～令和7年度）
■123の対策ごとに設定した中長期の目標の達成に向けて、個別に進捗を管理。3年目となる令和5年度までに約9.9兆円を確保。
■複数年にわたる大規模な事業等を円滑に実施できるよう、国庫債務負担行為の柔軟な活用等を推進。

③ 地域の強靱化の推進
■地域計画は、全都道府県及び1,724市区町村（約99%）で策定が完了（令和5年4月時点）。
■今後は、全ての主体にとって共通の目標となる「目指すべき将来の地域の姿」を示し、その実現のために「誰が」「どこで」「いつまでに」「何を」するかを具体的に位置づけるなど、住民等の幅広い参画を得て、地域計画の策定・改定を推進。

2. 年次計画2023の主要施策（主な例）

■あらゆる関係者と協働した流域治水対策、インフラ施設等の耐震・津波対策、老朽化対策の推進、水門等の自動化・遠隔操作化の推進
■災害に強い国土幹線道路ネットワーク機能の確保のための高規格道路のミッシングリンク解消、エネルギー供給・通信環境の確保
■線状降水帯等の予測精度向上、災害時のドローン活用、情報システムのネットワーク化による災害情報共有等のデジタル等新技術の活用
■サプライチェーンの強靱化、民間企業におけるBCP策定促進、民間施設における非常用電源確保等の官民連携強化
■男女共同参画の視点からの防災・災害対応の取組推進、地域の貴重な文化財を守る防災対策等の地域防災力強化　等

国土強靱化年次計画2023の概要－2

国土強靱化
NATIONAL RESILIENCE

3. 5か年加速化対策の進捗管理

■全体でおおむね15兆円程度の事業規模（財政投融資の活用や民間事業者等による事業を含む）を目途としていたところ、3年目となる令和5年度までに約9.9兆円を確保。
■123の対策の2年目完了時点（令和4年度末）の進捗状況を、進捗状況一覧としてとりまとめ。

区分	事業規模の目途 〈閣議決定時〉	事業規模 〈令和5年度時点〉	うち国費 〈令和5年度時点〉
防災・減災、国土強靱化のための5か年加速化対策	おおむね15兆円程度	約9.9兆円	約5.0兆円
1　激甚化する風水害や切迫する大規模地震等への対策	おおむね12.3兆円程度	約8.0兆円	約3.8兆円
2　予防保全型メンテナンスへの転換に向けた老朽化対策	おおむね2.7兆円程度	約1.7兆円	約1.0兆円
3　国土強靱化に関する施策を効率的に進めるためのデジタル化等の推進	おおむね0.2兆円程度	約0.2兆円	約0.2兆円

※ 5か年加速化対策全体のおおむね15兆円程度の事業規模のうち、国費はおおむね7兆円台半ば。
※ 四捨五入の関係で合計が合わない場合がある。

出典：内閣官房国土強靱化推進室ホームページ
　　（参照：https://www.cas.go.jp/jp/seisaku/kokudo_kyoujinka/pdf/kakuteigaiyou_r057028.pdf）

5-2 国土強靱化関係予算及び国土強靱化に資する税制改正

令和5年度補正予算においては、5年間でおおむね15兆円程度の事業規模を目途とする5か年加速化対策（加速化・深化）関連に係る経費として、国費約1.5兆円（国土強靱化緊急対応枠0.3兆円を含む）を計上し、これまでに約11.8兆円の事業規模を確保した（令和5年11月現在）。そのほか、基本計画に基づき、国土強靱化の取組を着実に推進するための経費として、国費約0.4兆円を計上した。また、令和6年度当初予算においては、国費約5.2兆円の国土強靱化関係予算を計上した。

さらに、民間事業者等が行う国土強靱化の取組を税制面においても促進できるよう、関係省庁と連携し国土強靱化に資する税制の更なる充実を図ってきており、令和6年度の税制改正事項については、拡充2件を含む8項目を取りまとめ、公表した。

5-3 国土強靱化地域計画の内容充実

国土強靱化を実効あるものとするためには、国のみならず地方公共団体や民間事業者を含め、関係者が総力を挙げて取り組むことが不可欠である。地域の強靱化の推進に当たっての基本的な計画となる「国土強靱化地域計画」（以下本節において「地域計画」という。）は、47都道府県及びほぼ全ての市町村で策定されているが、今後、強靱化の取組の更なる充実を図るためには、過去に経験した災害から得られた教訓や社会経済情勢の変化を踏まえるとともに、地域住民や民間事業者等の地域の様々な主体と計画の検討段階から連携・協働すること等により、実効性の高い地域計画へと内容の充実を図っていくことが重要である。加えて、基本計画において、国土強靱化政策の展開方向の一つに「地域における防災力の一層の強化」が位置付けられたところであり、地域計画こそが地域の強靱化を推進するための羅針盤であるという観点からも、その内容充実が求められている。これらを踏まえ、政府においては地域計画を見直す際に重要となるポイント等を示した「国土強靱化地域計画策定・改定ガイドライン（第2版）」（令和5年10月）や、「国土強靱化に資する各都道府県の独自施策・事業事例集」（令和5年11月）を作成し、全国の地方公共団体に提供したほか、国の職員による説明会等の開催や、関係府省庁が所管する交付金・補助金の地域計画に事業箇所や実施時期等が具体的に明記された事業への重点化などにより、地域における強靱化の取組を支援した。

5-4 国土強靱化に関する民間の取組促進及び広報・普及啓発活動の推進

（1）国土強靱化に関する民間の取組促進

政府は、国土強靱化に資する民間企業等の取組を促進するため、平成28年度より事業継続に積極的に取り組んでいる企業等を「国土強靱化貢献団体」として第三者が認証する仕組みを運用している。大規模自然災害等に際しては、個々の企業等の「自助」のみならず、社会全体での共助を最大限機能させることが重要であることから、「国土強靱化貢献団体」のうち、社会貢献に積極的に取り組んでいる企業等を「国土強靱化貢献団体（＋共助）」として認証する仕組みを平成30年度に追加しており、令和5年11月末までに、計300団体（うち「＋共助」は195団体）が認証されている。

また、民間企業等の国土強靱化に関する先導的な取組については、毎年「国土強靱化に資する民間の取組事例集」を取りまとめ、ホームページやSNSで紹介するなど、先導的取組の浸透を図っている（**図表5-4-1**）。

さらに、国土強靱化に関する個人や地域での活動を広げていくため、一般の方を対象に「国土強靱化ワークショップ」を開催しており、令和5年度は計5回開催した。また、令和5年12月に国土強靱化の普及啓発を図るシンポジウムを宮崎県宮崎市において開催した。

図表 5-4-1	国土強靱化に関する民間の取組促進

出典：内閣官房国土強靱化推進室ホームページ
　　　（参照：https://www.cas.go.jp/jp/seisaku/kokudo_kyoujinka/torikumi_minkan.html）

（2）国土強靱化の広報・普及啓発活動の推進

　国土強靱化の推進に当たっては、国や地方公共団体のみならず、あらゆる関係者の取組が不可欠であり、民間企業・団体や地域コミュニティ、また家庭や個人等のあらゆるレベルにおいて、事前防災の必要性やその効果等も含め、更に理解・関心を高めていく必要がある。

　令和5年7月に新たに策定された基本計画では、①国土強靱化の理念や具体的な効果等の分かりやすい発信、②受け手の視点に立った情報発信・適切な媒体の活用、③関係機関による主体的・積極的な取組と一層の連携、を基本方針として、関係府省庁が連携し、積極的に国土強靱化の広報・普及啓発活動に取り組むこととされた。

　その一環として、新たな国土強靱化ポスターを制作し、全国の駅、高速道路ＰＡ、ショッピングセンターや官公庁舎で掲出するとともに、国土強靱化の取組が災害時に効果を発揮した事例等について取りまとめ、情報発信を行った（図表5-4-2、図表5-4-3）。発信に当たっては、幅広い層へ分かりやすく伝えるため、ＳＮＳ、バナー広告やラジオ番組等の様々な媒体を活用した。

図表 5-4-2	国土強靱化ポスター

出典：内閣官房国土強靱化推進室ホームページ
　　　（参照：https://www.cas.go.jp/jp/seisaku/kokudo_kyoujinka/kouhou.html）

図表5-4-3　防災、減災、国土強靱化の効果発揮事例

大和川水系大和川　流域治水対策による浸水被害の軽減
（奈良県 大和川流域（奈良市・王寺町・三郷町・田原本町など））

`5か年加速化対策` `3か年緊急対策`
`災害時の効果発揮事例`
`国土強靱化 NATIONAL RESILIENCE`

> 効果概要：令和5年6月梅雨前線による大雨では、大和川流域で平成29年10月出水と同規模の雨量を記録したが、
> 　　　　　河道掘削や遊水地・雨水貯留施設の整備など、流域全体での治水対策により、浸水戸数が大きく減少。
>
> 府省庁名：国土交通省

- 実施主体：
  - ・国土交通省 近畿地方整備局 大和川河川事務所
  - ・大和川流域自治体（奈良県域）
- 対策の概要：河道掘削、遊水地・雨水貯留施設整備等
- 事業費※：事業費485億円（H30〜R5）
  （うち5か年加速化対策（加速化・深化分）85億円）
  （うち3か年緊急対策による事業費87億円）
  ※直轄および奈良県内の河川事業（奈良県聞き取り）
- その他：
  - ・平成29年10月出水では12時間雨量155mmを記録し、258戸で浸水を確認。
  - ・流域全体での治水対策により、令和5年6月出水では同規模の雨量（12時間雨量140mm）を記録したものの、浸水戸数は43戸に減少。

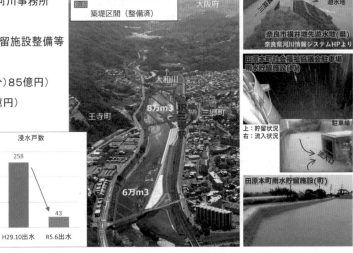

河道掘削の状況　貯留施設の状況

浸水戸数
（戸）
300 / 200 / 100
258（H29.10出水）
43（R5.6出水）

高規格道路のミッシングリンク解消及び4車線化、高規格道路と直轄国道との
ダブルネットワーク化等による道路ネットワークの機能強化対策（宮崎県宮崎市〜日南市）

`5か年加速化対策`
`災害時の効果発揮事例`
`国土強靱化 NATIONAL RESILIENCE`

> 対策概要：激甚化、頻発化する災害から速やかに復旧・復興するためには、道路ネットワークの機能強化が必要。発災後概ね1日以内に緊急車両の通行を確保し、概ね1週間以内に一般車両の通行を確保することを目標として、災害に強い国土幹線道路ネットワークの機能を確保するため、高規格道路のミッシングリンクの解消及び暫定2車線区間の4車線化、高規格道路と代替機能を発揮する直轄国道とのダブルネットワークの強化等を推進。
>
> 府省庁名：国土交通省

東九州自動車道 清武JCT〜北郷

- 実施主体
  国土交通省 九州地方整備局 宮崎河川国道事務所

- 事業概要
  東九州自動車道 清武JCT〜日南北郷IC間（延長19.0km）は高速道路 ネットワークの一部を構成しており、九州東部の広域的な連携や、物流の効率化及び地域の発展、災害に強い道路ネットワークの構築等のため整備を実施した。

- 事業費：1,622億円
  （うち5か年加速化対策（加速化・深化分）15億円）

- 効果
  令和5年梅雨期の大雨において、日南市伊比井地区では、規制基準を超える連続雨量194mmを記録し、国道220号は約13時間の全面通行止めを行ったが、令和5年3月25日に開通した東九州自動車道 清武南IC〜日南北郷IC間が迂回路となり、代替機能を発揮した。

広域図

▲写真①　国道220号における規制（伊比井地区）
　　　　（令和5年7月3日〜4日）
▲写真②　東九州道 清武南IC〜日南北郷IC間
　　　　（令和5年3月25日：開通時の状況）

出典：内閣官房国土強靱化推進室ホームページ
　　（参照：https://www.cas.go.jp/jp/seisaku/kokudo_kyoujinka/kouhou/koukahakkijirei.html）

5-5 国土強靱化基本計画の見直し

　基本計画は、社会経済情勢等の変化や、国土強靱化の施策の推進状況等を考慮し、おおむね5年ごとに計画内容の見直しを行うこととされており、平成30年12月の改定に続き、令和5年7月に2回目の改定が行われた。

　新たな基本計画では、前回の改定後に発生した令和元年東日本台風などの自然災害から得られた教訓や、気候変動の影響とその抑制策としてのグリーン・トランスフォーメーション（GX）の実現、国際紛争下におけるエネルギー・食料等の安定供給、パンデミック下における自然災害の発生といった社会情勢の変化を考慮し、国土強靱化政策の展開方向として、（1）国民の生命と財産を守る防災インフラの整備・管理、（2）経済発展の基盤となる交通・通信・エネルギーなどのライフラインの強靱化、（3）デジタル等新技術の活用による国土強靱化施策の高度化、（4）災害時における事業継続性確保を始めとした官民連携強化、（5）地域における防災力の一層の強化、の5つの柱が位置付けられている。

　これまで進めてきた「防災インフラの整備・管理」や「ライフラインの強靱化」に加え、「デジタル等新技術の活用」や「地域防災力の向上」について新たな内容が多く盛り込まれており、特に、「デジタル等新技術の活用」については、デジタルが持つ地域社会の生産性や利便性を飛躍的に高め、産業や生活の質を大きく向上する力を最大限活用し、我が国・地域が直面する災害への対応力を強化することとしている（図表5-5-1）。

図表5-5-1　新たな国土強靱化基本計画の概要

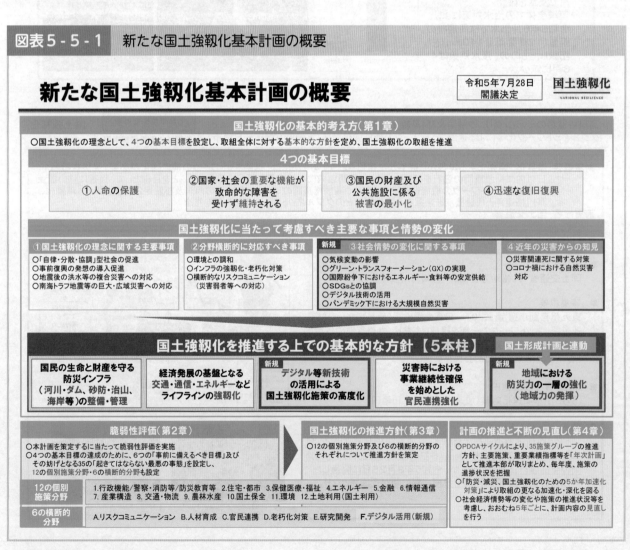

出典：内閣官房国土強靱化推進室ホームページ
　　　（参照：https://www.cas.go.jp/jp/seisaku/kokudo_kyoujinka/kihon.html）

第2章 原子力災害に係る施策の取組状況

第1節 原子力防災体制について

1-1 平時の原子力防災体制

　原子力災害対策に係る施策は、万が一の被害が甚大かつ広範囲にわたるため、政府全体が一体的に取り組み、これを推進することが必要である。このため、平時から政府全体の原子力防災対策を推進するための機関として、内閣に「原子力防災会議」が設置されている。同会議の主な役割は、内閣府を始めとする関係省庁と関係地方公共団体等が参加する各地域の地域原子力防災協議会において、原子力災害対策指針等に照らし、具体的かつ合理的なものであることを確認した地域の緊急時対応について、了承することである。この原子力防災会議の議長には内閣総理大臣、副議長には内閣官房長官、環境大臣、内閣府特命担当大臣（原子力防災）及び原子力規制委員会委員長等を、議員には全ての国務大臣及び内閣危機管理監等を充てている（図表1-1-1）。

図表1-1-1　平時・緊急時における原子力防災体制

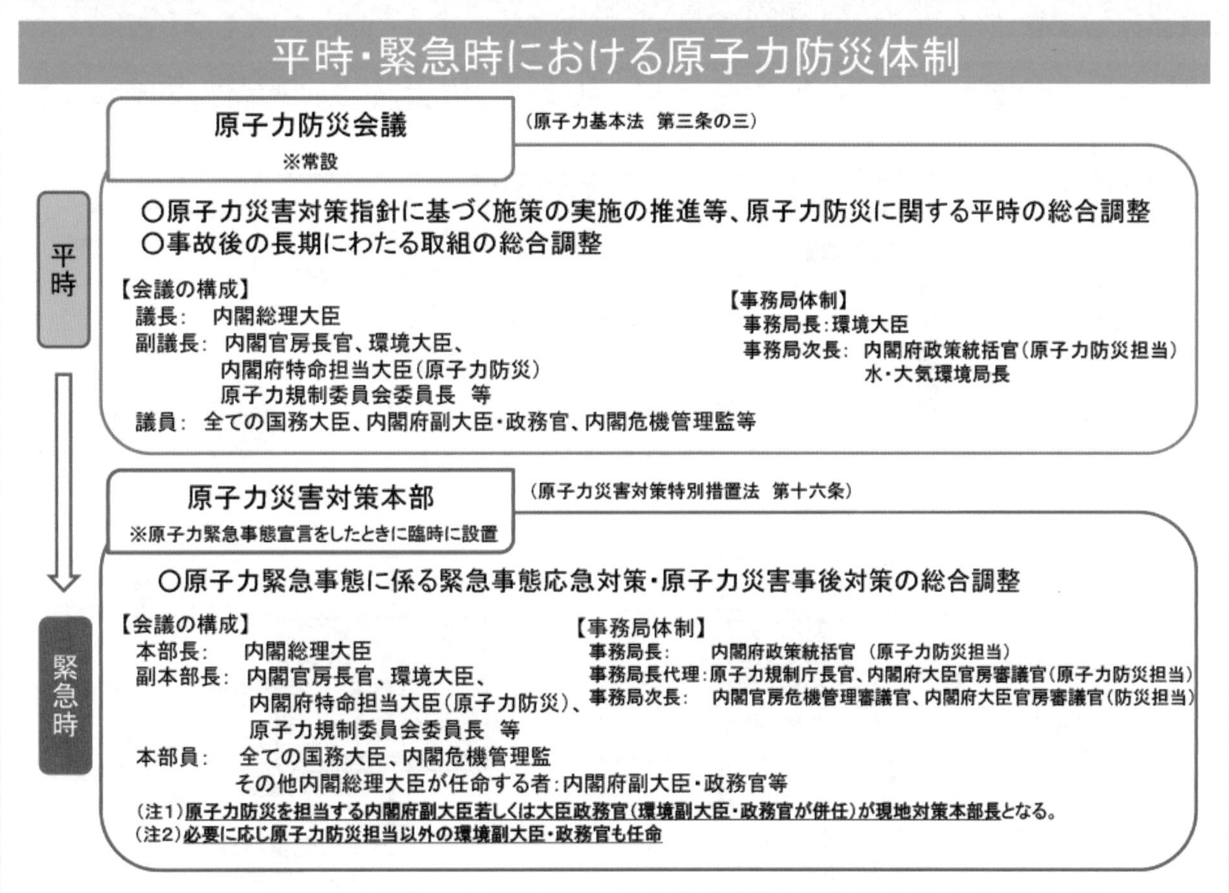

出典：内閣府資料

緊急時の原子力防災体制

　万が一大量の放射性物質等の放出により原子力緊急事態が発生した場合は、「原子力災害対策本部」が設置される。同本部の主な役割は、実際の現場や被害の状況を把握し、その状況に即した緊急事態応急対策等を的確かつ迅速に実施するため、国の関係機関や地方公共団体等との総合調整等を行うことである。また、同本部の本部長には内閣総理大臣、副本部長には内閣官房長官、環境大臣、内閣府特命担当大臣（原子力防災）、原子力規制委員会委員長等を、本部員には全ての国務大臣、内閣危機管理監等を充てている（**図表1-1-1**）。

　同本部における役割分担については、技術的・専門的事項の判断は原子力規制委員会が一義的に担い、原子力施設への対応に必要な機材調達や施設外（オフサイト）対応全般は本部長（内閣総理大臣）指示に基づき、関係省庁が対応することとなっている。同本部の事務局は、平成26年10月14日に発足した内閣府政策統括官（原子力防災担当）が担うこととなる。

　また、複合災害時に関しては、平成27年7月に防災基本計画を修正し、自然災害に対応する「緊急災害対策本部」又は「非常災害対策本部」（令和3年5月の災害対策基本法改正以降は「特定災害対策本部」を含む。）と原子力災害に対応する「原子力災害対策本部」の両本部が一元的に情報収集、意思決定、指示・調整を行うことができる連携体制を整えることとし、複合災害発生時の体制を強化している（**図表1-2-1**、**図表1-2-2**）。

図表1-2-1　原子力緊急事態時の危機管理体制

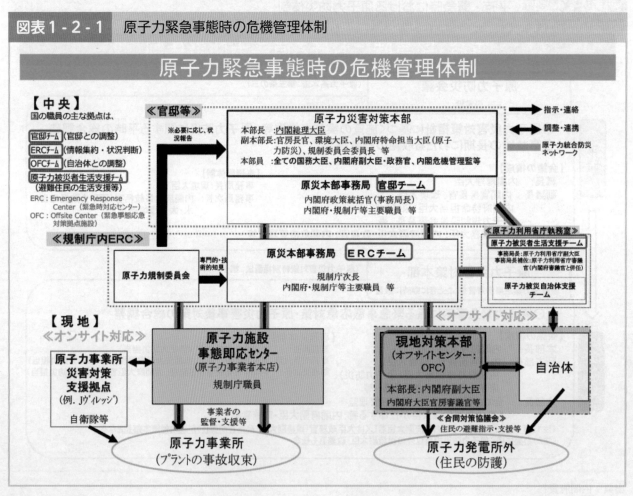

出典：内閣府資料

図表 1 - 2 - 2　複合災害時の両本部の対応イメージ（対応の方向性）

複合災害時の両本部の対応イメージ（対応の方向性）

原子力災害対策本部　　　　　　　緊急（非常、特定）災害対策本部

本部会議

- 両本部による合同会議の開催

意思決定の一元化

事務局（現地組織含む）

情報収集の一元化

原子力規制庁ERC等
- 原発事故の鎮圧
- 放射線モニタリング
- 原発周辺住民への避難等に関する調整

- 相互にリエゾンの派遣
- 情報共有ネットワークの相互導入

内閣府庁舎等
- 地震等による被災状況の把握
- 被災者の救助
- 避難住民への支援

現場活動

指示・調整の一元化

- 両本部から実動組織等への指示・調整の一元化
- 救助・救難活動や被災者支援の一元化

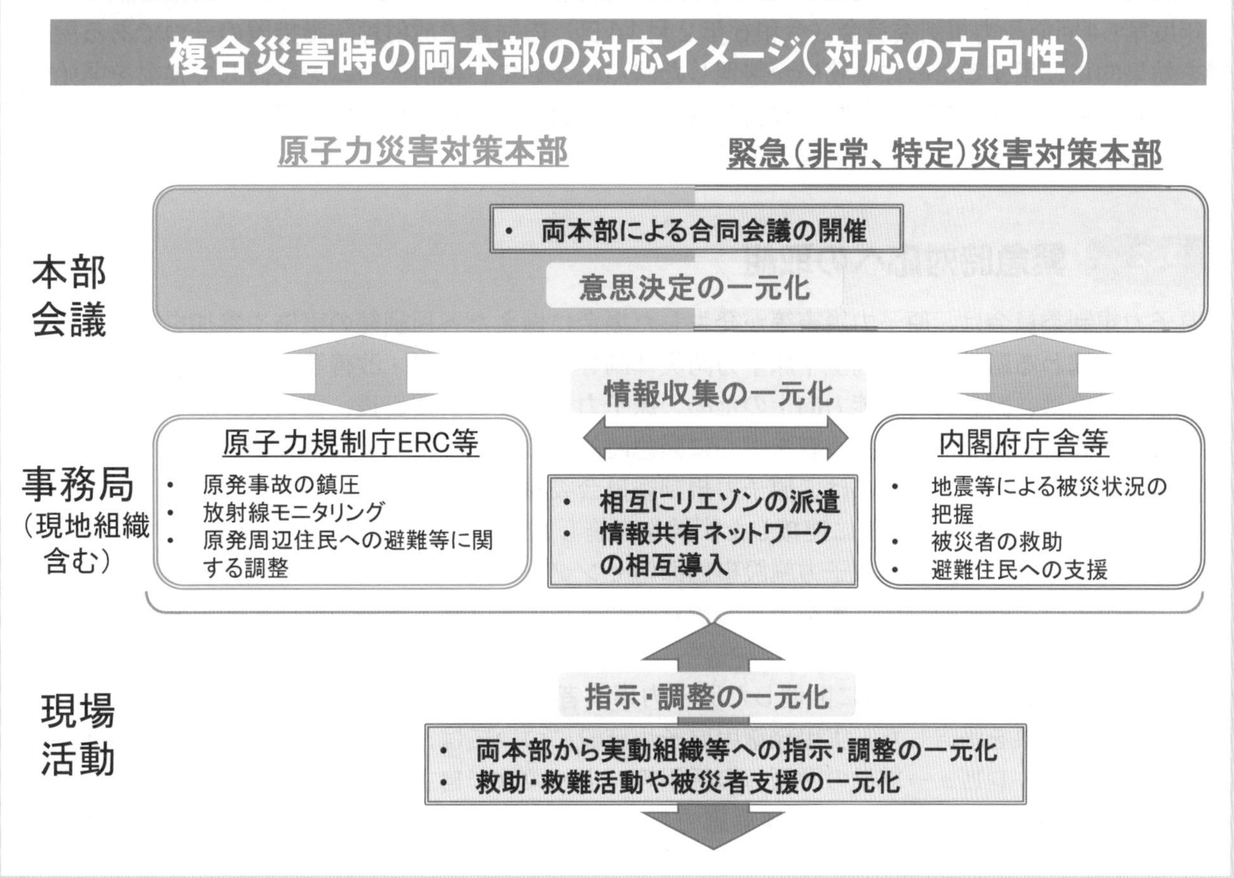

出典：内閣府資料

第2節　原子力規制委員会における原子力災害対策

　東京電力福島第一原子力発電所事故の教訓を踏まえ、原子力規制行政に対する信頼の確保に向けた取組を継続的に行っていくことが極めて重要である。原子力規制委員会は、原子力に対する確かな規制を通じて、人と環境を守るという使命を果たすため、「独立した意思決定」、「実効ある行動」、「透明で開かれた組織」、「向上心と責任感」及び「緊急時即応」を組織理念として、様々な政策課題に取り組んでいる。

2-1　原子力災害対策に係る取組

　原子力規制委員会では、最新の国際的知見を積極的に取り入れるなど、防災計画の立案に使用する判断基準等が常に最適なものになるよう原子力災害対策指針の充実を図っている。

　令和4年4月6日の原子力災害対策指針の改正を踏まえ、甲状腺被ばく線量モニタリングを実施する上で参考となる事項をまとめた「甲状腺被ばく線量モニタリング実施マニュアル」について、原子力規制庁及び内閣府の連名で制定し、令和5年度第13回原子力規制委員会（令和5年5月31日）で報告した。また、令和5年4月1日に高度被ばく医療支援センターに新たに指定された福井大学、基幹高度被ばく医療支援センターの指定を受けた量子科学技術研究開発機構のほか、高度被ばく医療支援センター及び原子力災害医療・総合支援センターの指定を受けた弘前大学、福島県立医科大学、広島大学及び長崎大学の6施設による体制を確立し、原子力災害時における医療体制の更なる強化を進めている。

また、令和6年1月13日に女川地域において開催した地元自治体との意見交換を踏まえた屋内退避の課題に関して、令和5年度第59回原子力規制委員会（令和6年1月17日）の討議を経て、令和5年度第64回原子力規制委員会（令和6年2月14日）の討議で放射線防護措置の一つである屋内退避を効果的に運用するために事務局が整理した論点について、検討チームを設置して検討を開始することとし、令和5年度第73回原子力規制委員会（令和6年3月27日）で「原子力災害時の屋内退避の運用に関する検討チーム」の設置を了承した。

2-2 緊急時対応への取組

原子力規制委員会は、原子力災害等が発生した場合に備えた各種訓練の実施や参加を通して原子力防災業務に携わる職員の能力向上や原子力防災体制等の課題の抽出・改善等を継続的に行っている。

令和5年度は、緊急時対応能力向上のため、原子力規制委員会委員長、委員及び原子力規制庁幹部といった緊急時に意思決定を担う者を中心に緊急時対応の机上訓練（2回）等を実施するとともに、一部の原子力事業者防災訓練には、原子力規制委員会委員等が参加した。

また、原子力事業者防災訓練に連接した訓練を実施し、原子力規制庁緊急時対応センター（ERC）プラント班と原子力事業者の原子力施設事態即応センターの間のより円滑な情報共有の在り方を追求した。事業者防災訓練のシナリオや当日の流れを踏まえてオフサイト側の対応手順を確認する訓練を2回実施した。

加えて、令和5年7月26日に開催した原子力事業者防災訓練報告会では、原子力事業者防災訓練に対する評価結果を報告した。実用発電用原子炉施設については、多様なシナリオによる訓練や事業者間によるピア・レビュー結果の評価への活用等、より柔軟で自主的な訓練を促進し、訓練の実効性を向上させる方策を令和5年度の訓練実施方針に反映することとし、令和5年度の訓練が実施された。今後、課題の抽出・改善等を行う予定である。

核燃料施設等は、同一地域に複数事業所が設置されており、大規模自然災害が発生した場合は、複数事業所が設置されている地域では同一地域複数事業所同時発災が想定されるため、令和5年度の原子力事業者防災訓練において、六ヶ所地域及び東海・大洗地域を対象に、大規模自然災害による同一地域複数事業所同時発災を模擬した訓練を実施した。今後、課題の抽出・改善等を行う予定である。

2-3 緊急時モニタリングに係る取組

原子力規制委員会は、原子力災害対策指針に基づく実効性のある緊急時モニタリングを行うため、「緊急時モニタリングセンター」を全ての原子力施設立地地域に整備している。また、各地域の緊急時モニタリングセンターについては、原子力災害時に確実に機能するよう、必要な資機材等の維持管理を行っている。さらに、原子力規制事務所への放射線モニタリング担当職員の配置等により、緊急時モニタリング体制の充実・強化を図っている。原子力災害発生時における緊急時モニタリング結果の集約、関係者間での共有及び迅速な公表を目的とした「放射線モニタリング情報共有・公表システム」については、緊急時における国民への情報伝達の円滑化に資するため、平常時からモニタリング情報の公表を行っている。

2-4 事故・故障等

「核原料物質、核燃料物質及び原子炉の規制に関する法律」（昭和32年法律第166号）では原子力事業者等に対し、「放射性同位元素等の規制に関する法律」（昭和32年法律第167号）では許可届出使用者等に対して、発生した事故・故障等を原子力規制委員会に報告することを義務付けており、令和5年度に受けた報告は、「核原料物質、核燃料物質及び原子炉の規制に関する法律」に基づく原子力事業者等から4件、「放射性同位元素等の規制に関する法律」に基づく許可届出使用者等から6件

となっている。

第3節　地域の原子力防災体制の充実・強化

3-1　地域防災計画・避難計画の策定と支援

　地方公共団体は、「災害対策基本法」に基づき地域防災計画（原子力災害対策編）（以下本章において「地域防災計画」という。）を作成し、都道府県及び市町村が原子力災害対応においてとるべき基本的な対応を定めることとなっている。

　現在、防災基本計画及び原子力災害対策指針に基づき、原子力発電所から概ね30km圏内の関係地方公共団体において地域防災計画が策定されている（**図表3-1-1**）。地域防災計画は、内容の具体化や充実化が重要であり、避難計画や要配慮者対策の具体化等を進めるに当たって、地方公共団体のみでは解決が困難な対策について国が積極的に支援することとしている。

図表3-1-1　地域防災計画・避難計画の策定状況（令和6年3月31日現在）

	対象市町村	地域防災計画策定数	避難計画策定数
泊地域	13	13	13
東通地域	5	5	5
女川地域	7	7	7
福島地域	13	13	13
柏崎刈羽地域	9	9	9
東海第二地域	14	14	7
浜岡地域	11	11	11
志賀地域	9	9	9
福井エリア	23	23	23
島根地域	6	6	6
伊方地域	8	8	8
玄海地域	8	8	8
川内地域	9	9	9
13地域計	135	135	128

出典：内閣府資料

原子力防災体制の構築・充実については、道路整備等による避難経路の確保等を含め、政府全体が一体的に取り組み、これを推進することとしている。

　内閣府は、「地域防災計画の充実に向けた今後の対応」（平成25年9月原子力防災会議決定）に基づき、道府県や市町村が作成する地域防災計画及び避難計画の具体化・充実化を支援するため、平成27年3月に原子力発電所の所在する地域ごとに課題を解決するためのワーキングチームとして「地域原子力防災協議会」（以下「協議会」という。）を設置し、その下に作業部会を置いた。各地域の作業部会では、避難計画の策定支援や広域調整、国の実動組織の支援等について検討し、国と関係地方公共団体が一体となって地域防災計画及び避難計画の具体化・充実化に取り組んでいる（**図表3-1-2**）。

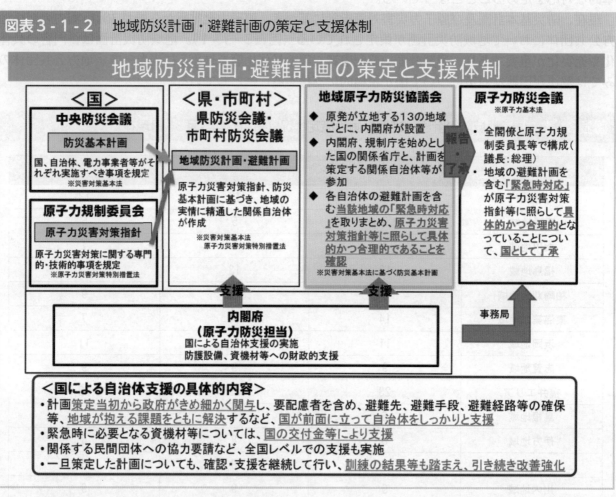

図表3-1-2　地域防災計画・避難計画の策定と支援体制

出典：内閣府資料

　原子力防災体制の具体化・充実化については、地域ごとに内閣府が設置する協議会において、関係地方公共団体の地域防災計画及び避難計画を含む地域毎の「緊急時対応」を取りまとめ、それが原子力災害対策指針等に照らして、具体的かつ合理的なものであることを、協議会に参加している関係省庁、関係地方公共団体、関係機関の各主体が確認している。また、協議会において確認された緊急時対応については、内閣総理大臣を議長とし、全閣僚、原子力規制委員長等から構成される原子力防災会議に報告され、了承を得ている。緊急時対応の確認とこれら計画等に基づく各地域の原子力防災体制の具体化・充実化の支援（Plan）に加え、これら計画に基づく原子力防災訓練の実施（Do）、原子力防災訓練結果からの反省点の抽出（Check）、これら反省点を踏まえた地域ごとの計画等の改善（Action）を図るというＰＤＣＡサイクルを導入し、内閣府及び関係地方公共団体等は、継続的に地域の原子力防災体制の充実・強化及び実効性の向上に努めている。

　各地域の「緊急時対応」について、令和5年度末時点では、対象となる全16地域のうち、9つの地域において取りまとめられ、その内容が確認されている（図表3-1-3）。

図表3-1-3　「緊急時対応」の取りまとめ状況

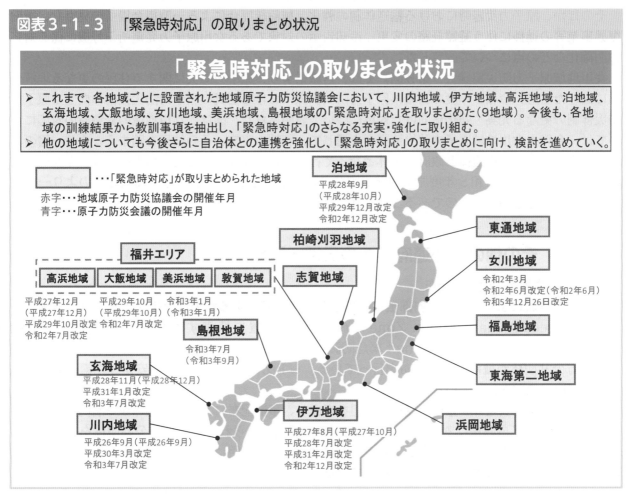

出典：内閣府資料

　なお、福井エリアについては、敦賀、美浜、大飯、高浜の各地域に分科会を設置し、各地域に特化して具体的に解決すべき課題について検討することとしている。

　女川地域については、令和2年3月に女川地域原子力防災協議会（第1回）において「女川地域の緊急時対応」を確認した。また、新型コロナウイルス感染拡大を踏まえた感染症の流行下における防護措置の基本的な考え方等を踏まえ、同年6月の女川地域原子力防災協議会（第2回）において「女川地域の緊急時対応」を改定した。

　女川地域原子力防災協議会（第1回）において確認した内容及び女川地域原子力防災協議会（第2

回）において改訂した内容について、令和2年6月に原子力防災会議において報告及び了承がなされた。その後、「緊急時対応」の実効性の向上を図るため、令和4年2月に女川原子力発電所を対象として国の主導する原子力総合防災訓練を実施した。その上で、令和4年7月に取りまとめた「原子力総合防災訓練実施成果報告書」における訓練の教訓事項等、同年10月及び令和5年1月に実施した宮城県原子力防災訓練における教訓事項等を踏まえ、「緊急時対応」のより一層の具体化・充実化を図るため、令和5年12月の女川地域原子力防災協議会（第3回）において「女川地域の緊急時対応」を改定した。

（参照：https://www.8.cao.go.jp/genshiryoku_bousai/kyougikai/02_onagawa.html）
「女川地域の緊急時対応」の主な改定のポイントとしては、以下の4点が挙げられる。
① 住民を安全かつ円滑に避難させるための情報伝達
② 海路避難経路の多重化
③ 国の要員・資機材等の緊急搬送経路の多重化
④ 住民を安全かつ円滑に避難させるための検査体制

そのほか、原子力災害時における輸送体制の強化、施設統廃合による一時集合場所の見直し、復旧復興事業等の進捗に伴う避難経路の変更、冷却告示の対象である女川原子力発電所1号機に係る対応の明確化などの点について改定した。

女川地域原子力防災協議会（第3回）では、宮城県より、原子力防災に関する住民の更なる理解促進に向けた対応、令和5年度の宮城県原子力防災訓練における要員の原子力防災技術の向上や原子力防災体制の更なる充実・強化に向けた対応について表明された。国は、女川地域の緊急時の対応については、今後も女川地域原子力防災協議会を通じて、訓練の実施、その結果を踏まえたより一層の具体化・充実化を関係自治体と政府が一体となって行っていく旨を表明した。以上により、今回の改定は、令和4年度及び令和5年度原子力防災訓練の教訓事項等を踏まえ、「緊急時対応」のより一層の具体化・充実化を図ったものであることを確認した。

3-2 その他の関係道府県への支援・取組

（1）安定ヨウ素剤の備蓄・配布

　放射性ヨウ素による甲状腺の内部被ばくの予防又は低減をするために服用する安定ヨウ素剤は、ＰＡＺ（Precautionary Action Zone：予防的防護措置を準備する区域）・ＵＰＺ（Urgent Protective Action Planning Zone：緊急防護措置を準備する区域）内において、国の財政支援の下、地方公共団体が備蓄や事前配布を行っている。ＵＰＺ外の住民に対する安定ヨウ素剤については、内閣府が備蓄を行っている。

　緊急配布による安定ヨウ素剤の受取の負担を考慮し、事前配布によって避難等が一層円滑になると想定されるＵＰＺ内住民に対し、適切に事前配布の運用が図られるよう地方公共団体を支援している。また、原子力災害対策指針及び「安定ヨウ素剤の配布・服用に当たって」に沿った医師による説明会の遠隔開催を時限的・特例的に推進している。

（2）オフサイトセンターの指定

　「原子力災害対策特別措置法」（平成11年法律第156号）第12条第1項に基づき、内閣総理大臣は、原子力事業所ごとに緊急事態応急対策等拠点施設（オフサイトセンター）を指定することとなっている。

　オフサイトセンターの満たすべき要件は、「原子力災害対策特別措置法に基づく緊急事態応急対策等拠点施設等に関する内閣府令」で定められているが、東京電力福島第一原子力発電所事故の教訓等を踏まえ、平成24年9月に実用発電用原子炉に係るオフサイトセンターは、その立地場所について、基本的に5～30km圏内（ＵＰＺ内）とする等の改正を行っている。その後、平成29年3月に原子力規制委員会が原子力災害対策指針を改正し、核燃料施設等に係る原子力災害対策重点区域の範囲等

について設定を行ったことを踏まえ、令和元年8月に核燃料施設等に係るオフサイトセンターが満たすべき要件について発電用原子炉施設と基本的に同等の要件に改正した。現在、全国で23施設のオフサイトセンターが設置されている（図表3-2-1）。

図表3-2-1　全国のオフサイトセンター

出典：内閣府資料

（3）避難の円滑化に向けた支援

　道路整備等による避難経路の確保など、原子力災害時における避難の円滑化は、地域住民の安全・安心の観点から重要であり、関係省庁が連携し政府全体が一体的に取り組むこととしている。

　内閣府においては、避難経路における様々な阻害要因に関して、効果的・効率的な避難方法の改善についてモデルとなる経路を選定し、道府県の避難円滑化計画の作成、改善モデルの実証及びその成果の普及について支援を行ってきた。令和3年度からは、このモデル実証の結果を踏まえ、原子力発電施設等緊急時安全対策交付金に新たに緊急時避難円滑化事業を創設し、住民の円滑な避難又は一時移転を確保するための交通誘導対策等や地域防災計画に位置付けられた避難経路上の改善について支援を行っている。

3-3　地域の原子力防災体制に係る訓練や研修

（1）地方公共団体における原子力防災訓練への支援

　地方公共団体は、「災害対策基本法」等に基づき定期的に原子力防災訓練を実施することとなっている。道府県が主催する原子力防災訓練では、例年、道府県知事を始めとする地方公共団体及び警察、消防、海上保安庁、自衛隊といった国や地域の関係実動組織が参加し、住民避難や避難退域時検査については、一部実動訓練を取り入れた形で実施されている（図表3-3-1）。

各協議会においては、地域防災計画及び避難計画の具体化・充実化が図られた地域について、地域防災計画及び避難計画の具体性や実効性の検証を目的として、原子力防災訓練の企画・実施や評価方法の普及、原子力防災訓練を通じたＰＤＣＡサイクルの実践等、必要な支援を行っている。

　また、内閣府は平成30年3月に、道府県が主体となる訓練の企画、実施及び評価までの訓練全般における基本的な指針となる「原子力防災訓練の企画、実施及び評価のためのガイダンス」を策定しており、平成31年3月には同ガイダンスの改訂等を行った。さらに、同ガイダンスに沿って担当者が具体的に行うべき事項を記載した「原子力防災担当者のための訓練実務マニュアル」と併せて同ガイダンスを関係道府県に配布し、これらの普及を図っている。

　（参照：https://www8.cao.go.jp/genshiryoku_bousai/kunren/kunren.html）

| 図表3-3-1 | 令和5年度における各地域での地方公共団体による原子力防災訓練の実施状況 |

地域	訓練名	日時
泊	北海道原子力防災総合訓練	令和5年10月25日、令和6年2月14日
東通	青森県原子力防災訓練	令和5年11月7日、11月17日、12月20日
女川	宮城県原子力防災訓練	令和6年1月20日
福島	福島県原子力防災訓練	令和5年11月16日、11月18日
柏崎刈羽	新潟県原子力防災訓練	令和5年10月26日、10月27日、10月28日、10月29日、10月31日、11月1日、11月8日、11月9日、令和6年2月12日 （※令和5年10月27日～29日の訓練は、国等による令和5年度原子力総合防災訓練と連携）
志賀	石川県原子力防災訓練	令和5年11月23日
	富山県原子力防災訓練	令和5年11月23日
福井	福井県原子力総合防災訓練	令和5年10月20日、10月21日
	滋賀県原子力防災訓練	令和5年10月20日、11月7日
	岐阜県原子力防災訓練	令和5年11月25日
	京都府原子力総合防災訓練	令和5年10月20日、11月11日、11月19日
島根	島根県原子力防災訓練	令和5年9月30日、10月19日、11月5日、11月7日、11月8日、11月9日
	鳥取県原子力防災訓練	令和5年8月23日、10月19日、11月4日、11月5日、11月18日、11月24日、11月25日
伊方	愛媛県原子力防災訓練	令和5年10月12日、10月21日
	山口県原子力防災訓練	令和5年10月12日
玄海	佐賀県原子力防災訓練	令和5年10月14日
	長崎県原子力防災訓練	令和5年10月14日、令和6年2月17日
	福岡県原子力防災訓練	令和5年10月14日
川内	鹿児島県原子力防災訓練	令和6年2月10日

出典：内閣府資料

（2）国や地方公共団体、実動組織等の職員への研修の実施
（国による研修事業）

内閣府では、国や地方公共団体等の防災業務関係者に対し、原子力災害対策指針の防護措置の考え方について理解し、原子力災害時の対応力を向上させることを目的として、原子力災害対策要員研修及び原子力災害現地対策本部図上演習を実施した。

また、防災業務関係者の中から中心的な役割を担う者等を対象に原子力災害時の事態進展に応じた国の本部運営等の理解を促すことを目的とした中核人材育成研修を実施するとともに、地方公共団体の防災業務関係者を対象に、原子力災害時の住民避難等を円滑に行うために必要な防護措置に関わる情報共有等の対応等の能力向上を目的とした実務人材研修を実施した。

さらに、国の防災業務関係者を対象とし、放射線防護のために必要な基礎知識を習得することを目的として、原子力防災基礎研修を実施した。

① 原子力災害対策要員研修

原子力災害に対応する国や地方公共団体等の防災業務関係者を対象とし、原子力防災に関する法令、原子力災害対策指針、東京電力福島第一原子力発電所事故から得られた教訓を踏まえた原子力防災に関する基礎知識を修得することを目的として、原子力災害対策要員研修を実施している。令和5年度においては、40回開催した。主な研修内容は、以下のとおりである。
- ・原子力防災関連法令の概要（座学）
- ・原子力災害対策指針に基づいた放射線防護の基本的な考え方（座学）
- ・東京電力福島第一原子力発電所事故の教訓（座学）　等

② 原子力災害現地対策本部図上演習

原子力災害に対応する国や地方公共団体等の防災業務関係者を対象とし、緊急時の災害対応能力を習得すること、また、地方公共団体が策定する地域防災計画及び避難計画の検証並びに改善を図ることを目的として、原子力災害現地対策本部図上演習を実施している。令和5年度においては13回開催した。主な研修内容は、以下のとおりである。
- ・緊急事態応急対策拠点施設における活動（座学）
- ・機能班別課題演習
- ・シナリオに基づいた図上演習　等

③ 中核人材育成研修

原子力災害に対応する国や地方公共団体等の防災業務関係者の中から中心的な役割を担う要員を対象に、原子力災害時に対応できるよう中核的役割を担う人材を育成するため、必要な知識の習得及び能力の向上を目的として中核人材育成研修を実施している。令和5年度においては、国の要員に対して8回、道府県の要員に対して4回及び市町村の要員に対して2回開催した。主な研修内容は、以下のとおりである。
- ・発電用原子炉における緊急事態（座学）
- ・原子力緊急事態と健康影響（座学）
- ・原子力緊急事態における防護措置（座学）
- ・原子力災害における事態進展に応じた対応の流れ（座学）
- ・図上演習　等

④ 実務人材研修
a. 避難退域時検査等の対応

避難退域時検査、簡易除染の実施計画等を担当する地方公共団体等職員を対象とし、避難退域時検査の具体的計画、マニュアル等の作成担当者や検査場における責任者となる人材を育成することを目

的として、実務人材研修を実施している。令和5年度においては4回開催した。主な研修内容は、以下のとおりである。

　　・避難退域時検査の基本的考え方等（座学）
　　・避難退域時検査の計画策定及び運営に関する演習　等

b.　バスによる住民避難等の対応

　バスによる避難計画等を担当する地方公共団体等の職員を対象とし、バスによる避難等の対応の具体的計画及びマニュアル等を作成できる人材を育成することを目的として、実務人材研修を実施している。令和5年度においては3回実施した。主な研修内容は、以下のとおりである。

　　・住民の避難バスの確保・手配業務に関わる業務手順と事前の準備等（座学）
　　・各道府県及び各市町村のバス等による住民避難に関する準備状況の共有、課題の抽出と改善の検討

c.　防護措置に係る情報共有等の対応

　「防護措置の状況等」に係る情報の取りまとめ・共有等を担当する地方公共団体等職員を対象とし、各事態における防護措置を具体的に進めるために必要な被災状況等の把握方法、関係者間での情報共有等の実施方法について理解することを目的として、実務人材研修を実施している。令和5年度においては7回実施した。主な研修内容は、以下のとおりである。

　　・「防護措置の状況等の共有等」に必要な情報の取りまとめ・共有等の運用について（座学）
　　・各事態における確認すべき事項の整理、確認方法等に係る検討

（地方公共団体による研修事業）

　防災業務関係者研修及び原子力防災基礎研修は、各道府県が主体的に企画・実施し、必要に応じて内閣府が支援した。

①　防災業務関係者研修

　防災業務関係者研修は、原子力災害時に住民防護活動を行う民間事業者等を対象として、放射線防護のために必要な基礎知識、住民防護の基本的考え方及び住民防護活動の流れ等を習得することを目的として実施した。

②　原子力防災基礎研修

　原子力防災基礎研修は、原子力災害に対応する地方公共団体等の防災業務関係者を対象として、放射線防護のために必要な基礎知識を習得することを目的として実施した。

講義の様子（原子力災害対策要員研修）

模擬訓練の様子（原子力災害現地対策本部図上演習）

課題演習の様子（中核人材育成研修）

実習の様子（実務人材研修）

3-4 国際的な連携強化

　オフサイトの原子力防災に関しては、国際原子力機関（ＩＡＥＡ）等の国際機関や諸外国においても様々な取組が行われており、我が国の原子力防災の水準の向上のためにも、その先進的な知見を取り入れて行くことが必要である。

　このため、各国の原子力防災を担当する部局と連携体制を強化して定期的な意見交換を行うとともに、原子力防災訓練に相互招待する等により、原子力防災に関する国際的な知見・経験の共有等を推進することや、オフサイトの原子力防災に関するＩＡＥＡの基準等や主要な原子力発電利用国の制度・運用の調査等を行った。

（１）原子力防災体制に係る二国間協力
① アメリカ合衆国（米国）との協力

　平成24年に設置された「民生用原子力協力に関する日米二国間委員会」の下に設置された、「緊急事態管理ワーキンググループ（ＥＭＷＧ：Emergency Management Working Group)」の枠組みに基づき、米国エネルギー省（ＤＯＥ：Department of Energy）や米国連邦緊急事態管理庁（ＦＥＭＡ：Federal Emergency Management Agency)、米国原子力規制委員会（ＮＲＣ：Nuclear Regulatory Commission）等の米国の関係機関との定期的な意見交換や原子力防災訓練の相互招待を通じて原子力防災体制に係る連携を深めている。令和５年度は、原子力防災訓練や避難計画について、オンラインによる技術意見交換会を１回開催した。

② フランス共和国（仏国）との協力

　平成27年に、内閣府大臣政務官と仏国内務省国民安全・危機管理総局長との間で締結した「原子力事故に係る緊急事態管理分野での協力に関する覚書」に基づき、原子力防災訓練の相互招待や、令和元年に開始された「原子力事故発生時の緊急事態・管理分野における協力委員会」の定期的な開催を通じ、原子力防災体制の連携を深めている。令和５年度は、フランスの原子力防災訓練を視察し、

訓練の計画や緊急時における体制等について意見交換を行った。

③ 原子力総合防災訓練視察への招待

原子力総合防災訓練においては、前述の米仏を始め、諸外国や国際機関を対象として訓練の視察を受け入れている。令和5年10月27日から29日に実施した、東京電力ホールディングス株式会社柏崎刈羽原子力発電所を対象とした原子力総合防災訓練では、4ヶ国の原子力防災関係機関及び在京大使館等の11機関から20名の視察者を受け入れた。本視察において視察者は、事前説明会を含め3日間にわたり滞在した。また、訓練終了後には、原子力総合防災訓練や海外からの居住者を含めた住民避難等について海外の原子力防災訓練視察者との意見交換を行った。

（2）国際機関との連携、海外の動向調査

国際原子力機関（IAEA）や経済協力開発機構原子力機関（OECD／NEA）との協力・情報交換も積極的に行っている。IAEAについては、オフサイトの原子力防災に関する基準作成への協力や情報収集のため、定例の「原子力防災に係る基準委員会（EPReSC：Emergency Preparedness and Response Standards Committee)」に出席するとともに、各種の情報交換や人材育成活動に協力している。OECD／NEAが開催する「原子力緊急事態作業部会（WPNEM：Working Party on Nuclear Emergency Matters)」等の原子力防災に関係する会議においては、主要な原子力発電利用国の原子力防災に関する制度・運用等について情報交換している。

第4節　令和5年度原子力総合防災訓練

4-1　実施概要

（1）位置付け及び目的

原子力総合防災訓練は、原子力災害発生時の対応体制を検証すること等を目的として、「原子力災害対策特別措置法」に基づき、原子力緊急事態を想定し、国、地方公共団体、原子力事業者等が合同で実施する訓練であり、令和5年度原子力総合防災訓練は以下を目的として実施した。
（参照：https://www8.cao.go.jp/genshiryoku_bousai/kunren/kunren.html）

・国、地方公共団体及び原子力事業者における防災体制や関係機関における協力体制の実効性の確認
・原子力緊急事態における中央と現地の体制やマニュアルに定められた手順の確認
・地域防災計画等の検証及び緊急時対応等の検討
・訓練結果を踏まえた教訓事項の抽出、緊急時対応等の検討
・原子力災害対策に係る要員の技能の習熟及び原子力防災に関する住民理解の促進

（2）実施時期及び対象となる発電所

　柏崎刈羽発電所を対象として、令和5年10月27日から29日に実施した（**図表4-1-1**）。

図表4-1-1	柏崎刈羽地域の原子力災害対策重点地域

出典：国土地理院ホームページ「地理院地図（電子国土Web）」
（http://cyberjapandata.gsi.go.jp）を基に内閣府（原子力防災担当）作成

出典：国土地理院ホームページ「地理院地図（電子国土Web）」（https://cyberjapandata.gsi.go.jp）を基に内閣府作成

（3）参加機関等
- ・政府機関：内閣官房、内閣府、原子力規制委員会ほか関係省庁
- ・地方公共団体：新潟県、柏崎市、刈羽村、長岡市、小千谷市、十日町市、見附市、燕市、上越市、出雲崎町　ほか
- ・事業者：東京電力ホールディングス株式会社
- ・関係機関：量子科学技術研究開発機構、日本原子力研究開発機構　等

（4）事故想定

　新潟県上中越沖を震源とした地震が発生する。これにより、運転中の柏崎刈羽発電所7号機は緊急停止する。さらには、設備の故障が重なり、原子炉注水機能を喪失する事象が発生し、施設敷地緊急事態、全面緊急事態に至る。

（5）訓練内容

　訓練目的を踏まえ、事態の進展に応じて、初動対応に係る訓練から全面緊急事態を受けた実動訓練まで、次項に示す3項目を重点項目として実施した。

4-2　訓練実績の概要

（1）迅速な初動体制の確立

　国、地方公共団体及び原子力事業者において、それぞれの初動体制の確立に向け、要員の参集及び現状把握を行い、テレビ会議システム等を活用し、関係機関相互の情報共有を図った。また、緊急輸送関係省庁又は民間輸送機関により、内閣府副大臣、国の職員及び専門家を、緊急事態応急対策等拠点施設（新潟県柏崎刈羽原子力防災センター）、原子力施設事態即応センター（東京電力ホールディングス株式会社本社）等に派遣した。

現地参集要員による活動状況

（2）中央と現地組織の連携による防護措置の実施方針等に係る意思決定

　首相官邸、内閣府本府、原子力規制庁緊急時対応センター、柏崎刈羽原子力防災センター、原子力利用省庁執務室、新潟県庁等の各拠点において、緊急時の対応体制を確立した。自然災害及び原子力災害の複合災害の発生を想定し、中央において原子力災害に係る本部会議を開催するとともに、現地組織も含めた情報共有、意思決定、指示・調整を一元的に行った。あわせて、防護措置の実施等に関する意思決定を行い、決定した内容について対象となる地方公共団体への指示等を実施した。

岸田内閣総理大臣と関係閣僚の参加による原子力災害対策本部会議（首相官邸）での訓練

（3）住民避難、屋内退避等

　施設敷地緊急事態及び全面緊急事態を受けて、民間輸送機関等の支援を受けつつ、予防的防護措置を準備する区域内の住民の避難を行った。また、緊急防護措置を準備する区域内の住民について屋内退避を実施するとともに、屋内退避の意義等の理解促進を図った。

　緊急時モニタリング実施計画に基づき、緊急時モニタリングを実施した。また、無人航空機を活用した航空機モニタリングを実施した。

　また、放射性物質の放出を想定し、運用上の介入レベルの基準に基づき、ＯＩＬ２の基準を超過したことに伴い、ＵＰＺ内の一部地域の住民について、一時移転対象地域の検討、安定ヨウ素剤の緊急配布、県内避難所への一時移転、避難退域時検査等を実施した。

住民避難訓練の様子

無人ヘリによるモニタリングの様子

4-3 訓練後の取組

　今回の訓練で得られた教訓を踏まえ、今後実施する訓練内容の充実、各種計画・マニュアル等の改善など、原子力防災体制等の継続的な改善に努めていく。また、地域原子力防災協議会などにおける、「柏崎刈羽地域の緊急時対応」の策定に向けた検討にもいかしていく。

第3章 令和5年度に発生した主な災害

我が国は、その自然的条件から各種の災害が発生しやすい特性を有しており、毎年のように水害・土砂災害、地震・津波等の自然災害が発生している。近年では、平成23年（2011年）東北地方太平洋沖地震や平成28年（2016年）熊本地震、平成30年7月豪雨、令和元年東日本台風、令和2年7月豪雨、令和3年7月1日からの大雨、令和4年台風第14号等の大規模な災害が発生している。令和5年度においても、令和5年梅雨前線による大雨等、令和5年台風第6号、令和5年台風第7号、令和5年台風第13号、令和6年能登半島地震等により全国各地において被害が発生した。なお、令和6年能登半島地震については特集2で取りまとめている。

第1節 令和5年梅雨前線による大雨等に係る災害

（1）概要

令和5年5月31日から6月2日にかけて台風第2号が沖縄地方にかなり接近した。台風により、沖縄・奄美では大雨となった所があり、非常に強い風が吹いて、海上は猛烈なしけとなった。また、梅雨前線が1日から3日午前中にかけて本州付近に停滞した。前線に向かって台風周辺の非常に暖かく湿った空気が流れ込んだため、2日には前線の活動が活発になった。西日本から東日本の太平洋側を中心に大雨となり、高知県、和歌山県、奈良県、三重県、愛知県、静岡県で線状降水帯が発生し、1時間降水量が観測史上1位の値を更新した地点があった。また、降り始めからの雨量は東海地方で500mmを超えたほか、四国地方、近畿地方、関東地方でも400mmを超え、平年の6月の月降水量の2倍を超えた地点があった。

令和5年台風第2号経路図

経路上の印：○が09時、●が21時を示す
経路上の吹き出しの数値：日時と大きさ、強さ、中心気圧、最大風速を示す

出典：気象庁資料

降水量の期間合計値分布図（6月1日～6月3日）

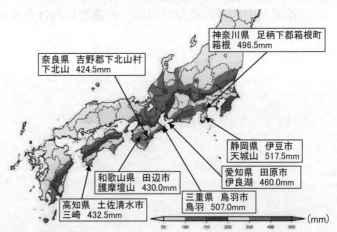

出典：気象庁資料

6月28日から7月6日にかけては、梅雨前線や上空の寒気の影響で、沖縄地方を除いて全国的に大雨となった。1日から3日は山口県や熊本県、鹿児島県（奄美地方）で線状降水帯が発生した。6月28日から7月6日の総降水量は、九州では700mmを超え、九州北部地方を中心に平年の7月の月降水量を超えた地点があった。また、7日から10日にかけては、梅雨前線が西日本から東北地方付近に停滞し、九州北部地方や中国地方を中心に大雨となった。8日は島根県で、10日は福岡県、佐賀県、大分県で、線状降水帯が発生した。気象庁は10日朝に福岡県と大分県を対象に大雨特別警報を発表した。総降水量は、九州北部地方で600mmを超え、九州北部地方や中国地方では、4日間で平年の7月の月降水量を超えた地点があった。11日から13日にかけては、本州付近に梅雨前線が

停滞したほか、北海道付近を低気圧が通過し、山陰や北陸地方、北海道地方を中心に大雨となったところがあった。12日夜遅くには石川県や富山県で線状降水帯が発生した。

　7月14日から16日にかけては東北地方に梅雨前線が停滞し、前線に向かって暖かく湿った空気が流れ込んだ影響で、前線の活動が活発となり、東北地方の北部を中心に大雨となった。秋田県の複数の地点で、24時間降水量が観測史上1位の値を更新したほか、総降水量は多い所で400mmを超え、青森県や秋田県では平年の7月の月降水量を大きく上回る記録的な大雨となった所があった。また、18日から19日にかけても前線の活動が活発となり、岩手県や秋田県で日降水量が100mmを超える大雨となった所があった。

降水量の期間（6月28日から7月16日まで）合計値

順位	都道府県	市町村	地点名（よみ）	降水量 (mm)
1	大分県	日田市	椿ヶ鼻（つばきがはな）	1212.0
2	佐賀県	鳥栖市	鳥栖（とす）	1209.0
	福岡県	田川郡添田町	英彦山（ひこさん）	1202.0

出典：気象庁資料

（2）被害状況

　令和5年5月31日から6月3日の大雨等により、各地で土砂災害による被害が発生したほか、愛知県等で国・県管理の44河川が氾濫し、浸水被害が発生した。これらにより、死者は6名（静岡県2名、愛知県1名、和歌山県2名（うち1名は災害関連死）、沖縄県1名）、行方不明者は2名、重傷者は5名、軽傷者は44名となった。住家被害は、全壊が21棟、半壊・一部破損が733棟、床上・床下浸水が9,359棟となった（消防庁情報、令和6年3月6日現在）。また、水道については最大断水戸数1,670戸、電力については東京電力管内で最大停電戸数約17,000戸、中部電力管内で約7,500戸に及ぶなど、ライフラインにも被害が発生したほか、道路や鉄道等の交通インフラ等にも被害が発生した。

　6月28日から7月13日の大雨等により、15道県において、国・道県管理の119河川が氾濫し、浸水被害が発生した。特に、福岡県久留米市、佐賀県唐津市及び富山県南砺市では土砂災害が発生し、人的被害が発生したほか、車両水没に関連した人的被害も発生した。これらにより、死者は13名（富山県1名、島根県1名、山口県1名、福岡県5名、佐賀県3名、大分県2名）、行方不明者は1名、重傷者は10名、軽傷者は9名となった。住家被害は、全壊が63棟、半壊・一部破損が1,592棟、床上・床下浸水が6,255棟となった（消防庁情報、令和6年3月6日現在）。また、水道については最大断水戸数8,997戸、電力については中国電力及び九州電力管内で、最大停電戸数が約5,000戸に及ぶなど、ライフラインにも被害が発生した。

　7月14日から19日の大雨等により、秋田県秋田市を中心に内水氾濫等による浸水被害が発生したほか、秋田県管理の16河川で氾濫し、浸水被害が発生した。これらにより、死者は1名（秋田県）、重傷者は1名、軽傷者は4名となった。住家被害は、全壊が11棟、半壊・一部破損が2,912棟、床上・床下浸水が4,097棟となった（消防庁情報、令和6年3月6日現在）。また、秋田県では最大で

10,840戸の断水が生じ、自衛隊及び海上保安庁が給水支援を行ったほか、自衛隊は秋田市における患者輸送、災害廃棄物の撤去を実施した。

（3）政府の対応

　令和5年5月31日から6月3日の大雨等について、政府は、6月1日15時30分に官邸に情報連絡室を設置し、関係省庁災害警戒会議を開催した。また、6月2日16時には関係省庁災害対策会議を開催した。6月9日には中野内閣府大臣政務官（当時）が茨城県と埼玉県の被災現場を視察した。「災害救助法」については、4県6市町に適用、「被災者生活再建支援法」については、2県4市町に適用された。

　6月28日から7月13日の大雨等について、政府は、6月29日15時に官邸に情報連絡室を設置し、関係省庁災害警戒会議を開催した。その後、7月3日15時30分に関係省庁災害対策会議を開催し、同月14日までに同会議を計5回開催した。また、6月29日に設置した情報連絡室は7月10日6時40分に官邸連絡室に改組された。7月13日には谷内閣府特命担当大臣（防災）（当時）が福岡県と佐賀県、7月24日には富山県の被災現場を視察した。さらに、7月27日には岸田内閣総理大臣が福岡県の被災現場を視察した。

　7月14日から19日の大雨等について、政府は、7月13日15時45分に官邸に情報連絡室を設置し、関係省庁災害警戒会議を開催した。また、7月18日11時15分には関係省庁災害対策会議を開催した。7月21日には谷内閣府特命担当大臣（防災）（当時）が秋田県の被災現場を視察した。

　「災害救助法」については、9県39市町村に適用、「被災者生活再建支援法」については、5県9市町村に適用された。

　激甚災害の指定については、令和5年5月28日から7月20日までの間の豪雨及び暴風雨による災害として、令和5年8月25日に指定政令の閣議決定を行った。

谷内閣府特命担当大臣（防災）（当時）による
富山県の被災現場の視察（内閣府資料）

谷内閣府特命担当大臣（防災）（当時）による
秋田県の被災現場の視察（内閣府資料）

第2節　令和5年台風第6号による災害

（1）概要

　令和5年7月28日にフィリピンの東で発生した台風第6号は、8月2日から3日にかけて、大型で非常に強い勢力で沖縄地方にかなり接近した。その後、西へ進み、東シナ海でほとんど停滞した後、4日は進路を東へ変え、ゆっくりとした速度で5日から6日にかけて再び沖縄・奄美に接近した。7日には進路を北に変え、9日には九州の西の海上を北上し、10日に朝鮮半島で温帯低気圧に変わった。

　7月30日から8月11日にかけての総雨量は、沖縄・奄美では多い所で700mmを超える大雨となり、平年の8月の月降水量の4倍を超えたほか、台風接近前から雨が降り続いた九州南部や四国地方では、多い所で1,000mmを超える大雨となり、平年の8月の月降水量の2倍を超えた地点があった。

沖縄県、鹿児島県、熊本県、宮崎県、大分県、愛媛県及び高知県では線状降水帯が発生した。

　沖縄地方では最大瞬間風速が50m/sを超え、8月の観測史上1位の値を更新した地点があったほか、再接近時にも暴風となり、台風の影響が長く続いた。8日以降は、台風の北上に伴い九州や四国地方を中心に風が強まり、九州南部では40m/sを超える最大瞬間風速を観測した地点があった。

降水量の期間合計値（7月30日〜8月11日）

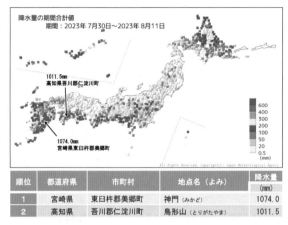

順位	都道府県	市町村	地点名（よみ）	降水量(mm)
1	宮崎県	東臼杵郡美郷町	神門（みかど）	1074.0
2	高知県	吾川郡仁淀川町	鳥形山（とりがたやま）	1011.5

出典：気象庁資料

期間最大瞬間風速（7月30日〜8月11日）

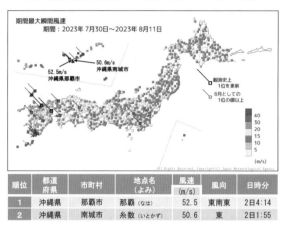

順位	都道府県	市町村	地点名（よみ）	風速(m/s)	風向	日時分
1	沖縄県	那覇市	那覇（なは）	52.5	東南東	2日4:14
2	沖縄県	南城市	糸数（いとかず）	50.6	東	2日1:55

出典：気象庁資料

（2）被害状況

　令和5年台風第6号により、沖縄県を含む5県において土砂災害が発生したほか、鹿児島県等で県管理の9河川で氾濫が発生。これらにより、死者は1名（沖縄県）、重傷者は7名、軽傷者は96名となった。住家被害は、全壊が5棟、半壊・一部破損が273棟、床上・床下浸水が145棟となった（消防庁情報、令和6年3月6日現在）。また、沖縄電力管内で最大215,800戸の停電が発生し、台風の影響が長引き、停電復旧まで1週間程度を要した。

（3）政府の対応

　政府は、令和5年7月31日15時45分に官邸に情報連絡室を設置し、関係省庁災害警戒会議を開催した。また、8月3日15時45分には関係省庁災害対策会議を開催し、同月7日までに同会議を計2回開催した。また、8月4日には谷内閣府特命担当大臣（防災）（当時）と玉城沖縄県知事との災害対応協議を実施した。

　8月7日には離島の停電復旧のため、海上保安庁や自衛隊が、渡嘉敷島や伊是名島へ航空機にて資機材及び人員等の搬送を実施した。

　「災害救助法」については、沖縄県の34市町村に適用された。

谷内閣府特命担当大臣（防災）（当時）と
玉城沖縄県知事との災害対応協議（内閣府資料）

災害派遣活動
（人員、物資の空輸（伊是名村））（8月7日）
出典：防衛省統合幕僚監部ホームページ

第3節　令和5年台風第7号による災害

（1）概要

　令和5年8月8日に南鳥島近海で発生した台風第7号は、西へ進んで11日に小笠原諸島に接近した。12日から15日にかけて小笠原諸島近海から日本の南を北西へ進んで15日5時前に和歌山県に上陸し、近畿地方を北上して15日夜には日本海に達した。その後、日本海を北上し、17日に北海道の西の海上で温帯低気圧に変わった。

　台風の経路に近い東海地方や近畿地方、中国地方を中心に大雨となり、8月11日から17日にかけての総雨量は、多い所で700mmを超え、中国地方では平年の8月の月降水量の3倍を超えた地点があった。また、12日は岩手県で、15日は岡山県と鳥取県で、線状降水帯が発生した。

　台風の経路に近い地域では非常に強い風が吹き、11日には東京都（小笠原諸島）で、14日から15日にかけては三重県や兵庫県で、30m/sを超える最大瞬間風速を観測し、8月の観測史上1位の値を更新した地点があった。また、15日には、愛知県、静岡県及び埼玉県で竜巻等による突風災害が発生した。

降水量の期間合計値（8月11日〜8月17日）	期間最大瞬間風速（8月11日〜8月17日）

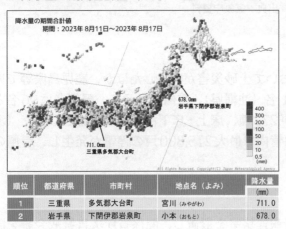

順位	都道府県	市町村	地点名（よみ）	降水量（mm）
1	三重県	多気郡大台町	宮川（みやがわ）	711.0
2	岩手県	下閉伊郡岩泉町	小本（おもと）	678.0

出典：気象庁資料

順位	都道府県	市町村	地点名（よみ）	風速（m/s）	風向	日時分
1	三重県	尾鷲市	尾鷲（おわせ）	37.9	東北東	15日2:16
2	兵庫県	神戸市中央区	神戸（こうべ）	35.7	北北東	15日6:59

出典：気象庁資料

（2）被害状況

　令和5年台風第7号により、京都府や鳥取県等の1府9県において、国・府県管理の24河川が氾濫し、浸水被害が発生した。人的被害は、重傷者が9名、軽傷者が59名となった。住家被害は、全壊が4棟、半壊・一部破損が258棟、床上・床下浸水が692棟となった（消防庁情報、令和6年3月6日現在）。

　また、高速道路の通行止めや鉄道の運休、航空便の欠航等により交通関係に大きな影響を与えたほか、土砂流出等による国道等の通行止めにより、鳥取県など1府2県において一時孤立が発生した。

（3）政府の対応

　政府は、令和5年8月10日15時に官邸に情報連絡室を設置し、関係省庁災害警戒会議を開催した（同月14日には第2回を開催）。その後、15日16時40分に情報連絡室は官邸連絡室に改組された。また、8月19日には谷内閣府特命担当大臣（防災）（当時）が京都府、兵庫県及び鳥取県の被災現場を視察した。

　「災害救助法」については、3府県7市町に適用された。

　激甚災害の指定については、令和5年8月12日から同月17日までの間の暴風雨による災害として、令和5年10月6日に指定政令の閣議決定を行った。

谷内閣府特命担当大臣（防災）（当時）による
鳥取県の被災現場の視察（内閣府資料）

谷内閣府特命担当大臣（防災）（当時）による
兵庫県の被災現場の視察（内閣府資料）

第4節　令和5年台風第13号による災害

（1）概要

　令和5年9月5日に日本の南で発生した台風第13号は、7日にかけて日本の南を北上し、8日には東海道沖へ進んで熱帯低気圧に変わった。台風の北上に伴い、南から暖かく湿った空気が流入して、台風の中心から離れた場所で雨雲が発達し、8日から9日にかけて関東甲信地方や東北地方の太平洋側では大雨となった。

　東京都（伊豆諸島）、千葉県、茨城県及び福島県では線状降水帯が発生し、1時間に80mm以上の猛烈な雨が降った所があった。これらの地域では1時間降水量が観測史上1位の値を更新した地点があったほか、7日から9日にかけての総降水量が400mmを超えた地点や平年の9月の月降水量を超えた地点もあった。

令和5年台風第13号経路図

出典：気象庁資料

降水量の期間合計値（9月7日〜9月9日）

順位	都道府県	市町村	地点名（よみ）	降水量（mm）
1	千葉県	茂原市	茂原（もばら）	405.0
2	千葉県	君津市	坂畑（さかはた）	387.5

出典：気象庁資料

（2）被害状況

　令和5年台風第13号により、福島県、茨城県及び千葉県において、県管理の40河川で氾濫し、浸水被害が発生した。人的被害は、死者が3名（福島県1名、茨城県2名）、軽傷者が21名となった。住家被害は、全壊が19棟、半壊・一部破損が2,257棟、床上・床下浸水が4,125棟となった（消防庁情報、令和6年3月6日現在）。また、水道については最大断水戸数176戸、電力については東京電力及び中部電力管内で、最大停電戸数が約10,000戸に及ぶなど、ライフラインにも被害が発生したほか、鉄道においては路盤流出などの被害が発生した。

（3）政府の対応

　政府は、令和5年9月7日15時に官邸に情報連絡室を設置し、関係省庁災害警戒会議を開催した。また、9月20日には松村内閣府特命担当大臣（防災）が福島県と茨城県、9月27日には千葉県の被災現場を視察した。

　「災害救助法」については、3県13市町に適用、「被災者生活再建支援法」については、3県5市町に適用された。

　激甚災害の指定については、令和5年9月4日から同月9日までの間の豪雨及び暴風雨による千葉県夷隅郡大多喜町等の区域に係る災害として、令和5年11月7日に指定政令の閣議決定を行った。

松村内閣府特命担当大臣（防災）による
茨城県の被災現場の視察（内閣府資料）

松村内閣府特命担当大臣（防災）による
福島県の被災現場の視察（内閣府資料）

松村内閣府特命担当大臣（防災）による千葉県の被災現場の視察（内閣府資料）

第5節　ボランティア・NPO等による対応

（1）令和5年に発生した主な災害におけるボランティアの対応

　令和5年梅雨前線による大雨等に係る災害においては、茨城県、埼玉県、静岡県、愛知県、和歌山県において、社会福祉協議会により13市町で災害ボランティアセンター（以下「災害VC」という。）が立ち上げられ、災害VCを通じて延べ約5,900人のボランティアが活動を行った（令和5年11月13日現在）。また、秋田県、富山県、石川県、島根県、山口県、福岡県、佐賀県、熊本県において、社会福祉協議会により23市町で災害VCが立ち上げられ、災害VCを通じて延べ約25,000人のボランティアが活動を行った（令和5年11月30日現在）。

　令和5年台風13号による災害においては、福島県、茨城県、千葉県において、社会福祉協議会により7市町で災害VCが立ち上げられ、災害VCを通じて延べ約11,000人のボランティアが活動を行った（令和5年11月30日現在）。

　被災地では被災家屋の清掃や片づけ、被災ごみの運び出し、家屋内・水路の土砂搬出、避難所での物品配布、避難所からの引越し支援など、地域の実情に応じた被災者支援活動が展開された。

さらに、災害ＶＣを通じたボランティアの支援のみならず、専門性を有するＮＰＯ等により、避難所運営支援、土砂・がれきの撤去など被災家屋への技術的な支援、被災地における災害廃棄物への対応、在宅避難者支援、こどもの居場所づくりや心のケアなど、幅広い分野で支援活動が行われた。

災害ボランティアの活動の様子（秋田県社会福祉協議会資料）

専門性を有するＮＰＯ等によるボランティア活動の様子（ＪＶＯＡＤ資料）

（2）行政・ボランティア・ＮＰＯ等の連携

被災地となった秋田県及び佐賀県では、行政・社会福祉協議会・ＮＰＯ等の多様な被災者支援主体が、支援活動に関する情報を共有し、活動を調整するための場である「情報共有会議」を開催し、被災者のニーズ把握、在宅避難者への支援など、行政・ボランティア・ＮＰＯ等による連携の取れた支援が実施された。

また、全国域でも、内閣府、全国災害ボランティア支援団体ネットワーク（ＪＶＯＡＤ）、全国社会福祉協議会及び災害ボランティア活動支援プロジェクト会議（支援Ｐ）により、「全国情報共有会議（コア会議）」が開催され、各団体の有する被災地に関する情報の共有や今後の被災地支援の方法の検討等が行われた。

秋田県における情報共有会議の様子
（ＪＶＯＡＤ資料）

佐賀県における情報共有会議の様子
（佐賀災害支援プラットフォーム資料）

第2部

令和4年度において防災に関してとった措置の概況

概　要

① 法令の整備等

「福島復興再生特別措置法の一部を改正する法律」（令和4年法律第54号）、「激甚災害に対処するための特別の財政援助等に関する法律」（昭和37年法律第150号）に基づく政令等の法令が制定された。

② 科学技術の研究

地震、津波、風水害、火山、雪害、火災、危険物災害、原子力災害等に関する調査研究等を推進した。

③ 災害予防

公的機関職員及び一般国民向けに各種の教育訓練の実施、官民における防災施設の整備、公的機関における防災体制や災害対応に係る整備、学校施設等の建築物の耐震化を推進した。また、災害に強い地域づくりなどを実施した。

④ 国土保全

防災上緊急を要する地域に重点を置き、治水事業、治山事業、地すべり対策事業、急傾斜地崩壊対策事業、海岸事業、農地防災事業、地盤沈下対策事業、下水道における浸水対策事業等を実施した。

⑤ 災害復旧等

（1）災害応急対策

令和4年度に発生した災害に対して、被害情報の収集、職員の派遣、「災害救助法」（昭和22年法律第118号）の適用、激甚災害の指定等、各種援助措置を講じた。

（2）災害復旧事業

公共土木施設災害復旧事業、農林水産業施設災害復旧事業等について実施した。

（3）財政金融措置

株式会社日本政策金融公庫等からの融資、地方公共団体への財政融資資金からの貸付、災害保険金の支払い、地方交付税及び地方債による措置等、財政金融上の措置を講じた。

（4）災害復興対策

東日本大震災を始めとする災害に対して、農林水産業分野や国土交通分野等において復興対策等を実施した。

⑥ 国際防災協力

我が国で平成27年3月に開催された第3回国連防災世界会議において策定された「仙台防災枠組2015-2030」の普及・定着を図るとともに、技術協力、無償資金協力及び有償資金協力により開発途上国に対する防災協力や災害救援を行った。

第1章　法令の整備等

福島復興再生特別措置法の一部を改正する法律 (令和4年法律第54号)

　原子力災害からの福島の復興及び再生を一層推進するため、福島において取り組むべき新たな産業の創出等に寄与する研究開発等に関する基本的な計画を内閣総理大臣が定めることとするとともに、当該計画に係る研究開発等において中核的な役割を担うものとして、福島国際研究教育機構を設立することとし、その目的、業務の範囲、業務運営についての目標等に関する事項等を定めるもので、令和4年6月に施行された。

激甚災害に関する政令

　激甚災害に対処するための特別の財政援助等に関する法律に基づく政令として、以下の8政令を制定した。

- 令和四年三月十六日の地震による福島県相馬郡新地町の区域に係る災害についての激甚災害及びこれに対し適用すべき措置の指定に関する政令 (令和4年政令第183号)
- 令和四年七月十四日から同月二十日までの間の豪雨による災害についての激甚災害及びこれに対し適用すべき措置の指定に関する政令 (令和4年政令第306号)
- 令和四年八月一日から同月二十二日までの間の豪雨及び暴風雨による災害についての激甚災害並びにこれに対し適用すべき措置の指定に関する政令 (令和4年政令第320号)
- 令和四年九月十七日から同月二十四日までの間の暴風雨及び豪雨による災害についての激甚災害並びにこれに対し適用すべき措置の指定に関する政令 (令和4年政令第338号)
- 令和二年五月十五日から七月三十一日までの間の豪雨による災害についての激甚災害及びこれに対し適用すべき措置の指定に関する政令の一部を改正する政令 (令和5年政令第40号)
- 令和四年七月十四日から同月二十日までの間の豪雨による災害についての激甚災害及びこれに対し適用すべき措置の指定に関する政令の一部を改正する政令 (令和5年政令第50号)
- 令和四年等における特定地域に係る激甚災害及びこれに対し適用すべき措置の指定に関する政令 (令和5年政令第51号)
- 東日本大震災についての激甚災害及びこれに対し適用すべき措置の指定に関する政令の一部を改正する政令 (令和5年政令第64号)

第2章　科学技術の研究

1　災害一般共通事項

（1）情報収集衛星による自然災害観測・監視技術

内閣官房内閣情報調査室においては、情報収集衛星を運用し、災害発生時に関係機関に対して情報収集衛星で撮像した被災地域の画像の提供を行うなど、被災等の状況の早期把握等に貢献した。

（令和４年度決算額　70,580百万円の内数）

（2）総合科学技術・イノベーション会議による防災科学技術研究の推進

総合科学技術・イノベーション会議においては、「第６期科学技術・イノベーション基本計画」（令和３年３月26日閣議決定）及び統合イノベーション戦略等に基づき、防災・減災機能強化のための科学技術研究、危機管理技術等の研究開発の推進を図った。

①戦略的イノベーション創造プログラム（SIP）

平成30年度に開始した「戦略的イノベーション創造プログラム（SIP）」第２期の「国家レジリエンス（防災・減災）の強化」において、大規模災害時に国や市町村の意思決定の支援を行う情報システムを構築するための研究開発を推進しつつ、研究成果を試験的に令和４年８月３日からの大雨や令和４年台風第14号、第15号の大雨といった実災害で活用し、事後検証を行うことで研究開発の有効性を検証した。

（令和４年度決算額　科学技術イノベーション
創造推進費55,500百万円の内数）

②官民研究開発投資拡大プログラム（PRISM）

「官民研究開発投資拡大プログラム（PRISM）」の「革新的建設・インフラ維持管理技術／革新的防災・減災技術領域」において、国、自治体に加え、民間の災害対応主体による事前の防災・減災対策や、発災後の応急対応等の充実に寄与する各省による技術開発や社会実装の取組を、ＡＩなどを活用して推進した。

（令和４年度決算額　科学技術イノベーション
創造推進費55,500百万円の内数）

（3）防災リモートセンシング技術の研究開発

国立研究開発法人情報通信研究機構においては、電波や光を用いて広範囲の大気状況や地表面の様子を迅速に把握するリモートセンシング技術に関する研究開発を行った。また、総務省では膨大なリモートセンシングデータをリアルタイムで伝送するための研究開発を進めた。

（4）レジリエントＩＣＴに関する研究成果の展開等

国立研究開発法人情報通信研究機構においては、引き続き、「戦略的イノベーション創造プログラム（SIP）」第２期「国家レジリエンス（防災・減災）の強化」に参画し、地方公共団体の防災訓練において他の研究機関及び企業等と連携して開発した防災チャットボットＳＯＣＤＡの実運用に向けた実証実験に取り組んだ。また、接近時高速無線接続による通信途絶領域解消技術を搭載したシステムの導入において、地方公共団体のシステム設計支援に取り組んだ。その他、災害情報の収集と分析を行う対災害ＳＮＳ情報分析システム(ＤＩＳＡＡＮＡ)／災害状況要約システム（Ｄ-ＳＵＭＭ）の試験公開を継続した。

（5）グローバル環境計測技術の研究開発

国立研究開発法人情報通信研究機構においては、雲、降水等の大気海洋圏の高精度計測のために、電波センサー技術、解析・検証技術等の研究開発を行った。

（6）消防防災科学技術研究推進制度（競争的研究費制度）の促進

消防庁においては、消防防災科学技術研究推進制度（競争的研究費制度）により、火災等災害時において消防防災活動を行う消防機関等のニーズ等が反映された研究開発課題や、「統合イノベーション戦略2021」（令和３年６月18日閣議決定）等の政府方針に示された目標達成に資する研究開発課題に重点を置き、消防機関等が参画した産学官連携による研究開発を推進した。

（令和４年度決算額　130百万円）

（7）災害時の消防力・消防活動能力向上に係る研究開発

消防庁消防研究センターにおいては、大規模自然災害時においてより多くの国民の生命を守るため、要救助者を迅速かつ安全に救助するための現場対応型情報収集システムと情報分析・評価手法の開発及び自力避難困難者の円滑かつ安全な避難に関する研究開発を行った。

（令和４年度決算額　122百万円）

（8）衛星等による自然災害観測・監視技術

国立研究開発法人宇宙航空研究開発機構においては、陸域観測技術衛星２号「だいち２号」（ＡＬＯＳ－２）等を運用し、国内外の防災機関に大規模災害における被災地の観測画像の提供を行う等、災害状況の把握に貢献した。

（9）災害をリアルタイムで観測・予測するための研究開発

国立研究開発法人防災科学技術研究所においては、今後発生が懸念される首都直下地震を始めとする内陸部を震源とする地震、南海トラフや日本海溝等における海溝型巨大地震及びその余震、津波や火山災害による被害の軽減に向け、陸海統合地震津波火山観測網（ＭＯＷＬＡＳ）を活用した予測技術等の研究開発を行った。

（10）災害リスクの低減に向けた基盤的研究開発の推進

国立研究開発法人防災科学技術研究所においては、各種自然災害のハザード・リスク、現在のレジリエンスの状態を評価するとともに、各種災害情報を各セクター間で共有・利活用することで連携・協働し、予防力・対応力・回復力を総合的に強化する災害対策・技術について、社会実装を目指した研究開発を実施した。

（11）農作物、農業用施設等の災害防止等に関する研究

国立研究開発法人農業・食品産業技術総合研究機構においては、耐冷性・耐寒性・耐湿性・高温耐性品種の育成や、作物の気象災害の防止技術に関する研究、農村地域の強靱化に資する防災・減災技術の開発に関する研究を行った。

（12）漁港・海岸及び漁村における防災技術の研究

国立研究開発法人水産研究・教育機構においては、漁村地域の防災・減災機能を強化するために、漁港施設・海岸保全施設の耐震・耐津波に関する研究を行った。

（13）港湾・海岸及び空港における防災技術の研究

国立研究開発法人海上・港湾・航空技術研究所においては、既往の災害で顕在化した技術的な課題への取組を継続しつつ、沿岸域における災害の軽減と復旧に関する研究開発課題に取り組んだ。

（14）船舶における防災技術の研究

国立研究開発法人海上・港湾・航空技術研究所においては、船舶の安全性向上や海難事故防止に係る技術開発を進めることにより、海難事故を削減するため、海難事故等の原因究明手法の深度化、防止技術及び適切な再発防止策の立案に関する研究等を行った。

（15）災害等緊急撮影に関する研究

国土地理院においては、関係機関の迅速な災害対応に資することを目的に、デジタル航空カメラや航空機ＳＡＲ等を用いた、地震、水害、火山噴火等の被災状況の把握、迅速な情報提供を行うための手法の検討を行った。

（令和４年度決算額　134百万円）

（16）自然災害からいのちと暮らしを守る国土づくりに関する研究

国立研究開発法人土木研究所においては、自然災害の外力が増大し激甚化しているとともに、自然災害の発生が頻発化していることへの対応として、災害予測技術の開発、大規模な外力に粘り強く耐える施設の開発など、新たな技術的課題へ即応するための研究開発を行った。

（17）災害後における居住継続のための自立型エネルギーシステムの設計目標に関する研究

国土交通省国土技術政策総合研究所においては、災害後に停電が続く中で自宅での居住継続を可能とするため、太陽光発電と蓄電池を組み

合わせた自立型エネルギーシステムに対する住宅設計上の設計目標の研究を行った。

（令和4年度決算額　10百万円）

(18) 気象・水象に関する研究

気象庁においては、気象研究所を中心に気象業務に関する技術の基礎及びその応用に関する研究を推進した。特に気象観測・予報については、台風や線状降水帯等による集中豪雨等の監視・予測技術に関する研究等を行った。また、地球温暖化対策に資するため、数値モデルの改良を行った。

（令和4年度決算額　946百万円）

(19) 生態系を活用した防災・減災（Eco-DRR）に関する研究

環境省においては、環境研究総合推進費により、生態系を活用した防災・減災の評価・実施方法に関する研究を推進した。

(20) 気候変動による災害激甚化に係る適応の強化

環境省においては、気候変動影響により気象災害の更なる激甚化が予測されていることから、気候変動を踏まえた将来の気象災害の影響評価を行うとともに、気候変動を考慮した感染症・気象災害に対する強靱性強化に関するマニュアル整備に向けた検討等を実施した（後掲　第3章1-4（76））。

（令和4年度決算額　96百万円）

② 地震災害対策

2-1　地震に関する調査研究

(1) 地震調査研究推進本部

地震調査研究推進本部（本部長：文部科学大臣）は、「地震調査研究の推進について　－地震に関する観測、測量、調査及び研究の推進についての総合的かつ基本的な施策（第3期）－」（令和元年5月31日）等の方針に基づき、地震調査研究を政府として一元的に推進した。文部科学省においては、上記方針等に基づき、活断層調査の総合的推進等を行った。

（令和4年度決算額　657百万円）

(2) 南海トラフ海底地震津波観測網の構築

文部科学省においては、南海トラフ地震の想定震源域のうち、まだ観測網を設置していない西側の海域（高知県沖から日向灘）に新たに南海トラフ海底地震津波観測網を構築する計画を推進した（後掲　第2章3-1（1））。

（令和4年度決算額　2,897百万円）

(3) 海底地震・津波観測網等の運用

文部科学省においては、海域で発生する地震・津波を即時に検知して緊急地震速報や津波警報等に活用するとともに、海域の地震発生メカニズムを精度良く解明するため、南海トラフ地震震源域に整備した地震・津波観測監視システム（DONET）及び東北地方太平洋沖を中心とする日本海溝沿いに整備した日本海溝海底地震津波観測網（S-net）を運用した。また、首都圏の揺れを詳細に観測し直下の地震活動等を高精度に把握することを目的とした首都圏地震観測網（MeSO-net）を運用した（後掲　第2章3-1（2））。

（令和4年度決算額　1,157百万円）

(4) 地震の発生及びその災害誘因の予測に関する基礎的研究の推進

文部科学省においては、「災害の軽減に貢献するための地震火山観測研究計画（第2次）の推進について（建議）」（平成31年1月30日）に基づいた5か年計画（平成31年度～令和5年度）により、国立大学法人等における地震現象の解明や地震活動の予測及び津波や地震動などの災害誘因の予測などに関する基礎的研究を推進するとともに、災害誘因情報の効果的な発信方法及び防災リテラシー向上のための研究を推進した。

(5) 地震防災研究戦略プロジェクト

文部科学省においては、南海トラフ周辺において「通常と異なる現象」が観測された場合の地震活動の推移を科学的に評価する手法開発や、被害が見込まれる地域を対象とした防災対策の在り方などの調査研究により、地震被害の軽減を図るため、「防災対策に資する南海トラフ地震調査研究プロジェクト」を実施した。

また、これまで蓄積されてきた多様かつ大規模な地震データ等を活用し、IoT・ビッグ

データ・ＡＩといった情報科学分野の科学技術を採り入れた調査研究等を行い、従来の地震調査研究に革新的な知見をもたらすことを目指し、「情報科学を活用した地震調査研究プロジェクト」を実施した。

（令和４年度決算額　562百万円）

（6）海域で発生する地震及び火山活動に関する研究開発

国立研究開発法人海洋研究開発機構においては、海底地殻変動の連続かつリアルタイムな観測システム開発・整備、海底震源断層の広域かつ高精度な調査を実施した。さらに、観測データを基に、より現実的なモデル構築及び推移予測手法の開発・評価を行った。また、海域火山の活動を把握するために海域火山活動観測システムを開発した。

（令和４年度決算額　運営費交付金
39,412百万円の内数）

（7）活断層評価の研究

国立研究開発法人産業技術総合研究所においては、地形、地質学及び地球物理学的知見を取り入れて社会的に重要な陸域及び沿岸海域の活断層情報を収集し、過去の地震活動を解明した。また地震発生ポテンシャル評価のための地殻応力・地下構造情報の整備を行った。

（令和４年度決算額　運営費交付金
109,016百万円の内数）

（8）海溝型地震評価の研究

国立研究開発法人産業技術総合研究所においては、南海トラフ地震の短期的な予測を目標とした地下水・地殻変動の観測施設の整備及び観測データの解析並びに地形・地質学的手法に基づいた過去の海溝型巨大地震・津波の発生履歴解明及び津波波源の推定を行った（後掲　第２章3-1（3））。

（令和４年度決算額　運営費交付金
109,016百万円の内数）

（9）地震災害予測の研究

国立研究開発法人産業技術総合研究所においては、地震動予測などを高度化するため、地下地質情報の３次元モデルの構築を進めるとともに、地質や地盤による地震動特性の違いに関す

る研究を行った。また、震源断層モデルや断層による地盤の変形メカニズムの研究を行った。

（令和４年度決算額　運営費交付金
109,016百万円の内数）

（10）防災・減災に資する地殻変動情報の抽出関連研究の推進

国土地理院においては、地殻活動モニタリングを強化し、また地殻活動を解明するため、測地観測データを用いた研究を行った。また、地震予知連絡会を開催し、地震予知に関する調査・観測・研究の情報交換及び学術的検討を行った。

（令和４年度決算額　110百万円の内数）

（11）測地技術を用いた地殻変動の監視

国土地理院においては、電子基準点等によるＧＮＳＳ連続観測や、人工衛星の観測データを用いたＳＡＲ干渉解析等により地殻変動の監視を行い、得られた地殻変動情報を災害対策の判断に資する資料として防災関係機関等へ提供した。また、先進レーダ衛星（ＡＬＯＳ－４）への対応を行った（後掲　第3章5-3（5））。

（令和４年度決算額　2,303百万円の内数）

（12）地震に関する調査研究

気象庁においては、気象研究所を中心に地震の監視・予測技術の開発・改良に関する研究を推進した。また、南海トラフで発生する地震の規模、破壊領域やゆっくりすべりの即時把握に関する研究等を行った。

（令和４年度決算額　30百万円の内数）

（13）地震観測等

気象庁においては、全国における地震観測、地殻岩石ひずみ観測、地磁気観測等を行った。また、気象庁及び関係機関の地震に関する基盤的調査観測網のデータを収集し、その成果を防災情報等に活用するとともに、地震調査研究推進本部地震調査委員会に提供した。

（令和４年度決算額　2,373百万円の内数）

（14）海底地殻変動観測等

海上保安庁においては、巨大地震の発生が懸念されるプレート境界域における海底基準局を用いた海底地殻変動観測、験潮所による地殻変

動監視観測、人工衛星レーザー測距観測を実施し、プレート運動の把握等を行った。

（令和4年度決算額　49百万円）

2-2 震災対策一般の研究

（1）都市のレジリエンス高度化に関する研究開発

国立研究開発法人防災科学技術研究所においては、今後発生が懸念されている南海トラフ地震や首都直下地震等により引き起こされる大規模災害に対して都市における社会経済活動が確実に継続できるレジリエントな社会を目指して、実大三次元震動破壊実験施設（E－ディフェンス）による震動実験及び震動実験を再現するシミュレーションを活用し、都市空間内の構造物等の特性が動的に変化する状態を定量的に評価する技術及びその評価結果を尺度にした都市のレジリエンスを向上させる技術の研究開発を行った。また、実験施設の保守・管理の推進と利活用の促進及び実験支援を継続的に実施した。

（2）漁港・海岸及び漁村の地震災害防止と減災技術に関する研究

国立研究開発法人水産研究・教育機構においては、漁港施設・海岸保全施設の防災・減災手法の開発に関する研究を行った。

（3）農業用基幹施設の防災及び減災技術に関する研究

国立研究開発法人農業・食品産業技術総合研究機構においては、農業用ダム、ため池やパイプライン等の農業用基幹施設を対象とした防災・減災技術に関する研究を行った。

（4）巨大地震等に対する建築物の安全性向上及び地震後の継続使用性評価に関する研究開発

国立研究開発法人建築研究所においては、建築物の耐震レジリエンス性能の評価対象となる部位の損傷・修復等に関する研究開発を行った。

（5）大規模地震に対するインフラ施設の機能確保技術の開発

国立研究開発法人土木研究所においては、大規模地震に対する被害軽減及び早期機能回復等に貢献するため、橋梁、土工構造物について、耐震性能評価による被害リスクの戦略的低減、耐震補強技術による被害の最小化、致命的な被害に至りにくく速やかな応急復旧が可能となる構造の実現に向けた技術の開発を行った。

（6）港湾・海岸及び空港土木施設の地震災害防止に関する研究

国立研究開発法人海上・港湾・航空技術研究所においては、地震災害の軽減や復旧のために、液状化による沈下・流動の新たな予測手法の開発、地震学的・地盤工学的知見に基づく地震動の事後推定技術に関する検討に関する研究を行った。

（7）鉄道施設における防災・減災、戦略的維持管理に資する技術開発

国土交通省においては、地震災害に備えるために、被災した鉄道施設の診断・補強方法の開発等の防災・減災対策に資する技術開発を行った。また、戦略的維持管理の観点から、鉄道施設の維持管理の効率化・省力化に資する技術開発を行った。

（令和4年度決算額　409百万円の内数）

（8）強震観測

国土交通省国土技術政策総合研究所においては、土木構造物の被害メカニズムの解明や合理的な耐震設計法を確立するため、強震観測網の維持管理並びに地震動の観測及び解析を継続した。

（令和4年度決算額　11百万円）

3 津波災害対策

3-1 津波に関する調査研究

（1）南海トラフ海底地震津波観測網の構築
（再掲　第2章2-1（2））

（2）海底地震・津波観測網の運用
（再掲　第2章2-1（3））

（3）海溝型地震評価の研究
（再掲　第2章2-1（8））

（4）津波に関する調査研究
　気象庁においては、気象研究所を中心に、津波予測精度の向上のため、多点観測データ等を用いた津波の即時的予測手法の高度化に関する研究、遠地津波の後続波と減衰特性のモデル化に関する研究等を行った。

（令和4年度決算額　30百万円の内数）

3-2　津波対策一般の研究

（1）農村地域の減災及び防災技術に関する研究
　国立研究開発法人農業・食品産業技術総合研究機構においては、農地海岸やその後背地の農地の津波災害に対する防災・減災技術に関する研究を行った。

（2）漁港・海岸及び漁村の津波災害防止に関する研究
　国立研究開発法人水産研究・教育機構においては、漁港施設・海岸保全施設の津波対策に関する研究を行った。

（3）海岸防災林の津波に対する耐性の強化に関する研究
　国立研究開発法人森林研究・整備機構においては、再生する海岸防災林の津波に対する耐性を強化するための研究を行った。

（4）積雪寒冷地における津波防災・減災に関する研究
　国立研究開発法人土木研究所においては、海氷を伴う津波に対する防災・減災に貢献するため、港湾等の構造物に作用する海氷の外力推定技術やアイスジャムの形成予測技術の開発を行った。

（5）港湾・海岸及び空港土木施設の津波災害防止に関する研究
　国立研究開発法人海上・港湾・航空技術研究所においては、津波災害の軽減や復旧のために、外郭施設群を対象とする大規模数値波動水槽の開発に関する研究を行った。

④　風水害対策

（1）リモートセンシングによる気象稠密観測
　国立研究開発法人情報通信研究機構においては、雨や風、水蒸気等を精密・迅速に計測するための電波や光を用いたリモートセンシング技術に関する研究開発及びゲリラ豪雨や線状降水帯などの災害対策に資する観測データの利活用手法に関する研究開発を行った。

（2）マルチセンシングに基づく水災害予測技術に関する研究
　国立研究開発法人防災科学技術研究所においては、地球温暖化による気候変動の影響等に伴う竜巻、短時間強雨、強い台風等の増加による風水害、土砂災害等の気象災害を軽減するため、先端的なマルチセンシング技術と数値シミュレーション技術を活用した短期間のゲリラ豪雨等の予測技術に関する研究開発を実施した。

（3）豪雨時の農村地域の防災・減災に関する研究
　国立研究開発法人農業・食品産業技術総合研究機構においては、農村地域の豪雨災害に対する防災・減災技術に関する研究を行った。

（4）豪雨・地震・強風時の山地災害対策に関する研究
　国立研究開発法人森林研究・整備機構においては、豪雨・地震・強風による山地災害の発生源対策のために必要となる崩壊・地すべり・土石流・森林の強風害の発生機構や流木対策、森林の崩壊防止機能に関する研究を行った。

（5）漁港・海岸及び漁村の高波・高潮災害防止に関する研究
　国立研究開発法人水産研究・教育機構においては、漁港施設・海岸保全施設の高波・高潮災害対策に関する研究を行った。

（6）水災害の激甚化に対する流域治水の推進支援技術の開発
　国立研究開発法人土木研究所においては、流域治水を推進し水災害の防止・軽減等に貢献するため、将来の水災害外力の想定、流域治水に

よる取組の実現や効果の評価、適切な洪水リスク情報の提供及び社会の強靱化に向けた技術の開発を行った。

（7）気候変動下における継続的な流域及び河道の監視・管理技術の開発

国立研究開発法人土木研究所においては、河川構造物の機能確保研究部分について、明治用水頭首工漏水事故発生や橋脚・桁沈下災害顕在化を踏まえて対象構造物を許可工作物に広げ、自然史・社会史両面からこれらの事故や災害発生の要因を考察し今後の課題整理を行う等、周辺情勢変化を踏まえて研究内容を拡充した。

（8）顕在化した土砂災害へのリスク低減技術の開発

国立研究開発法人土木研究所においては、土砂災害の防止・軽減等に貢献するため、顕在化した土砂災害危険箇所の抽出やハザードエリア設定、適切な事前対策工の実施に向けた技術の開発を行った。

（9）水災害・リスクマネジメント国際センター（ＩＣＨＡＲＭ）による研究開発等

国立研究開発法人土木研究所水災害・リスクマネジメント国際センター（ＩＣＨＡＲＭ）においては、国内外の関連機関等と連携を図りつつ、世界の水関連災害の防止・軽減に貢献するために、革新的な研究・効果的な能力育成・効率的な情報ネットワーク活動及び各種国際プロジェクトを一体的に推進した。

（10）港湾・海岸及び空港土木施設の高潮・高波災害防止に関する研究

国立研究開発法人海上・港湾・航空技術研究所においては、高潮・高波災害の軽減や復旧のために、海象観測データの集中処理・解析に基づく海象特性の解明、日本沿岸域を対象とした波浪推算手法の課題整理と高度化、岸壁の越波・排水を考慮したふ頭の浸水シミュレーション手法の開発に関する研究を行った。

（11）氾濫シナリオ別ハザード情報図に基づく減災対策検討手法の研究

国土交通省国土技術政策総合研究所においては、洪水減災対策を推進するため、内水・外水を一体的に評価可能な氾濫解析モデルを用いて洪水規模を変化させた解析を実施し、地形特性等に応じて設定した減災対策の効果について、ハザード情報図等による評価方法の研究を行った。

（令和４年度決算額　　０百万円）

（12）土砂・洪水氾濫発生時の土砂到達範囲・堆積深を高精度に予測するための計算モデルの開発

国土交通省国土技術政策総合研究所においては、土砂・洪水氾濫による被害範囲を高精度に予測するため、幅広い粒径の土砂が長距離移動し保全対象エリアで堆積する現象を再現できるモデルを開発するための研究を行った。

（令和４年度決算額　　15百万円）

（13）既存建築物における屋根ふき材の耐風診断・補強技術評価に関する研究

国土交通省国土技術政策総合研究所においては、屋根の改修促進による既存建築物ストック全体の耐風性能の向上に資するため、既存の屋根ふき材の耐風診断法の開発と改修時の耐風補強技術の評価法の研究を行った。

（令和４年度決算額　　11百万円）

⑤ 火山災害対策

（1）火山噴火予測に関する基礎的研究

文部科学省においては、「災害の軽減に貢献するための地震火山観測研究計画（第２次）の推進について（建議）」（平成31年1月30日）に基づいた5か年計画（平成31年度～令和5年度）により、国立大学法人等における火山現象の解明や火山噴火発生及び噴火推移の予測、火山灰や溶岩の噴出などの災害誘因の予測などに関する基礎的研究を推進するとともに、災害誘因情報の効果的な発信方法及び防災リテラシー向上のための研究を推進した。

国立研究開発法人産業技術総合研究所においては、火山噴火推移予測研究の推進のため、活動的火山の噴火履歴、災害実績・活動状況等の地質学的調査及び噴火機構やマグマ上昇過程モデル化のための観測研究・実験的研究を行った。

（令和４年度決算額　　運営費交付金

（109,016百万円の内数）

（2）次世代火山研究・人材育成総合プロジェクト

文部科学省においては、火山災害の軽減に貢献するため、従前の観測研究に加え、他分野との連携・融合を図り「観測・予測・対策」の一体的な研究の推進及び広範な知識と高度な技術を有する火山研究者の育成を行った。

（令和4年度決算額　635百万円）

（3）火山機動観測実証研究事業

文部科学省においては、噴火切迫期や噴火発生時などの緊急時等に、人員や観測機器を当該火山に集中させた迅速かつ効率的な機動観測を実現するために必要な体制構築に係る実証研究を実施した。

（令和4年度決算額　100百万円）

（4）火山噴火に起因した土砂災害の減災手法に関する研究

国立研究開発法人土木研究所においては、火山噴火に起因した土砂災害に対する緊急減災技術や事前対策技術の開発に関する研究を行った。

（5）火山現象に関する研究

気象庁においては、気象研究所を中心に火山現象の即時的把握及び予測技術の高度化に関する研究等を推進した。また、火山噴火予知連絡会を通じて関係機関と緊密な連携を図り、火山噴火予知に関する研究を推進した。

（令和4年度決算額　40百万円）

（6）海域火山の活動状況把握

海上保安庁においては、航空機による南方諸島及び南西諸島方面の海域火山の温度分布、火山性変色水の分布等の調査を行い、海域火山基礎情報の整備及び提供を引き続き行った。

（令和4年度決算額　1百万円）

⑥ 雪害対策

（1）雪氷災害に関する研究

国立研究開発法人防災科学技術研究所においては、ステークホルダーとの協働によりニーズに合った雪氷災害情報の創造・社会実装を目指し、集中豪雪、雪崩、吹雪、着雪、道路雪氷等の雪氷災害についてのモニタリング技術及び面的予測モデル並びにそれらの融合に関する研究開発を行った。

（2）雪崩及び冠雪害に関する研究

国立研究開発法人森林研究・整備機構においては、森林の雪崩災害軽減機能の解明のため、雪崩発生に関わる気象条件や積雪状態、雪崩の流下や森林の倒壊状況の調査研究を行った。また、樹木着雪による倒木被害の発生予測技術に関する研究を行った。

（3）雪崩対策に関する研究

国立研究開発法人土木研究所においては、雪崩災害を防止・軽減するため、雪崩の三次元計測結果等を用いて雪崩災害ハザードエリア評価技術の開発を行った。

（4）積雪寒冷地における雪氷災害の被害軽減等に関する研究

国立研究開発法人土木研究所においては、積雪寒冷地における雪氷災害の被害軽減や冬期道路交通サービスの確保に貢献するため、極端気象時の冬期道路管理の判断を支援する技術や、吹雪対策施設の性能評価と防雪機能確保・向上技術の開発に加え、除雪の作業・安全支援や省力化・自動化技術及び冬期道路交通の安全性向上を図る技術の開発を行った。

⑦ 火災対策

（1）火災に関する研究

消防庁においては、次の研究を行った。
・市街地火災による被害を抑制するための研究開発

首都直下地震のような地震直後の市街地同時多発火災や、糸魚川市大規模火災のような平常時の市街地火災による被害拡大を抑えるために、火災件数と死傷者数や焼損棟数などの予測・可視化ツール、火災延焼シミュレーションに基づく消防力・消防水利の評価手法、火災旋風の発生予測方法の研究開発を行った。

（令和4年度決算額　58百万円）
・消火活動困難な火災に対応するための消火手

法の研究開発

大規模倉庫等の火災など消火活動が極めて困難な火災を消火するために、大規模倉庫等の建物構造や可燃物の集積状況の調査、最適な消火手法及び延焼阻止手法（消火剤、投入方法、投入量等）の検証・開発、建物外壁から離れ、消火剤が届きにくい区画に効果的に消火剤を投入する手法の研究開発を行った。

（令和4年度決算額　38百万円）

・火災・危険物流出等事故原因調査に関する研究

特異な火災事案が発生した際、今後の防火安全対策に有効な知見を得るために火災原因調査を行い、火災原因調査技術の高度化を図るために必要な現地調査用資機材、サンプル採取・分析方法、火災現象の再現方法、火災原因の推定・特定手順等について体系的な調査研究を行った（後掲　第2章8（1））。

（令和4年度決算額　89百万円）

・火災原因調査と火災避難の高度化に関する研究開発

科学的な火災原因調査に基づいた出火防止対策の実施や増加する高層建築物からの避難安全対策のため、火災現場残渣物の同定及び液体衝突帯電とミスト爆発の解明による火災原因調査の高度化と、高層建築物の順次避難における避難順序算定方法に関する研究・開発を行った。

（令和4年度決算額　39百万円）

（2）林野火災に関する一般研究

国立研究開発法人森林研究・整備機構においては、林野火災対策として、林野火災の発生・拡大危険度に関する研究を行った。

（3）建築物や都市の火災安全性向上技術の研究開発

国立研究開発法人建築研究所においては、非常用エレベーターを用いた救助避難における群集事故を回避するための運用方針等に関する研究開発を行った。

（4）非住宅建築物の防火性能の高度化に資する新しい性能指標及び評価プログラムの開発

国土交通省国土技術政策総合研究所においては、非住宅建築物において高い防火性能を確保する利点を分かりやすく説明するための、新しい防火性能指標及びその評価プログラムの開発を行った。

（令和4年度決算額　10百万円）

⑧ 危険物災害対策

（1）危険物災害の防止に関する研究

消防庁においては、次の研究を行った。

・危険物施設における火災等事故・地震災害を抑止するための研究

危険物施設における火災等の事故及び地震等による災害を抑止するために、石油タンクの地震被害予測高精度化のための研究と化学物質等の製造・貯蔵工程における火災危険性の評価方法に関する研究を行った。

（令和4年度決算額　51百万円）

・地下タンクの健全性診断に係る研究開発

防食ライニングが施工された危険物の地下タンクの経年劣化について、タンクが将来継続して使用可能か否かを適切に判断するため、ライニング鋼板の腐食劣化の定量的評価を行い、地下タンクの健全性診断手法を研究開発した。

（令和4年度決算額　38百万円）

・火災・危険物流出等事故原因調査に関する研究

（再掲　第2章7（1））

（2）爆発防止等に関する研究

国立研究開発法人産業技術総合研究所においては、火薬類に代表される爆発性化学物質や水素あるいは自然冷媒等の可燃性ガスの爆発安全及び利用技術の研究を行い、爆発防止及び爆発影響低減化技術の開発を行った。また、産業保安分野では、事故事例データベース等の整備を進め共通基盤技術の研究を行った。

（令和4年度決算額　運営費交付金
109,016百万円の内数）

⑨ 原子力災害対策

（1）農用地、農作物等の原発事故対応の研究

国立研究開発法人農業・食品産業技術総合研究機構においては、原発事故に対応し、農地土壌における放射性物質の流出入実態の解明、農作物等における放射性物質の移行動態の解明と

移行制御技術の開発に関する研究を行った。

（2）原子力発電所等の地震・津波等の外部事象に対する安全性の評価等

　原子力規制委員会においては、新規制基準を踏まえた原子力発電所等の耐震・耐津波安全性を厳正に評価・確認するために、東北地方太平洋沖地震、熊本地震を踏まえた知見等を収集・反映し、新規制基準適合性に係る審査の技術的判断根拠の整備等を行い、研究報告等に取りまとめ、公表した。

（令和４年度決算額　1,234百万円）

（3）原子力発電所等におけるシビアアクシデント対策

　原子力規制委員会においては、原子力発電所等におけるシビアアクシデントの発生防止及び発生時の的確な対応のために、東京電力株式会社福島第一原子力発電所事故分析から得られた新たな知見に基づく技術的な課題に関する研究を実施し、得られた成果を論文等で公表した。

（令和４年度決算額　764百万円）

第3章 災害予防

① 災害一般共通事項

1-1 教育訓練

（1）政府における訓練・研修

　内閣府においては、9月1日の「防災の日」に総合防災訓練等を実施するとともに、11月5日の「津波防災の日」を中心に、住民参加の地震・津波防災訓練を実施した。また、国、地方公共団体等の職員に対して、「防災スペシャリスト養成」に資する研修等を実施した。

（令和4年度決算額　155百万円）

（2）民間の認定こども園、幼稚園、保育所等における防災対策の推進

　内閣府においては、民間の認定こども園、幼稚園、保育所等における火災、地震等の災害時に備え、防災教育等の防災対策を図るために要する費用を負担した。

（令和4年度決算額
1,554,718百万円の内数）

（3）警察庁における教育訓練

　警察庁においては、都道府県警察の幹部に対して災害応急対策等についての教育訓練を行ったほか、都道府県警察に対して、災害警備本部の設置・運営訓練や関係機関と連携した訓練の実施を指示した。また、警察災害派遣隊による実戦的な合同訓練を行った。特に、警察災害派遣隊の中核である広域緊急援助隊では、所要の合同訓練等を行ったほか、機動警察通信隊では、より迅速な情報収集活動や通信手段確保のための実戦的な訓練を行った。

（4）非常通信協議会における非常通信訓練の実施等

　非常通信協議会（非常通信に携わる関係省庁、地方公共団体、指定公共機関等約2,200者から構成）においては、災害時における円滑な通信の確保を目的として、非常通信計画の策定、全国非常通信訓練等を実施した。

（5）応急対策職員派遣制度に係る訓練の実施等

　総務省においては、大規模災害発生時における被災市区町村の行政機能の確保等を目的とした、全国の地方公共団体の人的資源を最大限に活用して被災市区町村を支援するための全国一元的な応援職員の派遣の仕組み（応急対策職員派遣制度）を円滑に運用するため、関係地方公共団体等と連携して情報伝達・連携訓練を実施するとともに、南海トラフ地震等の今後発生が想定される極めて規模の大きな災害時における応援職員の在り方に関する行動計画策定協議を実施した。

（令和4年度決算額　11百万円）

（6）災害時外国人支援情報コーディネーターの養成推進

　総務省においては、災害時に行政等から提供される災害や生活支援等に関する情報を整理し、避難所等にいる外国人被災者のニーズとのマッチングを行う災害時外国人支援情報コーディネーターを養成する研修を実施した。

（7）消防庁消防大学校における教育訓練

　消防庁消防大学校においては、国及び都道府県の消防の事務に従事する職員並びに市町村の消防職員及び消防団員に対し、火災、風水害、地震、津波、危険物災害等の各種災害に対する消防防災体制の強化のための知識・技術の修得や実践的な指揮訓練・図上訓練など、幹部として必要な教育訓練を実施した。

（令和4年度決算額　474百万円）

（8）法務省における教育訓練

　法務省においては、災害等非常事態における法務省関係機関相互の情報連絡手段を確保し、災害情報等を迅速かつ確実に収集・伝達するため、衛星携帯電話で構成される法務省緊急連絡体制に基づく通信訓練を行った。

（令和4年度決算額　30百万円）

（9）防災教育の充実

　文部科学省においては、防災を含む地域や学校の抱える学校安全上の課題に対して、地域の実情に応じた教育手法の開発や、安全管理体制及び地域住民・関係機関等との連携体制構築に

取り組む地域や学校を支援するとともに、教職員に対する研修を実施した。

（令和４年度決算額　204百万円の内数）

(10) 独立行政法人国立病院機構における教育訓練

独立行政法人国立病院機構においては、医師・看護師等の医療従事者を対象に災害医療についての研修を実施した。

(11) ＮＢＣ災害・テロ対策研修の実施

厚生労働省においては、ＮＢＣ（核、生物剤及び化学剤）災害及びテロに対し適切な対応ができる医師等を養成するため、救命救急センターや災害拠点病院の医療従事者を対象にＮＢＣ災害・テロに関する専門知識、技術及び危機管理能力を習得するための研修を実施した。

（令和４年度決算額　７百万円）

(12) 日本赤十字社の救護員養成事業に対する補助

厚生労働省においては、日本赤十字社の非常災害に係る救護班要員等に対する研修に要する経費について補助を行った。

（令和４年度決算額　７百万円）

(13) 災害支援リーダー養成研修事業

厚生労働省が設置した国際障害者交流センターにおいては、災害発生時、障害者に対するきめ細やかな支援活動に資するよう、救助・支援活動をサポートする災害時ボランティアリーダーや、視覚・聴覚障害者の障害特性に応じた対応方法を熟知した災害時リーダーを養成する事業を実施した。

（令和４年度決算額　２百万円）

(14) こころの健康づくり対策事業

厚生労働省においては、犯罪・災害等の被害者となることで生じるＰＴＳＤ（心的外傷後ストレス障害）に対する、精神保健福祉センター、保健所、病院等の機関における相談活動の充実・強化や治療・診断技術の向上等を図ることを目的とし、ＰＴＳＤ対策専門研修に対する補助を行った。

（令和４年度決算額　８百万円）

(15) 災害医療コーディネーター研修の実施

厚生労働省においては、災害発生時に各都道府県の災害対策本部の下に設置される保健医療福祉調整本部において医療チームの派遣調整業務を行う人員（災害医療コーディネーター）を対象とした研修を実施した。

（令和４年度決算額　12百万円）

(16) 災害時小児周産期リエゾン養成研修の実施

厚生労働省においては、災害時に小児・周産期領域の情報収集を行い、災害医療コーディネーターや災害派遣医療チーム（ＤＭＡＴ）に対して適切な情報提供を行える災害時小児周産期リエゾンを養成する研修を実施した。

（令和４年度決算額　６百万円）

(17) 国土交通省国土交通大学校における教育訓練

国土交通省国土交通大学校においては、国土交通省の職員等を対象に、「ＴＥＣ－ＦＯＲＣＥ［隊長］研修」、「ＴＥＣ－ＦＯＲＣＥ［班長・リエゾン］研修」等において、高度で総合的な知識の修得及び危機管理能力等の向上を目的に演習を取り入れた研修を実施するとともに、必要に応じ、防災・災害に関する一般的な知識・技術についての講義等を実施した。

(18) 気象庁における教育訓練

気象庁においては、気象等に関する知識の普及等を図るとともに、防災関係機関等の担当者を対象に予報、警報等に関する説明会を適宜開催した。一方、気象大学校大学部及び研修部では、気象業務遂行に必要な知識及び技術の教育を行い、職員の資質向上を図った。

（令和４年度決算額　114百万円）

(19) 海上保安庁における教育訓練等

海上保安庁においては、災害対応に従事する職員を対象とした各種災害発生時の対応に係る教育を実施するとともに、巡視船艇・航空機等による各種災害対応訓練のほか、関係機関と連携した災害対応訓練を実施した。また、海難及び海上災害の防止に資するため、海難防止講習会等の開催、タンカー等危険物積載船舶への訪船指導、危険物専用の岸壁や桟橋の点検、船舶

運航関係者に対する事故等発生時の措置に関する指導等を実施した。

（20）防衛省における教育訓練

防衛省においては、多種多様な災害に対処するため、陸上、海上及び航空各自衛隊の任務の特性並びにそれぞれの規模に応じて、訓練等を実施し対処能力を高めた。

また、陸上、海上及び航空各自衛隊が一体となって災害対処に当たる統合運用体制下における迅速な初動態勢、連携要領及び情報の共有といった対処能力の維持向上のため自衛隊統合防災演習等を実施するとともに、各地方公共団体等が実施する防災訓練等に積極的に参加した。

（令和4年度決算額　77百万円）

1-2　防災施設設備の整備

（1）中央防災無線網の整備

内閣府においては、中央防災無線網の安定的な運用のための適切な措置を講じたほか、首都直下地震等大規模災害等に備え、老朽化した電源設備、電話交換設備及びネットワーク設備の更新や衛星通信設備の修繕を行った。

（令和4年度決算額　1,064百万円）

（2）準天頂衛星システムを活用した避難所等における防災機能の強化

内閣府においては、準天頂衛星による、災害関連情報の伝送を行う災害・危機管理通報サービス及び避難所等で収集された個人の安否情報を災害対策本部などの防災機関で利用できる安否確認サービスの提供を行った。

（令和4年度決算額　23,439百万円の内数）

（3）災害警備活動用資機材等の整備

警察庁においては、都道府県警察の災害警備活動に必要な救出救助資機材や警察用航空機（ヘリコプター）等の整備を行うとともに、警察施設の耐震化等による防災機能の強化等を図った。また、警察災害派遣隊等の災害対処能力向上のため、災害警備訓練施設の整備を推進して、各部隊・職員の専門性、経験、能力等に応じた実戦的な訓練を行った。

（令和4年度決算額　38,922百万円）

（4）災害に備えた交通安全施設等の整備

警察庁においては、車両感知器、信号機電源付加装置、交通管制センター等の災害に備えた交通安全施設等の整備を推進した。

（令和4年度決算額　19,130百万円の内数）

（5）防災基盤整備事業の推進

総務省及び消防庁においては、災害等に強い安全・安心なまちづくりを進めるため、防災基盤整備事業として地方財政措置を講じることにより、地方公共団体が行う防災施設整備、消防防災の情報化等の重点的な防災基盤の整備を推進した。

（6）電気通信網の確保等

総務省においては、停電対策、水防対策、伝送路の信頼性向上等による災害に強い電気通信設備の構築や、被災地との円滑な安否確認等に利用できる災害用伝言サービスの利用促進等、電気通信事業者による災害対策を推進した。

（7）災害対策用移動通信機器の配備

総務省においては、非常災害時における被災地の通信手段の確保のため、地方公共団体等への災害対策用移動通信機器の貸出を行った。

（8）消防防災通信ネットワークの整備

消防庁においては、災害時における国・都道府県・市町村相互間における情報の収集伝達の確実化及び迅速化を推進するため、全国的な消防防災通信ネットワークの整備等、機能の高度化に努めた。

（令和4年度決算額　389百万円）

（9）緊急消防援助隊関係施設及び資機材の整備

消防庁においては、南海トラフ地震等の大規模災害への対応力を国として強化するため、緊急消防援助隊を計画的に増強整備し、より効果的な活動体制を構築するために、消防用車両等の整備について、市町村等に対し補助を行った。

（令和4年度決算額　3,707百万円）

（10）消防防災施設の整備

消防庁においては、地震や火山噴火等に伴う

大規模災害や特殊災害、増加する救急需要等に適切に対応し、住民生活の安心・安全を確保するため、消防防災施設の整備について、市町村等に対し補助を行った。

（令和4年度決算額　1,150百万円）

(11) 文化財の防災対策の推進

文化庁においては、文化財を火災や盗難から守り確実に次世代へ継承していくため、防火・防犯設備の設置・改修、保存活用施設の整備、建造物の耐震診断・耐震化工事等の事業に対して補助を行った。

（令和4年度決算額　34,558百万円の内数）

(12) 災害拠点病院の整備

厚生労働省においては、災害時の医療を確保するため、災害拠点病院として必要な施設及び診療設備等の整備について補助を行った。

（令和4年度決算額　977百万円）

(13) 広域災害・救急医療情報システムの整備

厚生労働省においては、都道府県が既存の救急医療情報センター事業を再編強化し、災害時において医療機関の稼動状況、医師・看護師等スタッフの状況、災害派遣医療チーム（DMAT）等災害医療に係る総合的な情報収集を行うため、厚生労働省、保健所、消防本部、病院等とのネットワーク化を図るための整備について補助等を行った。

（令和4年度決算額　628百万円）

(14) 社会福祉施設の整備

厚生労働省においては、障害者支援施設等における防災対策上必要な施設整備に対する補助を行った。

（令和4年度決算額　14,327百万円の内数）

厚生労働省においては、地域密着型の特別養護老人ホーム等における防災対策上必要な施設整備に対する補助を行った。

（令和4年度決算額　4,954百万円の内数）

厚生労働省においては、児童福祉施設等における防災対策上必要な施設整備に対する補助を行った。

（令和4年度決算額　72,530百万円の内数）

(15) 航空搬送拠点臨時医療施設（SCU）の医療資機材設備の整備

厚生労働省においては、被災地では対応が困難な重傷者を被災地外の医療施設へ航空機により搬送するために、空港等に設置される臨時の医療施設（SCU）に必要な医療資機材設備の整備について補助を行った。

（令和4年度決算額　51百万円）

(16) 漁港漁村の防災対策施設の整備

農林水産省においては、南海トラフ地震等の切迫する大規模な地震・津波等の大規模自然災害に備え、国土強靱化及び人命・財産の防護の観点から全国の漁業地域の安全の確保等に向けた対策を行った（後掲　第3章2-2（12）、3-2（3））。

（令和4年度決算額　56,133百万円の内数
※この他に農山漁村地域整備交付金の内数）

(17) 農山村の防災機能強化の促進

農林水産省においては、豪雨等に対する防災機能の向上に資する林道等の整備に対し助成を行った。

（令和4年度決算額　8,951百万円の内数
※この他に農山漁村地域整備交付金、
地方創生推進交付金（内閣府計上）の内数）

(18) 緊急時の農業水利施設の活用

農林水産省においては、農業水利施設から緊急時の消防用水及び生活用水の取水を可能とするための防火水槽、吸水枡、給水栓等の施設整備を推進した。

（令和4年度決算額　78,213百万円の内数）

(19) 河川・道路管理用無線通信設備等の整備

国土交通省においては、電話、河川情報、道路情報、レーダ雨量データ、監視カメラ映像やテレビ会議等の河川管理、道路管理、災害対応に必要な情報を流通させるための通信基盤となる光ファイバネットワークと多重無線通信網をシームレスに接続するIP統合通信網の整備を引き続き実施した。また、河川・道路管理用の移動体通信システムとしてデジタル陸上移動通信システム（K-λ）、衛星を経由してヘリコプターからの災害映像を伝送するヘリサット及び衛星を経由して車両からの災害映像を伝送する

Ｃａｒ－ＳＡＴ（カーサット）を順次導入した。

（20）基幹的広域防災拠点の管理等

国土交通省においては、首都直下地震や南海トラフ地震等の大規模災害発生時に広域的な災害応急対策を円滑に実施できるよう、基幹的広域防災拠点を適切に維持管理するとともに、緊急物資輸送等の訓練を実施した。

（令和4年度決算額　127百万円）

（21）「道の駅」の防災機能の強化

国土交通省においては、災害時に地域の避難所等となる「道の駅」や広域的な復旧・復興活動拠点となる「道の駅」の防災機能強化を図った。

（22）災害予防に関する融資

独立行政法人住宅金融支援機構等においては、「地すべり等防止法」（昭和33年法律第30号）による関連事業計画等に基づく住宅の移転等や、地方公共団体が防災対策として実施する移転促進事業等を対象とした「地すべり等関連住宅融資」を実施するとともに、「宅地防災工事資金融資」により「宅地造成等規制法」（昭和36年法律第191号）、「急傾斜地の崩壊による災害の防止に関する法律」（昭和44年法律第57号）若しくは「建築基準法」（昭和25年法律第201号）による勧告又は命令を受けて擁壁又は排水施設の設置等を行う宅地防災工事を支援した。

（23）気象観測施設の整備等

気象庁においては、台風や線状降水帯による集中豪雨、豪雪等の自然現象による災害の防止・軽減を図るため、新型気象レーダー（二重偏波気象レーダー）や地域気象観測システム（アメダス）、次期静止気象衛星の整備等を行った。

（令和4年度決算額　13,638百万円）

（24）航路標識の防災対策の推進

海上保安庁においては、航路標識の耐災害性強化対策及び老朽化等対策を行った。

（令和4年度決算額　1,571百万円）

（25）巡視船艇の整備等

海上保安庁においては、巡視船艇・航空機等

及び電子海図システムの整備等を行った。

（令和4年度決算額　166,649百万円）

（26）海上防災体制の整備

海上保安庁においては、油、有害液体物質等排出事故に対応するための防災資機材を充実させ、巡視船艇・航空機等による迅速的確に対処しうる体制を確保した。

（令和4年度決算額　98百万円）

（27）海上保安施設等の耐災害性強化対策

海上保安庁においては、被災又は停電等により救助・支援活動等に支障を来すおそれがある海上保安施設等について、非常用電源設備の設置や燃料供給体制の確保等を実施し、耐災害性の強化を図ることで、同施設等の機能喪失を防止した。

（令和4年度決算額　369百万円）

（28）防災拠点等への再生可能エネルギー等の導入

環境省においては、地域防災計画により災害時に避難施設等として位置付けられた公共施設又は業務継続計画により災害等発生時に業務を維持するべき公共施設に、平時の温室効果ガス排出抑制に加え、災害時にもエネルギー供給等の機能発揮を可能とする再生可能エネルギー設備等を導入する事業への支援を実施した。

（令和4年度決算額　3,995百万円）

1-3　災害危険地住宅移転等

（1）防災集団移転促進事業

国土交通省においては、「防災のための集団移転促進事業に係る国の財政上の特別措置等に関する法律」（昭和47年法律第132号）に基づき、自然災害の発生した地域又は災害のおそれのある区域のうち、住民の居住に適当でない区域内にある住居の集団的移転を支援した。

（令和4年度決算額　99百万円）

（2）がけ地近接等危険住宅移転事業

国土交通省においては、がけ崩れ、土石流、雪崩、地すべり、津波、高潮、出水等の危険から住民の生命の安全を確保するため、ハザードエリア内にある既存不適格住宅等の移転を支援

した。

1-4 その他

（1）国土強靱化の推進

　内閣官房国土強靱化推進室においては、切迫
する大規模災害が懸念される中、いかなる事態
が発生しても人命を守り、行政・経済社会の重
要機能に係る致命的損傷を回避すること等の事
前防災・減災の考え方に立ち、政府横断的な国
土強靱化（ナショナル・レジリエンス）への取
組を推進するため、「国土強靱化基本計画」（平
成30年12月14日閣議決定）や「国土強靱化
年次計画2022」（令和４年６月21日国土強靱
化推進本部決定）、「防災・減災、国土強靱化の
ための５か年加速化対策」（令和２年12月11
日閣議決定）に基づく取組を関係府省庁と連携
して進めるとともに、地方公共団体や民間の取
組促進を図った。

（2）実践的な防災行動推進事業経費

　内閣府においては、「災害被害を軽減する国
民運動の推進に関する基本方針」（平成18年４
月21日中央防災会議決定）及び「災害被害を
軽減する国民運動の具体化に向けた取組につい
て」（平成18年12月13日中央防災会議専門調
査会報告）に基づき、個人や家庭、地域、企
業、団体等が日常的に減災のための行動と投資
を息長く行う国民運動を展開した。

（令和４年度決算額　92百万円）

（3）災害ボランティア（多様な主体の）連携促進事業

　内閣府においては、近い将来発生が危惧され
ている巨大災害等に備え、発災時にボランティ
ア活動がより円滑かつ効果的に行われるよう、
行政とボランティアの相互理解など、広く防災
ボランティア活動に関する環境整備を図った。
あわせて、ボランティアの連携を図るための相
互交流・意見交換の場づくりや、行政及びボラ
ンティア関係者間の連携訓練などを実施した。
また、避難生活支援を行うボランティア人材の
育成等を進めるための「避難生活支援・防災人
材育成エコシステム」構築に向けた調査・研究

を実施した。

（令和４年度決算額　33百万円）

（4）社会全体としての事業継続体制の構築推進

　内閣府においては、中央省庁における業務継
続体制の確保のため、中央省庁業務継続ガイド
ラインの改定等を踏まえた有識者による省庁業
務継続計画の評価等を行った。また、民間企
業・団体の事業継続体制の構築及び災害リスク
マネジメント力向上の取組推進のため、事業継
続計画（ＢＣＰ）の策定状況に関する実態調査
等を行った。さらに、地方公共団体における業
務継続体制の確保のため、感染症まん延下も想
定した災害時の業務継続に関する調査等を行っ
た。

（令和４年度決算額　32百万円）

（5）「物資調達・輸送調整等支援システム」の整備

　内閣府においては、国と地方公共団体の間で
物資の調達・輸送等に必要な情報を共有し、迅
速かつ円滑な被災者への物資支援に資する「物
資調達・輸送調整等支援システム」について、
保守・運用体制を確保したほか、より確実な災
害時対応が可能となるよう、機能強化を図っ
た。

（令和４年度決算額　72百万円）

（6）地域防災力の向上推進

　内閣府においては、「自助」・「共助」の精神
に基づく地域コミュニティによる地域防災力の
向上を推進するため、地区防災計画制度の普及
啓発に向けた、地域における計画の作成支援を
行った。

（7）被災者支援・復興対策の調査検討

　内閣府においては、災害に係る住家被害認定
業務実施体制の手引きや災害復興対策事例集等
を改訂し、地方公共団体に周知した。また、災
害からの復興を円滑かつ迅速に進めるための施
策の検討及び関係機関との共有等を図った。

（令和４年度決算額　95百万円）

（8）特定地震防災対策施設（阪神・淡路大震災記念 人と防災未来センター）の運営に関する助成

内閣府においては、特定地震防災対策施設（阪神・淡路大震災記念　人と防災未来センター）において行われる、阪神・淡路大震災を始めとする国内外の地震災害関連資料の収集・保存・展示や情報発信などに要する経費の一部を補助し、当該事業の推進を図った。

（令和4年度決算額　251百万円）

（9）防災広報

内閣府においては、「災害対策基本法」（昭和36年法律第223号）に基づく防災白書の作成のほか、国民各層に対する防災に関する正確な知識を提供するため、災害発生時にも迅速に情報提供を行うホームページを運営管理し、さらに、防災施策をわかりやすく伝達するための広報誌「ぼうさい」を発行する等の防災広報を幅広く展開した。

（令和4年度決算額　14百万円）

（10）防災計画の充実のための取組推進

内閣府においては、日本海溝・千島海溝周辺海溝型地震等の大規模災害に関する基本計画の実効性の確保を図るため、関係機関・地方公共団体の防災計画に基づく取組事例、課題の収集整理・分析、課題解決のための方策の検討等を行った。

（令和4年度決算額　8百万円）

（11）災害対応業務標準化の推進

内閣府においては、災害対応に当たる地方公共団体等のニーズと民間企業等が持つ先進技術のマッチングや、効果的な活用事例の横展開等を行う場である「防災×テクノロジー官民連携プラットフォーム」（防テクPF）を運営したほか、マッチングの更なる創出等のため、地方公共団体等に対する支援を行った。

災害対応現場で情報を集約・地図化するISUT（Information Support Team）の実際の活動や訓練を通じて作成した地図について、各機関が災害対応で活用しやすくなるよう研修等を行った。

（令和4年度決算額　29百万円）

（12）被災者支援に関する総合的対策の推進

内閣府においては、要配慮者の避難の実効性を確保し、全国的な策定推進を図るため、個別避難計画の策定のモデル事業等を実施したほか、市町村が行う指定避難所等における良好な生活環境の確保に向けた取組に係る調査等を実施した。

（令和4年度決算額　49百万円）

（13）既存のクラウド型被災者支援システムへの個別避難計画等に関する機能実装等業務

内閣府においては、クラウド型被災者支援システムの開発により、平時からの個別避難計画の効果的・効率的な作成の支援や被災者支援手続の円滑化の検討等を行ったほか、システムに係る支援手続きの円滑化に関する検討等を行った。

（令和4年度決算額　110百万円）

（14）地域女性活躍推進交付金事業

内閣府においては、地域における女性の職業生活における活躍推進に資する取組と併せて実施する、地域防災において女性のリーダーシップを推進するための取組等を支援した。

（令和4年度決算額　789百万円の内数）

（15）地域における男女共同参画促進を支援するためのアドバイザー派遣事業

内閣府においては、女性視点での災害対応の強化を図るため、「災害対応力を強化する女性の視点～男女共同参画の視点からの防災・復興ガイドライン～」等の地域における活用を図った。

（令和4年度決算額　1百万円の内数）

（16）防災分野における女性の参画促進事業

内閣府においては、内閣府男女共同参画局が実施するフォローアップ調査の結果を基に地方公共団体の取組を調査し、好事例を取りまとめて公表した。また、同好事例を周知・展開するため、自治体職員向け研修を実施した。

（令和4年度決算額　7百万円）

（17）大規模災害対策の推進

警察庁においては、大規模災害発生時におけ

る広域部隊派遣計画の策定・検討や災害に強い警察情報通信基盤等の整備を進めるとともに、災害発生時には警察用航空機（ヘリコプター）や通信衛星を利用した映像伝送等により現場情報を収集・伝達するなど、災害警備対策の強化を図った。

（令和４年度決算額　11,295百万円）

(18) 道路交通情報の充実

警察庁及び国土交通省においては、高度化光ビーコンやＥＴＣ2.0、交通情報板、道路情報板等を活用し、的確な道路交通情報の収集・提供を推進した。

また、警察庁においては、災害時における効果的な交通規制、避難路の確保等を行うため、都道府県公安委員会が収集する交通情報と民間事業者が保有するプローブ情報を融合して活用・提供するための広域交通管制システムを引き続き運用するなど、災害時の交通情報提供の充実を図った。

さらに、警察庁、総務省及び国土交通省においては、ＶＩＣＳ（道路交通情報通信システム）を活用して提供される道路交通情報の充実に資する取組を推進した。

このほか、国土交通省においては、道路利用者の利便性を向上させるため、豪雨等による事前通行規制区間において実施する規制開始・解除の見通し情報の提供に努めた。

（令和４年度決算額　228百万円）

(19) 無線局における災害対策

総務省においては、防災関係機関の無線局の免許、定期検査等に際し、免許人に対して、災害に対する保安対策、予備の無線設備と予備電源の装備や自家発電装置の設置等の停電対策及び非常災害時に備えた訓練の実施を行うよう引き続き指導した。

なお、総務省においては、電気通信事業者に対し、災害対応の重要拠点となる市町村役場等をカバーする移動体通信の基地局や固定通信の収容局における予備電源の長時間化について、少なくとも24時間停電対策等を求めている。

(20) 災害情報自動集約ネットワークシステムの維持・運用

総務省においては、災害時等における電気通信設備の大規模な被災や輻輳が発生した場合において、被災状況の即時把握等、国・電気通信事業者間の効率的な情報共有を可能とするための災害情報自動集約ネットワークシステムを運用した。

（令和４年度決算額　9百万円）

(21) 地域防災等のためのＧ空間情報の利活用推進（Ｌアラートの高度化等）

総務省においては、Ｌアラートと他の災害関連システムとの連携により、Ｇ空間情報と紐付いた情報を住民や行政機関へ提供が可能となるよう調査研究を実施し、災害情報の視覚化の推進を行った。

（令和４年度決算額　47百万円）

(22) テレワーク普及推進対策

総務省においては、災害時等の事業継続にも有効なテレワークについて、関係者と連携し、テレワーク月間等の普及啓発、専門家による無料相談事業の実施等の導入支援等を行った。

（令和４年度決算額　225百万円）

(23) 防災拠点等における公衆無線ＬＡＮ環境の整備促進

総務省においては、発災時に住民等が自治体等からの災害関連情報を確実かつ迅速に入手可能となるよう、防災拠点等に公衆無線ＬＡＮ環境の整備を実施する地方公共団体等への支援を行った。

（令和４年度決算額　10百万円）

(24) 「新たな日常」の定着に向けたケーブルテレビ光化による耐災害性強化事業

総務省においては、災害時に、放送により確実かつ安定的な情報伝達が確保されるよう、条件不利地域等に該当する地域におけるケーブルテレビネットワークの光化に要する費用の一部を支援した。

（令和４年度決算額　1,217百万円）

(25) 全国瞬時警報システム（Ｊアラート）の安定運用

消防庁においては、弾道ミサイル情報や緊急地震速報、津波警報等の緊急情報を住民に瞬時に伝達するシステムであるＪアラートについ

て、情報受信団体における常時良好な受信環境及び安定的な運用を確保するため、同システムの保守・管理を行った。

（令和4年度決算額　347百万円）

（26）地域防災計画の見直しの推進

消防庁においては、地域防災計画の見直しを推進するため、地域の実情に即した具体的かつ実践的な計画になるよう、地方公共団体に対し要請・助言等を行った。また、地域防災計画データベースの運用により、地方公共団体間の計画内容の比較・検証を通じたより適切な計画への見直しを支援し、防災体制の充実を推進した。

（27）緊急消防援助隊派遣体制の整備

消防庁においては、緊急消防援助隊の迅速・安全な出動及びより効果的な部隊運用を図るため、地域ブロック合同訓練の実施、機器の保守管理等を行った。

（令和4年度決算額　361百万円）

（28）緊急消防援助隊の機能強化

消防庁においては、近年、激甚化・頻発化する土砂・風水害、南海トラフ地震を始めとする切迫する大地震など、大規模な自然災害やNBC災害に備えるとともに、緊急消防援助隊の充実と即応体制の強化を図るため、国有財産等の無償使用制度（「消防組織法」（昭和22年法律第226号）第50条）を活用して、必要な車両及び資機材を整備した。

（令和4年度決算額　3,030百万円）

（29）消防団を中核とした地域防災力の充実強化

消防庁においては、地方公共団体による女性や若者等の入団を促進するために地域の企業や大学等と連携して消防団員を確保する取組の支援、消防団の装備・教育訓練の充実、自主防災組織の活性化の推進等により、地域防災力の充実強化を図った。

（令和4年度決算額　2,705百万円）

（30）救急業務の充実強化

消防庁においては、高齢化の進展等を背景とする救急需要の増大に対応し救命率を向上させるため、救急車の適正利用の推進や、救急業務の円滑な実施と質の向上など、救急業務を取り巻く諸課題への対応策について検討を行った。

（令和4年度決算額　104百万円）

（31）救助技術の高度化の推進

消防庁においては、複雑・多様化する消防の救助活動における課題を克服し、救助技術の高度化を図るため、救助技術の高度化等検討会、全国消防救助シンポジウムを開催し、救助隊員の救助技術・知識の向上を図った。

（令和4年度決算額　13百万円）

（32）市町村の消防の広域化及び消防の連携・協力の推進

消防庁においては、消防の広域化及び消防の連携・協力の取組を促進するため所要の地方財政措置を講じるとともに、「消防用車両出動シミュレーションシステム」の実用化に向けた改修や「消防広域化推進アドバイザー」の派遣等を行った。

（令和4年度決算額　20百万円）

（33）消防職団員の惨事ストレス対策

消防庁においては、消防職団員の惨事ストレス対策の充実強化を図るため、緊急時メンタルサポートチーム登録者のスキルアップや増員等に係る取組を行うほか、消防本部等における惨事ストレス対策の取組について、支援を行った。

（令和4年度決算額　0百万円）

（34）災害応急対応に係る業務継続体制の確立

消防庁においては、首都直下地震時等において本庁舎が被災した場合であっても、全国の被害情報の収集や緊急消防援助隊の出動指示等の災害応急対応業務を迅速かつ的確に実施するため、代替拠点における必要な設備・資機材等の整備を行った。

（令和4年度決算額　6百万円）

（35）地方公共団体等における災害対応能力の強化

消防庁においては、地方公共団体等における災害対応能力を強化するため、市町村長の災害危機管理対応力の向上を図ることを目的とした

研修、市町村の業務継続計画（BCP）及び受援計画の策定支援や大規模災害時に首長を支援する「災害マネジメント総括支援員」等を対象とする研修、インターネットを活用して防災教育を行う防災・危機管理e-カレッジのコンテンツの更新等を行った。

（令和4年度決算額　31百万円）

(36) ドローンの活用推進

消防庁においては、災害時に各消防本部がドローンを安全かつ効果的に活用できるよう、消防職員を対象としたドローン運用アドバイザー育成研修と、アドバイザーによるドローン未導入消防本部等への普及啓発を推進した。

また、消防本部が災害対応ドローン（災害対応について標準的に備える必要のある機能を有したドローンをいう。）を整備する場合の機体等の調達経費について、地方財政措置を講じた。

（令和4年度決算額　5百万円）

(37) 法務省における災害時の対処能力の維持

法務省においては、災害が発生し、庁舎・収容施設等が被災した場合に、法務省の業務を継続し、治安上の問題が生じないようにするため、庁舎・収容施設における防災・保安警備等の対処能力の維持を図った。

（令和4年度決算額　23百万円）

(38) 法務省における大規模災害発生直後から必要不可欠な行政機能の確保

法務省においては、矯正施設からの被収容者の逃走による治安の悪化を防止するため、矯正施設の監視カメラ等の総合警備システム、デジタル無線機、非常用食料の更新整備を実施した。

（令和4年度決算額　6,767百万円）

(39) 文教施設の防災対策の強化・推進

文部科学省においては、児童生徒等の安全を確保するため、非構造部材の耐震対策を進めるとともに、学校施設の防災機能の強化に関する検討等、総合的・計画的な防災対策を強化・推進した。

（令和4年度決算額　8百万円）

文部科学省においては、災害とも言える猛暑に起因する健康被害の発生状況等を踏まえ、早期にこどもたちの安全と健康を守るため、公立学校における空調設備の整備への支援を行った（後掲　第3章2-2（5））。

（令和4年度決算額　175,415百万円の内数）
（内閣府で計上している沖縄分を含む）

(40) 災害拠点病院等の活動支援

厚生労働省においては、以下の補助を行った。
・国が又は国が地方公共団体と連携して行う防災訓練等に参加・協力する災害拠点病院等の訓練参加費用
・災害時に被災地へ派遣された災害派遣医療チーム（DMAT）の活動費

（令和4年度決算額　114百万円）

(41) 災害福祉支援ネットワーク構築推進等事業

厚生労働省においては、災害時において災害時要配慮者（高齢者・障害者等支援が必要な方々）に対し緊急的に対応を行えるよう、民間事業者、団体等の福祉支援ネットワークを構築する事業に対する補助を行った。

（令和4年度決算額　216,040百万円の内数）

(42) 災害派遣医療チーム（DMAT）体制整備

厚生労働省においては、医師、看護師等に対し、DMAT隊員養成研修を実施した。また、DMATを統轄し、DMAT隊員の技能継続研修等を行うDMAT事務局の運営の補助を行った。

厚生労働省においては、災害時に被災地の医療に係る被害状況を把握し、迅速かつ的確な医療の確保を図るため、災害医療の専門家が速やかに被災地に入るためのヘリコプターのチャーター費用の補助を行った。

（令和4年度決算額　738百万円）

(43) 独立行政法人国立病院機構における災害医療体制整備

独立行政法人国立病院機構においては、災害時の医療を確実に実施するため、初動医療班の派遣体制の整備等を行った。

（44）山村地域の防災・減災対策

農林水産省においては、山地災害による被害を軽減するため、治山施設の設置等のハード対策と併せて、地域における避難体制の整備等の取組と連携して、山地災害危険地区の位置情報を住民に提供する等のソフト対策を推進した。

（令和４年度決算額　6,410百万円の内数）

（45）防災情報ネットワークの整備

農林水産省においては、国営造成土地改良施設や農業用ため池の被災や地域の被災を未然に防止するため、防災上重要な水位等の観測データや災害時の緊急点検状況、被害状況をリアルタイムで行政機関、施設管理者等が共有できるシステム等の整備、保守運用を行った。

（令和４年度決算額　2,691百万円の内数）
※この他にデジタル庁一括計上分

（46）中小企業に対する事業継続力強化計画等の策定に関する支援

経済産業省においては、中小企業に対して、事業継続力強化計画等の自然災害等のリスクに備えるための計画の策定を支援した。

株式会社日本政策金融公庫においては、中小企業自らが策定した事業継続計画や、経済産業大臣が認定した事業継続力強化計画等に基づき防災に資する設備等の整備を行う者に対し、融資を行った。

（令和４年度決算額　17,593百万円の内数）

（47）石油備蓄事業補給金

経済産業省においては、石油精製業者等が所有するタンクを借上げ、経費相当額を補給金として支払い、ガソリン・軽油等の製品形態での国家石油備蓄の維持・管理を行った。

（令和４年度決算額　26,042百万円の内数）

（48）災害時に備えた社会的重要インフラへの自衛的な燃料備蓄の推進事業費補助金

経済産業省においては、需要家側への燃料備蓄を促進し、災害時のエネルギー供給の安定化を図るため、避難所、多数の避難者が生じる施設等にＬＰガスタンクや石油製品タンク等を設置するために必要な経費の一部を支援した。

（令和４年度決算額　4,412百万円）

（49）災害時に備えた地域におけるエネルギー供給拠点の整備事業費

経済産業省においては、災害時の石油製品の安定供給体制を確保するため、サービスステーション（ＳＳ）の地下タンクの大型化に伴う入換、災害時に緊急車両等への優先給油を行う中核ＳＳにおける自家発電設備の入換、ＳＳの災害対応能力強化のための研修・訓練等に係る費用について支援した。

（令和４年度決算額　333百万円）

（50）石油ガス地域防災対応体制整備事業

経済産業省においては、災害時におけるＬＰガスの安定供給確保のため、中核充填所の新設・機能拡充や、災害時石油ガス供給連携計画を確実に実施していくための訓練に係る取組を支援した。

（令和４年度決算額　642百万円の内数）

（51）石油コンビナートの生産性向上及び強じん化推進事業

経済産業省においては、近年頻発化・激甚化している風水害等に備え、特別警報級の大雨・高潮等を想定した製油所等の排水設備の増強等、製油所等のレジリエンス強化を図るための企業の取組の支援を行った。

（令和４年度決算額　4,935百万円の内数）

（52）地籍整備の推進

国土交通省においては、事前防災や災害後の迅速な復旧・復興等に貢献する地籍調査を推進するとともに、「防災・減災、国土強靱化のための５か年加速化対策」に基づき、土砂災害特別警戒区域等における地籍調査の実施を重点的に支援した。

（令和４年度決算額　8,719百万円
※この他に防災・安全交付金及び
社会資本整備総合交付金の内数）

（53）緊急災害対策派遣隊（ＴＥＣ－FORCE）による大規模災害時の対応体制の強化

国土交通省においては、大規模自然災害に際して、全国の地方整備局等の職員により組織する緊急災害対策派遣隊（ＴＥＣ－ＦＯＲＣＥ）により被災状況の把握や被害拡大防止に関する

被災地方公共団体等の支援を行うとともに、被災地の早期復旧のための技術的支援を迅速に実施する体制の強化を推進した。

(54) 土地分類基本調査の実施

国土交通省においては、土地の改変が進み不明確となっている土地本来の自然条件や改変状況等の情報を整備した上で、それを災害履歴等と組み合わせて分かりやすく提供する土地履歴調査を、国が実施する土地分類基本調査として実施した。

（令和４年度決算額　37百万円）

(55) 平常時・災害時を問わない安全かつ円滑な物流等の確保

国土交通省においては、平常時・災害時を問わない安定的な輸送を確保するため、国土交通大臣が物流上重要な道路輸送網を「重要物流道路」として指定し、機能強化や重点支援を実施するとともに、災害時においては、迅速な救急救命活動や緊急支援物資の輸送などを支えるため、地方管理道路の災害復旧等を国が代行できる制度を活用し、道路啓開や災害復旧の迅速化を図った。

(56) 災害に強い物流システムの構築

国土交通省においては、平成30年度に策定した「ラストマイルにおける支援物資輸送・拠点開設・運営ハンドブック」を改訂し、近年の災害対応における地方公共団体の取組の好事例及び新たな課題への対応策について整理を行った。また、大雨・大雪等の予見可能な災害に備えた荷主と物流事業者の連絡調整体制の在り方等に関するガイドラインを作成した。

（令和４年度決算額　9百万円）

(57) 被災宅地危険度判定制度の整備

国土交通省においては、大地震等による宅地被害の発生状況を迅速かつ的確に把握し、二次災害の防止・軽減や早期復旧に資する被災宅地危険度判定について、引き続き、都道府県等と連携し、実施体制の整備を支援した。

(58) 災害時の緊急情報収集・支援体制の充実強化

国土交通省においては、災害発生時に被害の早期把握及び被災地方公共団体等への支援を的確かつ円滑に行うため、必要となる資機材の維持・整備や、プッシュ型で支援できる人材の育成等、防災体制・機能の充実強化を図った。

（令和４年度決算額　21百万円）

(59) 災害時における自転車の活用の推進

国土交通省においては、「第2次自転車活用推進計画」（令和3年5月28日閣議決定）に基づき、被災状況の把握や住民の避難等、災害時における自転車の活用の推進に関する課題や有用性について検討した。

(60) 抜本的かつ総合的な防災・減災対策の推進

国土交通省においては、近年の気候変動の影響により激甚化・頻発化する水災害や切迫する大規模地震など、あらゆる自然災害から国民のいのちとくらしを守るため、6月に「再度災害の防止」と「初動対応の迅速化・適正化」を特に強化すべきテーマとして設定した、「総力戦で挑む防災・減災プロジェクト」を取りまとめ、同プロジェクトに基づき総力を挙げて防災・減災対策を推進した。

(61) 海上輸送を活用した災害廃棄物の広域処理における港湾での円滑な対応

国土交通省においては、海上輸送を活用した災害廃棄物の広域処理において、港湾での取扱いに当たって生じる課題を整理し、それら課題の対応策及びその実効性を向上させるために必要となる関係者の体制及び役割分担等について、関係省庁及び関係民間団体等と連携して検討を進めるなど、連携体制の構築を進めた。

(62) 災害時における被災地域の道路交通機能の確保

国土交通省においては、昨今の災害時交通マネジメントの事例も踏まえ、地域防災計画へ位置付けることで、災害発生時に速やかに実施体制に移行できるよう、全国各地で行政、学識経験者、交通事業者、経済団体等からなる体制の事前構築を推進した。

(63) 港湾における災害情報収集等に関する対策の推進

国土交通省においては、衛星やドローン、カメラ等を活用して、港湾における災害関連情報の収集・集積を高度化し、災害発生時における迅速な港湾機能の復旧等の体制の構築を推進した。

（令和4年度決算額　311,853百万円の内数）

(64) 空港BCPの実効性の強化

国土交通省においては、自然災害発生後、救急・救命活動や緊急物資輸送の拠点となる空港の機能をできるだけ速やかに確保するため、空港全体としての機能保持及び早期復旧に向けた目標時間や関係機関の役割分担等を明確化した空港BCP（A2（Advanced/Airport）-BCP）に基づき、災害時の対応を行った。また、空港BCPの実効性の強化を図るため訓練等を実施した。

(65) 災害時における踏切道の的確な管理の推進

国土交通省においては、災害時の円滑な避難や緊急輸送を確保するため、「踏切道改良促進法」（昭和36年法律第195号）に基づき、災害時の管理の方法を定めるべき踏切道を指定し、鉄道事業者・道路管理者の連携による災害時の踏切優先開放等の措置の実施を促進した。

(66) 電子国土基本図と防災地理情報による防災対策の推進

国土地理院においては、我が国の国土を表す地図の基本となる電子国土基本図や、火山周辺の地形等を詳細に表した火山基本図、土地の成り立ちや自然災害リスクの把握に役立つ地形分類情報等、防災対策の基礎となる情報の整備・更新を行った。

（令和4年度決算額　6,140百万円の内数）

(67) 防災地理情報による防災教育支援の推進

国土地理院においては、洪水等の自然災害リスクの把握に役立つ地形分類情報や過去に起きた自然災害の教訓を後世に伝承するための自然災害伝承碑等の防災地理情報を活用し、地域防災力向上のための防災教育支援を行った。

（令和4年度決算額　4,938百万円の内数）

(68) 災害発生時における浸水推定図等の作成

国土地理院においては、災害発生時における孤立者救助や洪水時の排水作業等の応急活動の迅速・効率化に資するため、被災状況に応じて、浸水推定図等の災害状況を表した図の作成を行った。

(69) 訪日外国人旅行者への災害発生時における情報提供

台風や大雨の発生に際し、訪日外国人旅行者向けに14か国語で災害時情報を提供する観光庁監修のアプリ「Safety tips」や、日本政府観光局（JNTO）ウェブサイト、観光庁及びJNTOのSNS公式アカウント等を活用して、災害発生時に訪日外国人旅行者に対し正確な情報発信を行った。

(70) 予報、警報その他の情報の発表及び伝達

気象庁においては、避難指示等の判断等、地方公共団体等が行う災害応急対策や、国民の自主的防災行動に資するため、適時適切な予報、警報及び大雨警報・洪水警報の危険度分布等の防災気象情報を発表するとともに、防災関係機関等に伝達し、災害の防止・軽減に努めた。また、各種天気図や波浪、海流及び海氷の実況・予想図等について気象無線模写通報（無線ファクシミリ放送）等による提供を行った。

(71) 気象庁による地域防災支援

気象庁においては、次の事業を実施した。
・地方公共団体への支援

全国各地の気象台が、平時から地方公共団体に対し防災気象情報の利活用を働きかけるとともに、災害時には、首長等へのホットラインの実施、TEC-FORCEの一員として活動するJETT（気象庁防災対応支援チーム）の派遣等により、地方公共団体の防災対応の支援を行った。
・気象防災アドバイザーの拡充

地方公共団体が行う平時における防災知識の普及や、災害時における避難情報の発令判断等を支援するため、気象・防災に関する専門的な知見を活かして地方公共団体で活動する気象防災アドバイザーの拡充を実施した。

（令和4年度決算額　20百万円）

（72）走錨事故防止対策の推進

海上保安庁においては、異常気象等時における大型船等の一定の船舶に対する湾外等の安全な海域への避難勧告や臨海部に立地する施設の周辺海域における錨泊制限等を実施するとともに、監視カメラ等の整備により海域監視体制の強化を図った。

（令和４年度決算額　1,042百万円）

（73）万全な災害廃棄物処理体制の構築

環境省においては、平時から災害時における生活ごみやし尿に加え、災害廃棄物の処理を適正かつ円滑・迅速に実施するため、国、地方公共団体、研究・専門機関、民間事業者等の連携を促進するなど、引き続き、地方公共団体レベル、地域ブロックレベル、全国レベルで重層的に廃棄物処理システムの強靱化を進めるとともに、新たに必要な連携方策の検討等を進めた。

（令和４年度決算額　725百万円）

（74）災害を想定したペットの適正飼養及び支援体制等強化推進

環境省においては、これまでに取りまとめたガイドライン等を活用し、市町村等の地方自治体と一般の家庭動物の飼い主に対してペットの災害対策を普及しつつ、都道府県等や関係民間団体と連携したウェブ会議等による災害対応訓練を実施した。

（令和４年度決算額　５百万円）

（75）浄化槽リノベーション推進事業費

環境省においては、浄化槽の長寿命化計画策定による計画的・効率的な更新、修繕等を実施するとともに、浄化槽台帳システムの普及による管理の高度化の検討を実施することで、国土強靱化及び災害対応力の強化を図った。

（令和４年度決算額　14百万円）

（76）気候変動による災害激甚化に係る適応の強化

（再掲　第2章1（20））。

（77）生態系を活用した防災・減災（Ｅｃｏ－ＤＲＲ）の推進

環境省においては、生態系を活用した防災・減災（Ｅｃｏ－ＤＲＲ）の推進のため、かつて

の氾濫原や湿地等の再生による流域全体での遊水機能等の強化に向けた「生態系保全・再生ポテンシャルマップ」の作成・活用方策の手引きとその材料となる全国規模のベースマップを公開した。

（令和４年度決算額　41百万円）

（78）災害対処能力の向上経費

防衛省においては、災害対処拠点となる駐屯地・基地等の機能維持・強化のための耐震改修等を促進するなど各種災害への対処能力の向上を図った。

（令和４年度決算額　233,252百万円）

（79）防災情報のアーキテクチャ等の検討

デジタル庁においては、関係府省庁等と連携し、防災関係者間で共有すべき基本情報の設定等の検討も踏まえ、住民支援のための防災アプリ開発・利活用を支えるデータ連携基盤の構築に向け、防災情報の構造を整理したアーキテクチャ等の検討を行った。

（令和４年度決算額　6,179百万円の内数）

（80）地方公共団体等の防災業務のデジタル化の推進

デジタル庁においては、災害対応に係る地方公共団体等の現状を把握し、地方公共団体等が、デジタル技術を活用して、確実かつ迅速に災害対応を実施できる仕組みや被災者支援のための活動を効率化できる仕組みの検討を行った。

（令和４年度決算額　6,179百万円の内数）

② 地震災害対策

2-1 教育訓練

（1）緊急地震速報の訓練

内閣府、消防庁及び気象庁においては、国民が緊急地震速報を見聞きしたときに、慌てずに身を守る行動ができるよう、関係機関と連携して、全国的な訓練を実施し、国民に積極的な参加を呼びかけた。

（2）警察庁における教育訓練

警察庁においては、都道府県警察の幹部に対

して地震災害発生時の災害応急対策等についての教育訓練を行った。また、都道府県警察に対して地震災害対策上必要な教育訓練の実施を指示した。

さらに、災害時に運転者が採るべき措置について、交通の方法に関する教則等を用いた普及啓発を図るよう都道府県警察を指導した。

（3）消防庁における震災対策訓練

消防庁においては、政府の総合防災訓練、図上訓練等に参加するとともに、大規模地震災害発生時における消防庁災害対策本部の機能強化を図るための地震・津波対応図上訓練や参集訓練を実施した。

（4）地震・津波対策訓練

国土交通省においては、9月1日の「防災の日」に際して国土交通省地震防災訓練を実施するとともに、11月5日の「津波防災の日」に際して、地震による大規模津波の被害軽減を目指すとともに津波に対する知識の普及・啓発を図ることを目的として、大規模津波防災総合訓練を実施した。

（5）津波警報等の伝達訓練等

気象庁においては、津波警報等の発表の迅速化を図るための訓練を全国中枢（本庁・大阪）にて行うとともに、地方公共団体等が行う訓練にも積極的に参加協力した。さらに、南海トラフ地震臨時情報及び北海道・三陸沖後発地震注意情報等に係る業務の訓練を実施した。

（6）海上保安庁における震災対応訓練等

海上保安庁においては、地震・津波災害対応に従事する職員を対象とした災害発生時の対応に係る教育を実施するとともに、9月1日の「防災の日」を中心に国が実施する総合防災訓練への参加等、関係機関と連携した地震災害対応訓練等を実施した（後掲　第3章3-1（2））。

（令和4年度決算額　4百万円）

2-2　防災施設設備の整備

（1）広域防災拠点の維持管理

内閣府においては、首都直下地震等により広域的な災害が発生した場合の災害応急対策活動

の拠点となる、立川災害対策本部予備施設及び東京湾臨海部基幹的広域防災拠点（有明の丘地区及び東扇島地区）の維持管理を行った（後掲第3章3-2（1））。

（令和4年度決算額　121百万円）

（2）公共施設等耐震化事業の推進

総務省及び消防庁においては、地震等の大規模災害発生時の被害を軽減し、住民の安全を確保できるよう、公共施設等耐震化事業として地方財政措置を講じることにより、地方公共団体が行う災害対策拠点となる公共施設等や地域防災計画上の避難所とされている公共施設等の耐震化を推進した。

（3）地震防災機能を発揮するために必要な合同庁舎の整備

財務省及び国土交通省においては、地域の地震防災活動の拠点としての役割を担っている国の庁舎の耐震化の状況が十分とは言えないことを踏まえ、地震防災機能を発揮するために必要な合同庁舎の整備を実施した。

（令和4年度決算額　3,316百万円）

（4）国立大学等施設の整備

文部科学省においては、地震による建物への被害等を防止し、学生等の安全を確保するため、国立大学等施設の耐震化及び非構造部材の耐震対策等への支援を行い、防災機能の強化を推進した。

（令和4年度決算額　109,820百万円の内数）

（5）公立学校施設の整備

（再掲　第3章1-4（39））

文部科学省においては、児童生徒等の学習・生活の場であるとともに、災害時には地域住民の避難所としての役割も果たす公立学校施設について非構造部材を含めた耐震対策等への支援を行い、防災機能の強化を推進した。

（令和4年度決算額　175,415百万円の内数）
（内閣府で計上している沖縄分を含む）

（6）私立学校施設の整備

文部科学省においては、大規模災害時における幼児児童生徒及び学生の安全確保を図る観点から、学校施設の耐震化や防災機能強化を促進

するため、校舎等の耐震改築（建替え）事業、耐震補強事業及び防災機能強化のための整備等を支援した。早期の耐震化完了を目指した。

（令和4年度決算額　14,954百万円の内数）

（7）社会体育施設の整備

文部科学省においては、地域のスポーツ活動の場であるとともに、災害時には避難所としての役割を果たす社会体育施設について、耐震性が確保されていないと判断された施設の耐震化等について国庫補助を行った。

（令和4年度決算額　136,516百万円の内数）
（内閣府で計上している沖縄分を含む）

（8）医療施設の耐震化

厚生労働省においては、政策医療を担う病院やIs値が0.3未満の建物を有する病院が行う病棟等の建築物の耐震整備に対する補助を行った。

（令和4年度決算額　1,222百万円）

また、政策医療を担う病院が行う耐震診断に対する補助を行った。

（9）水道施設の耐震化等

厚生労働省においては、災害時においても安全で良質な水道水を安定的に供給するための水道施設や、疾病の予防・治療等の拠点となる保健衛生施設等について、地方公共団体等が実施する耐震化等を推進した。

（令和4年度決算額　50,068百万円）

（10）独立行政法人国立病院機構の施設整備

独立行政法人国立病院機構においては、老朽建物の建替え等に取り組み、耐震性の向上を図った。

（11）治山事業の推進

農林水産省においては、地震による山地災害を防止し、これによる被害を最小限にとどめるため、地震等による山地災害の発生の危険性が高い地区における治山施設の整備等を重点的に実施した（後掲　第3章3-2（2）、4-2（1）、5-2（2）、6-2（3）、第4章2）。

（令和4年度決算額　91,931百万円の内数
※この他に農山漁村地域整備交付金の内数）

（12）漁港漁村の防災対策施設の整備

（再掲　第3章1-2（16））
（後掲　第3章3-2（3））

（13）海岸保全施設の整備

農林水産省及び国土交通省においては、地震対策として、大規模地震の発生が危惧される地域等における海岸保全施設の整備を推進した（後掲　第3章3-2（4）、4-2（2）、第4章5）。

（令和4年度決算額　50,386百万円の内数
※この他に農山漁村地域整備交付金、防災・安全交付金及び社会資本整備総合交付金の内数）

（14）農業水利施設の耐震化等

農林水産省においては、地震対策として、大規模地震の発生が危惧される地域等における農業水利施設の耐震化等を推進した。

（令和4年度決算額　258,517百万円の内数
※この他に農山漁村地域整備交付金の内数）

（15）官庁施設の耐震化等の推進

国土交通省においては、所要の耐震性能を満たしていない官庁施設について、人命の安全の確保及び防災機能の強化と災害に強い地域づくりを支援するため、耐震化を推進した。

あわせて、大規模空間を有する官庁施設の天井耐震対策、災害応急対策活動に必要となる官庁施設の電力の確保等を推進した。

（令和4年度決算額　17,074百万円の内数）

（16）建設機械の整備

国土交通省においては、土砂災害等の応急復旧作業等に必要な機械を整備した。

（17）盛土の安全確保対策の推進

国土交通省、農林水産省及び林野庁においては、盛土による災害防止に向けた総点検を踏まえ、地方公共団体が行う盛土等の安全性把握のための詳細調査及び盛土等の撤去や擁壁設置等の対策を支援し、環境省においては、都道府県等が行う産業廃棄物の不法投棄等の可能性がある盛土に対する詳細調査及び支障除去等事業を支援した（後掲　第3章4-2（4））。

（令和4年度決算額　防災・安全交付金、農山漁村地域整備交付金及び産業廃棄物不法投棄等

原状回復措置推進費補助金の内数）

(18) 地震災害に強いまちづくりの推進

国土交通省においては、地震災害に対する都市の防災性向上のための根幹的な公共施設等の整備として、次の事業を実施した。

・避難地、避難路、帰宅支援場所及び防災活動拠点となる都市公園の整備

（令和４年度決算額　31,971百万円の内数
※この他に防災・安全交付金及び
社会資本整備総合交付金の内数）

・避難路として活用される道路等における街路事業の実施

（令和４年度決算額　2,513,840百万円の内数
※この他に防災・安全交付金及び
社会資本整備総合交付金の内数）

・避難地・避難路の整備を都市の防災構造化と併せて行う土地区画整理事業の実施

（令和４年度決算額　防災・安全交付金及び
社会資本整備総合交付金の内数）

・避難地として活用される都市公園予定地等の取得を行う地方公共団体に対する都市開発資金の貸付

（令和４年度決算額　1,388百万円の内数）

また、地震災害に強い都市構造の推進として、次の事業を実施した。

・密集市街地を始めとする防災上危険な市街地における都市防災総合推進事業の実施

（令和４年度決算額　防災・安全交付金の内数）

・三大都市圏の密集市街地の改善整備及び避難路として活用される道路の整備等による防災性の向上に資する都市再生区画整理事業の実施

（令和４年度決算額　防災・安全交付金及び
社会資本整備総合交付金の内数）

・防災上危険な密集市街地等における市街地再開発事業等の実施

（令和４年度決算額　10,512百万円の内数
※この他に防災・安全交付金及び
社会資本整備総合交付金の内数）

・都市構造再編集中支援事業等を活用した災害弱者施設（病院、老人デイサービスセンター等）の移転や耐震性貯水槽、備蓄倉庫、避難空間等の整備の実施

（令和４年度決算額　75,819百万円の内数
※この他に社会資本整備総合交付金の内数）

・都市機能が集積する地域における災害時の滞在者等の安全を確保する都市安全確保促進事業の実施

（令和４年度決算額　80百万円の内数）

・地下街の防災対策のための計画の策定や、同計画に基づく避難通路や地下街設備の改修等を支援する地下街防災推進事業の実施

（令和４年度決算額　228百万円の内数）

・密集市街地等における延焼防止の促進のため、密集市街地等における空き地等の延焼防止効果を向上するための緑化を支援

（令和４年度決算額　250百万円の内数
※この他に防災・安全交付金及び
社会資本整備総合交付金の内数）

・都市機能が集積した拠点地区において、災害時にエネルギーの安定供給が確保される業務継続地区の構築を支援

（令和４年度決算額　17,500百万円の内数）

・災害時に都市の機能を維持するための拠点市街地の整備の実施

（令和４年度決算額　防災・安全交付金の内数）

(19) 下水道における震災対策

国土交通省においては、地震時においても下水道が果たすべき役割を確保するため、重要な下水道施設の耐震化・耐津波化を図る「防災」と被災を想定して被害の最小化を図る「減災」を組み合わせた総合的な地震対策を推進した。

（令和４年度決算額　防災・安全交付金及び
社会資本整備総合交付金の内数）

(20) 河川の耐震・液状化対策

国土交通省においては、地震による液状化等により、多くの堤防が被災したことを踏まえ、堤防・水門等の耐震・液状化対策を推進し、被害の防止・軽減を図った。

(21) 土砂災害の防止

国土交通省においては、地震により土砂災害が発生した場合、防災拠点、重要交通網、避難路等への影響や、孤立集落の発生等が想定される土砂災害警戒区域等について、土砂災害防止施設の整備を推進した。

(22) 道路における震災対策

国土交通省においては、大規模災害への備え

として、高規格道路のミッシングリンクの解消
及び暫定２車線区間の４車線化、高規格道路と
代替機能を発揮する直轄国道とのダブルネット
ワークの強化等を推進するとともに、ロッキン
グ橋脚橋梁、緊急輸送道路上の橋梁、同道路を
またぐ跨道橋の耐震補強の推進や無電柱化等各
種道路事業を実施した。また、バイクや自転車、
カメラの活用に加え、ＵＡＶ（無人航空機）に
よる迅速な状況把握や官民ビッグデータなども
活用した「通れるマップ」の情報提供・共有の
仕組みの構築を推進するとともに、道路の高架
区間等を活用した津波や洪水からの浸水避難対
策を推進した。

（令和４年度決算額　2,513,840百万円の内数
※この他に防災・安全交付金及び
社会資本整備総合交付金の内数）

（23）不良住宅の除却の推進

　国土交通省においては、不良住宅が密集する
こと等によって保安、衛生等に関し危険又は有
害な状況にある地区において、地方公共団体が
不良住宅を除却し、従前居住者向けの住宅を建
設するとともに、生活道路等を整備する住宅地
区改良事業等について補助を行った。

（令和４年度決算額　防災・安全交付金及び
社会資本整備総合交付金の内数）

（24）住宅市街地の防災性の向上

　国土交通省においては、既成市街地におい
て、都市機能の更新、密集市街地の整備改善等
の政策課題に、より機動的に対応するため、住
宅や生活支援施設等の整備、公共施設整備等を
総合的に行う事業について補助を行った。

（令和４年度決算額　178,944百万円の内数
※この他に防災・安全交付金及び
社会資本整備総合交付金の内数）

（25）帰宅困難者等の受入拠点施設整備の推進

　国土交通省においては、南海トラフ地震、首
都直下地震等の大規模災害時において、大量に
発生する帰宅困難者等への対応能力を事前に確
保するため、災害時の帰宅困難者等の受入拠点
となる施設の整備を促進した。

（令和４年度決算額　13,000百万円の内数）

（26）老朽公営住宅の建替え等の推進

　国土交通省においては、地方公共団体が行う
耐震性の低い既存の公営住宅団地の建替事業及
び耐震改修事業に要する費用の一部に対して防
災・安全交付金等を交付した。

（令和４年度決算額　防災・安全交付金及び
社会資本整備総合交付金の内数）

（27）港湾における地震対策の推進

　国土交通省においては、最新の地震被害想定
等を踏まえ、大規模災害の緊急物資輸送、幹線
物流機能の確保のため、ネットワークを意識し
た耐震強化岸壁の整備や臨港道路の耐震化等を
推進した。

（令和４年度決算額　311,853百万円の内数
※この他に防災・安全交付金及び
社会資本整備総合交付金の内数）

（28）総合的な宅地防災対策の推進

　国土交通省においては、大地震等による盛土
造成地の滑動崩落や液状化の宅地被害を防止・
軽減するため、大規模盛土造成地マップや液状
化マップを活用し、宅地耐震化推進事業による
防止対策に向けた詳細調査や対策工事の実施を
推進した。

（令和４年度決算額　防災・安全交付金の内数）

（29）情報通信基盤の整備

　国土交通省においては、災害時に迅速かつ的
確に災害情報等を収集し、関係機関に伝達する
とともに、災害対応や情報提供に資する電気通
信設備・情報通信基盤の整備を推進した。

（30）民有港湾施設の耐震改修の促進

　国土交通省においては、大規模地震発生後も
耐震強化岸壁や石油製品入出荷施設に至る航路
機能を維持し、緊急物資や燃油物資を輸送・供
給するため、航路沿いの民有護岸等の耐震改修
に対する無利子貸付制度並びに固定資産税及び
法人税の特例措置により、民間事業者による耐
震改修を支援した。

（31）鉄道施設の地震防災対策

　国土交通省においては、鉄道事業者に対して
鉄道施設の地震防災対策を推進するよう指導を
行った。また、南海トラフ地震、首都直下地震

等に備えて、主要駅や高架橋等の鉄道施設の耐震対策を一層推進した。

（令和4年度決算額　鉄道施設総合安全対策
事業費補助　9,088百万円の内数
都市鉄道整備事業費補助（地下高速鉄道）
10,733百万円の内数）

（32）住宅・建築物等の耐震診断・耐震改修の促進

国土交通省においては、地震の際の住宅・建築物やブロック塀等の倒壊等による被害の軽減を図るため、「建築物の耐震改修の促進に関する法律」（平成7年法律第123号）の的確な運用に努めるとともに、住宅・建築物等の耐震性の向上に資する事業について補助を行った。

（令和4年度決算額　178,944百万円の内数
※この他に防災・安全交付金及び
社会資本整備総合交付金の内数）

（33）耐震改修工事融資

独立行政法人住宅金融支援機構等においては、耐震改修工事又は耐震補強工事に対する融資により、戸建住宅やマンションの耐震性の向上を支援した。

（34）空港の耐震対策

国土交通省においては、地震発生後における救急・救命活動等の拠点機能の確保や航空ネットワークの維持及び背後圏経済活動の継続性確保と首都機能維持を可能とするため、滑走路等の耐震対策を実施した。

（令和4年度決算額　372,656百万円の内数）

（35）一般廃棄物処理施設の防災対策

環境省においては、今後想定される首都直下型地震、南海トラフ巨大地震における災害廃棄物の量が、東日本大震災をはるかに上回ると予想されることから、災害時において迅速な復旧・復興を可能とするため、市町村が行う一般廃棄物処理施設の防災機能の向上のための整備事業に対して循環型社会形成推進交付金等を交付した。

（令和4年度決算額　75,807百万円）

2-3　その他

（1）地震対策の推進

内閣府においては、南海トラフ地震、日本海溝・千島海溝沿いの巨大地震及び首都直下地震における防災・減災対策の検討、大規模地震発生時の帰宅困難者対策の検討、中部圏・近畿圏直下地震の地震モデルの見直しに向けた検討等の取組を行った（後掲　第3章3-3（1））。

（令和4年度決算額　290百万円）

（2）南海トラフ地震及び首都直下地震応急対策活動に係る具体計画の検証及び災害時における船舶を活用した医療体制の強化

内閣府においては、南海トラフ地震及び首都直下地震における具体的な応急対策活動に関する計画の実効性の確保・向上を図るとともに、日本海溝・千島海溝周辺海溝型地震における具体的な応急対策活動に関する計画策定のための調査・検討を行った。また、災害時における船舶を活用した医療提供体制の整備に向けた訓練・調査等を行った。

（令和4年度決算額　145百万円）

（3）都市再生安全確保計画の作成及び改善・更新の促進

内閣府及び国土交通省においては、都市再生緊急整備地域における滞在者等の安全の確保を図るため、国、地方公共団体、民間事業者等の関係者の適切な役割分担・連携方法等を定め、それぞれが定められた事業又は事務を着実に実施できるようにする都市再生安全確保計画の作成及び改善・更新を促進し、都市の安全の確保を図った。

（4）総合防災情報システムの整備

内閣府においては、地震発災直後の被害推計、地理空間情報を活用した防災関係機関の情報共有により政府の初動対応を支援する総合防災情報システムの安定的な運用を行うとともに、他機関が保有する情報システムとの連携強化を図った（後掲　第3章3-3（2）、5-3（2））。

（令和4年度決算額　565百万円）

（5）交通対策の推進

　警察庁においては、都道府県警察から詳細な交通情報をリアルタイムで収集し、広域的な交通管理に活用する広域交通管制システムを的確に運用した。

　また、災害に備えた交通安全施設等の整備を推進するとともに、交通規制計画等に基づき、隣接都府県警察等と連携した総合的かつ実戦的な訓練を実施するよう都道府県警察に対して指導した。

（6）建築物の耐震化の推進

　法務省においては、矯正施設及び法務官署施設について、庁舎の規模や耐震診断結果等に応じて、耐震改修又は庁舎新営による耐震化を計画的に実施した。

（令和4年度決算額　43,207百万円）

（7）被災建築物の応急危険度判定体制の整備及び活動支援

　国土交通省においては、地震により被災した建築物の危険性を速やかに判定し情報提供を行う被災建築物応急危険度判定について、人材の育成、実施体制及び支援体制の整備を行った。

（8）港湾における災害対応力強化

　国土交通省においては、地震・津波や台風による非常災害が発生した場合でも港湾機能を維持するため、関係機関と連携し、防災訓練の実施や港湾BCPの改訂を図る等、災害対応力強化に取り組んだ（後掲　第3章3-3（4）、4-3（17））。

（9）全国活断層帯情報整備

　国土地理院においては、全国の活断層を対象に、断層の詳細な位置、関連する地形の分布等の情報の整備・提供を実施した。

（令和4年度決算額　4,938百万円の内数）

（10）南海トラフ地震臨時情報等の発表、通報

　気象庁においては、南海トラフ沿いで異常な現象が観測され、その現象が南海トラフ地震と関連するか調査を開始した場合又は南海トラフ地震発生の可能性が平常時と比べて相対的に高まっていると評価した場合等には、南海トラフ地震臨時情報等を発表するとともに防災関係機関等に通報し、各機関で適切な防災体制が執られるよう努めた。

（11）緊急地震速報、地震情報等の発表、伝達

　気象庁においては、地震観測の結果を基に緊急地震速報、地震情報等を適時適切に発表し、これを防災関係機関等に伝達して、災害の防止・軽減に努めた。

（令和4年度決算額　2,373百万円の内数）

（12）巨大地震に備えた最低水面に係る情報の整備

　海上保安庁においては、巨大地震発生時の迅速な海上輸送ルート確保のため、高低測量を実施し、海図水深の基準となる最低水面に係る情報を整備した。

（令和4年度決算額　1百万円）

③ 津波災害対策

3-1 教育訓練

（1）警察庁における教育訓練

　警察庁においては、都道府県警察の幹部に対して津波災害発生時の災害応急対策、災害警備活動に従事する警察官の安全の確保等についての教育訓練を行った。また、都道府県警察に対して津波災害対策上必要な教育訓練の実施を指示した。

（2）海上保安庁における震災対応訓練等

（再掲　第3章2-1（6））

　海上保安庁においては、地震・津波災害対応に従事する職員を対象とした災害発生時の対応に係る教育を実施するとともに、9月1日の「防災の日」及び11月5日の「津波防災の日」を中心に国が実施する総合防災訓練への参加等、関係機関と連携した津波災害対応訓練等を実施した。

（令和4年度決算額　4百万円）

3-2 防災施設設備の整備

（1）広域防災拠点の維持管理

（再掲　第3章2-2（1））

（2）海岸防災林の整備

（再掲　第3章2-2（11））

　農林水産省においては、海岸防災林について、その適切な保全を図ることにより、飛砂害や風害、潮害の防備等の災害防止機能の発揮を確保することに加え、地域の実情等を踏まえ、津波に対する被害軽減効果も考慮した生育基盤の造成や植栽等の整備を進めた（後掲　第3章4-2（1）、5-2（2）、6-2（3）、第4章2）。

　　（令和4年度決算額　91,931百万円の内数
　　※この他に農山漁村地域整備交付金の内数）

（3）漁港漁村の防災対策施設の整備

（再掲　第3章1-2（16）、2-2（12））

（4）海岸保全施設の整備

（再掲　第3章2-2（13））

　農林水産省及び国土交通省においては、津波対策として、大規模地震の発生が危惧される地域等における海岸保全施設の整備を推進した（後掲　第3章4-2（2）、第4章5）。

（5）河川の津波対策

　国土交通省においては、東日本大震災で津波により甚大な被害が発生したことを踏まえ、堤防の嵩上げ、水門等の自動化・遠隔操作化等を推進し、被害の防止・軽減を図った。

（6）港湾における津波対策の推進

　国土交通省においては、設計津波を超える大規模津波発生時に、防波堤が倒壊して、津波の到達時間が早まり被害が拡大する事態や、静穏度が確保できず荷役が再開できない事態を防止するため、「粘り強い構造」を導入した防波堤の整備を推進した。

　　（令和4年度決算額　311,853百万円の内数
　　※この他に防災・安全交付金及び
　　社会資本整備総合交付金の内数）

（7）津波災害に強いまちづくりの推進

　国土交通省においては、津波災害に対する都市の防災性向上のための根幹的な公共施設の整備として、次の事業を実施した。

・避難地、避難路、帰宅支援場所及び防災活動拠点となる都市公園の整備

　　（令和4年度決算額　31,971百万円の内数
　　※この他に防災・安全交付金及び
　　社会資本整備総合交付金の内数）

・避難路として活用される道路等における街路事業の実施

　　（令和4年度決算額　2,513,840百万円の内数
　　※この他に防災・安全交付金及び
　　社会資本整備総合交付金の内数）

・避難地・避難路の整備を都市の防災構造化と併せて行う土地区画整理事業の実施

　　（令和4年度決算額　防災・安全交付金及び
　　社会資本整備総合交付金の内数）

・避難地として活用される都市公園予定地等の取得を行う地方公共団体に対する都市開発資金の貸付

　　（令和4年度決算額　1,388百万円の内数）

　津波災害に強い都市構造の推進として、次の事業を実施した。

・南海トラフ地震を始めとする地震による津波被害が想定される防災上危険な市街地における都市防災総合推進事業の実施

（令和4年度決算額　防災・安全交付金の内数）

・避難路として活用される道路の整備や土地の嵩上げ等による防災性の向上に資する都市再生区画整理事業の実施

　　（令和4年度決算額　防災・安全交付金及び
　　社会資本整備総合交付金の内数）

・都市構造再編集中支援事業等を活用した災害弱者施設（病院、老人デイサービスセンター等）の移転や耐震性貯水槽、備蓄倉庫、避難空間等の整備の実施

　　（令和4年度決算額　75,819百万円の内数
　　※この他に社会資本整備総合交付金の内数）

・災害時に都市の機能を維持するための拠点市街地の整備の実施

（令和4年度決算額　防災・安全交付金の内数）

（8）官庁施設の津波対策の推進

　国土交通省においては、津波襲来時の一時的な避難場所を確保するとともに、防災拠点としての機能維持と行政機能の早期回復を図るため、官庁施設における津波対策を総合的かつ効果的に推進した。

　　（令和4年度決算額　17,074百万円の内数）

（9）港湾における災害時避難機能の確保

　国土交通省においては、地方公共団体による港湾の特殊性を考慮した避難計画の作成や津波避難施設の整備等を促進するとともに、避難機能を備えた物流施設等を整備する民間事業者に対して支援を行った。

　（令和4年度決算額　311,853百万円の内数
　※この他に防災・安全交付金及び
　社会資本整備総合交付金の内数）

3-3　その他

（1）地震対策の推進

　（再掲　第3章2-3（1））

（2）総合防災情報システムの整備

　（再掲　第3章2-3（4））
　（後掲　第3章5-3（2））

（3）交通対策の推進

　警察庁においては、都道府県警察から詳細な交通情報をリアルタイムで収集し、広域的な交通管理に活用する広域交通管制システムを的確に運用した。また、災害に備えた交通安全施設等の整備を推進するよう都道府県警察に対して指導した。

（4）港湾における災害対応力強化

　（再掲　第3章2-3（8））
　（後掲　第3章4-3（17））

（5）海・船の視点から見た港湾強靱化

　国土交通省においては、南海トラフ巨大地震や日本海溝・千島海溝等での巨大地震等の発生に備え、迅速な沖合退避や係留強化に資する海・船の視点から見た港湾強靱化に取り組んだ。

（6）船舶の津波防災対策の推進

　国土交通省においては、船舶の津波避難対策の推進を図るため、前年度に引き続き、津波避難に必要な主要ポイントを選定したマニュアル様式「津波対応シート」を国土交通省ＨＰに掲載し、活用を促した。

（7）津波警報等の発表、伝達

　気象庁においては、地震観測の結果を基に津波警報等を発表するとともに、沖合及び沿岸で津波が観測された際には速やかに観測情報を発表し、防災関係機関等に伝達し、災害の防止・軽減に努めた。

　（令和4年度決算額　2,373百万円の内数）

（8）津波防災対策の推進

　海上保安庁においては、南海トラフ巨大地震及び首都直下地震による津波襲来に備え、津波防災情報図を整備して港湾及び付近船舶の津波防災対策に活用した。

　（令和4年度決算額　0百万円）

④　風水害対策

4-1　教育訓練

警察庁における教育訓練

　警察庁においては、都道府県警察の幹部に対して風水害発生時の災害応急対策等についての教育訓練を行った。また、都道府県警察に対して風水害対策上必要な教育訓練の実施及び災害の発生が予想される場合における警備体制の早期確立について指示した。

4-2　防災施設設備の整備

（1）治山事業の推進

　（再掲　第3章2-2（11）、3-2（2））
　農林水産省においては、森林の水源涵養機能や山地災害防止機能等の維持増進を通じて、安全で安心して暮らせる国土づくりを図るため、治山施設の整備等を推進した（後掲　第3章5-2（2）、6-2（3）、第4章2）。

　（令和4年度決算額　91,931百万円の内数
　※この他に農山漁村地域整備交付金の内数）

（2）海岸保全施設の整備

　（再掲　第3章2-2（13）、3-2（4））
　農林水産省及び国土交通省においては、国土保全上特に重要な海岸において、高潮、波浪、侵食対策等を重点的に推進した（後掲　第4章5）。

（3）総合的な農地防災対策

　農林水産省においては、地域全体の防災安全

度を効率的かつ効果的に向上させるため、ため池の豪雨対策等を含めた総合的な整備を推進した（後掲　第4章3-1（2）、8（1））。

（令和4年度決算額　88,877百万円の内数
※この他に農山漁村地域整備交付金の内数）

（4）盛土の安全確保対策の推進

（再掲　第3章2-2（17））

（5）建設機械の整備

国土交通省においては、風水害の災害対策に必要な機械を整備した。

（6）河川・ダム・道路管理用情報通信設備の整備

国土交通省においては、雨量、水位、路温等の水文・道路気象テレメータや、ダム等の放流警報設備、監視カメラ設備、雨量レーダ等の整備を行った。また、高機能化を図った河川情報システムの整備を引き続き推進するとともに、各部局及び地方公共団体が保有するデータの共有を推進した。さらに、東日本大震災、紀伊半島大水害、関東・東北豪雨等を踏まえた、情報通信設備の耐震対策、津波・洪水による浸水対策、停電対策等を実施した。

（7）土砂災害の防止

国土交通省においては、人家や公共建物を保全する砂防設備、地すべり防止施設の整備を推進するとともに、都道府県が実施する急傾斜地崩壊防止施設等の整備を支援した。

（8）道路における防災対策

国土交通省においては、大規模災害への備えとして、高規格道路のミッシングリンクの解消及び暫定2車線区間の4車線化、高規格道路と代替機能を発揮する直轄国道とのダブルネットワークの強化等を推進するとともに、災害時の交通機能を最大限活用するためのインフラ整備や道路構造令等の見直し等を推進した。また、渡河部の橋梁や河川に隣接する道路構造物の流失防止対策や法面・盛土の土砂災害防止対策を推進した。さらに、危険箇所等の調査方法の高度化に向けた取組を実施した。

（令和4年度決算額　2,513,840百万円の内数
※この他に防災・安全交付金及び

（社会資本整備総合交付金の内数）

（9）港湾における高潮・高波対策の推進

国土交通省においては、頻発化・激甚化する台風に伴う高潮・高波による港湾内の被害軽減を図るため、最新の設計沖波等で照査した結果を踏まえ、港湾施設の嵩上げ・補強等を推進した。

（令和4年度決算額　311,853百万円の内数
※この他に防災・安全交付金及び
社会資本整備総合交付金の内数）

（10）下水道における浸水対策

国土交通省においては、都市化の進展や下水道の計画規模を大きく上回る集中豪雨の多発に伴う雨水流出量の増大に対応して、都市における安全性の確保を図るため、主として市街地に降った雨水を河川等に排除し、浸水被害を防止することを目的とした雨水幹線や貯留浸透施設等の下水道の整備を推進した。あわせて、内水ハザードマップの作成・公表や下水道の水位情報の提供等のソフト対策を組み合わせた総合的な浸水対策を推進し、施設の計画規模を上回る降雨に対して被害の最小化を図った（後掲　第4章9）。

（令和4年度決算額　50,196百万円
※この他に防災・安全交付金及び
社会資本整備総合交付金の内数）

（11）風水害に強いまちづくりの推進

国土交通省においては、風水害に対する都市の防災性向上のための根幹的な公共施設の整備として、次の事業を実施した。
・避難地、避難路、帰宅支援場所及び防災活動拠点となる都市公園の整備
（令和4年度決算額　31,971百万円の内数
※この他に防災・安全交付金及び
社会資本整備総合交付金の内数）
・避難路として活用される道路等における街路事業の実施
（令和4年度決算額　2,513,840百万円の内数
※この他に防災・安全交付金及び
社会資本整備総合交付金の内数）
・避難地・避難路の整備を都市の防災構造化と併せて行う土地区画整理事業の実施
（令和4年度決算額　防災・安全交付金及び

社会資本整備総合交付金の内数)

・避難地として活用される都市公園予定地等の取得を行う地方公共団体に対する都市開発資金の貸付
　　（令和4年度決算額　1,388百万円の内数)
風水害に強い都市構造の推進として、次の事業を実施した。

・台風や洪水による風水害が想定される防災上危険な市街地における都市防災総合推進事業の実施
（令和4年度決算額　防災・安全交付金の内数)

・避難路として活用される道路の整備や土地の嵩上げ等による防災性の向上に資する都市再生区画整理事業の実施
（令和4年度決算額　防災・安全交付金及び社会資本整備総合交付金の内数)

・都市構造再編集中支援事業等を活用した災害弱者施設（病院、老人デイサービスセンター等）の移転や耐震性貯水槽、備蓄倉庫、避難空間等の整備の実施
　　（令和4年度決算額　75,819百万円の内数
※この他に社会資本整備総合交付金の内数)

・災害時に都市の機能を維持するための拠点市街地の整備の実施
（令和4年度決算額　防災・安全交付金の内数)

(12) 空港における浸水対策

国土交通省においては、空港における高潮・高波・豪雨等による大規模災害に備えるため、護岸の嵩上げや排水機能の強化等の浸水対策を実施した。
　　（令和4年度決算額　372,656百万円の内数)

(13) 港湾における走錨対策の推進

国土交通省においては、令和元年房総半島台風等で発生した走錨事故を踏まえ、港内避泊が困難な港湾や混雑海域周辺の港湾等において、避泊水域確保のための防波堤等の整備を推進した。
　　（令和4年度決算額　311,853百万円の内数
※この他に防災・安全交付金及び社会資本整備総合交付金の内数)

(14) 港湾等の埋塞対策の推進

国土交通省においては、令和2年7月豪雨において、漂流物により航路が埋塞したことも踏まえ、豪雨による大規模出水時等に船舶が安全に港湾に到達できるよう、浚渫を行うとともに漂流物の回収体制の強化を推進した。
　　（令和4年度決算額　311,853百万円の内数
※この他に防災・安全交付金及び社会資本整備総合交付金の内数)

(15) 住宅・建築物の風水害対策等の促進

国土交通省においては、風水害に対する住宅や建築物の防災性向上のため、次の事業を実施した。

・住宅・建築物の風水害対策のための改修支援
（令和4年度決算額　防災・安全交付金及び社会資本整備総合交付金の内数)

4-3　その他

(1) 土砂災害・水害等の災害時における避難対策等の推進

内閣府においては、東京都とともに首都圏における大規模水害からの広域避難の検討や、住民の主体的な避難行動の促進に向けた検討等の取組を行った。
　　　　（令和4年度決算額　62百万円)

(2) 風水害に対する警戒体制の強化

警察庁においては、管区警察局及び都道府県警察に対して災害危険箇所の事前把握、災害の発生が予想される場合における警備体制の早期確立、部隊派遣の検討・実施、自治体・関係機関との連携による迅速な避難誘導の徹底を指示するなど、警戒警備体制の強化を図った。

(3) 風水害対策の推進

消防庁においては、災害応急対策の実施体制の確立、迅速かつ的確な避難指示等の発令・伝達、指定緊急避難場所等の周知、避難行動要支援者等の避難対策の推進、防災訓練の実施等について地方公共団体に対し要請・助言等を行った。

(4) 災害時要援護者関連施設に係る防災対策の推進

農林水産省においては、「災害弱者関連施設に係る総合的な土砂災害対策の実施について」（平成11年1月、文部省、厚生省、林野庁、建

設省及び消防庁共同通達）等を受け、災害時要援護者関連施設を保全するため、本施設に係る山地災害危険地区及び農地地すべり危険箇所等の周知を図るとともに、治山事業、農地防災事業等による防災対策を推進した。

（令和4年度決算額　180,808百万円の内数
※この他に農山漁村地域整備交付金の内数）

（5）山地災害防止のための普及啓発活動

農林水産省においては、山地災害の未然防止について、住民への山地災害危険地区等の周知徹底及び防災意識の高揚に資することを目的に、山地災害防止キャンペーン（5月20日から6月30日）を実施した。

（6）要配慮者利用施設に係る防災対策の推進

国土交通省においては、「水防法」（昭和24年法律第193号）及び「土砂災害警戒区域等における土砂災害防止対策の推進に関する法律」（平成12年法律第57号。以下「土砂災害防止法」という。）に基づき、市町村地域防災計画において浸水想定区域内又は土砂災害警戒区域内の要配慮者利用施設の名称及び所在地、情報伝達体制等を定めるとともに、これら要配慮者利用施設の管理者等による避難確保計画の作成及び計画に基づく訓練の実施を促進するなど、引き続き警戒避難体制の充実・強化を図った。

（7）河川情報基盤整備の推進

国土交通省においては、適切な施設管理や避難行動等の防災活動等に役立てるため、高分解能・高頻度に集中豪雨や局地的な大雨を的確に把握できる国土交通省ＸＲＡＩＮ（高性能レーダ雨量計ネットワーク）の配信エリアの拡大を図るとともに、洪水時の水位観測に特化した低コストな水位計や簡易型河川監視カメラなど、防災情報の迅速かつ的確な把握・提供のための情報基盤の整備を推進した。

（8）河川情報の提供の推進

国土交通省においては、観測施設等の情報基盤を適切に維持管理するとともに、災害時における迅速な危機対応のため、国土交通省「川の防災情報」ウェブサイトより河川の水位、リアルタイムなレーダ雨量、洪水予報、水防警報等

の河川情報を提供した。また、洪水氾濫の危険性を、スマートフォン等を活用して住民に提供する洪水情報のプッシュ型配信を行うとともに、メディア等と連携した「住民の自らの行動に結びつく水害・土砂災害ハザードマップ・リスク情報共有プロジェクト」を通じて、住民の適切な避難行動等を支援した。さらに、民間主導による技術開発を促進するため、レーダ雨量計で観測した解析処理前のデータ配信を開始した。

（9）国土交通省と気象庁との河川及び気象等に関する情報のリアルタイム交換の整備

国土交通省と気象庁においては、「水防法」及び「気象業務法」（昭和27年法律第165号）に基づき共同で実施する洪水予報業務その他の業務の高度化に資するため、それぞれの保有する河川及び気象等に関する情報のリアルタイム交換を行った。

（10）ハード・ソフト一体の水災害対策「流域治水」の本格的実践

国土交通省においては、気候変動による水災害の頻発化・激甚化に対応するため、あらゆる関係者が協働して取り組む「流域治水」を推進し、ハード・ソフト一体の事前防災対策を加速するとともに、流域治水関連法の全面施行を踏まえ、水害リスク情報の充実や水災害リスクを踏まえたまちづくり・住まいづくりを積極的に推進した（後掲　第4章1（1））。

（11）水害リスク情報等の充実

国土交通省においては、「水防法」に基づく想定最大規模の降雨（洪水・内水）・高潮に対応した浸水想定区域図の作成や「土砂災害防止法」に基づく土砂災害警戒区域等の設定を促進し、市町村による洪水・内水・高潮及び土砂災害に係るハザードマップの作成・公表を支援した。その他、ハザードマップの作成・公表状況を関係自治体間で共有する等、関係自治体と連携し、引き続き住民の防災意識の高揚と災害への備えの充実を図った。

また、浸水範囲と浸水頻度の関係を分かりやすく図示した「水害リスクマップ（浸水頻度図）」を新たに整備し、水害リスク情報の充実を図り、土地利用・住まい方の工夫等の促進を

図った。

（12）総合的な土砂災害対策の推進
　国土交通省においては、土砂災害による人命、財産の被害の防止・軽減に資することを目的として、ハード対策としての関係機関と連携した砂防堰堤等の施設整備と、ソフト対策としての都道府県が行う土砂災害警戒区域等の指定や情報基盤整備等、ハード・ソフト対策を組み合わせた総合的な土砂災害対策について支援を行った。また、「土砂災害防止法」に基づき、大規模な土砂災害が急迫している状況において、被害が想定される区域等に関する情報を周知する体制を整備した。

（13）土砂災害防止のための普及啓発活動
　国土交通省においては、土砂災害による人命、財産の被害の防止・軽減に資することを目的として、6月を「土砂災害防止月間」、6月の第1週を「がけ崩れ防災週間」と定め、土砂災害防止に関する広報活動や防災教育を推進するとともに、土砂災害防止功労者の表彰、土砂災害警戒区域等の土砂災害の危険性が高い箇所の周知、点検、関係行政機関が連携した実践的な訓練、住民等が主体となって地域の実情に応じた避難訓練等を実施した。

（14）水防に関する普及啓発活動
　国土交通省においては、水防に対する国民の理解を深めるとともに広く協力を求めるため、水防月間において、都道府県、水防管理団体等とともに各種の行事、活動を実施した。また、市町村等職員に対する水防研修、水防団員に対する水防技術講習会を実施した。

（15）地下駅等の浸水対策
　国土交通省においては、各地方公共団体の定めるハザードマップ等により浸水被害が想定される地下駅等（出入口及びトンネル等）について、止水板や防水ゲート等の浸水対策を推進した。
（令和4年度決算額　鉄道施設総合安全対策事業費補助　9,088百万円の内数
都市鉄道整備事業費補助（地下高速鉄道）10,733百万円の内数）

（16）鉄道施設の豪雨対策
　国土交通省においては、近年、激甚化・頻発化する豪雨災害に適切に対応するため、河川に架かる鉄道橋りょうの流失・傾斜対策や鉄道に隣接する斜面からの土砂流入防止対策を推進した。
（令和4年度決算額　鉄道施設総合安全対策事業費補助　9,088百万円の内数）

（17）港湾における災害対応力強化
（再掲　第3章2-3（8）、3-3（4））

（18）予報、警報その他の情報の発表及び伝達
　気象庁においては、避難指示の判断等、地方公共団体等が行う災害応急対策や、国民の自主的防災行動に資するため、気象、高潮及び洪水に関する予報及び警報並びに大雨警報・洪水警報の危険度分布等の防災気象情報を発表するとともに、防災関係機関等に伝達し、災害の防止・軽減に努めた。

⑤ 火山災害対策

5-1 教育訓練

警察庁における教育訓練
　警察庁においては、都道府県警察の幹部に対して火山災害発生時の災害応急対策等についての教育訓練を行った。また、都道府県警察に対して火山災害対策上必要な教育訓練の実施及び災害の発生が予想される場合における警備体制の早期確立について指示した。

5-2 防災施設設備の整備

（1）民間の認定こども園、幼稚園、保育所等における降灰対策の推進
　内閣府においては、「活動火山対策特別措置法」（昭和48年法律第61号）の規定に基づき、降灰防除地域の指定を受けた地域に所在する民間の認定こども園、幼稚園、保育所等の降灰除去に要する費用を負担した。
（令和4年度決算額　1,554,718百万円の内数）

（2）火山地域における治山事業の推進
（再掲　第3章2-2（11）、3-2（2）、

4-2（1））

　農林水産省においては、火山地域における山地災害の防止・軽減を図るため、治山施設の整備等を推進した（後掲　第3章6-2（3）、第4章2）。

　（令和4年度決算額　91,931百万円の内数
　※この他に農山漁村地域整備交付金の内数）

（3）火山砂防事業の推進

　国土交通省においては、火山地域における土砂災害による人命、財産の被害の防止・軽減に資することを目的として、砂防堰堤等の施設整備を推進するとともに、噴火時の土砂災害による被害を軽減するため、ハード・ソフト対策からなる火山噴火緊急減災対策砂防計画の策定を関連機関と連携して推進した。

5-3　その他

（1）火山災害対策の推進

　内閣府においては、火山監視観測・調査研究体制の整備や、火山専門家の技術的支援、広域噴火災害対策、多様な火山災害に応じた避難対策の検討・推進等の取組を行った。

　（令和4年度決算額　158百万円）

（2）総合防災情報システムの整備

　（再掲　第3章2-3（4）、3-3（2））

（3）活動火山対策の推進

　消防庁においては、火山防災協議会等連絡・連携会議等の場を通じて、関係府省庁と連携して、火山防災対策の推進を図るとともに、火山噴火に係る住民等避難への対応の支援や、避難施設や避難情報伝達手段の整備、救助体制の強化、防災訓練の実施等について、関係地方公共団体に対し要請・助言等を行った。

（4）火山災害防止のための普及啓発活動

　国土交通省においては、火山と地域の安全について火山地域の自治体が情報交換を行い、火山砂防事業を含む火山噴火対策への自治体・住民の理解を深めることを目的とした火山砂防フォーラムの開催を支援する等、火山災害防止のための啓発活動を行った。

（5）測地技術を用いた地殻変動の監視

　（再掲　第2章2-1（11））

（6）火山防災協議会における警戒避難体制の整備

　国土交通省においては、火山噴火に伴う土砂災害の観点から火山砂防ハザードマップの検討を行うとともに一連の警戒避難体制の検討に参画した。

（7）噴火警報等の発表、伝達等

　気象庁においては、火山監視観測を行い、噴火警報等を適時適切に発表し、防災関係機関等への警戒等を呼びかけることで、災害の防止・軽減に努めた。また、火山防災協議会での共同検討を通じて避難計画や噴火警戒レベルの設定・改善を推進した。

　（令和4年度決算額　879百万円）

6　雪害対策

6-1　教育訓練

警察庁における教育訓練

　警察庁においては、都道府県警察の幹部に対して雪害発生等の災害応急対策等についての教育訓練を行った。また、都道府県警察に対して雪害対策上必要な教育訓練の実施及び災害の発生が予想される場合における警備体制の早期確立について指示した。

6-2　防災施設設備の整備

（1）民間の認定こども園、幼稚園、保育所等における雪害防止

　内閣府においては、特別豪雪地帯における民間の認定こども園、幼稚園、保育所等に対し、除雪に要する費用を負担した。
（令和4年度決算額　1,554,718百万円の内数）

（2）民間社会福祉施設の雪害防止

　厚生労働省においては、特別豪雪地帯に所在する保護施設等の行政委託等が行われる民間社会福祉施設の除雪に要する費用を措置費に算入した。

　（令和4年度決算額　6百万円）

（3）積雪地帯における治山事業の推進

（再掲　第3章2-2（11）、3-2（2）、4-2（1）、5-2（2））

農林水産省においては、積雪地帯における雪崩による被害から集落等を守るため、雪崩の防止を目的とする森林の造成や防止施設の設置を推進するとともに、融雪に伴う山腹崩壊箇所等の復旧整備等を実施した（後掲　第4章2）。

（令和4年度決算額　91,931百万円の内数　※この他に農山漁村地域整備交付金の内数）

（4）冬期における道路交通の確保

国土交通省においては、積雪寒冷特別地域における安定した冬期道路交通を確保するため、除雪、防雪、凍雪害防止の事業を推進した。特に短期間の集中的な大雪時等においても人命を最優先に幹線道路上における大規模な車両滞留を徹底的に回避することを基本的な考え方として、道路ネットワーク全体としての機能への影響の最小化を図るため、関係機関と連携したタイムラインを策定しつつ、前広な出控えや広域迂回等の呼びかけ、通行止め予測の公表を行うとともに、高速道路と並行する国道等の同時通行止めも含め、広範囲での予防的・計画的な通行止めや集中除雪等を行った。また、除雪機械の自動化や、ＡＩによる交通障害の自動検知により、立ち往生車両等を早期に発見し、移動措置等、現地対応の迅速化を図った。

（令和4年度決算額　2,513,840百万円の内数　※この他に防災・安全交付金及び社会資本整備総合交付金の内数）

（5）雪に強いまちづくりの推進

国土交通省においては、豪雪時の都市機能の確保を図るため、積雪・堆雪に配慮した体系的な都市内の道路整備を行い、下水処理水や下水道施設等を活用した積雪対策を推進した。

（令和4年度決算額　防災・安全交付金及び社会資本整備総合交付金の内数）

（6）融雪時の出水や雪崩に伴う土砂流出対策等

国土交通省においては、融雪時の出水や雪崩に伴う土砂流出を防止するため、砂防設備等の施設整備を推進した。

（7）空港の雪害防止

国土交通省においては、積雪寒冷地域における航空交通を確保するため、空港の除雪、除雪機械等の整備を行った。

（令和4年度決算額　315百万円）

（8）除排雪時等の死傷事故防止

国土交通省においては、除排雪時等の死傷事故を防止するため、豪雪地帯において持続可能な除排雪体制の整備等に取り組む地方公共団体を支援した。

（令和4年度決算額　153百万円）

6-3　その他

（1）雪害予防のための広報啓発活動

警察庁においては、雪害の発生実態を踏まえ、雪害予防のための情報提供に努めるとともに、都道府県警察に対して雪崩危険箇所等の把握や広報啓発活動の実施について指示した。

（2）雪害対策の推進

消防庁においては、災害初動体制の確立、気象等に関する情報の収集・伝達の徹底、除雪中の事故防止対策、要配慮者等の避難誘導体制の整備等について、関係地方公共団体に対し要請・助言等を行った。

（3）集落における雪崩災害防止のための普及啓発活動

国土交通省においては、雪崩災害による人命、財産の被害防止・軽減に資することを目的として、12月の第一週を「雪崩防災週間」と定め、雪崩災害防止に関する広報活動の推進、雪崩災害防止功労者の表彰、危険箇所の周知、点検、避難訓練等を実施した。

（4）予報、警報その他の情報の発表及び伝達

気象庁においては、避難指示等の判断等、地方公共団体等が行う災害応急対策や、国民の自主的防災行動に資するため、降積雪や雪崩等に関する適時適切な予報、警報及び解析積雪深・解析降雪量等の防災気象情報を発表するとともに、防災関係機関等に伝達し、災害の防止・軽減に努めた。

7 火災対策

7-1 教育訓練

（1）消防庁消防大学校における教育訓練

消防庁消防大学校においては、国及び都道府県の消防の事務に従事する職員並びに市町村の消防職員及び消防団員に対し、幹部として必要な火災予防、火災防御、火災時の救助・救急等に関する教育訓練を実施した。

（2）海上保安庁における消防訓練等

海上保安庁においては、船舶火災対応等に従事する職員を対象とした事故発生時の対応に係る教育を実施するとともに、関係機関と連携した消防訓練を実施した。

（令和４年度決算額　２百万円）

7-2 防災施設設備の整備

（1）林野火災の予防対策

農林水産省においては、林野火災を予防するため、全国山火事予防運動等林野火災の未然防止についての普及や予防体制の強化等を地域単位で推進する事業並びに防火及び消火活動の円滑な実施にも資する林道や防火線の整備等を行った。

（令和４年度決算額　60,108百万円の内数
※この他に農山漁村地域整備交付金、
地方創生推進交付金の内数）

（2）災害の防止に寄与する耐火建築物等に対する建設・購入資金融資

独立行政法人住宅金融支援機構等においては、災害の防止に寄与する耐火建築物等のうち、合理的土地利用建築物の建設・購入に対し、融資を行った。

（3）空港における消防体制の整備

国土交通省においては、計画的に国管理空港の化学消防車の性能向上を図って更新を行った。

（令和４年度決算額　920百万円）

7-3 その他

（1）火災予防体制の整備等

消防庁においては、火災による被害を軽減するため、次のとおり火災予防体制の整備を行った。

・火災予防対策、消防用機械器具業界の指導育成

（令和４年度決算額　３百万円）

・製品火災対策の推進及び火災原因調査の連絡調整

（令和４年度決算額　９百万円）

・住宅防火対策の推進

（令和４年度決算額　６百万円）

・消防法令に係る違反是正推進

（令和４年度決算額　11百万円）

・消防の技術に関する総合的な企画立案

（令和４年度決算額　３百万円）

・火災予防の実効性向上及び規制体系の再構築

（令和４年度決算額　11百万円）

・消防用設備等及びその点検における新技術導入の推進

（令和４年度決算額　７百万円）

・火災予防分野における各種手続の電子申請等の推進

（令和４年度決算額　51百万円）

・二酸化炭素消火設備に係る事故の再発防止策の推進

（令和４年度決算額　０百万円）

（2）林野火災予防体制の整備等

消防庁及び農林水産省においては、共同して全国山火事予防運動を実施し、林野火災の防火意識の普及啓発に努めた。

（3）建築物の安全対策の推進

国土交通省においては、火災等の災害から建築物の安全を確保するため、多数の者が利用する特定の特殊建築物等に対して、維持保全計画の作成、定期調査・検査報告、防災査察等を推進し、これに基づき適切な維持保全及び必要な改修を促進した。

⑧ 危険物災害対策

8-1 教育訓練

（1）消防庁消防大学校における教育訓練

消防庁消防大学校においては、国及び都道府県の消防の事務に従事する職員並びに市町村の消防職員に対し、危険物災害及び石油コンビナート災害における消防活動等に関する教育訓練を実施した。

（2）海上保安庁における危険物災害対応訓練等

海上保安庁においては、危険物災害対応に従事する職員を対象とした災害発生時の対応に係る教育を実施するとともに、関係機関と連携した危険物災害対応訓練等を実施した。

（令和４年度決算額　13百万円）

8-2 その他

（1）火薬類の安全管理対策

警察庁においては、火薬類取扱事業者による火薬類の保管管理と取扱いの適正化を図るため、火薬類取扱場所等への立入検査の推進及び関係機関との連携を図るよう都道府県警察に対して指示した。

（2）各種危険物等の災害防止対策

警察庁においては、関係機関との緊密な連携による各種危険物運搬車両等に対する取締りの推進及び安全基準の遵守等についての指導を行うよう都道府県警察に対して指示した。

（3）危険物規制についての要請・助言等

消防庁においては、「消防法」（昭和23年法律第186号）に基づき、次の予防対策を推進した。
・危険物の安全を確保するための技術基準等の整備の検討（危険物施設の老朽化を踏まえた長寿命化対策）

（令和４年度決算額　50百万円）
・危険物施設の事故防止対策等

（令和４年度決算額　10百万円）
・危険物データベースの精度の向上、新規危険性物質の早期把握及び危険性評価等

（4）石油コンビナート等防災対策の推進

消防庁においては、石油コンビナート災害対応においてＡＩ・ＩｏＴ等の先進技術を活用するための検討を行うとともに、「石油コンビナート等における自衛防災組織の技能コンテスト」を開催した。

（令和４年度決算額　21百万円）

消防庁及び経済産業省においては、石油及び高圧ガスを併せて取り扱う事業所の新設等に際し、事業所内の施設地区の設置等について審査するとともに、必要な助言等を行った。

（令和４年度決算額　１百万円）

（5）産業保安等に係る技術基準の調査研究等

経済産業省においては、高圧ガスや火薬類等に係る事故・災害の未然防止を図り、もって公共の安全を確保するため、技術基準の見直し等に向けた調査研究等や、事故情報の原因解析及び再発防止策の検討を行い産業保安基盤の整備・高度化に資する事業を実施した。

（令和４年度決算額　446百万円）

（6）高圧ガス及び火薬類による災害防止の指導等

経済産業省においては、製造事業者等に対する立入検査等及び保安教育指導並びに地方公共団体等担当者に対する研修等を行った。

（7）石油・ガス供給等に係る保安対策調査

経済産業省においては、石油精製プラント・ガス設備等における事故の減少を実現し、ひいては石油・ガス等の安定的な供給の確保へとつなげることを目指すため、石油・ガスに係る事故を未然に防止するとともに、産業保安法令の技術基準等の制定・改正や制度設計を行うための事業を実施した。

（令和４年度決算額　375百万円）

（8）危険物の海上輸送の安全対策の確立

国土交通省においては、国際基準の策定・取り入れについて十分な評価検討を行い、危険物の特性に応じた安全対策を講じた。また、危険物の海上輸送における事故を防止するため、危険物を運送する船舶に対し運送前の各種検査及

び立入検査を実施した。

（令和4年度決算額　155百万円の内数）

（9）危険物積載船舶運航及び危険物荷役に関する安全防災対策

海上保安庁においては、輻輳海域における危険物積載船舶の航行の安全を確保するとともに、危険物専用の岸壁や桟橋における安全な荷役等について指導し、安全防災対策を推進した。また、船舶所有者、施設の設置者及び管理者に対し、排出油等防除資機材を備えるように指導した。

（10）沿岸海域環境保全情報の整備

海上保安庁においては、油流出事故が発生した際の迅速かつ的確な油防除活動等に資する目的で、沿岸海域の自然的・社会的情報等をデータベース化し、海図データ及び油の拡散・漂流予測結果等と併せて表示する沿岸海域環境保全情報の整備を実施した。

（令和4年度決算額　1百万円）

(11) 漂流予測体制の強化

海上保安庁においては、油流出事故による防除作業を的確に行うため、常時監視可能なブイを用いて漂流予測の評価・補正を行い、高精度の漂流予測が実施可能な体制を整備した。

（令和4年度決算額　4百万円）

(12) 油防除対策に係る分野別専門家等の登録

海上保安庁においては、「油等汚染事件への準備及び対応のための国家的な緊急時計画」（平成18年12月8日閣議決定）に基づき、関係行政機関等の協力を得て国内の各種分野の専門家等に関する情報を一元化するとともに、関係機関の要請に応じて提供し得る体制を確保した。

(13) 沿岸海域環境保全情報の整備

環境省においては、環境保全の観点から油等汚染事故に的確に対応するため、環境上著しい影響を受けやすい海岸等に関する情報を盛り込んだ図面（脆弱沿岸海域図）の適切な運用方法について検討を実施した。

（令和4年度決算額　0百万円）

⑨ 原子力災害

9-1　教育訓練

（1）原子力防災に関する人材育成の充実・強化整備

内閣府においては、原子力災害時において中核となる防災業務関係者について、体系的かつ効果的な訓練や研修等により人材育成を推進した。また、原子力防災の国内外の知見の分析・蓄積を行うための調査研究等を実施した。

（令和4年度決算額　393百万円）

（2）警察庁における教育訓練

警察庁においては、都道府県警察の幹部に対して原子力に関する基礎的な知識、原子力災害発生時の災害応急対策、放射線量のモニタリング等についての教育訓練を行った。また、都道府県警察に対して原子力災害対策に必要な訓練の実施を指示した。

（3）消防庁消防大学校における教育訓練

消防庁消防大学校においては、国及び都道府県の消防の事務に従事する職員並びに市町村の消防職員に対し、原子力災害における消防活動等に関する教育訓練を実施した。

（4）放射性物質安全輸送講習会

国土交通省においては、輸送作業従事者等に対し、輸送に関する基準及び放射性物質輸送に関する専門的知識等に係る講習会を実施した。

（令和4年度決算額　0百万円）

（5）環境放射線モニタリングのための研修等

原子力規制委員会においては、地方公共団体職員等を対象に、放射能分析に係る技術向上及び緊急時モニタリングの実効性向上のための研修等を実施した。

（令和4年度決算額　227百万円）

（6）海上保安庁における原子力災害対応訓練等

海上保安庁においては、原子力災害対応に従事する職員を対象とした災害発生時の対応に係る教育を実施するとともに、国が実施する原子力総合防災訓練への参加等、関係機関と連携し

た原子力災害対応訓練等を実施した。

　　　　　（令和４年度決算額　２百万円）

9-2　防災施設設備の整備

原子力施設等の防災対策

　原子力規制委員会においては、原子力災害に係る緊急時対策支援システム整備、その他の原子力防災体制整備等を行った。

　　　　　（令和４年度決算額　3,489百万円）

9-3　その他

（1）地域防災計画・避難計画の具体化・充実化支援

　内閣府においては、地域防災計画・避難計画の具体化・充実化を進めるため、地方公共団体が行う防災活動に必要な資機材等の整備支援、地方公共団体での防災訓練の実施等による緊急時対応の高度化・普及等の支援などを行った。また、緊急時避難円滑化事業により避難の円滑化を推進した。

　　　　　（令和４年度決算額　8,739百万円）

（2）放射線防護対策等の推進

　内閣府においては、無理な避難をすることでかえって健康リスクが高まる要配慮者等が、避難の準備が整うまでの間、一時的に屋内退避を安全に行うために、病院、社会福祉施設等に対する放射線防護対策の支援等を実施した。

　　　　　（令和４年度決算額　2,507百万円）

（3）原子力防災体制等の構築

　内閣府においては、万一の発災時に関係道府県が実効性のある避難退域時検査及び簡易除染を実施するために、避難退域時検査会場の設営や検査等の具体的な運用面のより詳細な事項について、「避難退域時検査等における資機材の展開及び運用の手引き（令和４年５月）」を作成した。

　　　　　（令和４年度決算額　20百万円）

（4）食品中の放射性物質に関するリスクコミュニケーション

　消費者庁においては、食品中の放射性物質に関し、関係府省、地方公共団体等と連携した意

見交換会の開催や、「食品と放射能Ｑ＆Ａ」による情報提供等を行った。

　　　　　（令和４年度決算額　40百万円の内数）

（5）地方消費者行政の充実・強化、放射性物質検査体制の整備

　消費者庁においては、風評被害の払拭のため、地方消費者行政強化交付金により、地方公共団体の取組を支援した。

　被災県（福島県）に対しては、別途地方消費者行政推進交付金（東日本大震災復興特別会計）により、消費サイドの放射性物質検査体制の整備等を支援した。

　　　　　（令和４年度決算額　2,956百万円の内数）

　また、原発事故を踏まえ、食品と放射能に関する食の安全・安心を確保するため、消費者庁及び国民生活センターにおいては、放射性物質検査機器の地方公共団体への貸与を引き続き行うとともに、検査機器等に関する研修会を開催した。

　　　　　（令和４年度決算額　3,026百万円の内数）

（6）原子力災害対策の推進

　消防庁においては、地方公共団体における地域防災計画の見直しの助言・支援、原子力防災訓練への助言・協力等を行った。

　　　　　（令和４年度決算額　３百万円）

（7）海上輸送に係る原子力災害対策

　国土交通省においては、放射性物質等の海上輸送時の事故や災害発生時に想定される原子力災害への対応に備え、防災資材の整備・維持や衛星電話通信の維持、放射性物質災害防災訓練の指導等を行った。

　　　　　（令和４年度決算額　155百万円の内数）

⑩　その他の災害対策

10-1　教育訓練

（1）消防庁消防大学校における教育訓練

　消防庁消防大学校においては、国及び都道府県の消防の事務に従事する職員並びに市町村の消防職員に対し、生物剤及び化学剤に起因する災害における消防活動等に関する教育訓練を実施した。

（2）船員の災害防止のための教育

国土交通省においては、一般公共メディアを通じて船員等に対し安全衛生教育を行った。

（令和4年度決算額　66百万円の内数）

（3）船員労働災害防止対策

国土交通省においては、船員災害防止基本計画に基づき、船員労働災害防止を効果的かつ具体的に推進するため、船員災害防止実施計画を作成し、各船舶所有者による自主的な船員災害防止を促すとともに、運航労務監理官による船舶及び事業場の監査指導を行った。

（令和4年度決算額　204百万円の内数）

10-2 その他

（1）特殊災害対策の充実強化

消防庁においては、特殊災害に係る防災対策について、関係機関との連携を強化し、災害防止対策及び消防防災対策の充実強化を図るため、防災体制や消防活動の検討を行った。

（令和4年度決算額　7百万円の内数）

（2）労働災害防止対策

厚生労働省においては、労働災害防止計画に基づき、計画的な労働災害防止対策の展開を図った。化学プラント等における爆発火災災害の防止、自然災害に伴う道路復旧工事等における土砂崩壊災害などの労働災害の防止を図った。

（令和4年度決算額　259百万円）

（3）鉱山に対する保安上の監督

経済産業省においては、鉱山における危害及び鉱害を防止するため、「鉱山保安法」（昭和24年法律第70号）及び「金属鉱業等鉱害対策特別措置法」（昭和48年法律第26号）に基づき、立入検査等を行った。

（4）ライフライン関連施設の保安の確保

経済産業省においては、電気、ガスの供給に関する施設の適切な維持運用のため、関係法令に基づき、立入検査等を行った。

（5）外国船舶の監督の実施

国土交通省においては、「海上人命安全条約」等の国際基準に適合しない船舶（サブスタンダード船）を排除し、海難事故を未然に防止するため、外国船舶監督官の組織を引き続き整備するとともに、我が国に寄港する外国船舶に対する監督（PSC）を的確に実施した。

（令和4年度決算額　54百万円）

第4章　国土保全

1 治水事業

国土交通省においては、気候変動による水災害の頻発化・激甚化を踏まえ、防災・減災が主流となる安全・安心な社会を実現するため、「防災・減災、国土強靱化のための5か年加速化対策」も活用した事前防災対策を計画的に実施するとともに、水災害リスクを踏まえたまちづくり等の流域治水関連法を活用した取組、国土強靱化に資するＤＸの取組、持続可能なインフラメンテナンスの実現に向けた取組等について、「流域治水」の考え方に基づき、あらゆる関係者と協働して実施した。

（令和4年度決算額　1,131,823百万円）

（1）ハード・ソフト一体の水災害対策「流域治水」の本格的実践

（再掲　第3章4-3（10））

気候変動による水災害の頻発化・激甚化に対応するため、あらゆる関係者が協働して取り組む「流域治水」を推進し、ハード・ソフト一体の事前防災対策を加速するとともに、流域治水関連法の全面施行を踏まえ、水害リスク情報の充実や水災害リスクを踏まえたまちづくり・住まいづくりを積極的に推進した。

（2）国土強靱化に資するＤＸの推進

洪水予測の高度化などの情報分野での流域治水の取組及びデジタル技術の活用・新技術の導入等による施設の整備・管理や河川の利用等に関する手続の省力化・効率化の取組を推進した。

（3）インフラ老朽化対策等による持続可能なインフラメンテナンスサイクルの実現

予防保全によるライフサイクルコストの縮減・平準化を図るため、長寿命化計画に基づく定期点検等により確認された修繕・更新が必要な施設への対策、効率的かつ持続可能なメンテナンスサイクルの実現に向けた新技術の積極的な活用等を推進した。

2 治山事業

（再掲　第3章2-2（11）、3-2（2）、

4-2（1）、5-2（2）、6-2（3））

農林水産省においては、大雨や短時間強雨の発生頻度の増加等により、山地災害が激甚化・頻発化する傾向にあることを踏まえ、山地災害の被害を防止・軽減する事前防災・減災の考え方に立ち治山対策を推進した。具体的には、流域治水の取組と連携しつつ、山地災害危険地区等において、土砂流出の抑制、森林土壌の保全強化を図るための治山施設の設置等、荒廃森林の整備及び海岸防災林の整備等のハード対策と、山地災害危険地区に係る監視体制の強化推進等のソフト対策を一体的に実施することにより、地域の安全・安心の確保を図った。

（令和4年度決算額　91,931百万円の内数
※この他に農山漁村地域整備交付金の内数）

2-1　国有林治山事業

農林水産省においては、国有林野内における治山事業を実施した。

（令和4年度決算額　27,128百万円の内数）

2-2　民有林治山事業

農林水産省においては、次のとおり事業を実施した。

（1）直轄事業

・直轄治山事業

継続16地区について、民有林直轄治山事業を実施した。

・直轄地すべり防止事業

林野の保全に係る地すべりについて、継続7地区（直轄治山と重複している地区を含む。）において事業を実施した（後掲　第4章3-1（1））。

（令和4年度決算額　15,755百万円の内数）

・治山計画等に関する調査

治山事業の効果的な推進を図るため、山地保全調査、治山事業積算基準等分析調査、治山施設長寿命化調査及び流域山地災害等対策調査を実施した。

（令和4年度決算額　168百万円）

（2）補助事業

・治山事業

荒廃山地の復旧整備や水土保全機能が低下し

た森林の整備、海岸防災林の整備・保全等を実施した（後掲 第4章3-1（2））。

（令和4年度決算額 43,822百万円の内数
※この他に農山漁村地域整備交付金の内数）

③ 地すべり対策事業

3-1 農林水産省所管事業

農林水産省においては、次のとおり事業を実施した。

（1）直轄事業
・直轄地すべり対策事業
農用地・農業用施設に被害を及ぼすおそれが大きく、かつ、地すべりの活動が認められる等緊急に対策を必要とする区域のうち、規模が著しく大きい等の地すべり防止工事について、事業を実施した。

（令和4年度決算額 297百万円）

・直轄地すべり防止事業
（再掲 第4章2-2（1））

・地すべり調査
地すべり災害から農地及び農業用施設を保全するため、地すべり防止に係る調査を実施した。

（令和4年度決算額 基礎技術調査費
219百万円の内数）

（2）補助事業
・地すべり対策事業
（再掲 第3章4-2（3））
農用地・農業用施設に被害を及ぼすおそれが大きく、かつ、地すべりの活動が認められる等緊急に対策を必要とする区域に重点を置き、事業を実施した（後掲 第4章8（1））。

（令和4年度決算額 88,877百万円の内数）

・地すべり防止事業
林野の保全に係る地すべりについて、集落、公共施設等に被害を及ぼすおそれが大きく、かつ、緊急に対策を必要とする地区について実施した（再掲 第4章2-2（2））。

（令和4年度決算額 43,822百万円の内数
※この他に農山漁村地域整備交付金の内数）

3-2 国土交通省所管事業

国土交通省においては、地すべりによる人命、財産の被害の防止・軽減に資することを目的として、地すべり防止施設の整備を行うとともに、都道府県において、地すべりの危険がある箇所を把握し、土砂災害警戒区域等の指定等による警戒避難体制の整備を支援した。

また、大雨、地震等により新たな地すべりが発生又は地すべり現象が活発化し、経済上、民生安定上放置し難い場合に緊急的に地すべり防止施設を整備し、再度災害防止を図った。

④ 急傾斜地崩壊対策事業

国土交通省においては、都道府県が指定する急傾斜地崩壊危険区域における急傾斜地崩壊防止施設の整備や、土砂災害警戒区域等の指定等による警戒避難体制の整備等を支援した。

⑤ 海岸事業

（再掲 第3章2-2（13）、3-2（4）、4-2（2））

農林水産省及び国土交通省においては、国土保全上特に重要な海岸において、地震、津波、高潮、波浪、侵食対策等を重点的に推進した。

⑥ 農地防災事業

農林水産省においては、次の農地防災事業を実施した。

（1）直轄事業
・国営総合農地防災事業
農村地域の自然的社会的条件の変化により、広域的に農用地・農業用施設の機能低下又は災害のおそれが生じている地域において、これに対処するため農業用排水施設等の整備を行う事業を実施した。

（令和4年度決算額 29,253百万円）
※この他にデジタル庁一括計上分

（2）補助事業
・農地防災事業
農用地・農業用施設の湛水被害等を未然に防止又は被害を最小化するため、農村地域防災減

災事業、特殊自然災害対策施設緊急整備事業等を実施した。

（令和4年度決算額　89,154百万円の内数　※この他に農山漁村地域整備交付金の内数）

7　災害関連事業

（1）農林水産省所管事業

農林水産省においては、被災した農林水産業施設・公共土木施設等の再度災害防止のため、災害復旧事業と併せて隣接施設等の改良等の災害関連事業を実施した。

（令和4年度決算額　15,123百万円）

（2）国土交通省所管事業（河川等）

国土交通省においては、災害復旧事業の施行のみでは再度災害の防止に十分な効果が期待できないと認められた場合に、災害復旧事業と合併して新設又は改良事業を実施した。また、河川、砂防等について、災害を受けた施設の原形復旧に加え、これに関連する一定の改良復旧を緊急に行ったほか、施設災害がない場合においても豪雨等により生じた土砂の崩壊等に対処する事業等を緊急に実施した。

（令和4年度決算額　108,484百万円）

（3）環境省所管事業

環境省においては、国立公園内における緊急避難場所となる利用拠点施設の整備等を実施した。

（令和4年度決算額　12,515百万円の内数）

8　地盤沈下対策事業

（1）地盤沈下対策事業

・地下水調査（保全調査）

農林水産省においては、農業用地下水利用地帯において、地盤沈下等の地下水障害状況の実態把握等に関する調査を実施した。

（令和4年度決算額　219百万円の内数）

・地盤沈下対策事業

（再掲　第3章4-2（3）、第4章3-1（2））

農林水産省においては、地盤の沈下により低下した農用地・農業用施設の効用の回復を図るため、緊急に対策を必要とする地域に重点を置

き、農業用排水施設を整備する等の事業を実施した。

（令和4年度決算額　88,877百万円の内数　※この他に農山漁村地域整備交付金の内数）

（2）地盤沈下防止対策事業等

経済産業省においては、地盤沈下防止のため、次の事業を実施した。

・地盤沈下防止対策工業用水道事業

地下水に代わる水源としての工業用水道の整備を推進するため、改築6事業を実施した。

（令和4年度決算額　368百万円）

・地下水位観測調査

「工業用水法」（昭和31年法律第146号）に基づく指定地域における規制効果の測定を行うため、地下水位についての観測を継続的に実施した。

（令和4年度決算額　1百万円）

（3）低地対策関連河川事業

国土交通省においては、次の事業を実施した。

・地下水保全管理調査

地下水を適切に保全及び管理し、地盤沈下等の地下水障害の防止施策の立案等に資するため、全国の一級水系の河川近傍における地下水の調査結果の評価を引き続き行った。

（令和4年度決算額　6百万円）

・地盤沈下関連水準測量等

国土地理院においては、全国の主要地盤沈下地域を対象に、人工衛星の観測データを用いたSAR干渉解析や水準測量を実施し、地方公共団体の行う測量結果と併せて地盤変動の監視を行った。

（令和4年度決算額　239百万円の内数）

（4）地下水対策調査

国土交通省においては、濃尾平野、筑後・佐賀平野及び関東平野北部の地盤沈下防止等対策の実施状況を把握するとともに、地下水データの整理と分析を行い、地盤沈下を防止し、地下水の保全を図るための検討を行った。

さらに、広域的な地下水マネジメントが必要となる地盤沈下防止等対策要綱地域等を対象に、関係者が収集・整理する地下水データを相互に活用する地下水データベースの構築を行っ

た。
（令和4年度決算額　16百万円）
※この他にデジタル庁一括計上分

（5）地下水・地盤環境対策

　環境省においては、全国の地盤沈下に関する測量情報を取りまとめた「全国の地盤沈下地域の概況」及び代表的な地下水位の状況や地下水採取規制に関する条例等の各種情報を整理した「全国地盤環境情報ディレクトリ」を公表した。また、地盤沈下を防止しつつ、地中熱等で需要が高まっている地下水利用に対応するため、地下水の持続可能な保全と利用の両立を推進するための方策について調査・検討を行った。
（令和4年度決算額　28百万円）

⑨　下水道における浸水対策

（再掲　第3章4-2（10））

⑩　その他の事業

（1）防災対策事業債等

　総務省においては、地域防災計画に掲げられている災害危険区域において、地方公共団体が災害の発生を予防し、又は災害の拡大を防止するために単独で実施する事業について、408億円の防災対策事業債（自然災害防止事業）を措置した。また、地方公共団体が単独で実施する河川管理施設又は砂防設備に関する工事その他の治山治水事業等について、726億円の一般事業債（河川等事業）を措置した。また、「防災・減災、国土強靱化のための5か年加速化対策」と連携しつつ、緊急に実施する自然災害を防止するための社会基盤整備や流域治水対策に関する地方単独事業について、3,468億円の緊急自然災害防止対策事業債を措置した。さらに、地方公共団体が単独事業として緊急的に実施する河川や防災重点農業用ため池等の浚渫について、1,002億円の緊急浚渫推進事業債を措置した。

（2）保安林等整備管理費

　農林水産省においては、全国森林計画等に基づき保安林の配備を進めるとともに、保安林の適正な管理を推進するため、保安林の指定・解除等の事務、保安林の管理状況の実態把握等の事業を実施した。
（令和4年度決算額　409百万円）

（3）休廃止鉱山鉱害防止等事業等

　経済産業省においては、鉱害防止義務者が不存在又は無資力の休廃止鉱山の鉱害防止のために地方公共団体の実施する事業に対して補助を行うとともに、同義務者が実施する休廃止鉱山の坑廃水処理事業のうち、義務者に起因しない汚染に係る部分に対し補助を行った。
（令和4年度決算額　2,833百万円）

（4）鉄道防災事業

　国土交通省においては、旅客鉄道株式会社が施行する落石・雪崩等対策及び海岸等保全のための防災事業並びに独立行政法人鉄道建設・運輸施設整備支援機構が施行する青函トンネルの防災事業を推進した。
（令和4年度決算額　1,349百万円）

（5）鉄道施設の老朽化対策

　国土交通省においては、鉄道事業者に対して、予防保全の観点から構造物の定期検査の実施、それに基づく健全度の評価を行い適切な維持管理を行うよう指示するとともに、人口減少が進み経営状況が厳しさを増す地方の鉄道事業者に対して、長寿命化に資する鉄道施設の補強・改良を推進した。
（令和4年度決算額　9,088百万円の内数）

（6）防災・減災対策等強化事業推進費

　国土交通省においては、自然災害により被災した地域や事前防災・減災対策を図る必要の生じた地域等99地区において、緊急的かつ機動的に予算を配分し、住民等の安全・安心の確保を図った。
（令和4年度決算額　25,547百万円）

（7）港湾施設の老朽化対策

　国土交通省においては、「防災・減災、国土強靱化のための5か年加速化対策」に基づき、老朽化対策の加速化を推進した。
（令和4年度決算額　311,853百万円の内数
※この他に防災・安全交付金及び
社会資本整備総合交付金の内数）

（8）海岸保全施設の老朽化対策

農林水産省及び国土交通省においては、急速に進行する海岸保全施設の老朽化に対処するため、戦略的な維持管理・更新等による予防保全型のインフラメンテナンスへの転換に向けて、海岸保全施設の老朽化対策を集中的かつ計画的に推進した。

（令和4年度決算額　50,386百万円の内数
※この他に農山漁村地域整備交付金、防災・安全交付金及び社会資本整備総合交付金の内数）

（9）一般廃棄物処理施設の老朽化対策

環境省においては、ダイオキシン対策により整備した一般廃棄物処理施設が老朽化し、地域でのごみ処理能力の不足、事故リスク増大のおそれがあることから、市町村が行う一般廃棄物処理施設の整備事業に対して循環型社会形成推進交付金を交付することで、施設の適切な更新や改修を図るとともに、地域住民の安全・安心を確保した。

（令和4年度決算額　72,448百万円）

（10）浄化槽の整備推進

環境省においては、個別分散型汚水処理施設であり、災害に強い浄化槽の整備を推進するとともに、地球温暖化対策に資する浄化槽の省エネ改修等に対して国庫助成を行った。

（令和4年度決算額　8,757百万円）

第5章　災害復旧等

❶　災害応急対策

（1）警察庁における対応

　警察庁においては、災害情報連絡室を設置するなどし、情報収集、総合調整等に当たったほか、関係警察においては、情報収集、避難誘導、救出救助、交通対策、被災地における各種犯罪への対策等の活動に当たった。機動警察通信隊においては、警察活動に必要な通信の確保に当たった。

（2）消防庁における対応

　消防庁においては、消防庁災害対策室を設置し、情報収集体制の強化を図るとともに、各都道府県及び指定都市に対して警戒を呼びかけた。また、被害のあった各県の消防本部及び市町村に直接問い合わせ、被害状況の把握に努めた。

（3）文部科学省における対応

　文部科学省においては、災害情報連絡室を設置し、関係都道府県教育委員会に対し、児童生徒等の安全確保と二次災害防止等を要請するとともに、被害状況等の把握や必要な支援に努めた。

（4）農林水産省における対応

　農林水産省においては、農林水産省災害情報連絡室を設置して被害状況の把握に努めるとともに、被災した地方公共団体等へ延べ102人のMAFF－SAT（農林水産省・サポート・アドバイス・チーム）を派遣し、迅速な被害の把握や被災地の早期復旧を支援した。

（5）国土交通省における対応

　国土交通省においては、特定災害対策本部を設置し、被災施設の応急復旧等に当たるとともに、緊急災害対策派遣隊（TEC-FORCE）を被災地域に派遣し、被害の拡大や二次災害の防止、災害対策用ヘリコプターやドローン等も活用した被災状況調査、排水ポンプ車による緊急排水、災害応急対策への助言など、被災した自治体の支援に努めた。

（6）環境省における対応

　環境省においては、東北地方環境事務所の職員を派遣し、災害廃棄物の仮置場の管理・運営等について支援を行った。

（1）警察庁における対応

　警察庁においては、災害警備連絡室を設置するなどし、情報収集、総合調整等に当たったほか、関係警察においては、情報収集、避難誘導、救出救助、行方不明者の捜索、交通対策、被災地における各種犯罪への対策等の活動に当たった。機動警察通信隊においては、警察活動に必要な通信の確保に当たり、現場映像を警察庁等にリアルタイムで伝送した。

（2）消防庁における対応

　消防庁においては、消防庁災害対策本部を設置し、大雨特別警報が発表された山形県、新潟県に対し、適切な対応と迅速な被害報告について要請するとともに、当該各県の消防本部及び市町村に直接問い合わせ、被害状況の把握に努めた。

（3）文部科学省における対応

　文部科学省においては、災害情報連絡室を設置し、関係都道府県教育委員会に対し、児童生徒等の安全確保と二次災害防止等を要請するとともに、被害状況等の把握や必要な支援に努めた。さらに、国立研究開発法人防災科学技術研究所においては、「基盤的防災情報流通ネットワーク（SIP4D）」からの情報を一元的に集約し、「防災クロスビュー（bosaiXview）」を介して災害対応機関等へ情報発信を行った。

（4）厚生労働省における対応

　厚生労働省においては、厚生労働省情報連絡室を設置し被災状況の把握に努めるとともに、災害派遣医療チーム（DMAT）や災害派遣精神医療チーム（DPAT）を派遣し、災害支援活動を行った。また、医療保険、介護保険、障

害福祉及び児童福祉サービス等については、必要書類を提示しなくてもサービスを利用できるよう対応し、利用者負担の猶予・免除や人員基準の緩和等の特別な対応をするよう、各都道府県や被災地市町村等に対して事務連絡を発出した。

また、激甚災害への指定を踏まえて、被害のあった医療施設や水道施設、社会福祉施設の災害復旧にかかる費用について、補助率の嵩上げを行った。

（5）農林水産省における対応

農林水産省においては、農林水産省災害情報連絡室を設置して被害状況の把握に努めるとともに、被災された農林漁業者の方々が営農意欲を失わず一日も早く経営再建できるように、被害を受けた農林水産業施設等の復旧事業や果樹被害への支援対策を行った。また、被災した地方公共団体等へ延べ353人のMAFF－SATを派遣し、迅速な被害の把握や被災地の早期復旧を支援した。

（6）経済産業省における対応

経済産業省においては、青森県や新潟県等に「災害救助法」が適用されたことを踏まえ、政府系金融機関等に特別相談窓口を設置するとともに、災害復旧貸付の適用及びセーフティネット保証4号の適用等、被災中小企業・小規模事業者対策を行った。

（7）国土交通省における対応

国土交通省においては、災害対策連絡調整会議を開催し、被災施設の応急復旧等に当たるとともに、緊急災害対策派遣隊（TEC-FORCE）を被災地域に派遣し、被害の拡大や二次災害の防止、災害対策用ヘリコプターやドローン等も活用した被災状況調査、排水ポンプ車による緊急排水、災害応急対策への助言など、被災した自治体の支援に努めた。

（8）環境省における対応

環境省においては、本省及び地方環境事務所（北海道、東北、関東、中部、近畿）の職員、D.Waste-Netの専門家、人材バンク登録支援員を派遣し、災害廃棄物の仮置場の管理・運営や災害廃棄物処理に関する事務手続等について

支援を行った。

1-3 令和4年（2022年）台風第14号に対してとった措置

（1）警察庁における対応

警察庁においては、特定災害警備本部を設置するなどし、情報収集、総合調整等に当たったほか、関係警察においては、情報収集、避難誘導、救出救助、行方不明者の捜索、交通対策、被災地における各種犯罪への対策等の活動に当たった。機動警察通信隊においては、警察活動に必要な通信の確保に当たり、現場映像を警察庁等にリアルタイムで伝送した。

（2）消防庁における対応

消防庁においては、消防庁災害対策本部を設置し、暴風・波浪・高潮特別警報が発表された鹿児島県及び大雨特別警報が発表された宮崎県に対し、適切な対応と迅速な被害報告について要請するとともに、当該各県の消防本部及び市町村に直接問い合わせ、被害状況の把握に努めた。また、都道府県、指定都市に対し特定災害非常災害対策本部会議の情報を提供し、災害対応に万全を期すよう要請した。

（3）文部科学省における対応

文部科学省においては、災害情報連絡室を設置し、関係都道府県教育委員会に対し、児童生徒等の安全確保と二次災害防止等を要請した。また、被災地の学校において教育活動を実施する際の留意点についての事務連絡の発出等を通じ、被害状況等の把握や必要な支援に努めた。さらに、国立研究開発法人防災科学技術研究所においては、「基盤的防災情報流通ネットワーク（SIP4D）」からの情報を一元的に集約し、「防災クロスビュー（bosaiXview）」を介して災害対応機関等へ情報発信を行った。

（4）厚生労働省における対応

厚生労働省においては、厚生労働省災害対策本部を設置して被害状況の把握に努めるとともに、災害派遣医療チーム（DMAT）を派遣し、災害支援活動を行った。また、医療保険、介護保険、障害福祉及び児童福祉サービス等については、必要書類を提示しなくてもサービス

を利用できるよう対応し、利用者負担の猶予・免除や人員基準の緩和等の特別な対応をするよう、各都道府県や被災地市町村等に対して事務連絡を発出した。

また、激甚災害への指定を踏まえて、被害のあった医療施設、水道施設、社会福祉施設等の災害復旧にかかる費用について、補助率の嵩上げを行った。

（5）経済産業省における対応

経済産業省においては、山口県や宮崎県等に「災害救助法」が適用されたことを踏まえ、政府系金融機関等に特別相談窓口を設置するとともに、災害復旧貸付の適用及びセーフティネット保証4号の適用等、被災中小企業・小規模事業者対策を行った。

（6）農林水産省における対応

農林水産省においては、農林水産省緊急自然災害対策本部を設置して被害状況の把握に努めるとともに、被災した地方公共団体等へ延べ156人のMAFF－SATを派遣し、迅速な被害の把握や被災地の早期復旧を支援した。

（7）国土交通省における対応

国土交通省においては、特定災害対策本部を設置し、被災施設の応急復旧等に当たるとともに、緊急災害対策派遣隊（TEC-FORCE）を被災地域に派遣し、被害の拡大や二次災害の防止、災害対策用ヘリコプターやドローン等も活用した被災状況調査、排水ポンプ車による緊急排水、災害応急対策への助言など、被災した自治体の支援に努めた。

（8）環境省における対応

環境省においては、九州地方環境事務所の職員を派遣し、災害廃棄物の仮置場の管理・運営等について支援を行った。

1-4 令和4年（2022年）台風第15号に対してとった措置

（1）警察庁における対応

警察庁においては、災害情報連絡室を設置するなどし、情報収集、総合調整等に当たったほか、関係警察においては、情報収集、避難誘

導、救出救助、行方不明者の捜索、交通対策、被災地における各種犯罪への対策等の活動に当たった。機動警察通信隊においては、警察活動に必要な通信の確保に当たった。

（2）消防庁における対応

消防庁においては、消防庁災害対策室を設置し、情報収集体制の強化を図るとともに、各都道府県及び指定都市に対して警戒を呼びかけた。また、被害のあった各県の消防本部及び市町村に直接問い合わせ、被害状況の把握に努めた。

（3）文部科学省における対応

文部科学省においては、災害情報連絡室を設置し、関係都道府県教育委員会に対し、児童生徒等の安全確保と二次災害防止等を要請した。また、被災地の学校において教育活動を実施する際の留意点についての事務連絡の発出等を通じ、被害状況等の把握や必要な支援に努めた。

（4）厚生労働省における対応

厚生労働省においては、厚生労働省情報連絡室を設置するとともに、内閣府副大臣とともに厚生労働大臣政務官が現地視察を行い、水道等の被害状況の把握に努めた。また、医療保険、介護保険、障害福祉及び児童福祉サービス等については、必要書類を提示しなくてもサービスを利用できるよう対応し、利用者負担の猶予・免除や人員基準の緩和等の特別な対応をするよう、各都道府県や被災地市町村等に対して事務連絡を発出した。

また、激甚災害への指定を踏まえて、被害のあった医療施設、水道施設、社会福祉施設等の災害復旧にかかる費用について、補助率の嵩上げを行った。

（5）経済産業省における対応

経済産業省においては、静岡県に「災害救助法」が適用されたことを踏まえ、政府系金融機関等に特別相談窓口を設置するとともに、災害復旧貸付の適用及びセーフティネット保証4号の適用等、被災中小企業・小規模事業者対策を行った。

（6）農林水産省における対応

農林水産省においては、農林水産省災害情報連絡室を設置して被害状況の把握に努めるとともに、被災した地方公共団体等へ延べ21人のMAFF－SATを派遣し、迅速な被害の把握や被災地の早期復旧を支援した。

（7）国土交通省における対応

国土交通省においては、災害対策連絡調整会議を開催し、被災施設の応急復旧等にあたるとともに、緊急災害対策派遣隊（TEC-FORCE）を被災地域に派遣し、被害の拡大や二次災害の防止、災害対策用ヘリコプターやドローン等も活用した被災状況調査、災害応急対策への助言など、被災した自治体の支援に努めた。

（8）環境省における対応

環境省においては、本省及び地方環境事務所（関東、中部、四国）の職員、D.Waste-Netの専門家、人材バンク登録支援員を派遣し、災害廃棄物の仮置場の管理・運営や災害廃棄物処理に関する事務手続等について支援を行った。

1-5 その他の災害に対してとった措置

（1）非常災害発生に伴う現地災害対策等

内閣府においては、令和4年度に発生した災害について、職員を派遣し、被災情報の把握を行うとともに、地方公共団体の長等に対し必要な指導・助言等を行う等、的確かつ迅速な災害応急対策を行った。

（令和4年度決算額　77百万円）

（2）災害救助費の国庫負担

内閣府においては、「災害救助法」に基づく救助に要する費用を同法に基づき負担した。

（令和4年度決算額　3,335百万円）

（3）災害弔慰金等の支給及び災害援護資金の貸付

内閣府においては、「災害弔慰金の支給等に関する法律」（昭和48年法律第82号）に基づ

き、災害弔慰金等の一部負担及び災害援護資金の原資の貸付を行った。
・災害弔慰金等の国庫負担

（令和4年度決算額　49百万円）
・災害援護資金の原資の貸付

（令和4年度決算額　92百万円）

（4）緊急消防援助隊の災害派遣

消防庁においては、大規模災害や特殊災害の発生に際し、「消防組織法」第44条第5項の規定に基づく消防庁長官の指示により出動した緊急消防援助隊の活動に要する費用について、「消防組織法」第49条の規定に基づき負担した。

（令和4年度決算額　0百万円）

（5）経済産業省における対応

経済産業省においては、令和4年7月14日からの大雨や令和4年12月17日からの大雪、令和4年12月22日からの大雪及び令和5年1月24日からの大雪において「災害救助法」が適用されたことを踏まえ、政府系金融機関等に特別相談窓口を設置するとともに、災害復旧貸付の適用及びセーフティネット保証4号の適用等、被災中小企業・小規模事業者対策を行った。

（6）災害廃棄物の処理

環境省においては、地方公共団体が災害のために実施した廃棄物の収集、運搬及び処分に係る事業に対して補助を行った。

（令和4年度決算額　6,346百万円）

（7）自衛隊の災害派遣

防衛省においては、災害派遣に直接必要な経費として、災害派遣等手当、災害派遣された隊員に支給される食事等に係る経費を計上した。

（令和4年度決算額　416百万円）

令和4年度災害派遣の実績（防衛省）

区分	件数	のべ現地活動人員	のべ車両 （両）	のべ航空機 （機）	のべ艦艇 （隻）
風水害・地震等	11				
急患輸送	317				
捜索救助	7	約50,000	約5,600	約660	約20
消火活動	16				
その他	30				
合　計	381	約50,000	約5,600	約660	約20

津波警報・注意報の発表回数
（令和4年4月から令和5年3月）（気象庁）

大津波警報 （発表総数）	津波警報 （発表総数）	津波注意報 （発表総数）
0	0	1

緊急地震速報（警報・予報）の発表回数
（令和4年4月から令和5年3月）（気象庁）

緊急地震速報（警報）		緊急地震速報 （予報）
地震動特別警報 （発表総数）	地震動警報 （発表総数）	地震動予報 （発表総数）
2	7	779

※平成25年8月30日以降、緊急地震速報（震度6弱以上）が特別警報と位置づけられている。

噴火警報・予報の発表回数
（令和4年4月から令和5年3月）（気象庁）

噴火警報（居住地域） （発表総数）	噴火警報（火口周辺） 噴火警報（周辺海域） （発表総数）	噴火予報 （発表総数）
1	13	8

気象等警報の発表回数
（令和4年4月から令和5年3月）（気象庁）

種　類	特別警報　※1 （官署発表総数）	警報 （官署発表総数）
暴風	1	113
暴風雪	0	79
大雨	3	767
大雪	0	99
高潮	1	28
波浪	1	191
洪水	－	492
合計　※2	4	1,566

※1　平成25年8月30日以降、特別警報が運用されている。
※2　同一官署において、同一時刻に2種類以上の警報を発表した場合、合計の発表回数を1回と集計していることから、合計の発表回数は各警報の発表回数の和より少なくなることがある。特別警報についても同様。

② 災害復旧事業

2-1 公共土木施設等災害復旧事業

（1）治山施設等

農林水産省においては、次のとおり災害復旧事業を実施した。

・直轄事業

治山施設について、令和元年災害、令和2年災害、令和3年災害及び令和4年災害に係る復旧事業を実施した。

（令和4年度決算額　540百万円）

・補助事業

治山施設について、令和2年災害の復旧を完了し、令和3年災害及び令和4年災害に係る復旧事業を実施した。また、農村振興局所管の海岸保全施設及び地すべり防止施設について、令和2年災害の復旧を完了し、令和3年災害及び令和4年災害に係る復旧事業を実施した。さらに、漁港施設及び水産庁所管の海岸保全施設について、令和2年災害の復旧を完了し、令和3年災害及び令和4年災害に係る復旧事業を実施した。

（令和4年度決算額　3,976百万円の内数）

（2）河川等

国土交通省においては、次のとおり災害復旧事業を実施した。

・直轄事業

河川、ダム、海岸保全施設、砂防設備、地すべり防止施設、道路及び港湾施設について、平成28年災害、平成29年災害、平成30年災害、令和元年災害、令和2年災害、令和3年災害及び令和4年災害に係る復旧事業を実施した。

（令和4年度決算額　71,534百万円）

・補助事業

河川、海岸保全施設、砂防設備、地すべり防止施設、急傾斜地崩壊防止施設、道路、下水道、公園、都市施設及び港湾施設について、平成23年災害、令和2年災害、令和3年災害及び令和4年災害の復旧事業並びに堆積土砂排除事業を実施した。また、火山噴火に伴い多量の降灰のあった市町村が行う市町村道及び宅地等に係る降灰除去事業に対して補助を行った。

（令和4年度決算額　189,748百万円）

2-2 農林水産業施設災害復旧事業

農林水産省においては、次のとおり災害復旧事業を実施した。

・直轄事業

「土地改良法」（昭和24年法律第195号）に基づき直轄土地改良事業により施行中及び完了した施設及び国有林野事業（治山事業を除く。）に係る林道施設等について、平成30年災害、令和2年災害、令和3年災害及び令和4年災害に係る復旧事業を実施した。

（令和4年度決算額　9,273百万円）

・補助事業

地方公共団体、土地改良区等が施行する災害復旧事業については、「農林水産業施設災害復旧事業費国庫補助の暫定措置に関する法律」（昭和25年法律第169号）の規定により補助し、農地、農業用施設、林業用施設、漁業用施設、農林水産業共同利用施設について事業を実施した。

（令和4年度決算額　64,145百万円の内数）

2-3 文教施設等災害復旧事業

（1）国立大学等施設災害復旧事業

文部科学省においては、災害により被害を受けた国立大学等施設の復旧事業に対し、国庫補助を行った。

（令和4年度決算額　1,788百万円）

（2）公立学校施設災害復旧事業

文部科学省においては、災害により被害を受けた公立学校施設の復旧事業に対し、国庫補助を行った。

（令和4年度決算額　1,708百万円）

（3）私立学校施設災害復旧事業

文部科学省においては、災害により被害を受けた私立学校施設の復旧事業に対し、国庫補助を行った。

（令和4年度決算額　1百万円）

（4）公立社会教育施設災害復旧事業

文部科学省においては、災害により被害を受けた公立社会教育施設の復旧事業に対し、国庫補助を行った。

（令和4年度決算額　210百万円）

（5）文化財災害復旧事業

　文化庁においては、災害により被害を受けた国指定等文化財の復旧事業に対し、国庫補助を行った。

（令和４年度決算額　34,558百万円の内数）

　厚生労働省においては、令和４年災害等に係る災害復旧事業を実施した。各施設の内訳は以下のとおり。

厚生施設等災害復旧事業（令和４年度決算額）
厚生労働省においては、令和４年災害等に係る災害復旧事業を実施した。
各施設の内訳は以下のとおり。

（単位：千円）

項　目　／　区　分		４年度決算額（一般会計分）	４年度決算額（復興特会分）	合　　計
社会福祉施設		2,304,767	1,586,595	3,891,362
医　療　施　設		284,034	0	284,034
うち	公的医療機関施設	32,769	0	32,769
	政策医療実施機関施設	169,629	0	169,629
	医療関係者養成施設	81,636	0	81,636
	看護師宿舎	0	0	0
	その他	0	0	0
保健衛生施設		30,082	461,715	491,797
水　道　施　設		419,764	848,734	1,268,498
うち	上水道施設	335,662	675,499	1,011,161
	簡易水道施設	84,102	173,235	257,337
合　　　　計		3,038,647	2,897,044	5,935,691

（1）民放ラジオ難聴解消支援事業

　総務省においては、平時における国民に密着した情報に加え、災害時における国民に対する生命・財産の確保に必要な情報の提供を確保するため、ラジオの難聴解消のための中継局整備支援を実施した。

（令和４年度決算額　259百万円）

（2）放送ネットワーク整備支援事業

　総務省においては、被災情報や避難情報など、国民の生命・財産の確保に不可欠な情報を確実に提供するため、災害発生時に地域において重要な情報伝達手段となる放送ネットワークの強靱化を実現するための予備送信設備等の整備の支援を実施した。

（令和４年度決算額　76百万円）

（3）地上基幹放送等に関する耐災害性強化支援事業

　総務省においては、大規模な自然災害が発生した場合においても、適切な周波数割当により置局された現用の放送局からの放送を継続させるため、地上基幹放送等の放送局等の耐災害性強化を図る地上基幹放送事業者等に対して整備費用の支援を実施した。

（令和４年度決算額　51百万円）

（4）地域ＩＣＴ強靱化事業（本省・地方）

　総務省においては、総合通信局等に臨時災害放送局用の送信機等を配備し、平時においては地方公共団体等が行う送信点調査や運用訓練に活用し、災害時においては地方公共団体等に対して貸し出すことにより、迅速な開設を図り、また、大規模災害時にテレビ放送が途絶しないよう、総合通信局等において可搬型予備送信設備等の運用研修・訓練を行うとともに、地方公共団体や放送事業者が可搬型予備送信設備等を活用できるよう、運用マニュアルの更新等を実施した。

（令和４年度決算額　14百万円）

（5）工業用水道施設災害復旧事業

　経済産業省においては、工業用水道施設に係る災害について所要の復旧事業に対して補助を

行った。

（令和４年度決算額　73百万円）

（6）公営住宅等

　国土交通省においては、地方公共団体が実施する既設公営住宅等の復旧事業について補助を行い、令和元年から令和４年の災害に係る復旧事業の円滑な実施を図った。

（令和４年度決算額　328百万円）

（7）鉄道災害復旧事業

　国土交通省においては、鉄軌道事業者が行う地震・豪雨等による鉄道施設の災害復旧事業に対して補助を行った。

（令和４年度決算額　1,905百万円）

（8）廃棄物処理施設の災害復旧事業

　環境省においては、地方公共団体が実施する災害により被害を受けた廃棄物処理施設を原形に復旧する事業に対して補助を行った。

（令和４年度決算額　354百万円）

③ 財政金融措置

3-1 災害融資

（1）財政融資資金の貸付

　財務省においては、地方公共団体に対する財政融資資金の貸付予定額を次のとおり決定した。

（令和４年度決算額　189,382百万円）

地方長期資金等の貸付
財政融資資金　　　　　　　　　（単位：千円）

区　　　　分	金　　額
災害復旧事業債発行（予定）額	
通常収支分	189,381,900
東日本大震災復旧・復興事業分	0
合　　　計	189,381,900

（2）日本私立学校振興・共済事業団の融資

　災害により被害を受けた私立学校が日本私立学校振興・共済事業団から融資を受ける際、貸付条件を緩和する復旧措置を講じた。

（3）独立行政法人福祉医療機構の融資

　独立行政法人福祉医療機構においては、融資の際、病院等の災害復旧に要する経費について貸付資金の確保に十分配慮するとともに、貸付条件を緩和した復旧資金の融資措置を講じた。

（4）（株）日本政策金融公庫（国民一般向け業務）

　株式会社日本政策金融公庫（国民一般向け業務）においては、被災中小企業者等の資金需要に十分配慮するとともに、個々の実情に応じて弾力的な対応を行った。

　また、激甚災害の指定を受けた災害については、災害貸付の利率の引下げを実施し、被災中小企業者等の事業再開に向けた資金繰りを支援した。

（株）日本政策金融公庫（国民一般向け業務）の融資（令和４年度）

（単位：件、千円）

災害名	災害貸付	
	件数	金額
東日本大震災	16	214,440
平成28年熊本地震	0	0
令和元年台風第15号による災害	0	0
令和元年台風第19号に伴う災害	1	3,000
令和２年７月３日からの大雨による災害	22	203,100
令和３年福島県沖を震源とする地震による災害	0	0
令和３年７月１日からの大雨による災害	0	0
台風第９号から変わった温帯低気圧に伴う大雨による災害	0	0
令和３年８月11日からの大雨による災害	0	0
令和４年福島県沖を震源とする地震による災害	36	236,790
令和４年７月14日からの大雨による災害	1	11,000
令和４年８月３日からの大雨による災害	2	23,500
令和４年台風第14号による災害	6	33,810
令和４年台風第15号による災害	14	103,800
令和４年12月17日からの大雪による災害	0	0
令和４年12月22日からの大雪による災害	0	0
令和５年１月24日からの大雪による災害	0	0
合計	98	829,440

（5）（株）日本政策金融公庫（中小企業向け業務）による融資

　株式会社日本政策金融公庫（中小企業向け業務）においては、被災中小企業者の資金需要に

十分配慮するとともに、個々の実情に応じて弾力的な対応を行った。

（6）被災農林漁業者に向けた災害関連資金の融通

ＪＡ等金融機関においては、被災した農林漁業者等に対して災害関連資金を融通した。さらに、甚大な自然災害については、災害関連資金の金利負担を貸付当初5年間軽減する措置を講じた。また、農業信用基金協会等においては、被災農林漁業者等の資金の借入れに対して保証を行った。さらに、甚大な自然災害については、保証料を保証当初5年間免除する措置を講じた。

（7）（株）商工組合中央金庫の融資

株式会社商工組合中央金庫においては、被災中小企業者の資金需要に十分配慮するとともに、個々の実情に応じて弾力的な対応を行った。

また、激甚災害の指定を受けた災害について

は、災害復旧貸付を実施し、被災中小企業者の事業再開に向けた資金繰りを支援した。

（8）信用保証協会による信用保証

信用保証協会においては、被災中小企業者の資金需要に十分配慮するとともに、個々の実情に応じて弾力的な対応を行った。

通常の保証限度額とは別枠で融資額の100%を保証するセーフティネット保証4号については、「災害救助法」が適用された時点で発動を決定するなど、自然災害に迅速かつ柔軟に対応することで、被災中小企業者の一層の安全・安心を確保した。

また、激甚災害の指定を受けた災害についても、通常の保証限度額とは別枠で融資額の100%を保証する災害関係保証を措置し、被災中小企業者の事業再開に向けた資金繰りを支援した。

（9）災害復旧高度化事業

都道府県と独立行政法人中小企業基盤整備機

（株）日本政策金融公庫（中小企業向け業務）の融資（令和4年度）

（単位：件、百万円）

災害名	災害貸付	
	件数	金額
東日本大震災	0	0
平成28年熊本地震	0	0
令和元年台風第15号による災害	0	0
令和元年台風第19号等に伴う災害	1	100
令和2年7月3日からの大雨による災害	7	373
令和3年福島県沖を震源とする地震による災害	0	0
令和3年7月1日からの大雨による災害	0	0
台風第9号から変わった温帯低気圧に伴う大雨による災害	0	0
令和3年8月11日からの大雨による災害	0	0
令和4年福島県沖を震源とする地震による災害	0	0
令和4年7月14日からの大雨による災害	0	0
令和4年8月3日からの大雨による災害	0	0
令和4年台風第14号による災害	0	0
令和4年台風第15号による災害	1	52
令和4年12月17日からの大雪による災害	0	0
令和4年12月22日からの大雪による災害	0	0
令和5年1月24日からの大雪による災害	0	0
合計	9	525

信用保証協会による信用保証の特例措置（令和4年度）

（単位：件、百万円）

災害名	セーフティネット保証4号・災害関係保証等	
	件数	金額
東日本大震災	1,626	44,956
令和元年台風第19号に伴う災害	0	0
令和2年7月3日からの大雨による災害	20	503
令和3年7月1日からの大雨による災害	0	0
令和3年8月11日からの大雨による災害	0	0
令和4年福島県沖を震源とする地震	36	618
令和4年7月14日からの大雨による災害	0	0
令和4年8月3日からの大雨による災害	10	157
令和4年台風第14号に伴う災害	10	179
令和4年台風第15号に伴う災害	190	2,209
令和4年12月17日からの大雪による災害	0	0
令和4年12月22日からの大雪による災害	0	0
令和4年山形県鶴岡市の土砂崩れ	0	0
令和5年1月24日からの大雪による災害	0	0
合計	1,892	48,621

構においては、大規模な災害により被害を受けた事業用施設を中小企業者が共同で復旧する事業に対して、個々の実情に応じて弾力的な対応を行った。

（10）小規模企業共済災害時貸付

独立行政法人中小企業基盤整備機構においては、「災害救助法」適用地域で罹災した小規模企業共済契約者に対し、原則として即日かつ低利で、共済掛金のうち、一定の範囲内で融資を行った。

（11）独立行政法人住宅金融支援機構の融資

独立行政法人住宅金融支援機構においては、被災家屋の迅速な復興を図るため、その建設・補修等について災害復興住宅融資を行った。

3-2 災害保険

（1）地震再保険

財務省においては、「地震保険に関する法律」（昭和41年法律第73号）に基づき地震再保険事業を運営しているところであるが、令和4年度においては、1回の地震等により政府が支払うべき再保険金の限度額を、当初予算において11兆7,751億円、補正予算において11兆8,083億円と定めて実施した。

（令和4年度決算額　74,508百万円）

（2）農業保険

農林水産省においては、「農業保険法」（昭和22年法律第185号）に基づき、農業経営の安定を図るため、農業者が災害その他の不慮の事故によって受ける損失を補塡する農業共済事業及びこれらの事故等によって受ける農業収入の減少に伴う農業経営への影響を緩和する農業経営収入保険事業を実施した。

（令和4年度決算額　72,687百万円）

（3）漁業保険

農林水産省においては、漁業者が不慮の事故によって受ける損失を補塡し、経営の維持安定を図るため、次の災害補償等を実施した。
・「漁業災害補償法」（昭和39年法律第158号）に基づき、漁業災害に関する漁業共済事業を実施した。

（令和4年度決算額　24,311百万円）
・「漁船損害等補償法」（昭和27年法律第28号）に基づき、漁船の損害及び船主の損害賠償責任等に関する保険事業を実施した。

（令和4年度決算額　5,129百万円）

（4）森林保険

国立研究開発法人森林研究・整備機構においては、森林所有者が火災、気象災及び噴火災によって受ける森林の損害を補塡し、林業経営の維持安定を図るため、「森林保険法」（昭和12年法律第25号）に基づき、森林災害に関する森林保険業務を実施した。

3-3 地方交付税及び地方債

総務省においては、以下のとおり災害復旧等に対する財政措置を行った。

（1）地方交付税による措置
a　特別交付税の交付

（単位：百万円）

区分	都道府県分	市町村分	合計
災害関連経費	14,549	42,536	57,085

b　普通交付税における災害復旧事業債元利償還金の基準財政需要額算入状況

（単位：百万円）

区分	都道府県分	市町村分	合計
災害復旧費	76,772	35,400	112,172

c　普通交付税の繰上交付の状況（単位：百万円）

交付年月日	対象団体	交付額	団体数	災害名
令和4.7.25	市町村分	1,322	2	令和4年7月14日からの大雨
4.8.10	市町村分	7,895	20	令和4年8月3日からの大雨
4.8.15	市町村分	5,922	15	令和4年8月3日からの大雨
4.9.28	市町村分	18,613	33	令和4年台風第14号
4.10.4	市町村分	5,495	7	令和4年台風第15号
4年度計	県分	0	0	
	市町村分	39,247	77	
	合計	39,247	77	

（2）災害関係地方債の発行（予定）額状況（通常収支分）

（単位：百万円）

区分	都道府県分	指定都市分	市町村分	市町村分計	合計
現年補助・直轄災害復旧事業	51,036.8	2,593.3	17,455.4	20,048.7	71,085.5
過年補助・直轄災害復旧事業	30,670.6	1,773.8	6,640.6	8,414.4	39,085.0
現年一般単独災害復旧事業	22,802.7	12,144.6	28,218.4	40,363.0	63,165.7
過年一般単独災害復旧事業	4,780.5	2,642.0	9,695.9	12,337.9	17,118.4
歳入欠かん等債	3,016.0	0.0	186.0	186.0	3,202.0
公共土木施設等小災害復旧事業	0.0	0.0	109.8	109.8	109.8
農地等小災害復旧事業	0.0	0.0	764.6	764.6	764.6
地方公営企業等災害復旧事業	1,729.8	77.2	2,318.6	2,395.8	4,125.6
火災復旧事業	0.0	248.0	2,048.2	2,296.2	2,296.2
合　　計	114,036.4	19,478.9	67,437.5	86,916.4	200,952.8

④ 災害復興対策等

4-1　被災者生活再建支援金の支給

（1）被災者生活再建支援金の支給

内閣府においては、「被災者生活再建支援法」（平成10年法律第66号）に基づき、被災者に支給される被災者生活再建支援金について、その半額（東日本大震災は5分の4）の補助を行った。

（令和4年度決算額　3,593百万円）

（2）被災者生活再建支援基金への拠出財源に対する地方財政措置

総務省においては、「被災者生活再建支援法」に基づき、各都道府県が被災者生活再建支援基金における運用資金のために拠出した経費に係る地方債の元利償還金について、引き続き普通交付税措置を講じた。

4-2　阪神・淡路大震災に関する復興対策

（1）震災復興事業に係る特別の地方財政措置

総務省においては、「被災市街地復興特別措置法」（平成7年法律第14号）に基づく「被災市街地復興推進地域」において被災地方公共団体が実施する土地区画整理事業及び市街地再開発事業について、引き続き国庫補助事業に係る地方負担額に充当される地方債の充当率を90％にするとともに、その元利償還金につい

て普通交付税措置を講じた。

（2）被災地域の再生等のための面的整備事業の推進

国土交通省においては、被災市街地復興推進地域等の再生、被災者のための住宅供給及び新都市核の整備のため、市街地再開発事業について、引き続き推進・支援した。

（令和4年度決算額
社会資本整備総合交付金の内数）

4-3　東日本大震災に関する復興対策

（1）個人債務者の私的整理に係る支援

金融庁においては、東日本大震災の影響によって既往債務を弁済できなくなった被災者が、「自然災害による被災者の債務整理に関するガイドライン」（平成27年12月25日策定）に基づき債務整理を行う場合における弁護士等の登録支援専門家による手続支援に要する経費の補助を行った。

（令和4年度決算額　107百万円）

（2）復興庁における対応

復興庁においては、復興に関する行政各部の事業を統括・監理する一環として、被災者支援、住宅再建・復興まちづくり、産業・生業（なりわい）の再生、原子力災害からの復興・再生、創造的復興等に関し、東日本大震災からの復興対策に係る経費を一括して計上した。

復興庁においては、東日本大震災からの復興対策に係る経費のうち、福島の復興・再生の加速化のための帰還支援や区域の荒廃抑制・保全など様々なニーズにきめ細かく対応するための市町村への支援の継続に係る経費等を執行し、東日本大震災からの復興を円滑かつ迅速に推進した。

（令和４年度決算額　18,670百万円）

（3）震災復興特別交付税

総務省においては、東日本大震災の復旧・復興事業に係る被災地方公共団体の財政負担について、被災団体以外の地方公共団体の負担に影響を及ぼすことがないよう、別枠で「震災復興特別交付税」を確保し、事業実施状況にあわせて決定・配分した。

（令和４年度　地方財政計画額106,939百万円）

（4）日本司法支援センター（法テラス）における復興対策

日本司法支援センター（法テラス）においては、「法テラス災害ダイヤル（0120-078309（おなやみレスキュー））」により、原発の損害賠償請求等の震災に起因するトラブルについて、その問題の解決や生活再建に役立つ法制度、相談窓口等についての情報提供を実施した。

（令和４年度決算額　17,666百万円の内数）

（5）登記事務処理の復興対策

法務省においては、東日本大震災における被災地復興の前提として、以下の施策を行った。
・被災者のための登記相談業務の委託
・復興に伴う登記事務処理体制の強化

（令和４年度決算額　24百万円）

（6）人権擁護活動の強化

法務省においては、人権擁護機関（法務省人権擁護局、全国の法務局及び人権擁護委員）が、震災に伴って生起する様々な人権問題に対し、人権相談を通じて対処するとともに、新たな人権侵害の発生を防止するための人権啓発活動を実施した。

（令和４年度決算額　３百万円）

（7）農林水産省の対策

農林水産省においては、引き続き、東日本大震災からの農林水産業の復興支援のための取組として、東日本大震災復興特別会計において以下の事業を実施した。

①災害復旧等事業
（令和４年度決算額　11,637百万円）
②農山漁村整備
（令和４年度決算額　9,181百万円）
③森林整備事業
（令和４年度決算額　4,704百万円）
④治山事業
（令和４年度決算額　1,612百万円）
⑤災害関連融資
（令和４年度決算額　1,139百万円）
⑥福島県高付加価値産地展開支援事業
（令和４年度決算額　1,590百万円）
⑦農畜産物放射性物質影響緩和対策事業
（令和４年度決算額　52百万円）
⑧福島県農林水産業復興創生事業
（令和４年度決算額　3,534百万円）
⑨放射性物質対処型森林・林業再生総合対策事業
（令和４年度決算額　3,523百万円）
⑩水産業復興販売加速化支援事業
（令和４年度決算額　3,204百万円）
⑪農林水産分野の先端技術展開事業
（令和４年度決算額　650百万円）
⑫安全な木材製品等流通影響調査・検証事業
（令和４年度決算額　91百万円）

（8）中小企業組合等共同施設等災害復旧事業

経済産業省においては、東日本大震災により甚大な被害を受け、特に復興が遅れている地域（岩手県、宮城県及び福島県の津波浸水地域並びに福島県の避難指示区域等）を対象に、中小企業等グループが作成した復興事業計画に基づく施設の整備等を行う費用の補助を行った。

（令和４年度決算額　2,940百万円）

4-4　平成23年（2011年）台風第12号による災害に関する復興対策

国土交通省の対策

国土交通省においては、大規模崩壊が多数発生し、現在も顕著な土砂流出が継続している紀伊山系等において土砂災害対策を集中的に行った。

4-5	平成26年（2014年）広島土砂災害に関する復興対策

国土交通省の対策

国土交通省においては、広島県広島市で土砂災害等が多数発生したため、被災地において土砂災害対策を集中的に行った。

4-6	平成26年（2014年）御嶽山噴火災害に関する復興対策

国土交通省の対策

国土交通省においては、関係機関への観測情報の提供など警戒避難体制の整備を支援した。

4-7	平成28年（2016年）熊本地震に関する復興対策

（1）農林水産省の対策

農林水産省においては、平成28年（2016年）熊本地震による災害の復旧対策として、以下の事業を実施した。
・農業施設災害復旧事業
被災した農林水産業施設・公共土木施設の復旧整備を実施した。
（令和4年度決算額　54,833百万円の内数）
・林業施設整備等利子助成事業
（令和4年度決算額　240百万円の内数）
・治山事業
（令和4年度決算額　91,931百万円の内数
※この他に農山漁村地域整備交付金の内数）

（2）国土交通省の対策

国土交通省においては、次の措置を講じた。
・土砂災害対策の推進
地震により地盤の緩んだ阿蘇地域において、土砂災害対策を行った。
・宅地耐震化の推進
被災宅地の再度災害を防止するための宅地の耐震化を支援した。
（令和4年度決算額　防災・安全交付金及び社会資本整備総合交付金の内数）
・被災市街地の早期復興のための復興まちづくりの推進
熊本地震により甚大な被害を受けた熊本県益城町中心部における早期復興に向け、主要な幹

線道路の整備や土地区画整理事業等によるまちの復興を支援した。
（令和4年度決算額　75,819百万円の内数
※この他に防災・安全交付金の内数）

4-8	平成29年（2017年）7月九州北部豪雨に関する復興対策

（1）農林水産省の対策

農林水産省においては、平成29年（2017年）7月九州北部豪雨を含む平成29年台風第3号及び梅雨前線による6月7日からの大雨による災害の復旧対策として以下の事業を実施した。
・災害復旧事業
被災した農林水産業施設・公共土木施設の復旧整備を実施した。
（令和4年度決算額　72,059百万円の内数）
・林業施設整備等利子助成事業
（令和4年度決算額　240百万円の内数）
・治山事業
（令和4年度決算額　91,931百万円の内数
※この他に農山漁村地域整備交付金の内数）
・森林整備事業
（令和4年度決算額　160,193百万円の内数）

（2）国土交通省の対策

国土交通省においては、次の措置を講じた。
・治水対策及び土砂災害対策の推進
国土交通省においては、甚大な被害を受けた流域において、再度災害の防止を目的に河川整備や砂防堰堤等の整備を行った。
・宅地耐震化の推進
福岡県朝倉市において、大規模な土砂災害により宅地の被害が発生したため、現地再建及び再度災害防止のため、堆積土砂を活用した宅地の嵩上げを支援した。
（令和4年度決算額　防災・安全交付金の内数）

4-9	平成30年（2018年）7月豪雨に関する復興対策

（1）農林水産省の対策

農林水産省においては、平成30年（2018年）7月豪雨を含む平成30年の梅雨期における豪雨及び暴風雨による災害の復旧対策として

以下の事業を実施した。
・災害復旧事業
　被災した農林水産業施設・公共土木施設の復旧整備を実施した。
　　（令和4年度決算額　72,059百万円の内数）
・林業施設整備等利子助成事業
　　　　（令和4年度決算額　240百万円の内数）
・治山事業
　　　（令和4年度決算額　91,931百万円の内数
　　　※この他に農山漁村地域整備交付金の内数）
・森林整備事業
　　（令和4年度決算額　160,193百万円の内数）
・漁業経営基盤強化金融支援事業
　　　（令和4年度決算額　139百万円の内数）

（2）国土交通省の対策

　国土交通省においては、再度災害の防止を目的に、甚大な被害を受けた岡山県等において治水対策を行うとともに、広島県等において土砂災害対策を集中的に行った。

4-10　平成30年（2018年）台風第21号に関する復興対策

農林水産省の対策

　農林水産省においては、平成30年（2018年）台風第21号による災害の復旧対策として、以下の事業を実施した。
・災害復旧事業
　被災した農林水産業施設・公共土木施設の復旧整備を実施した。
　　（令和4年度決算額　54,833百万円の内数）
・林業施設整備等利子助成事業
　　　　（令和4年度決算額　240百万円の内数）
・治山事業
　　　（令和4年度決算額　91,931百万円の内数
　　　※この他に農山漁村地域整備交付金の内数）
・森林整備事業
　　（令和4年度決算額　160,193百万円の内数）
・漁業経営基盤強化金融支援事業
　　　　（令和4年度決算額　139百万円の内数）

4-11　平成30年（2018年）北海道胆振東部地震に関する復興対策

（1）農林水産省の対策

　農林水産省においては、引き続き、平成30年（2018年）北海道胆振東部地震による災害の復旧対策として、以下の事業を実施した。
・災害復旧事業
　被災した農林水産業施設・公共土木施設の復旧整備を実施した。
　　（令和4年度決算額　54,833百万円の内数）
・林業施設整備等利子助成事業
　　　　（令和4年度決算額　240百万円の内数）
・治山事業
　　　（令和4年度決算額　91,931百万円の内数
　　　※この他に農山漁村地域整備交付金の内数）
・森林整備事業
　　（令和4年度決算額　160,193百万円の内数）
・漁業経営基盤強化金融支援事業
　　　　（令和4年度決算額　139百万円の内数）

（2）国土交通省の対策

　国土交通省においては、次の措置を講じた。
・土砂災害対策の推進
　国土交通省においては、甚大な被害を受けた北海道勇払郡厚真町等において、土砂災害対策を集中的に行った。
・宅地耐震化の推進
　国土交通省においては、被災宅地の再度災害を防止するための宅地の耐震化を支援した。
（令和4年度決算額　防災・安全交付金の内数）

4-12　平成30年（2018年）台風第24号に関する復興対策

農林水産省の対策

　農林水産省においては、平成30年（2018年）台風第24号による災害の復旧対策として、以下の事業を実施した。
・災害復旧事業
　被災した農林水産業施設・公共土木施設の復旧整備を実施した。
　　（令和4年度決算額　72,059百万円の内数）
・林業施設整備等利子助成事業
　　　　（令和4年度決算額　240百万円の内数）
・治山事業

（令和４年度決算額　91,931百万円の内数
※この他に農山漁村地域整備交付金の内数）
・森林整備事業
（令和４年度決算額　160,193百万円の内数）
・漁業経営基盤強化金融支援事業
（令和４年度決算額　139百万円の内数）

4-13　令和元年（2019年）8月の前線に伴う大雨に関する復興対策

農林水産省の対策

農林水産省においては、令和元年（2019年）8月の前線に伴う大雨を含む令和元年8月から9月の前線に伴う大雨（台風第10号、第13号、第15号及び第17号の暴風雨を含む。）、台風第19号等による災害の復旧対策として以下の事業を実施した。
・災害復旧事業
被災した農林水産業施設・公共土木施設の復旧整備を実施した。
（令和４年度決算額　72,235百万円の内数）
・林業施設整備等利子助成事業
（令和４年度決算額　240百万円の内数）
・治山事業
（令和４年度決算額　91,931百万円の内数
※この他に農山漁村地域整備交付金の内数）
・森林整備事業
（令和４年度決算額　160,193百万円の内数）
・漁業経営基盤強化金融支援事業
（令和４年度決算額　139百万円の内数）

4-14　令和元年（2019年）房総半島台風に関する復興対策

農林水産省の対策

農林水産省においては、令和元年（2019年）台風第15号を含む令和元年8月から9月の前線に伴う大雨（台風第10号、第13号、第15号及び第17号の暴風雨を含む。）、台風第19号等による災害の復旧対策として以下の事業を実施した。
・災害復旧事業
被災した農林水産業施設・公共土木施設の復旧整備を実施した。
（令和４年度決算額　55,009百万円の内数）
・林業施設整備等利子助成事業

（令和４年度決算額　240百万円の内数）
・治山事業
（令和４年度決算額　91,931百万円の内数
※この他に農山漁村地域整備交付金の内数）
・森林整備事業
（令和４年度決算額　160,193百万円の内数）
・漁業経営基盤強化金融支援事業
（令和４年度決算額　139百万円の内数）

4-15　令和元年（2019年）東日本台風に関する復興対策

（1）農林水産省の対策

農林水産省においては、令和元年（2019年）台風第19号を含む令和元年8月から9月の前線に伴う大雨（台風第10号、第13号、第15号及び第17号の暴風雨を含む。）、台風第19号等による災害の復旧対策として以下の事業を実施した。
・災害復旧事業
被災した農林水産業施設・公共土木施設の復旧整備を実施した。
（令和４年度決算額　74,205百万円の内数）
・林業施設整備等利子助成事業
（令和４年度決算額　240百万円の内数）
・治山事業
（令和４年度決算額　91,931百万円の内数
※この他に農山漁村地域整備交付金の内数）
・森林整備事業
（令和４年度決算額　160,193百万円の内数）
・漁業経営基盤強化金融支援事業
（令和４年度決算額　139百万円の内数）

（2）国土交通省の対策

国土交通省においては、次の措置を講じた。
・治水対策及び土砂災害対策の推進
国土交通省においては、再度災害の防止を目的に、甚大な被害を受けた長野県等において治水対策を行うとともに、宮城県等において土砂災害対策を集中的に行った。
・道路事業
国土交通省においては、広範囲で浸水による道路損傷が発生した国道349号において、「大規模災害からの復興に関する法律」（平成25年法律第55号）に基づく直轄権限代行による復旧工事を引き続き実施した。

（令和４年度決算額　71,534百万円の内数）

（3）経済産業省の対策

　経済産業省は、令和元年東日本台風等で被害を受けた事業者に対し、以下を実施した。
・中小企業組合等共同施設等災害復旧事業
　広範囲かつ甚大な被害を受けた地域を対象に、中小企業等グループが作成した復興事業計画に基づく施設の整備等を行う費用の補助を行った。

（令和４年度決算額　144百万円）

4-16　令和２年（2020年）7月豪雨に関する復興対策

（1）農林水産省の対策

　農林水産省においては、令和２年７月豪雨による災害の復旧対策として、以下の事業を実施した。
・災害復旧事業
　被災した農林水産業施設・公共土木施設の復旧整備を実施した。

（令和４年度決算額　76,168百万円の内数）
・林業施設整備等利子助成事業

（令和４年度決算額　240百万円の内数）
・治山事業

（令和４年度決算額　91,931百万円の内数
※この他に農山漁村地域整備交付金の内数）
・森林整備事業

（令和４年度決算額　160,193百万円の内数）
・漁業経営基盤強化金融支援事業

（令和４年度決算額　139百万円の内数）

（2）国土交通省の対策

　国土交通省においては、次の措置を講じた。
・治水対策及び土砂災害対策の推進
　国土交通省においては、再度災害の防止を目的に、甚大な被害を受けた熊本県等において治水対策を行うとともに、土砂災害対策を支援した。
・道路事業
　国土交通省においては、豪雨により流出した熊本県の球磨川沿いの橋梁10橋を含む国道219号や県道等の約100kmにおいて、「道路法」（昭和27年法律第180号）に基づく直轄権限代行による復旧工事を引き続き実施した。

（令和４年度決算額　71,534百万円の内数）
・宅地耐震化の推進
　被災宅地の現地再建及び再度災害防止を目的に、大規模な豪雨災害による浸水被害を受けた熊本県八代市等において、公共施設と宅地との一体的な嵩上げを支援した。
（令和４年度決算額　防災・安全交付金の内数）
・鉄道事業
　鉄軌道事業者が行う鉄道施設の災害復旧事業に対して補助を実施した。

（令和４年度決算額　1,905百万円）

（3）経済産業省の対策

　経済産業省は、令和２年７月豪雨で被害を受けた事業者に対し、以下を実施した。
・なりわい再建支援事業（中小企業等「新グループ補助金」）
　中小企業等が行う施設復旧等の費用の補助を実施した。

（令和４年度決算額　6,268百万円）

4-17　令和２年（2020年）台風第10号に関する復興対策

農林水産省の対策

　農林水産省においては、令和２年（2020年）台風第10号による災害の復旧対策として、以下の事業を実施した。
・災害復旧事業
　被災した農林水産業施設・公共土木施設の復旧整備を実施した。

（令和４年度決算額　75,636百万円の内数）
・林業施設整備等利子助成事業

（令和４年度決算額　240百万円の内数）
・治山事業

（令和４年度決算額　91,931百万円の内数
※この他に農山漁村地域整備交付金の内数）
・森林整備事業

（令和４年度決算額　160,193百万円の内数）
・漁業経営基盤強化金融支援事業

（令和４年度決算額　139百万円の内数）

4-18 令和2年（2020年）12月から令和3年（2021年）1月の大雪等に関する復興対策

農林水産省の対策

農林水産省においては、令和2年（2020年）12月から令和3年（2021年）1月の大雪等による災害の復旧対策として、以下の事業を実施した。

・林業施設整備等利子助成事業

（令和4年度決算額　240百万円の内数）

・治山事業

（令和4年度決算額　91,931百万円の内数）

※この他に農山漁村地域整備交付金の内数）

・森林整備事業

（令和4年度決算額　160,193百万円の内数）

・漁業経営基盤強化金融支援事業

（令和4年度決算額　139百万円の内数）

4-19 令和3年（2021年）福島県沖を震源とする地震に関する復興対策

（1）農林水産省の対策

農林水産省においては、令和3年（2021年）福島県沖を震源とする地震による災害の復旧対策として、以下の事業を実施した。

・災害復旧事業

被災した農林水産業施設・公共土木施設の復旧整備を実施した。

（令和4年度決算額　73,120百万円の内数）

・林業施設整備等利子助成事業

（令和4年度決算額　240百万円の内数）

・森林整備事業

（令和4年度決算額　160,193百万円の内数）

・漁業経営基盤強化金融支援事業

（令和4年度決算額　139百万円の内数）

（2）国土交通省の対策

国土交通省においては、鉄軌道事業者が行う鉄道施設の災害復旧事業に対して補助を実施した。

（令和4年度決算額　1,905百万円）

（3）経済産業省の対策

経済産業省は、令和3、4年福島県沖地震で被害を受けた事業者に対し、以下を実施した。

・中小企業施設等災害復旧費補助金（グループ補助金）

広範囲かつ甚大な被害を受けた地域を対象に、中小企業等グループが作成した復興事業計画に基づく施設の整備等を行う費用の補助を行った。

（令和4年度決算額　5,532百万円）

4-20 令和3年（2021年）7月1日からの大雨に関する復興対策

（1）農林水産省の対策

農林水産省においては、令和3年（2021年）7月1日からの大雨による災害の復旧対策として、以下の事業を実施した。

・災害復旧事業

被災した農林水産業施設・公共土木施設の復旧整備を実施した。

（令和4年度決算額　76,649百万円の内数）

・林業施設整備等利子助成事業

（令和4年度決算額　240百万円の内数）

・治山事業

（令和4年度決算額　91,931百万円の内数）

※この他に農山漁村地域整備交付金の内数）

・森林整備事業

（令和4年度決算額　160,193百万円の内数）

・漁業経営基盤強化金融支援事業

（令和4年度決算額　139百万円の内数）

（2）経済産業省の対策

経済産業省は、令和3年7月1日からの大雨により、大きな被害を受けた地域（静岡県熱海市）を対象に、小規模事業者が行う施設復旧等の費用の補助を行った。

4-21 令和3年（2021年）8月の大雨に関する復興対策

（1）農林水産省の対策

農林水産省においては、令和3年（2021年）8月の大雨による災害の復旧対策として、以下の事業を実施した。

・災害復旧事業

被災した農林水産業施設・公共土木施設の復旧整備を実施した。

（令和4年度決算額　76,646百万円の内数）

・林業施設整備等利子助成事業

（令和4年度決算額　240百万円の内数）
・治山事業
　（令和4年度決算額　91,931百万円の内数
　※この他に農山漁村地域整備交付金の内数）
・森林整備事業
　（令和4年度決算額　160,193百万円の内数）
・漁業経営基盤強化金融支援事業
　　（令和4年度決算額　139百万円の内数）

（2）国土交通省の対策
　国土交通省においては、甚大な被害を受けた
広島県等において、土砂災害対策を集中的に
行った。

（3）経済産業省の対策
　経済産業省においては、令和3年8月の大雨
により、大きな被害を受けた地域（佐賀県武雄
市、杵島郡大町町）を対象に、中小企業等が行
う施設復旧等の費用の補助を行った。
　　　　（令和4年度決算額　92百万円）

| 4-22 | 令和4年（2022年）福島県沖を震源とする地震に関する復興対策 |

（1）農林水産省の対策
　農林水産省においては、令和4年（2022年）
福島県沖を震源とする地震による災害の復旧対
策として、以下の事業を実施した。
・災害復旧事業
　被災した農林水産業施設・公共土木施設の復
旧整備を実施した。
　（令和4年度決算額　74,349百万円の内数）
・林業施設整備等利子助成事業
　　　（令和4年度決算額　240百万円の内数）
・治山事業
　　（令和4年度決算額　91,931百万円の内数
　※この他に農山漁村地域整備交付金の内数）
・森林整備事業
　（令和4年度決算額　160,193百万円の内数）
・漁業経営基盤強化金融支援事業
　　（令和4年度決算額　139百万円の内数）

（2）国土交通省の対策
　国土交通省においては、次の措置を講じた。
・道路事業
　国土交通省においては、地震により被災した

福島県の国道399号伊達橋において、「道路法」
に基づく直轄権限代行による復旧工事を実施し
た。
　　（令和4年度決算額　71,534百万円の内数）
・鉄道事業
　国土交通省においては、鉄軌道事業者が行う
鉄道施設の災害復旧事業に対して補助を実施し
た。
　　　（令和4年度決算額　1,905百万円）

| 4-23 | 令和4年（2022年）低気圧や前線による大雨に関する復興対策 |

（1）農林水産省の対策
　農林水産省においては、令和4年（2022年）
7月の低気圧や前線によって発生した大雨によ
る災害の復旧対策として、以下の事業を実施し
た。
・災害復旧事業
　被災した農林水産業施設・公共土木施設の復
旧整備を実施した。
　（令和4年度決算額　76,583百万円の内数）
・林業施設整備等利子助成事業
　　　（令和4年度決算額　240百万円の内数）
・治山事業
　　（令和4年度決算額　91,931百万円の内数
　※この他に農山漁村地域整備交付金の内数）
・森林整備事業
　（令和4年度決算額　160,193百万円の内数）
・漁業経営基盤強化金融支援事業
　　（令和4年度決算額　139百万円の内数）

（2）国土交通省の対策
　国土交通省においては、再度災害の防止を目
的に、令和4年7月の低気圧や前線による大雨
により甚大な被害を受けた宮城県等において治
水対策を行った。

| 4-24 | 令和4年（2022年）8月3日からの大雨等に関する復興対策 |

（1）農林水産省の対策
　農林水産省においては、令和4年（2022年）
8月3日からの大雨等による災害の復旧対策と
して、以下の事業を実施した。
・災害復旧事業

被災した農林水産業施設・公共土木施設の復旧整備を実施した。

（令和４年度決算額　76,586百万円の内数）
・果樹農業生産力増強総合対策
　　（令和４年度決算額　5,003百万円の内数）
・林業施設整備等利子助成事業
　　（令和４年度決算額　240百万円の内数）
・治山事業
　　（令和４年度決算額　91,931百万円の内数
　※この他に農山漁村地域整備交付金の内数）
・森林整備事業
　（令和４年度決算額　160,193百万円の内数）
・漁業経営基盤強化金融支援事業
　　（令和４年度決算額　139百万円の内数）

（2）国土交通省の対策

　国土交通省においては、再度災害の防止を目的に、甚大な被害を受けた石川県等において治水対策を行うとともに、新潟県等において土砂災害対策を集中的に行った。

（3）経済産業省の対策

　経済産業省においては、令和４年８月の大雨により、「災害救助法」の適用を受けた市町村を有する都道府県（石川県、山形県、新潟県）を対象に、小規模事業者が行う施設復旧等の費用の補助を行った。

4-25　令和４年（2022年）台風第14号に関する復興対策

（1）農林水産省の対策

　農林水産省においては、令和４年（2022年）台風第14号による災害の復旧対策として、以下の事業を実施した。
・災害復旧事業
　被災した農林水産業施設・公共土木施設の復旧整備を実施した。
　（令和４年度決算額　74,624百万円の内数）
・林業施設整備等利子助成事業
　　（令和４年度決算額　240百万円の内数）
・治山事業
　　（令和４年度決算額　91,931百万円の内数
　※この他に農山漁村地域整備交付金の内数）
・森林整備事業
　（令和４年度決算額　160,193百万円の内数）

・漁業経営基盤強化金融支援事業
　　（令和４年度決算額　139百万円の内数）

（2）国土交通省の対策

　国土交通省においては、甚大な被害を受けた宮崎県等において、土砂災害対策を集中的に行った。

（3）経済産業省の対策

　経済産業省においては、令和４年台風14号により、「災害救助法」の適用を受けた市町村を有する都道府県（宮崎県）を対象に、小規模事業者が行う施設復旧等の費用の補助を行った。

4-26　令和４年（2022年）台風第15号に関する復興対策

（1）農林水産省の対策

　農林水産省においては、令和４年（2022年）台風第15号による災害の復旧対策として、以下の事業を実施した。
・災害復旧事業
　被災した農林水産業施設・公共土木施設の復旧整備を実施した。
　（令和４年度決算額　73,057百万円の内数）
・林業施設整備等利子助成事業
　　（令和４年度決算額　240百万円の内数）
・治山事業
　　（令和４年度決算額　91,931百万円の内数
　※この他に農山漁村地域整備交付金の内数）
・森林整備事業
　（令和４年度決算額　160,193百万円の内数）
・漁業経営基盤強化金融支援事業
　　（令和４年度決算額　139百万円の内数）

（2）国土交通省の対策

　国土交通省においては、甚大な被害を受けた静岡県等において、土砂災害対策を集中的に行った。

（3）経済産業省の対策

　経済産業省においては、令和４年台風15号により、「災害救助法」の適用を受けた市町村を有する都道府県（静岡県）を対象に、小規模事業者が行う施設復旧等の費用の補助を行った。

（1）自然災害による被災者の債務整理に係る支援

金融庁においては、自然災害の影響によって既往債務を弁済できなくなった被災者が、「自然災害による被災者の債務整理に関するガイドライン」に基づき債務整理を行う場合における弁護士等の登録支援専門家による手続支援に要する経費の補助を行った。

（令和4年度決算額　107百万円）

（2）雲仙岳噴火災害に関する復興対策

国土交通省においては、水無川流域で砂防設備を整備するとともに、監視カメラ映像等の情報提供等、火砕流・土石流に対する警戒避難体制の整備を推進した。

（3）三宅島噴火災害に関する対策

国土交通省においては、泥流災害及び流木災害防止のため、砂防設備の整備を支援した。

（4）霧島山（新燃岳）災害による復興対策

国土交通省においては、土石流の発生に備え、砂防設備の整備を推進した。

（5）新潟県糸魚川市大規模火災に関する対策

国土交通省においては、糸魚川市の復興まちづくり計画の実現に向け、復興事業について支援した。

（令和4年度決算額　75,819百万円の内数）

（6）令和3年（2021年）海底火山「福徳岡ノ場」の噴火に係る漂流・漂着軽石に関する対策

農林水産省においては、漂流・漂着軽石による災害の復旧対策として、以下の事業を実施した。

・災害復旧等事業
漁港施設へ漂着した軽石除去等を支援した。
（令和4年度決算額　2,498百万円の内数）
・漁業経営基盤強化金融支援事業
（令和4年度決算額　139百万円の内数）
国土交通省においては、漂流・漂着軽石による災害の復旧対策として、以下の事業を実施した。

・港湾施設災害復旧事業
港湾施設へ漂着した軽石除去等を支援した。
（令和4年度決算額　5,233百万円の内数）

第6章　国際防災協力

① 多国間協力

（1）国際関係経費

内閣府においては、第3回国連防災世界会議で策定された「仙台防災枠組2015-2030」の普及・定着を図るとともに、我が国の災害から得られた経験・知見・技術を活かし、戦略的な国際防災協力の展開、アジア地域等における多国間防災協力に加え、その他二国間防災協力を推進した。

（令和4年度決算額　245百万円）

（2）新たな国際的な防災政策の指針・枠組みの推進経費

内閣府においては、第3回国連防災世界会議で策定された「仙台防災枠組2015-2030」が国内外において定着し、着実に実施されるよう、我が国の取組を共有するとともに、「仙台防災枠組2015-2030」の定着に資する国際防災協力を実施した。

（令和4年度決算額　3百万円）

（3）原子力防災に関する国際的な連携体制の構築

内閣府においては、原子力防災に係る取組の継続的な充実・改善のため、国際原子力機関（IAEA）の国際基準等や諸外国の制度・運用の調査・研究等を実施した。

（令和4年度決算額　11百万円）

（4）防災ICTシステムの国際展開の推進

総務省においては、地上デジタルテレビ放送日本方式の特徴の一つである緊急警報放送システム（EWBS）を活用した防災ICTシステムの普及に係る調査・実証、導入・運用の協力を行った。

（令和4年度決算額　59百万円）

（5）消防用機器等の国際動向への対応

消防庁においては、消防用機器等をめぐる国際動向を踏まえ、各種の規格・基準の整備等を含む必要な対応について調査・検討を行った。

（令和4年度決算額　1百万円）

（6）日本規格に適合した消防用機器等の競争力強化

消防庁においては、東南アジア諸国等における消防制度の整備状況や消防用機器等の導入実態の把握や、国内の製造事業者、認証機関等との海外展開に向けた制度的課題の検討等を通じて、日本規格適合品の海外展開を促進するとともに、東南アジア諸国等において消防技術に係る国際協力や日本の規格・認証制度の普及を図った。

（令和4年度決算額　9百万円）

（7）国際消防救助隊の海外派遣体制の推進

消防庁においては、国際消防救助隊の一層の能力強化を図るため、国際消防救助隊の連携訓練やセミナーの開催など、教育訓練の一層の充実を図った。

（令和4年度決算額　16百万円）

（8）消防防災インフラシステムの海外展開の推進

消防庁においては、国際消防防災フォーラムの場を活用し、日本企業による消防用機器等の紹介の場を設け、我が国企業と海外の消防防災関係者との関係構築を図った。

（令和4年度決算額　24百万円）

（9）国連・国際機関等への拠出

外務省においては、国連等と協力し「仙台防災枠組2015-2030」の着実な実施や「世界津波の日」の啓発活動等を推進するため、国連防災機関（UNDRR）への拠出等を行った。また、リアルタイムに世界の災害情報を提供するリリーフウェブ等を管理・運営する国連人道問題調整事務所（OCHA）の活動等を支援した。

（令和4年度決算額　1,220百万円
（UNDRR：627百万円、
OCHA：431百万円、その他162百万円））

（10）衛星を利用した防災に関する国際協力の推進

国立研究開発法人宇宙航空研究開発機構においては、アジア太平洋地域における衛星の災害関連情報の共有を目的として我が国が主導する「センチネルアジア」等の国際的な枠組みを通

じて、陸域観測技術衛星2号「だいち2号」（ALOS-2）の観測データ等を活用し、海外の災害状況把握に貢献した。

（11）防災分野の海外展開支援

国土交通省においては、世界における水防災対策の推進及び我が国の水防災技術の海外展開を進めるため、国連水会議2023等の国連における防災と水に関する国際会議等の活動を支援した。

（令和4年度決算額　65百万円）

（12）気象業務の国際協力

気象庁においては、アジア太平洋域各国に対し、台風や豪雨等の監視に資する静止気象衛星画像、台風の解析・予報に関する資料、季節予報資料及び気候監視情報等を提供するとともに、利用技術や人材育成を支援する活動を行った。

（13）北西太平洋津波情報の提供

気象庁においては、北西太平洋域における津波災害の軽減に資するため、米国海洋大気庁太平洋津波警報センターと連携し、津波の到達予想時刻や予想される高さ等を北西太平洋関係各国に対して提供した。

（14）油流出事故等に対する国際協力推進

海上保安庁においては、日本海及び黄海における海洋環境の保全を近隣諸国とともに進める「北西太平洋地域海行動計画（NOWPAP）」への参画や、各国関係機関との油防除に関するオンライン会議システムを利用した会議及び訓練を通じて、事故発生時に関係国が協力して対応できる体制の構築に努め、国際的な連携強化を推進した。

（令和4年度決算額　1百万円）

② 二国間協力

（1）消防の国際協力及び国際貢献の推進

消防庁においては、我が国がこれまで培ってきた消防防災の技術、制度等を広く紹介する国際消防防災フォーラムを、マルチ形式にてシンガポールで開催し、ASEAN諸国から7か国（カンボジア、シンガポール、タイ、フィリピン、ベトナム、マレーシア、ラオス）の消防防災関係者の参加を得て、幅広く、我が国の消防防災の知見や経験等の共有を図った。

（令和4年度決算額　2百万円）

（2）防災分野における「地球規模課題対応国際科学技術協力プログラム（SATREPS）」の活用

外務省・独立行政法人国際協力機構（JICA）及び文部科学省・国立研究開発法人科学技術振興機構（JST）においては、我が国の優れた科学技術と政府開発援助（ODA）との連携により、地球規模課題の解決に向けて、我が国と開発途上国の研究機関が協力して国際共同研究を実施するSATREPSにより、研究分野の一つとして防災分野における協力を行った。

（令和4年度決算額　JICA運営費交付金の内数、JST運営費交付金の内数）

（3）防災に関する国際協力の推進

国土交通省においては、我が国の防災に関する優れた技術や知見を活かし、新興国等の防災機能の向上に寄与するとともに、そのインフラ需要を取り込むため、「防災協働対話」など両国の産学官が一体となり、防災上の課題に対応した技術や解決策を追求する取組を引き続きインドネシア、ベトナム、フィリピン、トルコなどで実施した。さらに、新興国等を対象に、両国の近年の水害の状況、河川管理の体制、洪水対策等について情報交換や、今後の防災分野の協力に向けた意見交換を行うための会議を開催した。加えて平成26年6月に設立した産学官の協力体制を構築する組織である「日本防災プラットフォーム」を活用した。

（令和4年度決算額　40百万円）

概　要

① 科学技術の研究

防災・減災に係る研究開発、日本海溝海底地震及び東海・東南海・南海地震などの地震や津波に係る調査研究を進めるとともに、風水害、火山、雪害、火災等に関する各種災害に係る調査研究等を推進する。

② 災害予防

公的機関職員及び一般国民向けに各種の教育訓練の実施、官民における防災施設の整備、公的機関における防災体制や災害対応に係る整備、学校施設等の建築物の耐震化を推進する。また、災害に強い地域づくりなどを実施する。

③ 国土保全

治水事業、治山事業、地すべり対策事業、急傾斜地崩壊対策事業、海岸事業、農地防災事業、災害関連事業、地盤沈下対策事業、下水道における浸水対策等の各施策を推進する。

④ 災害復旧等

災害応急対策については、災害時に迅速かつ適切な救助活動が実施できるよう防災体制の整備を推進する。災害復旧・復興については、被災者生活再建支援金の支給、公共土木施設等における災害復旧事業等により、被災地の早期の復旧・復興を目指す。

⑤ 国際防災協力

我が国で平成27年3月に開催された第3回国連防災世界会議において策定された「仙台防災枠組2015-2030」の普及・定着を図るとともに、技術協力、無償資金協力及び有償資金協力により開発途上国に対する防災協力や災害救援を行う。

注）第3部に記載の予算額は全て当初予算である。

第3部　令和6年度の防災に関する計画

第1章 科学技術の研究

1 災害一般共通事項

（1）情報収集衛星による自然災害観測・監視技術

内閣官房内閣情報調査室においては、情報収集衛星を運用し、災害発生時に関係機関に対して情報収集衛星で撮像した被災地域の画像の提供を行うほか、大規模災害等事態が発生した場合において必要と認められるときは、情報収集衛星により得られた画像情報に基づく加工処理画像を公開して、被災等の状況の早期把握等に貢献する。

　令和6年度予算額　　　62,250百万円の内数
　令和5年度予算額　　　62,508百万円の内数

（2）総合科学技術・イノベーション会議による防災科学技術研究の推進

総合科学技術・イノベーション会議においては、第6期科学技術・イノベーション基本計画、統合イノベーション戦略等に基づき、我が国及び国民の安全・安心の確保に向けた取組の一環として防災・減災機能強化のための科学技術研究、危機管理技術等の研究開発の推進を図る。

①戦略的イノベーション創造プログラム（SIP）

令和5年度に開始した「戦略的イノベーション創造プログラム（SIP）」第3期の「スマート防災ネットワークの構築」において、現実空間とサイバー空間を高度に融合させ、先端ICT、AI等を活用した「災害対応を支える情報収集・把握のさらなる高度化」と「情報分析結果に基づいた個人・自治体・企業による災害への対応力の強化」を実現するため、国や地方自治体の災害対応に関する意思決定を支援するための情報システム等の研究開発及び社会実装の取組を推進する。

　令和6年度予算額
　　科学技術イノベーション創造推進費
　　　　　　　　　　　　55,500百万円の内数
　令和5年度予算額
　　科学技術イノベーション創造推進費
　　　　　　　　　　　　55,500百万円の内数

②研究開発とSociety5.0との橋渡しプログラム（BRIDGE）

内閣府においては、令和5年度に各省庁の研究開発のみならず施策のイノベーション化に向けた取組を支援する「研究開発とSociety5.0との橋渡しプログラム（BRIDGE）」を開始した。内閣府としても、各省庁におけるイノベーション化に向けた、防災・減災機能強化のための科学技術研究、危機管理技術等の研究開発等の施策に対して支援できるよう、引き続き各省庁と検討していく。

　令和6年度予算額
　　科学技術イノベーション創造推進費
　　　　　　　　　　　　55,500百万円の内数
　令和5年度予算額
　　科学技術イノベーション創造推進費
　　　　　　　　　　　　55,500百万円の内数

（3）防災リモートセンシング技術の研究開発

国立研究開発法人情報通信研究機構においては、電波や光を用いて広範囲の大気状況や地表面の様子を迅速に把握するリモートセンシング技術に関する研究開発を進める。また、総務省では膨大なリモートセンシングデータをリアルタイムで伝送するための研究開発を進めるとともに、国立研究開発法人情報通信研究機構と一体となってリモートセンシング技術の社会実装に取り組む。

（4）レジリエントICTに関する研究開発等

国立研究開発法人情報通信研究機構においては、大規模災害や障害等の様々な事象によって引き起こされる非連続な変化に対応が可能な、ネットワークの障害検知・予測及び適応制御技術、IoT等による柔軟な情報収集と総合的な可視化・解析の基盤技術、持続性に優れたレジリエントICT基盤技術等の研究開発を推進するとともに、研究開発成果の普及や社会実装について、継続的に取り組む。

（5）グローバル環境計測技術の研究開発

国立研究開発法人情報通信研究機構においては、雲、降水等の大気海洋圏の高精度計測のために、電波センサー技術、解析・検証技術等の研究開発を行う。

（6）宇宙天気予報の高度化の推進

国立研究開発法人情報通信研究機構においては、太陽活動や電離圏・磁気圏の変動によって航空無線、電力網、通信・放送・測位システムなどの社会インフラに異常を発生させるおそれがあることから、宇宙天気予報の24時間365日運用、予報の毎日2回配信等を引き続き着実に実施するとともに、警報の対象やユーザーへの影響を分かりやすく示した新たな警報基準を策定する等、宇宙天気予報の高度化に取り組む。

（7）消防防災科学技術研究推進制度（競争的研究費制度）の促進

消防庁においては、消防防災科学技術研究推進制度（競争的研究費制度）により、ＡＩの活用を含めたＤＸに関する研究開発を始め、消防防災行政に係る課題解決や重要施策推進のための研究開発、「統合イノベーション戦略2023」（令和5年6月9日閣議決定）等の政府方針に示された目標達成に資する研究開発に重点を置き、消防機関等が参画した産学官連携による研究開発を推進する。

令和6年度予算額 138百万円
令和5年度予算額 135

（8）災害時の消防力・消防活動能力向上に係る研究開発

消防庁消防研究センターにおいては、大規模自然災害時においてより多くの国民の生命を守るため、要救助者を迅速かつ安全に救助するための現場対応型情報収集システムと情報分析・評価手法の開発及び自力避難困難者の円滑かつ安全な避難に関する研究開発を行う。

令和6年度予算額 56百万円
令和5年度予算額 58

（9）衛星等による自然災害観測・監視技術

国立研究開発法人宇宙航空研究開発機構においては、陸域観測技術衛星2号「だいち2号」（ＡＬＯＳ-2）等を運用し、国内外の防災機関に大規模災害における被災地の観測画像の提供を行う等、災害状況の把握に貢献する。

（10）デジタル技術を活用した防災・減災に関する総合的な研究開発の推進

国立研究開発法人防災科学技術研究所においては、社会を構成する多様な主体が科学的知見に基づく適切な意思決定が行えるよう、防災・減災に係るデータの統合・流通基盤の整備や、復旧・復興までのモデル化とシミュレーション技術の開発、ハザード・リスク評価、対策・対応プロセスに関するシミュレーションを活用した研究開発を推進し、その成果を統合・可視化させた情報プロダクツを生成・利活用するための基盤整備を実施する。

（11）防災・減災のための基礎・基盤的研究開発の推進

国立研究開発法人防災科学技術研究所においては、地震・津波・火山、気象災害等やそれらが複合した災害の被害軽減に向けた研究開発を実施する。具体的には、陸海統合地震津波火山観測網（ＭＯＷＬＡＳ）のデータを活用した地震動等の情報を即時的・逐次的に提供するための研究開発や、火山災害の即時・推移予測技術等の研究開発、マルチセンシング技術やシミュレーション技術を活用した気象災害の予測技術やハザード評価技術の研究開発を実施する。

（12）農作物、農業用施設等の災害防止等に関する研究

国立研究開発法人農業・食品産業技術総合研究機構においては、耐冷性・耐寒性・耐湿性・高温耐性品種の育成や、作物の気象災害の防止技術に関する研究、農村地域の強靱化に資する防災・減災技術の開発に関する研究を行う。

（13）漁港・海岸及び漁村における防災技術の研究

国立研究開発法人水産研究・教育機構においては、漁村地域の防災・減災機能を強化するために、漁港施設・海岸保全施設の耐震・耐津波に関する研究を行う。

（14）港湾・海岸及び空港における防災技術の研究

国立研究開発法人海上・港湾・航空技術研究所においては、既往の災害で顕在化した技術的な課題への取組を継続しつつ、沿岸域における

第3部

令和6年度の防災に関する計画

災害の軽減と復旧に関する研究開発課題に取り組む。

（15）船舶における防災技術の研究

国立研究開発法人海上・港湾・航空技術研究所においては、船舶の安全性向上や海難事故防止に係る技術開発を進めることにより、海難事故を削減するため、海難事故等の原因究明手法の深度化、防止技術及び適切な再発防止策の立案に関する研究等を行う。

（16）災害等緊急撮影に関する研究

国土地理院においては、関係機関の迅速な災害対応に資することを目的に、デジタル航空カメラや航空機ＳＡＲ等を用いた、地震、火山噴火、水害等の被災状況の把握、迅速な情報提供を行うための手法の検討を行う。

令和6年度予算額	135百万円
令和5年度予算額	135

（17）自然災害からいのちと暮らしを守る国土づくりに関する研究

国立研究開発法人土木研究所においては、自然災害の外力が増大し激甚化しているとともに、自然災害の発生が頻発化していることへの対応として、災害予測技術の開発、大規模な外力に粘り強く耐える施設の開発など、新たな技術的課題へ即応するための研究開発を行う。

（18）気象・水象に関する研究

気象庁においては、気象研究所を中心に気象業務に関する技術の基礎及びその応用に関する研究を推進する。特に気象観測・予報については、台風や線状降水帯等による集中豪雨等の監視・予測技術に関する研究等を行う。また、地球温暖化対策に資するため、数値モデルの改良を行う。

令和6年度予算額	969百万円
令和5年度予算額	1,046

② 地震災害対策

2-1 地震に関する調査研究

（1）地震調査研究推進本部

地震調査研究推進本部（本部長：文部科学大臣）は、「地震調査研究の推進について　－地震に関する観測、測量、調査及び研究の推進についての総合的かつ基本的な施策（第3期）－」（令和元年5月31日地震調査研究推進本部決定）等の方針に基づき、地震調査研究を政府として一元的に推進する。文部科学省においては、上記方針等に基づき、活断層調査の総合的推進等を行う。

令和6年度予算額	680百万円
令和5年度予算額	738

（2）南海トラフ海底地震津波観測網の構築・運用

文部科学省においては、南海トラフ地震の想定震源域のうち、まだ観測網を設置していない西側の海域（高知県沖から日向灘）に新たに南海トラフ海底地震津波観測網（N-net）を構築し、得られた観測データを地震・津波研究へ活用するとともに、気象庁の各種業務への活用を進める（後掲　第1章3-1（1））。

令和6年度予算額	429百万円
令和5年度予算額	55

（3）海底地震・津波観測網の運用

文部科学省においては、海域で発生する地震・津波を即時に検知して緊急地震速報や津波警報等に活用するとともに、海域の地震発生メカニズムを精度良く解明するため、南海トラフ地震震源域に整備した地震・津波観測監視システム（ＤＯＮＥＴ）、新たに整備中の南海トラフ海底地震津波観測網（N-net）の一部及び東北地方太平洋沖を中心とする日本海溝沿いに整備した日本海溝海底地震津波観測網（S-net）を運用する。また、首都圏の揺れを詳細に観測し直下の地震活動等を高精度に把握することを目的とした首都圏地震観測網（MeSO-net）を運用する（後掲　第1章3-1（2））。

令和6年度予算額	1,109百万円
令和5年度予算額	1,157

（4）地震の発生及びその災害誘因の予測等に関する基礎的研究の推進

文部科学省においては、「災害の軽減に貢献するための地震火山観測研究計画（第3次）の推進について（建議）」（令和5年12月22日）に基づいた5か年計画（令和6～10年度）に

より、国立大学法人等における地震現象の解明、地震活動の予測、津波や地震動などの災害誘因の予測などに関する研究や、防災リテラシー向上のための研究を推進するとともに、南海トラフ沿いの巨大地震など、災害科学として特に重要な事象について総合的研究を実施し、関連分野間の連携強化を通じた「総合知」により成果創出を目指す。

（5）地震防災研究戦略プロジェクト

　文部科学省においては、「通常と異なる現象」が観測された場合の地震活動の推移を科学的に評価する手法開発や、被害が見込まれる地域を対象とした防災対策の在り方などの調査研究により、地震被害の軽減を図るため、「防災対策に資する南海トラフ地震調査研究プロジェクト」を実施する。

　また、これまで蓄積されてきた多様かつ大規模な地震データ等を活用し、ＩｏＴ・ビッグデータ・ＡＩといった情報科学分野の科学技術を採り入れた調査研究等を行い、従来の地震調査研究に革新的な知見をもたらすことを目指し、「情報科学を活用した地震調査研究プロジェクト」を実施する。

令和6年度予算額	415百万円
令和5年度予算額	566

（6）海域で発生する地震及び火山活動に関する研究開発

　国立研究開発法人海洋研究開発機構においては、海底地殻変動の連続かつリアルタイムな観測システム開発・整備、海底震源断層の広域かつ高精度な調査を実施する。さらに、観測データをもとに、より現実的なモデル構築及び推移予測手法の開発・評価を行う。また、海域火山の活動を把握するために海域火山活動観測システムを開発する（後掲　第1章5-2（2））。

（7）活断層評価の研究

　国立研究開発法人産業技術総合研究所においては、地形・地質学及び地球物理学的知見を取り入れて社会的に重要な陸域及び沿岸海域の活断層情報を収集し、過去の地震活動を解明する。また地震発生ポテンシャル評価のための地殻応力・地下構造情報の整備を行う。

（8）海溝型地震評価の研究

　国立研究開発法人産業技術総合研究所においては、南海トラフ地震の短期的な予測を目標とした地下水・地殻変動の観測施設の整備及び観測データの解析並びに地形・地質学的手法に基づいた過去の海溝型巨大地震・津波の発生履歴解明及び津波波源の推定を行う（後掲　第1章3-1（3））。

（9）地震災害予測の研究

　国立研究開発法人産業技術総合研究所においては、地震動予測や断層活動による地表変形を評価するため、都市に広がる平野部において地下地質情報の3次元モデル構築及び沿岸域の地質や地盤による地震動特性の違いに関する研究を進める。また、過去の地震を再現できる高度化した震源断層モデルの開発や断層破壊メカニズムの解明を進める。

（10）防災・減災に資する地殻変動情報の抽出関連研究の推進

　国土地理院においては、地殻活動モニタリングを強化し、また地殻活動を解明するため、測地観測データを用いた研究を行う。また、地震予知連絡会を開催し、地震予知に関する調査・観測・研究の情報交換及び学術的検討を行う。

令和6年度予算額	85百万円の内数
令和5年度予算額	64百万円の内数

（11）測地技術を用いた地殻変動の監視

　国土地理院においては、電子基準点等によるＧＮＳＳ連続観測や、人工衛星の観測データを用いたＳＡＲ干渉解析等により地殻変動の監視を行い、得られた情報を災害対策の判断に資する資料として防災関係機関等へ提供する（後掲第2章5-3（4））。

令和6年度予算額	1,050百万円の内数
令和5年度予算額	1,090百万円の内数

（12）地震に関する調査研究

　気象庁においては、気象研究所を中心に地震の監視・予測技術の開発・改良に関する研究を推進する。また、南海トラフで発生する地震の規模、破壊領域やゆっくりすべりの即時把握に関する研究等を行う（後掲　第1章3-1（4））。

令和6年度予算額	30百万円の内数

（13）地震観測等

気象庁においては、全国における地震観測、地殻岩石ひずみ観測、地磁気観測等を行う。また、気象庁及び関係機関の地震に関する基盤的調査観測網のデータを収集し、その成果を防災情報等に活用するとともに、地震調査研究推進本部地震調査委員会に提供する（後掲　第2章2-3（10）、3-3（5））。

令和6年度予算額	1,392百万円
令和5年度予算額	1,388

（14）海底地殻変動観測等

海上保安庁においては、巨大地震の発生が懸念されるプレート境界域における海底基準局を用いた海底地殻変動観測、験潮所による地殻変動監視観測、人工衛星レーザー測距観測を実施し、プレート運動の把握等を行う。

令和6年度予算額	48百万円
令和5年度予算額	51

2-2　震災対策一般の研究

（1）都市のレジリエンス高度化に関する研究開発

国立研究開発法人防災科学技術研究所においては、今後発生が懸念されている南海トラフ地震や首都直下地震等により引き起こされる大規模災害に対して都市における社会経済活動が確実に継続できるレジリエントな社会を目指して、実大三次元震動破壊実験施設（E－ディフェンス）による震動実験及び震動実験を再現するシミュレーションを活用し、都市空間内の構造物等の特性が動的に変化する状態を定量的に評価する技術及びその評価結果を尺度にした都市のレジリエンスを向上させる技術の研究開発を行う。また、実験施設の保守・管理の推進と利活用の促進及び実験支援を継続的に実施する。

（2）漁港・海岸及び漁村の地震災害防止と減災技術に関する研究

国立研究開発法人水産研究・教育機構においては、漁港施設・海岸保全施設の防災・減災手法の開発に関する研究を行う。

（3）農業用基幹施設の防災及び減災技術に関する研究

国立研究開発法人農業・食品産業技術総合研究機構においては、農業用ダム、ため池やパイプライン等の農業用基幹施設を対象とした防災・減災技術に関する研究を行う。

（4）巨大地震等に対する建築物の安全性向上及び地震後の継続使用性評価に関する研究開発

国立研究開発法人建築研究所においては、引き続き、巨大地震や風水害等の自然災害に対する住宅・建築の損傷や倒壊防止等のための構造安全性等の確保に関する研究開発及び建築物や都市の継続使用性の確保に関する研究開発を行う。

（5）大規模地震に対するインフラ施設の機能確保技術の開発

国立研究開発法人土木研究所においては、大規模地震に対する被害軽減及び早期機能回復等に貢献するため、橋梁や土工構造物を対象として、耐震性能評価に基づく被害予測の向上、耐震補強技術による被害の最小化、致命的な被害に至りにくく速やかな応急復旧が可能となる構造の実現に向けた技術の開発を行う。

（6）港湾・海岸及び空港土木施設の地震災害防止に関する研究

国立研究開発法人海上・港湾・航空技術研究所においては、地震災害の軽減や復旧のために、液状化による沈下・流動の新たな予測手法の開発、地震学的・地盤工学的知見に基づく地震動の事後推定技術に関する研究を行う。

（7）強震観測

国土交通省国土技術政策総合研究所においては、土木構造物の被害メカニズムの解明や合理的な耐震設計法を確立するため、強震観測網の維持管理並びに地震動の観測及び解析を継続する。

令和6年度予算額	11百万円
令和5年度予算額	11

③ 津波災害対策

3-1 津波に関する調査研究

（1）南海トラフ海底地震津波観測網の構築・運用
（再掲　第1章2-1（2））

（2）海底地震・津波観測網の運用
（再掲　第1章2-1（3））

（3）海溝型地震評価の研究
（再掲　第1章2-1（8））

（4）津波に関する調査研究
（再掲　第1章2-1（12））

気象庁においては、気象研究所を中心に、津波予測精度の向上のため、多点観測データ等を用いた津波の即時的予測手法の高度化に関する研究、遠地津波の後続波と減衰特性のモデル化に関する研究等を行う。

　　令和6年度予算額　　　　30百万円の内数
　　令和5年度予算額　　　　31百万円の内数

3-2 津波対策一般の研究

（1）農村地域の減災及び防災技術に関する研究
国立研究開発法人農業・食品産業技術総合研究機構においては、農地海岸やその後背地の農地の津波災害に対する防災・減災技術に関する研究を行う。

（2）漁港・海岸及び漁村の津波災害防止に関する研究
国立研究開発法人水産研究・教育機構においては、漁港施設・海岸保全施設の津波対策に関する研究を行う。

（3）海岸防災林の津波に対する耐性の強化に関する研究
国立研究開発法人森林研究・整備機構においては、再生する海岸防災林の津波に対する耐性を強化するための研究を行う。

（4）積雪寒冷地における津波防災・減災に関する研究
国立研究開発法人土木研究所においては、海氷を伴う津波に対する防災・減災に貢献するため、港湾等の構造物に作用する海氷の外力推定技術やアイスジャムの形成予測技術の開発を行う。

（5）港湾・海岸及び空港土木施設の津波災害防止に関する研究
国立研究開発法人海上・港湾・航空技術研究所においては、津波災害の軽減や復旧のために、津波漂流物リスクの脆弱性と対策効果の定量的評価に関する研究を行う。

④ 風水害対策

（1）リモートセンシングによる気象稠密観測
国立研究開発法人情報通信研究機構においては、雨や風、水蒸気等を精密・迅速に計測するための電波や光を用いたリモートセンシング技術に関する研究開発及びゲリラ豪雨や線状降水帯などの災害対策に資する観測データの利活用手法に関する研究開発を行う。

（2）風水害に関する研究
国立研究開発法人防災科学技術研究所においては、気候変動の影響等に伴い激甚化・広域化する風水害、土砂災害等の気象災害の被害を軽減するため、レーダー技術等を活用したマルチセンシング技術と数値シミュレーション技術を活用し、ゲリラ豪雨や突風・降雹・雷等を伴う危険な積乱雲等の早期検知や発生メカニズムの解明及び観測技術に関する研究を進めるなど、気象災害の予測技術開発やハザード評価技術等の研究開発を実施する。

（3）豪雨時の農村地域の防災・減災に関する研究
国立研究開発法人農業・食品産業技術総合研究機構においては、農村地域の豪雨災害に対する防災・減災技術に関する研究を行う。

（4）豪雨・地震・強風時の山地災害対策に関する研究
国立研究開発法人森林研究・整備機構におい

ては、豪雨・地震・強風による山地災害の発生
源対策のために必要となる崩壊・地すべり・土
石流・森林の強風害の発生機構や流木対策、森
林の崩壊防止機能に関する研究を行う。

（5）漁港・海岸及び漁村の高波・高潮災害防止に関する研究

国立研究開発法人水産研究・教育機構におい
ては、漁港施設・海岸保全施設の高波・高潮災
害対策に関する研究を行う。

（6）水災害の激甚化に対する流域治水の推進支援技術の開発

国立研究開発法人土木研究所においては、流
域治水を推進し水災害の防止・軽減等に貢献す
るため、将来の水災害外力の想定、流域治水に
よる取組の実現や効果の評価、適切な洪水リス
ク情報の提供及び社会の強靱化に向けた技術の
開発を行う。

（7）気候変動下における継続的な流域及び河道の監視・管理技術の開発

国立研究開発法人土木研究所においては、気
候変動下における河川が持つ多様な機能の確保
と防災・減災に資する河川の管理に貢献するた
め、令和4年度に拡充した研究内容に沿って、
自然史・社会史両面から検討を深め、研究課題
の整理と必要な技術の開発を進める。

（8）顕在化した土砂災害へのリスク低減技術の開発

国立研究開発法人土木研究所においては、土
砂災害の防止・軽減等に貢献するため、顕在化
した土砂災害危険箇所の抽出やハザードエリア
設定、適切な事前対策工の実施に向けた技術の
開発を行う。

（9）水災害・リスクマネジメント国際センター（ICHARM）による研究開発等

国立研究開発法人土木研究所水災害・リスク
マネジメント国際センター（ICHARM）に
おいては、国内外の関連機関等と連携を図りつ
つ、世界の水関連災害の防止・軽減に貢献する
ために、革新的な研究・効果的な能力育成・効
率的な情報ネットワーク活動及び各種国際プロ
ジェクトを一体的に推進する。

（10）港湾・海岸及び空港土木施設の高潮・高波災害防止に関する研究

国立研究開発法人海上・港湾・航空技術研究
所においては、高潮・高波災害の軽減や復旧の
ために、海象観測データの集中処理・解析に基
づく海象特性の解明、機動的な高潮評価技術の
開発、港内施設の設計波浪外力の算定法に関す
る研究、海面上昇と波高増大が外郭施設に及ぼ
す影響に関する研究を行う。

（11）事前防災対策による安全な市街地形成のための避難困難性評価手法に関する研究

国土交通省国土技術政策総合研究所において
は、災害時における円滑かつ迅速な避難確保を
図り、人的被害を最小化するため、市街地の避
難困難性評価手法及びリスクコミュニケーショ
ン支援技術に関する研究を行う。

令和6年度予算額	11百万円
令和5年度予算額	11

（12）土石流・土砂流の2次元河床変動計算等による細やかなリスク情報に基づく情報提供手法に関する研究

国土交通省国土技術政策総合研究所において
は、土石流について氾濫範囲の相対的な危険度
を示すための計算方法、土砂流について氾濫被
害のおそれのあるエリアを示す蓋然性の高い境
界条件設定方法に関する研究を行う。

令和6年度予算額　　　　　　　12百万円

⑤ 火山災害対策

5-1 火山調査研究の推進に関する取組

（1）火山調査研究推進本部

文部科学省においては、令和5年6月に改正
された活動火山対策特別措置法（昭和48年法
律第61号）に基づき、令和6年4月に設置さ
れる火山調査研究推進本部（本部長：文部科学
大臣）の着実な運営や、活動的火山の精密構
造・噴火履歴等の基盤調査、常時観測点の強
化・運用を行う。

令和6年度予算額　　　　　　　350百万円

（2）火山の機動観測体制の構築

文部科学省においては、火山噴火時など機動

的・重点的な観測が必要な火山の観測を行うため、火山調査研究推進本部の指示の下、国立研究開発法人防災科学技術研究所における、大学・研究機関等との協力による機動観測体制を構築する。

 令和6年度予算額   100百万円
 令和5年度予算額   100

（3）火山の研究開発や火山専門家の育成・継続的な確保の推進

・即戦力となる火山人材育成プログラム
 文部科学省においては、火山研究者を目指す社会人への学び直しの機会提供や、関連分野の研究者等の火山研究への参画促進、自治体等における実務者への火山の専門知識・技能の取得支援等を行うことで、幅広い知識・技能を習得した即戦力となる火山研究・実務人材の育成を目指す。

 令和6年度予算額   106百万円
・次世代火山研究・人材育成総合プロジェクト
 文部科学省においては、火山災害の軽減に貢献するため、従前の観測研究に加え、他分野との連携・融合を図り「観測・予測・対策」の一体的な研究の推進及び広範な知識と高度な技術を有する火山研究者の育成を目指す。

 令和6年度予算額   530百万円
 令和5年度予算額   636

5-2 火山災害対策一般の研究等

（1）火山噴火及びその災害誘因の予測等に関する基礎的研究の推進

 文部科学省においては、「災害の軽減に貢献するための地震火山観測研究計画（第3次）の推進について（建議）」（令和5年12月22日）に基づいた5か年計画（令和6～10年度）により、国立大学法人等における火山現象の解明、火山噴火の発生や推移の予測、火山灰や溶岩の噴出などの災害誘因の予測などに関する基礎的研究や、防災リテラシー向上のための研究を推進するとともに、大規模火山噴火など、災害科学として特に重要な事象について総合的研究を実施し、関連分野間の連携強化を通じた「総合知」による成果創出を目指す。

 国立研究開発法人産業技術総合研究所においては、火山噴火予知研究の推進のため、活動的

火山の噴火履歴、災害実績・活動状況等の地質学的調査及び噴火機構やマグマ上昇過程モデル化のための観測研究・実験的研究を行う。

（2）海域で発生する地震及び火山活動に関する研究開発

（再掲 第1章2-1（6））

（3）火山噴火に起因した土砂災害の減災手法に関する研究

 国立研究開発法人土木研究所においては、火山噴火に起因した土砂災害に対する緊急減災技術や事前対策技術の開発に関する研究を行う。

（4）火山現象に関する研究

 気象庁においては、気象研究所を中心に火山現象の即時的把握及び予測技術の高度化に関する研究等を推進する。また、火山噴火予知連絡会や令和6年4月に設置される火山調査研究推進本部を通じて関係機関と緊密な連携を図り、火山現象に関する研究を推進する。

 令和6年度予算額   42百万円
 令和5年度予算額   42

（5）海域火山の活動状況把握

 海上保安庁においては、航空機による南方諸島及び南西諸島方面における海域火山の温度分布や火山性変色水の分布等の調査を行い、海域火山基礎情報の整備及び提供を引き続き行う。

 令和6年度予算額   1百万円
 令和5年度予算額   1

6 雪害対策

（1）雪氷災害に関する研究

 国立研究開発法人防災科学技術研究所においては、集中豪雪、雪崩、吹雪、着雪、屋根雪、道路雪氷等による雪氷災害を軽減するために、ステークホルダーとの協働により、ニーズに合った雪氷災害情報の創造・社会実装を目指し、雪氷災害に関するモニタリング技術及び面的予測モデル等の研究開発を実施する。

（2）雪崩及び冠雪害に関する研究

 国立研究開発法人森林研究・整備機構においては、森林の雪崩災害軽減機能の解明のため、

雪崩発生に関わる気象条件や積雪状態、雪崩の流下や森林の倒壊状況の調査研究を行う。また、樹木着雪による倒木被害の発生予測技術に関する研究を行う。

（3）雪崩対策に関する研究

国立研究開発法人土木研究所においては、雪崩災害を防止・軽減するため、雪崩の三次元計測結果等を用いて雪崩災害ハザードエリア評価技術の開発を行う。

（4）積雪寒冷地における雪氷災害の被害軽減等に関する研究

国立研究開発法人土木研究所においては、積雪寒冷地における雪氷災害の被害軽減や冬期道路交通サービスの確保に貢献するため、極端気象時の冬期道路管理の判断を支援する技術や、吹雪対策施設の性能評価と防雪機能確保・向上技術の開発に加え、除雪の作業・安全支援や省力化・自動化技術及び冬期道路交通の安全性向上を図る技術の開発を行う。

火災対策

（1）火災に関する研究

消防庁においては、次の研究を行う。
・市街地火災による被害を抑制するための研究開発
首都直下地震のような地震直後の市街地同時多発火災や、糸魚川市大規模火災のような平常時の市街地火災による被害拡大を抑えるために、火災件数と死傷者数や焼損棟数などの予測・可視化ツール、火災延焼シミュレーションに基づく消防力・消防水利の評価手法、火災旋風の発生予測方法の研究開発を行う。

| 令和6年度予算額 | 60百万円 |
| 令和5年度予算額 | 59 |

・消火活動困難な火災に対応するための消火手法の研究開発
大規模倉庫等の火災など消火活動が極めて困難な火災を消火するために、大規模倉庫等の建物構造や可燃物の集積状況の調査、最適な消火手法及び延焼阻止手法（消火剤、投入方法、投入量等）の検証・開発、建物外壁から離れ、消火剤が届きにくい区画に効果的に消火剤を投入する手法の研究開発を行う。

| 令和6年度予算額 | 38百万円 |
| 令和5年度予算額 | 38 |

・火災・危険物流出等事故原因調査に関する研究
特異な火災事案が発生した際、今後の防火安全対策に有効な知見を得るために火災原因調査を行い、火災原因調査技術の高度化を図るために必要な現地調査用資機材、サンプル採取・分析方法、火災現象の再現方法、火災原因の推定・特定手順等について体系的な調査研究を行う（後掲　第1章8（1））。

| 令和6年度予算額 | 26百万円 |
| 令和5年度予算額 | 22 |

・火災原因調査と火災避難の高度化に関する研究開発
科学的な火災原因調査に基づいた出火防止対策の実施や増加する高層建築物からの避難安全対策のため、火災現場残渣物の同定及び液体衝突帯電とミスト爆発の解明による火災原因調査の高度化と、高層建築物の順次避難における避難順序算定方法に関する研究・開発を行う。

| 令和6年度予算額 | 40百万円 |
| 令和5年度予算額 | 40 |

（2）林野火災に関する一般研究

国立研究開発法人森林研究・整備機構においては、林野火災対策として、林野火災の発生・拡大危険度に関する研究を行う。

（3）建築物や都市の火災安全性向上技術の研究開発

国立研究開発法人建築研究所においては、引き続き、火災による被害の軽減等による住宅・建築・都市の高度な火災安全性の確保に向けた技術に関する研究開発を行う。

（4）建築火災時の避難弱者の行動特性に基づく避難安全設計に関する研究

国土交通省国土技術政策総合研究所においては、高齢者、車いす使用者、妊婦等のいわゆる避難弱者が安心して建築物を利用できるよう、建築火災避難時のバリアフリー化に関する避難安全設計ガイドラインの作成を行う。

| 令和6年度予算額 | 12百万円 |

⑧ 危険物災害対策

（1）危険物災害の防止に関する研究

消防庁においては、次の研究を行う。

・危険物施設における火災等事故・地震災害を抑止するための研究

危険物施設における火災等の事故及び地震等による災害を抑止するために、石油タンクの地震被害予測高精度化のための研究と化学物質等の製造・貯蔵工程における火災危険性の評価方法に関する研究を行う。

令和6年度予算額	60百万円
令和5年度予算額	54

・地下タンクの健全性診断に係る研究開発

防食ライニングが施工された危険物の地下タンクの経年劣化について、タンクが将来継続して使用可能か否かを適切に判断するため、ライニング鋼板の腐食劣化の定量的評価を行い、地下タンクの健全性診断手法を研究開発する。

令和6年度予算額	31百万円
令和5年度予算額	35

・火災・危険物流出等事故原因調査に関する研究

（再掲　第1章7（1））

（2）爆発防止等に関する研究

国立研究開発法人産業技術総合研究所においては、火薬類に代表される爆発性化学物質や水素等の可燃性ガスの爆発安全及び利用技術の研究を行い、爆発防止及び爆発影響低減化技術の開発を行う。また、産業保安分野では、事故事例データベース等を整備し共通基盤技術の研究を行う。

⑨ 原子力災害対策

（1）農用地、農作物等の原発事故対応の研究

国立研究開発法人農業・食品産業技術総合研究機構においては、原発事故に対応し、農地土壌における放射性物質の汚染状況の解明、農作物等における放射性物質の移行動態の解明に関する研究を行う。

（2）原子力発電所等の地震・津波等の外部事象に対する安全性の評価等

原子力規制委員会においては、新規制基準を踏まえた原子力発電所等の地震・津波等の外部事象に対する安全性を厳正に評価・確認するために、東北地方太平洋沖地震、熊本地震を踏まえた知見等を収集・反映し、新規制基準適合性に係る審査の技術的判断根拠の整備等を行い、研究報告等に取りまとめ、公表する。

令和6年度予算額	1,404百万円
令和5年度予算額	1,413

（3）原子力発電所等におけるシビアアクシデント対策

原子力規制委員会においては、原子力発電所等におけるシビアアクシデントの発生防止及び発生時の的確な対応のために、東京電力株式会社福島第一原子力発電所事故の教訓を規制に反映するための新たな技術的な課題解決に取り組み、研究報告等に取りまとめ、公表する。

令和6年度予算額	847百万円
令和5年度予算額	993

第2章　災害予防

1 災害一般共通事項

1-1 教育訓練

（1）政府における訓練・研修

　内閣府においては、9月1日の「防災の日」総合防災訓練等を実施するとともに、11月5日の「津波防災の日」の前後の期間を中心に、住民参加の地震・津波防災訓練を実施する。また、国、地方公共団体等の職員に対して、防災スペシャリスト養成研修等を実施する。

| 令和6年度予算額 | 220百万円 |
| 令和5年度予算額 | 191 |

（2）実践的な防災教育や避難訓練の実施促進

　内閣府においては、防災・減災、国土強靱化新時代に向けて、全てのこどもが災害から生命を守る能力を身に付けられるように、実践的な防災教育や避難訓練の実施促進に取り組む。

（3）民間の認定こども園、幼稚園、保育所等における防災対策の推進

　こども家庭庁においては、民間の認定こども園、幼稚園、保育所等における火災、地震等の災害時に備え、防災教育等の防災対策を図るために要する費用を負担する。

| 令和6年度予算額 | 1,661,736百万円の内数 |
| 令和5年度予算額 | 1,594,795百万円の内数 |

（4）警察庁における教育訓練

　警察庁においては、都道府県警察の幹部に対して災害応急対策等についての教育訓練を行うほか、都道府県警察に対して、災害警備本部の設置・運営訓練や関係機関と連携した訓練の実施を指示する。また、警察災害派遣隊による実戦的な合同訓練を行うこととし、特に、警察災害派遣隊の中核である広域緊急援助隊では、所要の合同訓練等を行うとともに、機動警察通信隊では、より迅速な情報収集活動や通信手段確保のための実戦的な訓練を行う。

（5）非常通信協議会における非常通信訓練の実施等

　非常通信協議会（非常通信に携わる関係省庁、地方公共団体、指定公共機関等約2,200者から構成）においては、災害時における円滑な通信の確保を目的として、非常通信計画の策定、全国非常通信訓練等を実施する。

（6）災害時外国人支援情報コーディネーター養成研修の実施

　総務省においては、災害時に行政等から提供される災害や生活支援等に関する情報を整理し、避難所等にいる外国人被災者のニーズとのマッチングを行う災害時外国人支援情報コーディネーターを養成する研修を実施する。

| 令和6年度予算額 | 7百万円の内数 |
| 令和5年度予算額 | 7百万円の内数 |

（7）消防庁消防大学校における教育訓練

　消防庁消防大学校においては、国及び都道府県の消防の事務に従事する職員並びに市町村の消防職員及び消防団員に対し、火災、風水害、地震、津波、危険物災害等の各種災害に対する消防防災体制の強化のための知識・技術の修得や実践的な指揮訓練・図上訓練など、幹部として必要な教育訓練を行う。

| 令和6年度予算額 | 465百万円 |
| 令和5年度予算額 | 463 |

（8）法務省における教育訓練

　法務省においては、災害等非常事態における法務省関係機関相互の情報連絡手段を確保し、災害情報等を迅速かつ確実に収集・伝達するため、衛星携帯電話等で構成される法務省緊急連絡体制に基づく通信訓練を行う。

| 令和6年度予算額 | 30百万円 |
| 令和5年度予算額 | 30 |

（9）防災教育の充実

　文部科学省においては、セーフティプロモーションスクール等の考え方を取り入れた防災教育を含む学校安全の組織的取組、外部専門家の活用、学校間の連携の促進を通じた地域全体での学校安全体制の構築、教職員に対する研修の実施に対して支援する。

| 令和6年度予算額 | 295百万円の内数 |
| 令和5年度予算額 | 343百万円の内数 |

（10）独立行政法人国立病院機構における教育訓練

独立行政法人国立病院機構においては、医師・看護師等の医療従事者を対象に災害医療についての研修を実施する。

（11）ＮＢＣ災害・テロ対策研修の実施

厚生労働省においては、ＮＢＣ（核、生物剤及び化学剤）災害及びテロに対し適切な対応ができる医師等を養成するため、救命救急センターや災害拠点病院の医療従事者を対象にＮＢＣ災害・テロに関する専門知識、技術及び危機管理能力を習得するための研修を実施する。

令和6年度予算額	7百万円
令和5年度予算額	7

（12）日本赤十字社の救護員養成事業に対する補助

厚生労働省においては、日本赤十字社の非常災害に係る救護班要員等に対する研修に要する経費について補助を行う。

令和6年度予算額	7百万円
令和5年度予算額	7

（13）災害支援リーダー養成研修事業

厚生労働省が設置した国際障害者交流センターにおいては、災害発生時、障害者に対するきめ細やかな支援活動に資するよう、救助・支援活動をサポートする災害時ボランティアリーダーや、視覚・聴覚障害者の障害特性に応じた対応方法を熟知した災害時リーダーを養成する事業を実施する。

令和6年度予算額	2百万円
令和5年度予算額	2

（14）こころの健康づくり対策事業

厚生労働省においては、犯罪・災害等の被害者となることで生じるＰＴＳＤ（心的外傷後ストレス障害）に対する、精神保健福祉センター、保健所、病院等の機関における相談活動の充実・強化や治療・診断技術の向上等を図ることを目的としたＰＴＳＤ対策専門研修に対する補助を行う。

令和6年度予算額	17百万円の内数
令和5年度予算額	17百万円の内数

（15）災害医療コーディネーター研修の実施

厚生労働省においては、災害発生時に各都道府県の災害対策本部の下に設置される派遣調整本部等において、医療チームの派遣調整業務を行う人員（災害医療コーディネーター）を対象とした研修を実施する。

令和6年度予算額	31百万円
令和5年度予算額	36

（16）災害時小児周産期リエゾン養成研修の実施

厚生労働省においては、災害時に小児・周産期領域の情報収集を行い、災害医療コーディネーターや災害派遣医療チーム（DMAT）に対して適切な情報提供を行える災害時小児周産期リエゾンの養成及び技能維持のための研修を実施する。

令和6年度予算額	10百万円
令和5年度予算額	10

（17）災害時健康危機管理支援チーム（DHEAT）養成研修の実施

厚生労働省においては、被災地方公共団体における円滑な保健医療活動を支援する災害時健康危機管理支援チーム（DHEAT）の整備が促進されるよう、支援活動に関する研究及び都道府県等の公衆衛生医師、保健師、管理栄養士等に対する教育研修を実施する。

令和6年度予算額	19百万円の内数
令和5年度予算額	19百万円の内数

（18）事業継続計画（ＢＣＰ）策定研修の実施

厚生労働省においては、災害時における医療提供体制の充実強化のため、事業継続計画（ＢＣＰ）策定に必要なスキルやノウハウ等を医療機関担当者等が習得するための研修を実施する。

令和6年度予算額	9百万円
令和5年度予算額	9

（19）国土交通省国土交通大学校における教育訓練

国土交通省国土交通大学校においては、国土交通省の職員等を対象に、「ＴＥＣ－ＦＯＲＣＥ［隊長］研修」、「ＴＥＣ－ＦＯＲＣＥ［班長・リエゾン］研修」等において、高度で総合的な

知識の修得及び危機管理能力等の向上を目的に演習を取り入れた研修を実施するとともに、必要に応じ、防災・災害に関する一般的な知識・技術についての講義等を実施する。

（20）気象庁における教育訓練

気象庁においては、気象等に関する知識の普及等を図るとともに、防災関係機関等の担当者を対象に予報、警報等に関する説明会を適宜開催する。一方、気象大学校大学部及び研修部では、気象業務遂行に必要な知識及び技術の教育を行い、職員の資質向上を図る。

令和6年度予算額	127百万円
令和5年度予算額	127

（21）海上保安庁における教育訓練等

海上保安庁においては、災害対応に従事する職員を対象とした各種災害発生時の対応に係る教育、関係機関と連携した災害対応訓練等を実施する。また、海難及び海上災害の防止に資するため、海難防止講習会等の開催、タンカー等危険物積載船舶への訪船指導、危険物専用の岸壁や桟橋の点検、船舶運航関係者に対する事故等発生時の措置に関する指導等を実施する。

（22）防衛省における教育訓練

防衛省においては、多種多様な災害に対処するため、陸上、海上及び航空各自衛隊の任務の特性並びにそれぞれの規模に応じて、訓練等を実施し対処能力を高めている。

また、陸上、海上及び航空各自衛隊が一体となって災害対処に当たる統合運用体制下における迅速な初動態勢、連携要領及び情報の共有といった対処能力の維持向上のため自衛隊統合防災演習等を実施するとともに、各地方公共団体等が実施する防災訓練等に積極的に参加する。

令和6年度予算額	105百万円
令和5年度予算額	114

1-2 防災施設設備の整備

（1）中央防災無線網の整備

内閣府においては、官邸等国の主要拠点、指定行政機関、指定公共機関及び地方公共団体間の通信を確保するため、中央防災無線網を整備している。令和6年度は、安定的で効率的な運用のため、設備配置の最適化や新技術を活用しつつ計画的な設備の整備を行う。

令和6年度予算額	955百万円
令和5年度予算額	935

（2）準天頂衛星システムを活用した避難所等における防災機能の強化

内閣府においては、準天頂衛星による災害関連情報の伝送機能を有する災害・危機管理通報サービス及び避難所等で収集した個人の安否情報を災害対策本部などの防災機関で利用できる衛星安否確認サービスの全国展開に向け普及を推進するとともに、確実な機能確保及び高度化に向けて必要なシステム整備を進める。

令和6年度予算額	16,706百万円の内数
令和5年度予算額	16,747百万円の内数

（3）災害警備活動用資機材等の整備

警察庁においては、都道府県警察の災害警備活動に必要な救出救助資機材や警察用航空機（ヘリコプター）等の整備を行うとともに、警察施設の耐震化等による防災機能の強化等を図る。また、警察災害派遣隊等の災害対処能力向上のため、災害警備訓練施設の整備を推進する。

令和6年度予算額	19,608百万円
令和5年度予算額	18,929

（4）災害に備えた交通安全施設等の整備

警察庁においては、車両感知器、信号機電源付加装置、交通管制センター等の災害に備えた交通安全施設等の整備を推進する。

令和6年度予算額	17,668百万円の内数
令和5年度予算額	17,850百万円の内数

（5）防災基盤整備事業の推進

総務省及び消防庁においては、災害等に強い安全・安心なまちづくりを進めるため、防災基盤整備事業として地方財政措置を講じることにより、地方公共団体が行う防災施設整備、消防防災の情報化等の重点的な防災基盤の整備を推進する。

（6）電気通信網の確保等

総務省においては、停電対策、水防対策、伝送路の信頼性向上等による災害に強い電気通信

設備の構築や、被災地との円滑な安否確認等に利用できる災害用伝言サービスの利用促進等、電気通信事業者による災害対策を推進する。

（7）災害対策用移動通信機器の配備

総務省においては、非常災害時における被災地の通信手段の確保のため、地方公共団体等への災害対策用移動通信機器の貸出しを行う。

（8）消防防災通信ネットワークの整備

消防庁においては、災害時における国・都道府県・市町村相互間における情報の収集伝達の確実化及び迅速化を推進するため、全国的な消防防災通信ネットワークの整備等、機能の高度化に努める。

令和6年度予算額	706百万円
令和5年度予算額	485

（9）緊急消防援助隊関係施設及び資機材の整備

消防庁においては、南海トラフ地震等の大規模災害への対応力を国として強化するため、緊急消防援助隊を計画的に増強整備し、より効果的な活動体制を構築するために、消防用車両等の整備について、市町村等に対し補助を行う。

令和6年度予算額	4,986百万円
令和5年度予算額	4,986

（10）消防防災施設の整備

消防庁においては、地震や火山噴火等に伴う大規模災害や特殊災害、増加する救急需要等に適切に対応し、住民生活の安心・安全を確保するため、消防防災施設の整備について、市町村等に対し補助を行う。

令和6年度予算額	1,372百万円
令和5年度予算額	1,372

（11）文化財の防災対策の推進

文化庁においては、世界遺産・国宝等における防火対策5か年計画や近年多発する大地震や豪雨等の自然災害を踏まえ、防火施設等の整備や耐震対策等に対して補助を行う。

令和6年度予算額	2,314百万円
令和5年度予算額	1,991

（12）災害拠点病院の整備

厚生労働省においては、災害拠点病院の整備について補助を行う。

令和6年度予算額	2,555百万円の内数
令和5年度予算額	2,555百万円の内数

（13）広域災害・救急医療情報システムの整備

厚生労働省においては、都道府県が既存の救急医療情報センター事業を再編強化し、災害時において医療機関の稼動状況、医師・看護師等スタッフの状況、災害派遣医療チーム（DMAT）等災害医療に係る総合的な情報収集を行うため、厚生労働省、保健所、消防本部、病院等とのネットワーク化を図るための整備等を行う。

令和6年度予算額	374百万円
令和5年度予算額	206

（14）社会福祉施設の整備

厚生労働省においては、障害者支援施設等における防災対策上必要な施設整備に対する補助を行う。

令和6年度予算額	4,474百万円の内数
令和5年度予算額	4,462百万円の内数

厚生労働省においては、地域密着型の特別養護老人ホーム等における防災対策上必要な施設整備に対する補助を行う。

令和6年度予算額	1,167百万円の内数
令和5年度予算額	1,167百万円の内数

こども家庭庁においては、児童福祉施設等における防災対策上必要な施設整備に対する補助を行う。

令和6年度予算額	31,114百万円の内数
令和5年度予算額	36,168百万円の内数

（15）航空搬送拠点臨時医療施設（SCU）の医療資機材施設設備の整備

厚生労働省においては、被災地では対応が困難な重傷者を被災地外の医療施設へ航空機により搬送するために、空港等に設置される臨時の医療施設（SCU）に必要な医療資機材設備の整備について補助する。

令和6年度予算額	26,065百万円の内数
令和5年度予算額	25,055百万円の内数

（16）漁港漁村の防災対策施設の整備
　農林水産省においては、南海トラフ地震等の切迫する大規模な地震・津波等の大規模自然災害に備え、国土強靱化及び人命・財産の防護の観点から全国の漁業地域の安全の確保等に向けた対策を行う（後掲　第2章2-2（11）、3-2（3））。

　令和6年度予算額　　　　　78,577百万円の内数
　　※この他に農山漁村地域整備交付金の内数
　令和5年度予算額　　　　　78,957百万円の内数
　　※この他に農山漁村地域整備交付金の内数

（17）農山村の防災機能強化の促進
　農林水産省においては、豪雨等に対する防災機能の向上に資する林道等の整備に対し助成を行う。

　令和6年度予算額　　　　　6,186百万円の内数
　　※この他に農山漁村地域整備交付金、デジタル田園都市国家構想交付金（内閣府計上）の内数
　令和5年度予算額　　　　　6,370百万円の内数
　　※この他に農山漁村地域整備交付金、デジタル田園都市国家構想交付金（内閣府計上）の内数

（18）緊急時の農業水利施設の活用
　農林水産省においては、農業水利施設から緊急時の消防用水及び生活用水の取水を可能とするための防火水槽、吸水枡、給水栓等の施設整備を推進する。

　令和6年度予算額　　　　　76,999百万円の内数
　令和5年度予算額　　　　　77,390百万円の内数

（19）河川・道路管理用無線通信設備等の整備
　国土交通省においては、電話、河川情報、道路情報、レーダ雨量データ、監視カメラ映像やテレビ会議等の河川管理、道路管理、災害対応に必要な情報を流通させるための通信基盤となる光ファイバネットワークと多重無線通信網をシームレスに接続するＩＰ統合通信網の整備を引き続き実施するとともに、河川・道路管理用の移動体通信システムとしてデジタル陸上移動通信システム（Ｋ－λ）と衛星を経由してヘリコプターからの災害映像を伝送するヘリサット及び衛星を経由して車両からの災害映像を伝送するＣａｒ－ＳＡＴ（カーサット）を順次導入し

ていく。

（20）基幹的広域防災拠点の管理等
　国土交通省においては、首都直下地震や南海トラフ地震等の大規模災害発生時に広域的な災害応急対策を円滑に実施できるよう、基幹的広域防災拠点を適切に維持管理するとともに、緊急物資輸送等の訓練を実施する。

　令和6年度予算額　　　　　136百万円
　令和5年度予算額　　　　　122

（21）「道の駅」の防災機能の強化
　国土交通省においては、災害時に地域の避難所等となる「道の駅」や広域的な復旧・復興活動拠点となる「道の駅」の防災機能強化を図る。

（22）災害予防に関する融資
　独立行政法人住宅金融支援機構等においては、「地すべり等防止法」（昭和33年法律第30号）による関連事業計画等に基づく住宅の移転等や、地方公共団体が防災対策として実施する移転促進事業等を対象とした「地すべり等関連住宅融資」を実施するとともに、「宅地防災工事資金融資」により「宅地造成及び特定盛土等規制法」（昭和36年法律第191号）、「急傾斜地の崩壊による災害の防止に関する法律」（昭和44年法律第57号）若しくは「建築基準法」（昭和25年法律第201号）による勧告又は命令を受けて擁壁又は排水施設の設置等を行う宅地防災工事を支援する。

（23）気象観測施設の整備等
　気象庁においては、台風や線状降水帯等による集中豪雨、豪雪等の自然現象による災害の防止・軽減を図るため、新型気象レーダー（二重偏波気象レーダー）や地域気象観測システム（アメダス）、次期静止気象衛星の整備等を行う。

　令和6年度予算額　　　　　16,497百万円
　令和5年度予算額　　　　　16,284

（24）航路標識の防災対策の推進
　海上保安庁においては、航路標識の耐災害性強化対策及び老朽化等対策を推進する。

　令和6年度予算額　　　　　2,480百万円
　令和5年度予算額　　　　　2,046

(25) 巡視船艇の整備等

海上保安庁においては、巡視船艇・航空機等及び電子海図システムの整備等を行う。

令和6年度予算額	131,882百万円
令和5年度予算額	122,046

(26) 海上防災体制の整備

海上保安庁においては、油、有害液体物質等排出事故に対応するための防災資機材を充実させ、巡視船艇・航空機等による迅速的確に対処し得る体制を確保する。

令和6年度予算額	58百万円
令和5年度予算額	50

(27) 海上保安施設等の耐災害性強化対策

海上保安庁においては、被災又は停電等により救助・支援活動等に支障を来すおそれがある海上保安施設等について、非常用電源設備の設置や燃料供給体制の確保等を実施し、耐災害性の強化を図ることで、同施設等の機能喪失を防止する。

令和6年度予算額	278百万円
令和5年度予算額	473

(28) 防災拠点等への再生可能エネルギー等の導入

環境省においては、地域防災計画により災害時に避難施設等として位置付けられた公共施設又は業務継続計画により災害等発生時に業務を維持するべき公共施設への再生可能エネルギー設備等の導入を支援し、平時の温室効果ガス排出抑制に加え、災害時にもエネルギー供給等の機能発揮を可能とする。

令和6年度予算額	2,000百万円
令和5年度予算額	2,000

1-3 災害危険地住宅移転等

(1) 防災集団移転促進事業

国土交通省においては、「防災のための集団移転促進事業に係る国の財政上の特別措置等に関する法律」（昭和47年法律第132号）に基づき、自然災害の発生した地域又は災害のおそれのある区域のうち、住民の居住に適当でない区域内にある住居の集団的移転を支援する。

令和6年度予算額	600百万円

令和5年度予算額	134

(2) がけ地近接等危険住宅移転事業

国土交通省においては、がけ崩れ、土石流、雪崩、地すべり、津波、高潮、出水等の危険から住民の生命の安全を確保するため、ハザードエリア内にある既存不適格住宅等の移転を支援する。

令和6年度予算額	
防災・安全交付金及び社会資本整備総合交付金の内数	
令和5年度予算額	
防災・安全交付金及び社会資本整備総合交付金の内数	

1-4 その他

(1) 国土強靱化の推進

内閣官房国土強靱化推進室においては、「国土強靱化基本計画」（令和5年7月28日閣議決定）、「国土強靱化年次計画」及び「防災・減災、国土強靱化のための5か年加速化対策」（令和2年12月11日閣議決定）に基づき、政府横断的な国土強靱化への取組を推進するとともに、地方公共団体や民間の取組促進等を実施する。また、令和5年6月に改正された「強くしなやかな国民生活の実現を図るための防災・減災等に資する国土強靱化基本法」（平成25年法律第95号）に基づき、施策の実施状況の調査など、実施中期計画の策定に向けた検討を進める。

令和6年度予算額	172百万円
令和5年度予算額	171

(2) 災害時等における船舶を活用した医療体制の強化に係る調査検討

内閣官房船舶活用医療推進本部設立準備室においては、船舶を活用した災害医療活動の実効性を向上させるため、船舶を実際に活用した検証を行う。

令和6年度予算額	96百万円
令和5年度予算額	99

(3) 実践的な防災行動推進事業経費

内閣府においては、「災害被害を軽減する国民運動の推進に関する基本方針」（平成18年4

月21日中央防災会議決定）及び「災害被害を軽減する国民運動の具体化に向けた取組について」（平成18年12月13日専門調査会報告）に基づき、個人や家庭、地域、企業、団体等が日常的に減災のための行動と投資を息長く行う国民運動を展開するとともに、地域防災力の向上を推進するための地区防災計画の策定促進、実践的な防災教育や避難訓練の実施促進に取り組む。

令和6年度予算額	109百万円
令和5年度予算額	106

（4）官民連携による被災者支援体制整備事業

　内閣府においては、専門性を持つNPO等のボランティアや企業等の多様な被災者支援の担い手間の連携、情報共有の役割を担う災害中間支援組織等の体制整備や強化を図る。また、避難生活支援を行うボランティア人材の育成等を進めるための「避難生活支援・防災人材育成エコシステム」構築に向けた調査・研究を進める。

令和6年度予算額	67百万円
令和5年度予算額	46

（5）社会全体としての事業継続体制の構築推進

　内閣府においては、中央省庁における業務継続体制の確保のため、有識者による省庁業務継続計画の評価や、評価結果に基づいた同計画の見直しに係る調査等を行うとともに、政府業務継続計画の見直し等について検討を行う。また、民間企業・団体の事業継続体制の構築及び災害リスクマネジメント力向上の取組推進のため、民間企業等の事業継続に当たっての重要要素の調査・検討や、重要要素を踏まえた事業継続計画（BCP）策定を促進するツール等の検討・作成を行う。

　さらに、地方公共団体における受援体制の構築を促進するため、地方公共団体の取組の調査等を行い、課題解決に向けた検討を行うとともに、地方公共団体の相互応援や民間団体の協力の確保に関する協定の締結を促進するため、地方公共団体が締結したこれらの協定の内容をデータベース化し、検索・閲覧することができるシステムを地方公共団体に対し提供する。

令和6年度予算額	42百万円

令和5年度予算額	37

（6）被災者支援・復興対策の調査検討

　内閣府においては、被災者の立場に立ったきめ細やかな被災者支援が講じられるよう、必要な検討を行う。また、災害からの復興を円滑かつ迅速に進めるための施策の検討及び関係機関との共有等を図る。

令和6年度予算額	67百万円
令和5年度予算額	78

（7）特定地震防災対策施設（阪神・淡路大震災記念　人と防災未来センター）の運営に対する助成

　内閣府においては、特定地震防災対策施設（阪神・淡路大震災記念　人と防災未来センター）において行われる、阪神・淡路大震災を始めとする国内外の地震災害関連資料の収集・保存・展示や情報発信などに要する経費の一部を補助し、当該事業の推進を図る。

令和6年度予算額	251百万円
令和5年度予算額	251

（8）防災広報

　内閣府においては、「災害対策基本法」（昭和36年法律第223号）に基づく防災白書の作成のほか、防災に関する正確な知識・情報を提供するためのホームページを運営管理し、さらに、防災施策を分かりやすく伝達するための広報誌「ぼうさい」を発行する等の防災広報を幅広く展開する。

令和6年度予算額	10百万円
令和5年度予算額	12

（9）防災計画の充実のための取組推進

　内閣府においては、首都直下地震緊急対策推進基本計画に基づく取組のフォローアップや、首都中枢機能の維持に係るライフライン・インフラに関する調査等を行い、首都直下地震対策の見直しを進めるほか、大規模地震（首都直下地震、南海トラフ地震、日本海溝・千島海溝周辺海溝型地震）に関する各基本計画について好事例や課題の収集・検討・横展開等を行う。

令和6年度予算額	15百万円
令和5年度予算額	8

(10) 被災者支援に関する総合的対策の推進

内閣府においては、避難所における良好な生活環境を確保するため、各市町村における避難所の質の向上に関する取組を推進する。特に、福祉避難所の確保といった要配慮者への対応、女性やこどもの視点を踏まえた避難所運営の課題や取組等について調査検討を実施する。

また、個別避難計画の作成の更なる加速化を目指すとともに、取組が十分に進んでいない市町村を後押しするため、都道府県による市町村への支援体制を整備する。

さらに、災害ケースマネジメントについて、令和4年度に作成した手引き等を活用し、地方公共団体の職員、福祉関係者等の幅広い関係者を対象とした説明会を実施する。あわせて、災害ケースマネジメント等に連携して取り組む関係機関の一元的な情報共有等を行うための官民連携のプラットフォームの構築や災害ケースマネジメント等の一人一人に寄り添った支援を実施するための体制構築や訓練等に先進的に取り組む自治体を支援し横展開することで、取組の周知啓発を実施する。

令和6年度予算額	49百万円
令和5年度予算額	48

(11) 防災情報の収集・伝達機能の強化

内閣府においては、地震発災直後の被害推計、地理空間情報を活用した防災関係機関の情報共有により政府の初動対応を支援する次期総合防災情報システム（SOBO-WEB）等の安定運用を図るため、定期点検及び障害対応等の保守・運用体制を確保する。

また、国と地方公共団体の間で物資の調達・輸送等に必要な情報を共有し、迅速かつ円滑な被災者への物資支援に資する「物資調達・輸送調整等支援システム」の安定運用を図るため、定期点検及び障害対応等の保守・運用体制を確保する。

令和6年度予算額	770百万円
令和5年度予算額	270

(12) 災害対応業務標準化の推進等

内閣府においては、大規模災害時に災害情報を集約・地図化して提供するISUT（Information Support Team）の体制を整備するとともに、令和6年度から運用を開始する次期総合防災情報システム（SOBO-WEB）の活用に関する研修プログラムを地方公共団体等へ実施する。また、令和4年度に策定した防災分野における個人情報の取扱いに関する指針について周知等を行う。

令和6年度予算額	29百万円
令和5年度予算額	34

(13) 防災×テクノロジー官民連携プラットフォーム

内閣府においては、災害対応を行う地方公共団体等のニーズと民間企業等が持つ先進技術のマッチングや、効果的な活用事例の横展開等を行う場として「防災×テクノロジー官民連携プラットフォーム」（防テクPF）を運営し、防テクPFへの地方公共団体・民間企業等の参加拡大を図り、防災分野への更なる先進技術導入を促進する。

令和6年度予算額	16百万円
令和5年度予算額	17

(14) 地域女性活躍推進交付金事業

内閣府においては、地域における女性の職業生活における活躍推進に資する取組と併せて実施する、地域防災において女性のリーダーシップを推進するための地方公共団体の取組等を支援する。

令和6年度予算額	300百万円の内数
令和5年度予算額	275百万円の内数

(15) 地域における男女共同参画促進を支援するためのアドバイザー派遣事業

内閣府においては、女性視点での災害対応の強化を図るため、「災害対応力を強化する女性の視点〜男女共同参画の視点からの防災・復興ガイドライン〜」等の地域における更なる活用を図る。

令和6年度予算額	2百万円の内数
令和5年度予算額	2百万円の内数

(16) 防災分野における女性の参画促進事業

内閣府においては、地方防災会議や災害対応の現場などへの女性の参画拡大を図るため、自治体職員向けの研修を実施し、地域の女性防災リーダーとのネットワークを強化するための意見交換等を行う。

令和6年度予算額　　　　　7百万円
令和5年度予算額　　　　　7

(17) 大規模災害対策の推進

警察庁においては、大規模災害発生時における広域部隊派遣計画の策定・検討や災害に強い警察情報通信基盤等の整備を進めるとともに、災害発生時には警察用航空機（ヘリコプター）や無人航空機（ドローン）を利用した映像伝送等により現場情報を収集・伝達するなど、災害警備対策の強化を図る。

令和6年度予算額　　　　　1,509百万円
令和5年度予算額　　　　　3,173

(18) 道路交通情報の充実

警察庁及び国土交通省においては、高度化光ビーコンやＥＴＣ2.0、交通情報板、道路情報板等を活用し、的確な道路交通情報の収集・提供を推進する。

また、警察庁においては、災害時における効果的な交通規制、避難路の確保等を行うため、都道府県公安委員会が収集する交通情報と民間事業者が保有するプローブ情報を融合して活用・提供するための広域交通管制システムを引き続き運用するなど、災害時の交通情報提供の充実を図る。

さらに、警察庁、総務省及び国土交通省においては、ＶＩＣＳ（道路交通情報通信システム）を活用して提供される道路交通情報の充実に資する取組を推進する。

このほか、国土交通省においては、道路利用者の利便性を向上させるため、豪雨等による事前通行規制区間において実施する規制開始・解除の見通し情報の提供に努める。

令和6年度予算額　　　　　227百万円
令和5年度予算額　　　　　249

(19) 無線局における災害対策

総務省においては、防災関係機関の無線局の免許、定期検査等に際し、免許人に対して、災害に対する保安対策、予備の無線設備と予備電源の装備や自家発電装置の設置等の停電対策及び非常災害時に備えた訓練の実施を行うよう引き続き指導する。

なお、総務省では、電気通信事業者に対し、災害対応の重要拠点となる市町村役場等をカ

バーする移動体通信の基地局や固定通信の収容局における予備電源の長時間化について、少なくとも24時間停電対策等を求めている。

(20) 災害情報自動集約ネットワークの維持・運用

総務省においては、災害時等における電気通信設備の大規模な被災や輻輳が発生した場合において、被災状況の即時把握等、国・電気通信事業者間の迅速かつ効率的な情報共有を可能とするための災害情報自動集約ネットワークを運用する。

令和6年度予算額　　　　　11百万円
令和5年度予算額　　　　　9

(21) Ｌアラートによる災害情報の確実な伝達の推進

総務省においては、Ｌアラートと他の防災関係システムとの具体的な情報連携の在り方及びＬアラートを今後一層有効に機能させるための課題の整理や、必要なシステム改修などに向けた調査を実施する。

令和6年度予算額　　　　　100百万円

(22) テレワーク普及展開推進事業

総務省においては、災害時等の事業継続にも有効なテレワークについて、関係者と連携し、テレワーク月間等の普及啓発、専門家による無料相談事業の実施等を通じた企業等への導入支援や地域窓口による全国的な導入支援等を行う。

令和6年度予算額　　　　　255百万円
令和5年度予算額　　　　　255

(23) 民放ラジオ難聴解消支援事業

総務省においては、平時における国民に密着した情報に加え、災害時における国民に対する生命・財産の確保に必要な情報の提供を確保するため、ラジオの難聴解消のための中継局整備支援を実施する。

令和6年度予算額　　　　　279百万円
令和5年度予算額　　　　　320

(24) 放送ネットワーク整備支援事業

総務省においては、被災情報や避難情報など、国民の生命・財産の確保に不可欠な情報を

確実に提供するため、災害発生時に地域において重要な情報伝達手段となる放送ネットワークの強靱化を実現する。

　　令和6年度予算額　　　　　130百万円
　　令和5年度予算額　　　　　　66

(25) 地上基幹放送等に関する耐災害性強化支援事業

　総務省においては、大規模な自然災害が発生した場合においても、適切な周波数割当により置局された現用の放送局からの放送を継続させるため、地上基幹放送等の放送局等の耐災害性強化を図る地上基幹放送事業者等に対して整備費用を支援する。

　　令和6年度予算額　　　　　　54百万円
　　令和5年度予算額　　　　　105

(26) 地域ICT強靱化事業（本省・地方）

　総務省においては、総合通信局等に臨時災害放送局用の送信機等を配備し、平時においては地方公共団体等が行う送信点調査や運用訓練に活用し、災害時においては地方公共団体等に対して貸し出すことにより、災害時における迅速な開設を図る。また、大規模災害時にテレビ放送が途絶しないよう、総合通信局等において可搬型予備送信設備等の運用研修・訓練を行うとともに、地方公共団体や放送事業者が可搬型予備送信設備等を活用できるよう、運用マニュアルの更新等を行う。

　　令和6年度予算額　　　　　　19百万円
　　令和5年度予算額　　　　　　19

(27) ケーブルテレビネットワーク光化等による耐災害性強化事業

　総務省においては、災害時に、放送により確実かつ安定的な情報伝達が確保されるよう、条件不利地域等に該当する地域におけるケーブルテレビネットワークの光化等に要する費用の一部を支援する。

　　令和6年度予算額　　　　1,249百万円
　　令和5年度予算額　　　　　900

(28) 応急対策職員派遣制度の運用

　総務省においては、平成30年3月から運用している応急対策職員派遣制度に関して、関係地方公共団体等と連携し、円滑に運用するため

の情報伝達・連携訓練を実施するとともに、同制度の応援において中心的役割を果たす「災害マネジメント総括支援員」等の育成に向けた研修を実施する。また、甚大な被害が想定される南海トラフ地震等に備えアクションプランの策定に向けた検討を行う。

　　令和6年度予算額　　　　　　32百万円
　　令和5年度予算額　　　　　　27

(29) 全国瞬時警報システム（Jアラート）の安定運用

　消防庁においては、弾道ミサイル情報や緊急地震速報、津波警報等の緊急情報を住民に瞬時に伝達するシステムであるJアラートについて、情報受信団体における常時良好な受信環境及び安定的な運用を確保するため、同システムの保守・管理を行う。

　　令和6年度予算額　　　　　395百万円
　　令和5年度予算額　　　　　368

(30) 地域防災計画の見直しの推進

　消防庁においては、地域防災計画の見直しを推進するため、地域の実情に即した具体的かつ実践的な計画になるよう、地方公共団体に対し要請・助言等を行う。また、地域防災計画データベースの運用により、地方公共団体間の計画内容の比較・検証を通じたより適切な計画への見直しを支援し、防災体制の充実を推進する。

(31) 緊急消防援助隊派遣体制の整備

　消防庁においては、緊急消防援助隊の迅速・安全な出動及びより効果的な部隊運用を図るため、地域ブロック合同訓練の実施、またヘリコプター動態管理システム及び動態情報システムの保守管理等を行う。

　　令和6年度予算額　　　　　241百万円
　　令和5年度予算額　　　　　239

(32) 緊急消防援助隊の機能強化

　消防庁においては、近年、激甚化・頻発化する土砂・風水害、南海トラフ地震を始めとする切迫する大地震など、大規模な自然災害やNBC災害に備えるとともに、緊急消防援助隊の充実と即応体制の強化を図るため、「消防組織法」（昭和22年法律第226号）第50条に基づく国有財産等の無償使用制度を活用して、必

要な車両及び資機材の整備を推進する。

(33) 消防団を中核とした地域防災力の充実強化

消防庁においては、企業・大学と連携した入団促進や女性・若者等が活動しやすい環境づくりなどの消防団の充実強化につながる地方公共団体の取組の支援、消防団の装備・教育訓練の充実、自主防災組織の活性化の推進等により、地域防災力の充実強化を図る。

令和6年度予算額　　　　　　　756百万円
令和5年度予算額　　　　　　　754

(34) 救急業務の充実強化

消防庁においては、高齢化の進展等を背景とする救急需要の増大に対応し救命率を向上させるため、救急車の適正利用の推進や、救急業務の円滑な実施と質の向上など、救急業務を取り巻く諸課題への対応策について検討を行う。

令和6年度予算額　　　　　　　53百万円
令和5年度予算額　　　　　　　63

(35) 救助技術の高度化の推進

消防庁においては、複雑・多様化する消防の救助活動における課題を克服し、救助技術の高度化を図るため、救助技術の高度化等検討会、全国消防救助シンポジウムを開催し、救助隊員の救助技術・知識の向上を図る。

令和6年度予算額　　　　　　　16百万円
令和5年度予算額　　　　　　　16

(36) 市町村の消防の広域化及び消防の連携・協力の推進

消防庁においては、消防の広域化及び消防の連携・協力の取組を促進するため、地域の核となり広域化の検討を主導する「中心消防本部」が行う広域化の準備に必要な経費や、消防の連携・協力実施計画に基づき実施する共同訓練のための訓練施設の整備に要する経費等について、所要の地方財政措置を講じるとともに、「消防用車両出動シミュレーションシステム」の運用や「消防広域化推進アドバイザー」の派遣等を行う。

令和6年度予算額　　　　　　　18百万円
令和5年度予算額　　　　　　　18

(37) 消防職団員の惨事ストレス対策

消防庁においては、消防職団員の惨事ストレス対策の充実強化を図るため、緊急時メンタルサポートチーム登録者のスキルアップや増員等に係る取組を行うほか、消防本部等における惨事ストレス対策の取組について、支援を行う。

令和6年度予算額　　　　　　　3百万円
令和5年度予算額　　　　　　　2

(38) 災害応急対応に係る業務継続体制の確立

消防庁においては、首都直下地震時等において本庁舎が被災した場合であっても、全国の被害情報の収集や緊急消防援助隊の出動指示等の災害応急対応業務を迅速かつ的確に実施するため、代替拠点における必要な設備・資機材等の整備を行う。

令和6年度予算額　　　　　　　5百万円
令和5年度予算額　　　　　　　7

(39) 地方公共団体等における災害対応能力の強化

消防庁においては、地方公共団体等における災害対応能力を強化するため、市町村長の災害危機管理対応力の向上を図ることを目的とした研修、市町村の業務継続計画（BCP）及び受援計画の策定支援や大規模災害時に首長を支援する「災害マネジメント総括支援員」等を対象とする研修、小規模市町村向けの初動対応訓練、インターネットを活用して防災教育を行う防災・危機管理e-カレッジのコンテンツの更新等を行う。また、災害応急対策の継続性を確保するためのトイレカーの整備に要する費用について、地方財政措置を講じる。

令和6年度予算額　　　　　　　42百万円
令和5年度予算額　　　　　　　45

(40) ドローンの活用推進

消防庁においては、消防本部等がドローンを安全かつ効果的に運用できるよう、より高度な操縦技術を持つ人材を育成するため「ドローン技術指導アドバイザー（仮称）の育成研修」や「消防職員の一等ライセンス取得研修」を実施するとともに、アドバイザー派遣制度により全国の消防本部等の操縦者育成を図ることとしている。また、地方公共団体の防災部局が災害発生時に物資輸送等に活用するドローンの整備に

要する費用について、地方財政措置を講じる。

    令和6年度予算額   13百万円
    令和5年度予算額   7

(41) 消防共有サイトシステムの運用・保守

  消防庁の施策に係る情報を始め、各消防本部・消防学校等が実施している独自性に富む様々な取組や情報等について、双方向かつ横断的な収集・蓄積により相互共有を図り、それぞれの団体等において自由にデータを活用できる専用サイト「消防共有サイト」の安定的な稼働体制を確保する。

    令和6年度予算額   9百万円
    令和5年度予算額   10

(42) 法務省における災害時の対処能力の維持

  法務省においては、災害が発生し、庁舎・収容施設等が被災した場合に、法務省の業務を継続し、治安上の問題が生じないようにするため、庁舎・収容施設における防災・保安警備等の対処能力の維持を図る。

    令和6年度予算額   7百万円
    令和5年度予算額   7

(43) 法務省における大規模災害発生直後から必要不可欠な行政機能の確保

  法務省においては、矯正施設からの被収容者の逃走による治安の悪化を防止するため、矯正施設の監視カメラ等の総合警備システム、デジタル無線機、非常用食料の更新整備及び特別機動警備隊の野営活動訓練等を実施する。

    令和6年度予算額   180百万円
    令和5年度予算額   190

(44) 文教施設の防災対策の強化・推進

  文部科学省においては、児童生徒等の安全の確保等のため、水害対策や非構造部材の耐震対策を進めるとともに、学校施設の防災機能の強化に関する検討や、応急危険度判定技術者の養成等、総合的・計画的な防災対策を強化・推進する。

    令和6年度予算額   6百万円
    令和5年度予算額   11

(45) 災害拠点病院等の活動支援

  厚生労働省においては、以下の補助を行う。

・国が又は国が地方公共団体と連携して行う防災訓練等に参加・協力する災害拠点病院等の訓練参加費用
・災害時に被災地へ派遣された災害派遣医療チーム（DMAT）及び災害派遣精神医療チーム（DPAT）先遣隊の活動費

    令和6年度予算額   12百万円
    令和5年度予算額   12

(46) 災害福祉支援ネットワーク構築推進等事業

  厚生労働省においては、災害時において災害時要配慮者（高齢者・障害者等支援が必要な方々）に対し緊急的に対応を行えるよう、民間事業者、団体等の福祉支援ネットワークを構築する事業に対する補助を行う。

    令和6年度予算額   38,410百万円の内数
    令和5年度予算額   39,577百万円の内数

(47) 災害派遣医療チーム（DMAT）体制整備

  厚生労働省においては、以下の事業を実施する。

・医師、看護師等に対し、DMAT隊員養成研修の実施
・DMATを統轄し、DMAT隊員の技能継続研修等を行うDMAT事務局の運営
・災害時に被災地の医療機関に係る被害状況を把握し、迅速かつ的確な医療の確保を図るため、災害医療の専門家が速やかに被災地に入るヘリコプター運営

    令和6年度予算額   802百万円
    令和5年度予算額   802

(48) 予防接種法に基づく定期接種の実施

  厚生労働省においては、災害時における感染症の発生及びまん延防止のため、平時から市町村において「予防接種法」（昭和23年法律第68号）に基づく定期接種が着実に実施されるように取り組む。

(49) 災害派遣精神医療チーム（DPAT）事務局体制整備

  厚生労働省においては、DPATの活動能力保持のため、都道府県等及びDPAT構成員に対する研修や技術的支援等を行うDPAT事務

局の運営について委託する。

令和6年度予算額	64百万円
令和5年度予算額	61

(50) 災害派遣精神医療チーム（DPAT）体制整備

厚生労働省においては、ＤＰＡＴを整備するための構成員に対する専門的対応技術等の研修の実施について補助する。

令和6年度予算額	25百万円
令和5年度予算額	24

(51) 在宅医療の災害時における医療提供体制強化支援

厚生労働省においては、災害時における在宅医療提供体制の充実強化のため、在宅医療提供機関等を対象とした事業継続計画（ＢＣＰ）策定支援研修を実施する。

令和6年度予算額	12百万円
令和5年度予算額	15

(52) 独立行政法人国立病院機構における災害医療体制整備

独立行政法人国立病院機構においては、災害時の医療を確実に実施するため、初動医療班の派遣体制の整備等を行う。

省庁及び関係民間団体等と連携して検討を進めるなど、連携体制の構築を進める。

(53) 山村地域の防災・減災対策

農林水産省においては、山地災害による被害を軽減するため、治山施設の設置等のハード対策と併せて、地域における避難体制の整備等の取組と連携して、山地災害危険地区の位置情報を住民に提供する等のソフト対策を推進する。

令和6年度予算額	6,410百万円の内数
令和5年度予算額	7,225百万円の内数

(54) 防災情報ネットワークの整備

農林水産省においては、国営造成土地改良施設や農業用ため池の被災や地域の被災を未然に防止するため、防災上重要な水位等の観測データや災害時の緊急点検状況、被害状況をリアルタイムで行政機関、施設管理者等が共有できるシステム等の整備、保守運用を行う。

令和6年度予算額	1,423百万円
令和5年度予算額	1,424

(55) 中小企業に対する事業継続力強化計画等の策定や実行に関する支援

経済産業省においては、中小企業に対して、事業継続力強化計画等の自然災害等のリスクに備えるための計画の策定を支援する。

令和6年度予算額	22,010百万円の内数
令和5年度予算額	18,345百万円の内数

株式会社日本政策金融公庫においては、中小企業が自ら策定した事業継続計画や、経済産業大臣が認定した事業継続力強化計画等に基づき、防災に資する設備等の整備を行う者に対し、融資を行う。

(56) 石油備蓄事業補給金

経済産業省においては、石油精製業者等が所有するタンクを借上げ、経費相当額を補給金として支払い、ガソリン・軽油等の製品形態での国家石油備蓄を効率的に維持・管理する。

令和6年度予算額	26,280百万円の内数
令和5年度予算額	26,280百万円の内数

(57) 災害時に備えた社会的重要インフラへの自衛的な燃料備蓄の推進事業費補助金

経済産業省においては、需要家側への燃料備蓄を促進し、災害時のエネルギー供給の安定化を図るため、避難所、多数の避難者が生じる施設等にＬＰガスタンクや石油製品タンク等を設置するために必要な経費の一部等を支援する。

令和6年度予算額	4,013百万円
令和5年度予算額	4,275

(58) 災害時に備えた地域におけるエネルギー供給拠点の整備事業費

経済産業省においては、災害時の石油製品の安定供給体制を確保するため、ＳＳの地下タンクの大型化に伴う入換、災害時に緊急車両等への優先給油を行う中核ＳＳにおける自家発電設備の入替え、ＳＳの災害対応能力強化のための研修・訓練等に係る費用について支援する。

令和6年度予算額	665百万円
令和5年度予算額	665

(59) 石油ガス地域防災対応体制整備事業

経済産業省においては、災害時におけるＬＰ

ガスの安定供給確保のため、中核充填所の新設・機能拡充や、災害時石油ガス供給連携計画を確実に実施していくための訓練に係る取組を支援する。

　　令和6年度予算額　　　　　800百万円の内数
　　令和5年度予算額　　　　　800百万円の内数

(60) 次世代燃料安定供給に向けたトランジション促進事業

　経済産業省においては、特別警報級の大雨・高潮等を想定した製油所の排水設備の増強など、製油所等のレジリエンス強化を図るための企業の取組を支援する。

　　令和6年度予算額　　　　　7,100百万円の内数
　　令和5年度予算額　　　　　6,600百万円の内数

(61) クリーンエネルギー自動車導入促進補助金
　　クリーンエネルギー自動車の普及促進に向けた充電・充てんインフラ等導入促進補助金

　経済産業省においては、災害時に避難所や老人福祉施設等に電力の供給が可能な電気自動車や燃料電池自動車等、車両から電気を供給するためのV2H充放電設備・外部給電器の導入を促進する。

　　令和6年度予算額　　　　　10,000百万円の内数
　　（クリーンエネルギー自動車の普及促進に向けた充電・充てんインフラ等導入促進補助金）
　　令和5年度予算額　　　　　19,980百万円の内数
　　（クリーンエネルギー自動車導入促進補助金）
　　　　　　　　　　　　　　　10,000百万円の内数
　　（クリーンエネルギー自動車の普及促進に向けた充電・充てんインフラ等導入促進補助金）

(62) 地籍整備の推進

　国土交通省においては、引き続き、事前防災や災害後の迅速な復旧・復興等に貢献する地籍調査を推進するとともに、「防災・減災、国土強靱化のための5か年加速化対策」に基づき、土砂災害特別警戒区域等における地籍調査の実施を重点的に支援する。

　　令和6年度予算額　　　　　5,624百万円
　　　※この他に防災・安全交付金の内数
　　令和5年度予算額　　　　　5,445
　　　※この他に防災・安全交付金の内数

(63) 緊急災害対策派遣隊（TEC－FORCE）による大規模災害時の対応体制の強化

　国土交通省においては、大規模自然災害に際して、全国の地方整備局等の職員により組織する緊急災害対策派遣隊（TEC－FORCE）により被災状況の把握や被害拡大防止に関する被災地方公共団体等の支援を行うとともに、被災地の早期復旧のための技術的支援を迅速に実施する体制の強化を推進する。

(64) 土地分類基本調査の実施

　国土交通省においては、土地の改変が進み不明確となっている土地本来の自然条件や改変状況等の情報を整備した上で、それを災害履歴等と組み合わせて分かりやすく提供する土地履歴調査を、国が実施する土地分類基本調査として実施する。

　　令和6年度予算額　　　　　47百万円
　　令和5年度予算額　　　　　47

(65) 平常時・災害時を問わない安全かつ円滑な物流等の確保

　国土交通省においては、平常時・災害時を問わない安定的な輸送を確保するため、国土交通大臣が物流上重要な道路輸送網を「重要物流道路」として指定し、機能強化や重点支援を実施する。災害時においては、迅速な救急救命活動や緊急支援物資の輸送などを支えるため、地方管理道路の災害復旧等を国等が代行できる制度を活用し道路啓開や災害復旧の迅速化を図る。

(66) 災害に強い物流システムの構築

　国土交通省においては、災害時等におけるサプライチェーンの確保や災害対応能力の強化を図り、災害時等における電源機能を維持し、円滑かつ迅速な物資輸送体制を維持・確保するため、サプライチェーン上で重要な物流施設における非常用電源設備及び充電設備の導入を支援する。

　　令和6年度予算額　　　　　10百万円
　　令和5年度予算額　　　　　25

(67) 被災宅地危険度判定制度の整備

　国土交通省においては、大地震等による宅地被害の発生状況を迅速かつ的確に把握し、二次

災害の防止・軽減や早期復旧に資する被災宅地危険度判定について、引き続き、都道府県等と連携し、実施体制の整備を支援する。

(68) 災害時の緊急情報収集・支援体制の充実強化

国土交通省においては、災害発生時に被害の早期把握及び被災地方公共団体等への支援を的確かつ円滑に行うため、必要となる資機材の維持・整備や、プッシュ型で支援できる人材の育成等、防災体制・機能の充実強化を図る。

令和6年度予算額	27百万円
令和5年度予算額	28

(69) 災害時における自転車の活用の推進

国土交通省においては、「第2次自転車活用推進計画」（令和3年5月28日閣議決定）に基づき、被災状況の把握や住民の避難等、災害時における自転車の活用の推進に関する課題や有用性について検討するとともに、「シェアサイクル事業の導入・運営のためのガイドライン」を活用するなどし、災害時の自転車の活用を推進する。

(70) 抜本的かつ総合的な防災・減災対策の推進

国土交通省においては、近年の気候変動の影響により激甚化・頻発化する水災害や切迫する大規模地震など、あらゆる自然災害から国民のいのちとくらしを守るため、「国土交通省防災・減災対策本部」において令和5年6月に取りまとめた「令和5年度　総力戦で挑む防災・減災プロジェクト」に基づいて総力を挙げて防災・減災対策を推進するとともに、災害対応等を踏まえ、プロジェクトについて不断の見直しや改善を行い、防災・減災に関する取組の更なる充実・強化を図る。

(71) 海上輸送を活用した災害廃棄物の広域処理における港湾での円滑な対応

国土交通省においては、南海トラフ地震等の大規模災害で大量に発生する災害廃棄物の処理に備え、海面処分場の有効活用や広域な土地を有する港湾を災害廃棄物の仮置場としての利用、港湾を拠点として海上輸送による広域輸送が可能であることを踏まえ、引き続き関係省庁

及び関係民間団体等と連携して検討を進めるなど、連携体制の構築を進める。

(72) 災害時における被災地域の道路交通機能の確保

国土交通省においては、昨今の災害時交通マネジメントの事例も踏まえ、地域防災計画へ位置付けることで、災害発生時に速やかに実施体制に移行できるよう、全国各地で行政、学識経験者、交通事業者、経済団体等からなる体制の事前構築を推進する。

(73) 港湾における災害情報収集等に関する対策の推進

国土交通省においては、衛星やドローン、カメラ等を活用して、港湾における災害関連情報の収集・集積を高度化し、災害発生時における迅速な港湾機能の復旧等を可能とする体制を構築する。

令和6年度予算額	244,903百万円の内数
令和5年度予算額	244,403百万円の内数

(74) 空港BCPの実効性の強化

国土交通省においては、自然災害発生後、救急・救命活動や緊急物資輸送の拠点となる空港の機能をできるだけ速やかに確保するため、空港全体としての機能保持及び早期復旧に向けた目標時間や関係機関の役割分担等を明確化した空港BCP（A2（Advanced/Airport）－BCP）に基づいて対応する。また、訓練や定期検査などを実施し、必要に応じて空港BCPの見直しを行うなど、実効性の強化を図る。

(75) 電子国土基本図と防災地理情報による防災対策の推進

国土地理院においては、防災対策や災害時の応急活動の支援のため、平時から国土の変化に応じた電子国土基本図の更新や火山周辺の地形等を詳細に表した火山基本図、土地の成り立ちや自然災害リスクの把握に役立つ地形分類情報等の防災地理情報の整備・更新を行う。

令和6年度予算額	1,393百万円の内数
令和5年度予算額	1,319百万円の内数

(76) 防災地理情報による防災教育支援の推進

国土地理院においては、洪水等の自然災害リ

スクの把握に役立つ地形分類情報や過去に起きた自然災害の教訓を後世に伝承するための自然災害伝承碑等の防災地理情報を活用し、地域防災力向上のための防災教育支援を行う。

| 令和6年度予算額 | 102百万円の内数 |
| 令和5年度予算額 | 102百万円の内数 |

(77) 災害発生時における浸水推定図等の作成

国土地理院においては、災害発生時における孤立者救助や洪水時の排水作業等の応急活動の迅速・効率化に資するため、被災状況に応じて、浸水推定図等の災害状況を表した図の作成を行う。

(78) 訪日外国人旅行者への災害発生時における情報提供

観光庁においては、訪日外国人旅行者向け災害時情報提供アプリ「Safety tips」について、普及促進に取り組むとともに、様々な場面における訪日外国人旅行者の情報入手手段の多重化を推進する。

(79) 災害時における踏切道の的確な管理の推進

国土交通省においては、災害時の円滑な避難や緊急輸送を確保するため、「踏切道改良促進法」（昭和36年法律第195号）に基づき、災害時の管理の方法を定めるべき踏切道を指定し、鉄道事業者・道路管理者の連携による災害時の踏切優先開放等の措置の実施を促進する。

(80) 地域建設業の災害対応力・生産性向上の促進

国土交通省においては、地域建設業の災害対応力・生産性向上の促進を図るため、災害対応時における地域建設業の課題やニーズ等について実態調査や課題抽出を行うとともに、効率的・効果的な対応策の検討を実施する。

| 令和6年度予算額 | 22百万円 |
| 令和5年度予算額 | 23 |

(81) 気象庁による地域防災支援

気象庁においては、次の事業を実施する。
・地方公共団体への支援
全国各地の気象台が、平時から地方公共団体に対し防災気象情報の利活用の促進を行うとと

もに、災害時には、首長等へのホットラインの実施、ＴＥＣ－ＦＯＲＣＥの一員として活動するＪＥＴＴ（気象庁防災対応支援チーム）の派遣等により、地方公共団体の防災対応の支援を行う。
・気象防災アドバイザーの拡充
地方公共団体が行う平時における防災知識の普及や、災害時における避難情報の発令判断等を支援するため、気象・防災に関する専門的な知見を活かして地方公共団体で活動する気象防災アドバイザーの拡充を実施する。

| 〔令和6年度予算額 | 16百万円〕 |
| 〔令和5年度予算額 | 12　　　〕 |

(注)〔 〕書きは、第2章1-2（23）に計上したものの内数である。

(82) 予報、警報その他の情報の発表及び伝達

気象庁においては、台風や線状降水帯等による集中豪雨、豪雪等の自然現象による災害の防止・軽減を図るため、適時適切な予報、警報及び大雨警報・洪水警報の危険度分布等の防災気象情報を発表するとともに、防災関係機関等に伝達することで、避難指示等の判断等、地方公共団体等が行う災害応急対策や、国民の自主的防災行動に資する。また、各種天気図や波浪、海流及び海氷の実況・予想図等について気象無線模写通報（無線ファクシミリ放送）等による提供を行う。

(83) 走錨事故防止対策の推進

海上保安庁においては、異常気象等時における大型船等の一定の船舶に対する湾外等の安全な海域への避難勧告や臨海部に立地する施設の周辺海域における錨泊制限等を実施するとともに監視カメラ等の整備により海域監視体制の強化を図る等走錨事故防止対策を推進する。

| 令和6年度予算額 | 608百万円 |
| 令和5年度予算額 | 57 |

(84) 万全な災害廃棄物処理体制の構築

環境省においては、平時から災害時における生活ごみやし尿に加え、災害廃棄物の処理を適正かつ円滑・迅速に実施するため、国、地方公共団体、研究・専門機関、民間事業者等の連携を促進するなど、引き続き、地方公共団体レベル、地域ブロックレベル、全国レベルで重層的

に廃棄物処理システムの強靱化を進めるとともに、新たに必要な連携方策の検討等を進める。

令和6年度予算額	330百万円
令和5年度予算額	333

（85）災害を想定したペットの適正飼養及び支援体制等強化推進

環境省においては、これまでに作成した「人とペットの災害対策ガイドライン」等を活用し、市町村等の地方自治体と一般の家庭動物の飼い主に対してペットの災害対策を普及しつつ、都道府県等や関係民間団体と連携した災害対応訓練を実施する。

令和6年度予算額	10百万円
令和5年度予算額	5

（86）浄化槽に係る災害対策の調査検討

環境省においては、浄化槽に係る災害対策の調査検討として、災害時の浄化槽被害対策に係るマニュアルの更新等に向けた調査検討や、避難所等における災害時の利用を想定した合併処理浄化槽の導入に向けた検討を実施することで、国土強靱化及び災害対応力の強化を図る。

令和6年度予算額	15百万円
令和5年度予算額	15

（87）気候変動による災害激甚化に係る適応の強化

環境省においては、気候変動を踏まえた将来の台風や豪雨による気象災害の影響について評価し、激甚化する災害に備えるための科学的知見とメッセージを広く発信することで、市民の気候変動影響に関する理解を醸成するとともに、国や地方公共団体、事業者等の気候変動適応の取組促進及び気象災害に対して強靱な地域づくりの一助とすることを目指す。

令和6年度予算額	39百万円
令和5年度予算額	97

（88）生態系を活用した防災・減災（Ｅｃｏ－ＤＲＲ）の推進

環境省においては、生態系を活用した防災・減災（Ｅｃｏ－ＤＲＲ）の推進のため、令和4年度に公表した生態系保全・再生ポテンシャルマップの作成・活用方法の手引きと全国規模のベースマップを基に自治体等に対する計画策定

や取組への技術的な支援を進める。

令和6年度予算額	30百万円
令和5年度予算額	34

（89）災害対処能力の向上経費

防衛省においては、災害対処拠点となる駐屯地・基地等の機能維持・強化のための耐震改修等を促進するなど各種災害への対処能力の向上を図る。

令和6年度予算額	704,513百万円
令和5年度予算額	317,166

（90）防災ＤＸの推進

デジタル庁においては、住民支援のための防災アプリ開発・利活用を促進するため、優れたアプリやサービスについて、サービスマップやカタログなどの形で整理し、モデル仕様書を公表するなど、横展開に向けた取組を行う。

令和6年度予算額	299百万円の内数

（91）防災分野のデータ連携基盤の構築

デジタル庁においては、住民支援のための防災アプリ開発・利活用を促進するため、関係府省庁と連携し、防災アーキテクチャを検討の上、データ連携基盤の構築に向けた取組を行う。

② 地震災害対策

2-1 教育訓練

（1）緊急地震速報の訓練

内閣府、消防庁及び気象庁においては、国民が緊急地震速報を見聞きしたときに、慌てずに身を守る行動ができるよう、関係機関と連携して、全国的な訓練を実施し、国民に積極的な参加を呼びかける。

（2）警察庁における教育訓練

警察庁においては、都道府県警察の幹部に対して地震災害発生時の災害応急対策等についての教育訓練を行う。また、都道府県警察に対して地震災害対策上必要な教育訓練の実施を指示する。

さらに、災害時に運転者が採るべき措置について、交通の方法に関する教則等を用いた普及

啓発を図るよう指導する。

（3）消防庁における震災対策訓練

消防庁においては、政府の総合防災訓練、図上訓練等に参加するとともに、大規模地震災害発生時における消防庁災害対策本部の機能強化を図るための地震・津波対応図上訓練や参集訓練を実施する。

（4）地震・津波対策訓練

国土交通省においては、9月1日の「防災の日」に際して国土交通省地震防災訓練を実施するとともに、11月5日の「津波防災の日」に際して、地震による大規模津波の被害軽減を目指すとともに津波に対する知識の普及・啓発を図ることを目的として、大規模津波防災総合訓練を実施する。

（5）津波警報等の伝達訓練等

気象庁においては、津波警報等の発表の迅速化を図るための訓練を全国中枢（本庁・大阪）にて行うとともに、地方公共団体等が行う訓練にも積極的に参加協力する。さらに、南海トラフ地震臨時情報、北海道・三陸沖後発地震注意情報等に係る業務の訓練を実施する。

（6）海上保安庁における震災対応訓練等

海上保安庁においては、地震・津波災害対応に従事する職員を対象とした災害発生時の対応に係る教育、関係機関と連携した地震・津波災害対応訓練等を実施する（後掲　第2章3-1（2））。

令和6年度予算額　　　　　　　　4百万円
令和5年度予算額　　　　　　　　4

2-2　防災施設設備の整備

（1）広域防災拠点の維持管理

内閣府においては、首都直下地震等により広域的な災害が発生した場合の災害応急対策活動の拠点となる、立川災害対策本部予備施設及び東京湾臨海部基幹的広域防災拠点（有明の丘地区及び東扇島地区）の維持管理を行う（後掲第2章3-2（1））。

令和6年度予算額　　　　　　　101百万円
令和5年度予算額　　　　　　　　82

（2）公共施設等耐震化事業の推進

総務省及び消防庁においては、地震等の大規模災害発生時の被害を軽減し、住民の安全を確保できるよう、公共施設等耐震化事業として地方財政措置を講じることにより、地方公共団体が行う災害対策拠点となる公共施設等や地域防災計画上の避難所とされている公共施設等の耐震化を推進する。

（3）国立大学等施設の整備

文部科学省においては、地震による建物への被害等を防止し、学生等の安全を確保するため、国立大学等施設の老朽化対策及び防災機能の強化等への支援を行う（後掲　第4章2-3（1））。

令和6年度予算額　　　36,265百万円の内数
令和5年度予算額　　　36,265百万円の内数

（4）公立学校施設の整備

文部科学省においては、児童生徒等の学習・生活の場であるとともに、災害時には地域住民の避難所としての役割も果たす公立学校施設について、安全・安心かつ快適な環境を確保するため、非構造部材の耐震対策を含めた老朽化対策及び防災機能の強化等への支援を行う。

令和6年度予算額　　　72,786百万円の内数
（内閣府で計上している沖縄分を含む）
令和5年度予算額　　　73,718百万円の内数
（内閣府で計上している沖縄分を含む）

（5）私立学校施設の整備

文部科学省においては、大規模災害時における幼児児童生徒及び学生の安全確保を図る観点から、学校施設の耐震化や防災機能強化を促進するため、校舎等の耐震改築（建替え）事業、耐震補強事業及び防災機能強化のための整備等を支援する。

令和6年度予算額　　　　　　3,985百万円
令和5年度予算額　　　　　　4,022

（6）社会体育施設の整備

文部科学省においては、地域のスポーツ活動の場であるとともに、災害時には避難所としての役割を果たす社会体育施設について、耐震性が確保されていないと判断された施設の耐震化等について国庫補助を行う。

〔令和6年度予算額　　　19,808百万円の内数
（内閣府で計上している沖縄分を含む）〕
〔令和5年度予算額　　　32,396百万円の内数
（内閣府で計上している沖縄分を含む）〕
（注）〔　〕書きは、第2章2-2（4）に計上したものの内数である。

（7）医療施設の耐震化

厚生労働省においては、政策医療を担う病院が行う耐震診断に対する補助を行う。

令和6年度予算額　　　　　　　　3百万円
令和5年度予算額　　　　　　　　3

（8）水道施設の耐震化等

国土交通省においては、災害時においても安全で良質な水道水を安定的に供給するための水道施設や、疾病の予防・治療等の拠点となる保健衛生施設等について、地方公共団体等が実施する耐震化等を推進する。

令和6年度予算額　　防災・安全交付金の内数
令和5年度予算額　　　　　　20,154百万円

（9）独立行政法人国立病院機構の施設整備

独立行政法人国立病院機構においては、老朽建物の建替え等に取り組み、耐震性の向上を図る。

（10）治山事業の推進

農林水産省においては、地震による山地災害を防止し、これによる被害を最小限にとどめるため、地震等による山地災害の発生の危険性が高い地区における治山施設の整備等を重点的に実施する（後掲　第2章4-2（1）、5-2（2）、6-2（3）、第3章2）。

令和6年度予算額　　　　62,351百万円の内数
　※この他に農山漁村地域整備交付金の内数
令和5年度予算額　　　　62,291百万円の内数
　※この他に農山漁村地域整備交付金の内数

（11）漁港漁村の防災対策施設の整備

（再掲　第2章1-2（16））
（後掲　第2章3-2（3））

（12）海岸保全施設の整備

農林水産省及び国土交通省においては、地震対策として、大規模地震の発生が危惧される地域等における海岸保全施設の整備を推進する（後掲　第2章3-2（4）、4-2（2）、第3章5）。

令和6年度予算額　　　　40,297百万円の内数
　※この他に農山漁村地域整備交付金、防災・安全交付金及び社会資本整備総合交付金の内数
令和5年度予算額　　　　40,297百万円の内数
　※この他に農山漁村地域整備交付金、防災・安全交付金及び社会資本整備総合交付金の内数

（13）農業水利施設の耐震化等

農林水産省においては、地震対策として、大規模地震の発生が危惧される地域等における農業水利施設の耐震化等を推進する。

令和6年度予算額　　　255,931百万円の内数
　※この他に農山漁村地域整備交付金の内数
令和5年度予算額　　　254,372百万円の内数
　※この他に農山漁村地域整備交付金の内数

（14）官庁施設の耐震化等の推進

国土交通省においては、所要の耐震性能を満たしていない官庁施設について、人命の安全の確保及び防災機能の強化と災害に強い地域づくりを支援するため、耐震化を推進する。

あわせて、大規模空間を有する官庁施設の天井耐震対策、災害応急対策活動に必要となる官庁施設の電力の確保等を推進する。

令和6年度予算額　　　　17,421百万円の内数
令和5年度予算額　　　　17,320百万円の内数

（15）建設機械の整備

国土交通省においては、土砂災害等の応急復旧作業等に必要な機械を整備する。

令和6年度予算額　　　852,184百万円の内数
　※この他に防災・安全交付金の内数及びデジタル庁一括計上分
令和5年度予算額　　　851,796百万円の内数
　※この他に防災・安全交付金の内数及びデジタル庁一括計上分

（16）盛土の安全確保対策の推進

国土交通省、農林水産省及び林野庁においては、「宅地造成及び特定盛土等規制法」に基づき地方公共団体が行う規制区域指定等のための

基礎調査や、危険な盛土等の安全性把握のための詳細調査及び盛土等の撤去や擁壁設置等の対策を支援し、環境省においては、都道府県等が行う産業廃棄物の不法投棄等の可能性がある盛土に対する詳細調査及び支障除去等事業を支援する（後掲　第2章4-2（4））。

　　令和6年度予算額
　　　　防災・安全交付金の内数、農山漁村地域整備交付金の内数及び産業廃棄物不法投棄等原状回復措置推進費補助金の内数
　　令和5年度予算額
　　　　防災・安全交付金の内数、農山漁村地域整備交付金の内数及び産業廃棄物不法投棄等原状回復措置推進費補助金の内数

（17）地震災害に強いまちづくりの推進

　国土交通省においては、地震災害に対する都市の防災性向上のための根幹的な公共施設等の整備として、次の事業を実施する。
・避難地、避難路、帰宅支援場所及び防災活動拠点となる都市公園の整備
　　令和6年度予算額　　　　32,386百万円の内数
　　　※この他に防災・安全交付金及び社会資本整備総合交付金の内数
　　令和5年度予算額　　　　32,386百万円の内数
　　　※この他に防災・安全交付金及び社会資本整備総合交付金の内数
・避難路として活用される道路等における街路事業の実施
　　令和6年度予算額　　2,118,300百万円の内数
　　　※この他に防災・安全交付金及び社会資本整備総合交付金の内数
　　令和5年度予算額　　2,118,262百万円の内数
　　　※この他に防災・安全交付金及び社会資本整備総合交付金の内数
・避難地・避難路の整備を都市の防災構造化と併せて行う土地区画整理事業の実施
　　令和6年度予算額
　　　　防災・安全交付金及び社会資本整備総合交付金の内数
　　令和5年度予算額
　　　　防災・安全交付金及び社会資本整備総合交付金の内数
・避難地として活用される都市公園予定地等の取得を行う地方公共団体に対する都市開発資

金の貸付
　　令和6年度予算額　　　　292百万円の内数
　　令和5年度予算額　　　　492百万円の内数
　また、地震災害に強い都市構造の推進として、次の事業を実施する。
・密集市街地を始めとする防災上危険な市街地における都市防災総合推進事業の実施
　　令和6年度予算額
　　　　防災・安全交付金の内数
　　令和5年度予算額
　　　　防災・安全交付金の内数
・三大都市圏の密集市街地の改善整備及び避難路として活用される道路の整備等による防災性の向上に資する都市再生区画整理事業の実施
　　令和6年度予算額
　　　　防災・安全交付金及び社会資本整備総合交付金の内数
　　令和5年度予算額
　　　　防災・安全交付金及び社会資本整備総合交付金の内数
・防災上危険な密集市街地等における市街地再開発事業等の実施
　　令和6年度予算額　　　　10,146百万円の内数
　　　※この他に防災・安全交付金及び社会資本整備総合交付金の内数
　　令和5年度予算額　　　　10,146百万円の内数
　　　※この他に防災・安全交付金及び社会資本整備総合交付金の内数
・都市構造再編集中支援事業等を活用した災害弱者施設（病院、老人デイサービスセンター等）の移転や耐震性貯水槽、備蓄倉庫、避難空間等の整備の実施
　　令和6年度予算額　　　　70,068百万円の内数
　　　※この他に社会資本整備総合交付金の内数
　　令和5年度予算額　　　　70,000百万円の内数
　　　※この他に社会資本整備総合交付金の内数
・事前復興まちづくり計画等に基づき行われる、防災拠点の形成に必要なインフラ整備の実施
　　令和6年度予算額
　　　　防災・安全交付金の内数
　　令和5年度予算額
　　　　防災・安全交付金の内数
・都市機能が集積する地域における災害時の滞在者等の安全を確保する都市安全確保促進事

業の実施

令和６年度予算額 57百万円

令和５年度予算額 76

・地下街の防災対策のための計画の策定や、同計画に基づく避難通路や地下街設備の改修等を支援する地下街防災推進事業の実施

令和６年度予算額 93百万円

令和５年度予算額 51

・密集市街地等における延焼防止の促進のため、密集市街地等における空き地等の延焼防止効果を向上するための緑化を支援

令和６年度予算額 666百万円の内数

※この他に防災・安全交付金及び社会資本整備総合交付金の内数

令和５年度予算額 329百万円の内数

※この他に防災・安全交付金及び社会資本整備総合交付金の内数

・都市機能が集積した拠点地区において、災害時にエネルギーの安定供給が確保される業務継続地区の構築を支援

令和６年度予算額 13,065百万円の内数

令和５年度予算額 13,000百万円の内数

・災害時に都市の機能を維持するための拠点市街地の整備の実施

令和６年度予算額

防災・安全交付金の内数

令和５年度予算額

防災・安全交付金の内数

・都市・地域交通戦略推進事業を活用した、多くの人々が集まる駅・駅前広場と周辺地区等における防災力に資する整備の実施

令和６年度予算額 1,000百万円の内数

※この他に防災・安全交付金及び社会資本整備総合交付金の内数

令和５年度予算額 1,000百万円の内数

※この他に防災・安全交付金及び社会資本整備総合交付金の内数

（18）下水道における震災対策

国土交通省においては、地震時においても下水道が果たすべき役割を確保するため、重要な下水道施設の耐震化・耐津波化を図る「防災」と被災を想定して被害の最小化を図る「減災」を組み合わせた総合的な地震対策を推進する。

令和６年度予算額

防災・安全交付金及び社会資本整備総合交付

金の内数

令和５年度予算額

防災・安全交付金及び社会資本整備総合交付金の内数

（19）河川の耐震・液状化対策

国土交通省においては、地震による液状化等により、多くの堤防が被災したことを踏まえ、堤防・水門等の耐震・液状化対策を推進し、被害の防止・軽減を図る。

令和６年度予算額 852,184百万円の内数

※この他に防災・安全交付金の内数及びデジタル庁一括計上分

令和５年度予算額 851,796百万円の内数

※この他に防災・安全交付金の内数及びデジタル庁一括計上分

（20）土砂災害の防止

国土交通省においては、地震により土砂災害が発生した場合、防災拠点、重要交通網、避難路等への影響や、孤立集落の発生等が想定される土砂災害警戒区域等について、土砂災害防止施設の整備を推進する。

令和６年度予算額 852,184百万円の内数

※この他に防災・安全交付金の内数及びデジタル庁一括計上分

令和５年度予算額 851,796百万円の内数

※この他に防災・安全交付金の内数及びデジタル庁一括計上分

（21）道路における震災対策

国土交通省においては、大規模災害への備えとして、高規格道路のミッシングリンクの解消及び暫定２車線区間の４車線化、高規格道路と代替機能を発揮する直轄国道とのダブルネットワークの強化等を推進するとともに、ロッキング橋脚橋梁、緊急輸送道路上の橋梁、同道路をまたぐ跨道橋の耐震補強の推進や無電柱化等各種道路事業を実施する。また、バイク や自転車、カメラの活用に加え、ＵＡＶ（無人航空機）による迅速な状況把握や官民ビッグデータなども活用した「通れるマップ」の情報提供・共有の仕組みの構築を推進するとともに、道路の高架区間等を活用した津波や洪水からの浸水避難対策を推進する。

令和６年度予算額 2,118,300百万円の内数

※この他に防災・安全交付金及び社会資本整
備総合交付金の内数
令和5年度予算額　　　2,118,262百万円の内数
※この他に防災・安全交付金及び社会資本整
備総合交付金の内数

（22）不良住宅の除却の推進

国土交通省においては、不良住宅が密集する
こと等によって保安、衛生等に関し危険又は有
害な状況にある地区において、地方公共団体が
不良住宅を除却し、従前居住者向けの住宅を建
設するとともに、生活道路等を整備する住宅地
区改良事業等について補助を行う。

令和6年度予算額
防災・安全交付金及び社会資本整備総合交付
金の内数
令和5年度予算額
防災・安全交付金及び社会資本整備総合交付
金の内数

（23）住宅市街地の防災性の向上

国土交通省においては、既成市街地におい
て、都市機能の更新、密集市街地の整備改善等
の政策課題に、より機動的に対応するため、住
宅や生活支援施設等の整備、公共施設整備等を
総合的に行う事業について補助を行う。

令和6年度予算額　　　120,662百万円の内数
※この他に防災・安全交付金及び社会資本整
備総合交付金の内数
令和5年度予算額　　　116,297百万円の内数
※この他に防災・安全交付金及び社会資本整
備総合交付金の内数

（24）帰宅困難者等の受入拠点施設整備の推進

国土交通省においては、南海トラフ地震、首
都直下地震等の大規模災害時において、大量に
発生する帰宅困難者等への対応能力を事前に確
保するため、災害時の帰宅困難者等の受入拠点
となる施設の整備を促進する。

令和6年度予算額
地域防災拠点建築物整備緊急促進事業
10,640百万円の内数
令和5年度予算額
地域防災拠点建築物整備緊急促進事業
11,200百万円の内数

（25）老朽公営住宅の建替等の推進

国土交通省においては、地方公共団体が行う
耐震性の低い既存の公営住宅団地の建替事業及
び耐震改修事業に要する費用の一部に対して防
災・安全交付金等を交付する。

令和6年度予算額
防災・安全交付金及び社会資本整備総合交付
金の内数
令和5年度予算額
防災・安全交付金及び社会資本整備総合交付
金の内数

（26）港湾における地震対策の推進

国土交通省においては、最新の地震被害想定
等を踏まえ、大規模災害の緊急物資輸送、幹線
物流機能の確保のため、ネットワークを意識し
た耐震強化岸壁の整備や臨港道路の耐震化等を
推進する。

令和6年度予算額　　　244,903百万円の内数
※この他に防災・安全交付金及び社会資本整
備総合交付金の内数
令和5年度予算額　　　244,403百万円の内数
※この他に防災・安全交付金及び社会資本整
備総合交付金の内数

（27）総合的な宅地防災対策の推進

国土交通省においては、大地震等による盛土
造成地の滑動崩落や液状化の宅地被害を防止・
軽減するため、宅地耐震化推進事業により、防
止対策に向けた詳細調査や対策工事の実施を推
進する。

令和6年度予算額
防災・安全交付金の内数
令和5年度予算額
防災・安全交付金の内数

（28）情報通信基盤の整備

国土交通省においては、災害時に迅速かつ的
確に災害情報等を収集し、関係機関に伝達する
とともに、災害対応や情報提供に資する電気通
信設備・情報通信基盤の整備を推進する。

（29）民有港湾施設の耐震改修の促進

国土交通省においては、大規模地震発生後も
耐震強化岸壁や石油製品入出荷施設に至る航路
機能を維持し、緊急物資や燃油物資を輸送・供

給するため、航路沿いの民有護岸等の耐震改修に対する無利子貸付制度及び固定資産税の特例措置により、民間事業者による耐震改修を支援する。

　　令和6年度予算額　　244,903百万円の内数
　　令和5年度予算額　　244,403百万円の内数

(30) 鉄道施設の地震防災対策

　国土交通省においては、首都直下地震や南海トラフ地震等の大規模地震に備え、地震時において、鉄道利用者の安全確保や一時避難場所としての機能の確保及び社会・経済的影響の軽減等を図るため、主要駅や高架橋等の耐震補強を推進する。

　　令和6年度予算額
　　　鉄道施設総合安全対策事業費補助
　　　　　　　　　　　　　4,514百万円の内数
　　　都市鉄道整備事業費補助（地下高速鉄道）
　　　　　　　　　　　　　13,864百万円の内数
　　令和5年度予算額
　　　鉄道施設総合安全対策事業費補助
　　　　　　　　　　　　　5,035百万円の内数
　　　都市鉄道整備事業費補助（地下高速鉄道）
　　　　　　　　　　　　　8,050百万円の内数

(31) 建築物の耐震診断・耐震改修の促進

　国土交通省においては、地震の際の住宅・建築物やブロック塀等の倒壊等による被害の軽減を図るため、「建築物の耐震改修の促進に関する法律」（平成7年法律第123号）の的確な運用に努めるとともに、住宅・建築物等の耐震性の向上に資する事業について補助を行う。

　　令和6年度予算額　　120,662百万円の内数
　　　※この他に防災・安全交付金及び社会資本整
　　　　備総合交付金の内数
　　令和5年度予算額　　116,297百万円の内数
　　　※この他に防災・安全交付金及び社会資本整
　　　　備総合交付金の内数

(32) 耐震改修工事融資

　独立行政法人住宅金融支援機構等においては、耐震改修工事又は耐震補強工事に対する融資により、戸建住宅やマンションの耐震性の向上を支援する。

(33) 空港の耐震対策

　国土交通省においては、地震発生後における救急・救命活動等の拠点機能の確保や航空ネットワークの維持及び背後圏経済活動の継続性確保と首都機能維持を可能とするため、滑走路等の耐震対策を実施する。

　　令和6年度予算額　　395,947百万円の内数
　　令和5年度予算額　　394,163百万円の内数

(34) 一般廃棄物処理施設の防災対策

　環境省においては、今後想定される首都直下型地震、南海トラフ巨大地震における災害廃棄物の量が、東日本大震災を遥かに上回ると予想されることから、災害時において迅速な復旧・復興を可能とするため、市町村が行う一般廃棄物処理施設の防災機能の向上のための整備事業に対して循環型社会形成推進交付金等を交付する。

　　令和6年度予算額　　52,982百万円の内数
　　令和5年度予算額　　53,163百万円の内数

2-3 その他

(1) 地震対策の推進

　内閣府においては、南海トラフ地震、日本海溝・千島海溝沿いの巨大地震及び首都直下地震における防災・減災対策や、大規模地震発生時の帰宅困難者対策、中部圏・近畿圏直下地震における地震モデルの見直しに向けた検討等の取組を行う（後掲　第2章3-3（1））。

　　令和6年度予算額　　　　　　234百万円
　　令和5年度予算額　　　　　　213

(2) 南海トラフ地震、首都直下地震及び日本海溝・千島海溝周辺海溝型地震における具体的な応急対策活動に関する計画の検証

　内閣府においては、南海トラフ地震、首都直下地震及び日本海溝・千島海溝周辺海溝型地震における具体的な応急対策活動に関する計画の実効性の確保・向上を図るための調査・検討を行う。

　　令和6年度予算額　　　　　　21百万円
　　令和5年度予算額　　　　　　20

（3）都市再生安全確保計画の作成及び改善・更新の促進

内閣府及び国土交通省においては、都市再生緊急整備地域における滞在者等の安全の確保を図るため、国、地方公共団体、民間事業者等の関係者の適切な役割分担・連携方法等を定め、それぞれが定められた事業又は事務を着実に実施できるようにする都市再生安全確保計画の作成及び改善・更新を促進し、都市の安全の確保を図る。

（4）交通対策の推進

警察庁においては、都道府県警察から詳細な交通情報をリアルタイムで収集し、広域的な交通管理に活用する広域交通管制システムを的確に運用する。

また、災害に備えた交通安全施設等の整備を推進するとともに、交通規制計画等に基づき、隣接都府県警察等と連携した総合的かつ実戦的な訓練を実施するよう都道府県警察に対して指導する。

（5）建築物の耐震化の推進

法務省においては、矯正施設及び法務官署施設について、庁舎の規模や耐震診断結果等に応じて、耐震改修又は庁舎新営による耐震化を計画的に実施する。

令和6年度予算額	22,310百万円
令和5年度予算額	18,900

（6）被災建築物の応急危険度判定体制の整備及び活動支援

国土交通省においては、地震により被災した建築物の危険性を速やかに判定し情報提供を行う被災建築物応急危険度判定について、人材の育成、実施体制及び支援体制の整備を推進する。

（7）港湾における災害対応力強化

国土交通省においては、地震・津波や台風による非常災害が発生した場合でも港湾機能を維持するため、関係機関と連携し、防災訓練の実施や港湾BCPの改訂を図る等、災害対応力強化に取り組む（後掲　第2章3-3（3）、4-3（16））。

（8）全国活断層帯情報整備

国土地理院においては、全国の活断層を対象に、断層の詳細な位置、関連する地形の分布等の情報の整備・更新を行う。

令和6年度予算額	102百万円の内数
令和5年度予算額	102百万円の内数

（9）南海トラフ地震臨時情報等の発表、通報

気象庁においては、南海トラフ沿いで異常な現象が観測され、その現象が南海トラフ地震と関連するか調査を開始した場合又は南海トラフ地震発生の可能性が平常時と比べて相対的に高まっていると評価した場合等には、南海トラフ地震臨時情報等を発表するとともに防災関係機関等に通報し、各機関で適切な防災体制が執られるよう努める。

（10）緊急地震速報、地震情報等の発表、伝達
（再掲　第1章2-1（13））

気象庁においては、地震観測の結果を基に緊急地震速報、地震情報等を発表し、これを防災関係機関等に伝達して、災害の防止・軽減に努める（後掲　第2章3-3（5））。

令和6年度予算額	1,392百万円
令和5年度予算額	1,388

（11）巨大地震に備えた最低水面に係る情報の整備

海上保安庁においては、巨大地震発生時の迅速な海上輸送ルート確保のため、高低測量を実施し、海図水深の基準となる「最低水面」に係る情報を整備する。

令和6年度予算額	1百万円
令和5年度予算額	1

③ 津波災害対策

3-1　教育訓練

（1）警察庁における教育訓練

警察庁においては、都道府県警察の幹部に対して津波災害発生時の災害応急対策、災害警備活動に従事する警察官の安全の確保等についての教育訓練を行う。また、都道府県警察に対して津波災害対策上必要な教育訓練の実施を指示する。

（2）海上保安庁における震災対応訓練等

（再掲　第2章2-1（6））

（1）広域防災拠点の維持管理

（再掲　第2章2-2（1））

（2）海岸防災林の整備

　農林水産省においては、海岸防災林について、その適切な保全を図ることにより、飛砂害や風害、潮害の防備等の災害防止機能の発揮を確保することに加え、地域の実情等を踏まえ、津波に対する被害軽減効果も考慮した生育基盤の造成や植栽等の整備を進める。

　　令和6年度予算額　　　62,351百万円の内数
　　　※この他に農山漁村地域整備交付金の内数
　　令和5年度予算額　　　62,751百万円の内数
　　（東日本大震災復興特別会計含む）
　　　※この他に農山漁村地域整備交付金の内数

（3）漁港漁村の防災対策施設の整備

（再掲　第2章1-2（16）、2-2（11））

（4）海岸保全施設の整備

（再掲　第2章2-2（12））

　農林水産省及び国土交通省においては、津波対策として、大規模地震の発生が危惧される地域等における海岸保全施設の整備を推進する（後掲　第2章4-2（2）、第3章5）。

（5）河川の津波対策

　国土交通省においては、東日本大震災で津波により甚大な被害が発生したことを踏まえ、堤防の嵩上げ、水門等の自動化・遠隔操作化等を推進し、被害の防止・軽減を図る。

　　令和6年度予算額　　　852,184百万円の内数
　　　※この他に防災・安全交付金の内数及びデジタル庁一括計上分
　　令和5年度予算額　　　851,796百万円の内数
　　　※この他に防災・安全交付金の内数及びデジタル庁一括計上分

（6）港湾における津波対策の推進

　国土交通省においては、設計津波を超える大規模津波発生時に、防波堤が倒壊して、津波の

到達時間が早まり被害が拡大する事態や、静穏度が確保できず荷役が再開できない事態を防止するため、「粘り強い構造」を導入した防波堤の整備を推進する。

　また、港湾労働者等が安全に避難できるよう、港湾の特殊性を考慮した避難計画の作成や津波避難施設の整備等を促進するとともに、避難機能を備えた物流施設等を整備する民間事業者に対して支援を行う。

　　令和6年度予算額　　　244,903百万円の内数
　　　※この他に防災・安全交付金及び社会資本整備総合交付金の内数
　　令和5年度予算額　　　244,403百万円の内数
　　　※この他に防災・安全交付金及び社会資本整備総合交付金の内数

（7）津波災害に強いまちづくりの推進

　国土交通省においては、津波災害に対する都市の防災性向上のための根幹的な公共施設の整備として、次の事業を実施する。

・避難地、避難路、帰宅支援場所及び防災活動拠点となる都市公園の整備
　　令和6年度予算額　　　32,386百万円の内数
　　　※この他に防災・安全交付金及び社会資本整備総合交付金の内数
　　令和5年度予算額　　　32,386百万円の内数
　　　※この他に防災・安全交付金及び社会資本整備総合交付金の内数
・避難路として活用される道路等における街路事業の実施
　　令和6年度予算額　　2,118,300百万円の内数
　　　※この他に防災・安全交付金及び社会資本整備総合交付金の内数
　　令和5年度予算額　　2,118,262百万円の内数
　　　※この他に防災・安全交付金及び社会資本整備総合交付金の内数
・避難地・避難路の整備を都市の防災構造化と併せて行う土地区画整理事業の実施
　　令和6年度予算額
　　　防災・安全交付金及び社会資本整備総合交付金の内数
　　令和5年度予算額
　　　防災・安全交付金及び社会資本整備総合交付金の内数
・避難地として活用される都市公園予定地等の取得を行う地方公共団体に対する都市開発資

金の貸付
令和6年度予算額　　　292百万円の内数
令和5年度予算額　　　492百万円の内数
津波災害に強い都市構造の推進として、次の事業を実施する。
・南海トラフ地震や日本海溝・千島海溝周辺海溝型地震などの地震による津波被害が想定される防災上危険な市街地における都市防災総合推進事業の実施
令和6年度予算額
　　防災・安全交付金の内数
令和5年度予算額
　　防災・安全交付金の内数
・土地の嵩上げや避難路として活用される道路の整備等による防災性の向上に資する都市再生区画整理事業の実施
令和6年度予算額
　　防災・安全交付金及び社会資本整備総合交付金の内数
令和5年度予算額
　　防災・安全交付金及び社会資本整備総合交付金の内数
・都市構造再編集中支援事業等を活用した災害弱者施設（病院、老人デイサービスセンター等）の移転や耐震性貯水槽、備蓄倉庫、避難空間等の整備の実施
令和6年度予算額　　　70,068百万円の内数
　　※この他に社会資本整備総合交付金の内数
令和5年度予算額　　　70,000百万円の内数
　　※この他に社会資本整備総合交付金の内数
・事前復興まちづくり計画等に基づき行われる、防災拠点の形成に必要なインフラ整備の実施
令和6年度予算額
　　防災・安全交付金の内数
令和5年度予算額
　　防災・安全交付金の内数
・災害時に都市の機能を維持するための拠点市街地の整備の実施
令和6年度予算額
　　防災・安全交付金の内数
令和5年度予算額
　　防災・安全交付金の内数
・都市・地域交通戦略推進事業を活用した、多くの人々が集まる駅・駅前広場と周辺地区等における防災力に資する整備の実施

令和6年度予算額　　　1,000百万円の内数
　　※この他に防災・安全交付金及び社会資本整備総合交付金の内数
令和5年度予算額　　　1,000百万円の内数
　　※この他に防災・安全交付金及び社会資本整備総合交付金の内数

（8）官庁施設の津波対策の推進
　国土交通省においては、津波襲来時の一時的な避難場所を確保するとともに、防災拠点としての機能維持と行政機能の早期回復を図るため、官庁施設における津波対策を総合的かつ効果的に推進する。
令和6年度予算額　　17,421百万円の内数
令和5年度予算額　　17,320百万円の内数

3-3　その他

（1）地震対策の推進
（再掲　第2章2-3（1））

（2）交通対策の推進
　警察庁においては、都道府県警察から詳細な交通情報をリアルタイムで収集し、広域的な交通管理に活用する広域交通管制システムを的確に運用する。また、災害に備えた交通安全施設等の整備を推進するよう都道府県警察に対して指導する。

（3）港湾における災害対応力強化
（再掲　第2章2-3（7））
（後掲　第2章4-3（16））

（4）船舶の津波防災対策の推進
　国土交通省においては、船舶の津波避難対策推進を図るために、前年度に引き続き船舶運航事業者に対し津波避難マニュアル作成等に必要な協力・支援を行うとともに、作成したマニュアルに基づく事業者の津波避難訓練の実施や同マニュアルの改善等を促していく。

（5）津波警報等の発表、伝達
（再掲　第1章2-1（13）、第2章2-3（10））
　気象庁においては、地震観測等の結果を基に津波警報等を発表するとともに、沖合及び沿岸で津波が観測された際には速やかに観測情報を

発表し、防災関係機関等に伝達し、災害の防止・軽減に努める。

> 令和6年度予算額 1,392百万円
> 令和5年度予算額 1,388

（6）津波防災対策の推進

　海上保安庁においては、南海トラフ巨大地震及び首都直下地震による津波襲来に備え、津波防災情報図を整備して港湾及び付近船舶の津波防災対策に活用するとともに、海底地形データの提供を行い、自治体等による津波浸水想定の設定や津波ハザードマップ作成を支援する。

> 令和6年度予算額 0百万円
> 令和5年度予算額 0

④ 風水害対策

4-1 教育訓練

警察庁における教育訓練

　警察庁においては、都道府県警察の幹部に対して風水害発生時の災害応急対策等についての教育訓練を行う。また、都道府県警察に対して風水害対策上必要な教育訓練の実施及び災害の発生が予想される場合における警備体制の早期確立について指示する。

4-2 防災施設設備の整備

（1）治山事業の推進

　（再掲　第2章2 - 2（10））

　農林水産省においては、森林の水源涵養機能や山地災害防止機能等の維持増進を通じて、安全で安心して暮らせる国土づくりを図るため、治山施設の整備等を推進する（後掲　第2章5 - 2（2）、6 - 2（3）、第3章2）。

> 令和6年度予算額 62,351百万円の内数
> 　※この他に農山漁村地域整備交付金の内数
> 令和5年度予算額 62,291百万円の内数
> 　※この他に農山漁村地域整備交付金の内数

（2）海岸保全施設の整備

　（再掲　第2章2 - 2（12）、3 - 2（4））

　農林水産省及び国土交通省においては、国土保全上特に重要な海岸において、高潮、波浪、侵食対策等を重点的に推進する（後掲　第3章

5）。

（3）総合的な農地防災対策

　農林水産省においては、地域全体の防災安全度を効率的かつ効果的に向上させるため、ため池の豪雨対策等を含めた総合的な整備を推進する。

> 令和6年度予算額 38,101百万円の内数
> 　※この他に農山漁村地域整備交付金の内数
> 令和5年度予算額 41,119百万円の内数
> 　※この他に農山漁村地域整備交付金の内数

（4）盛土の安全確保対策の推進

　（再掲　第2章2 - 2（16））

（5）建設機械の整備

　国土交通省においては、風水害の災害対策に必要な機械を整備する。

> 令和6年度予算額 852,184百万円の内数
> 　※この他に防災・安全交付金の内数及びデジタル庁一括計上分
> 令和5年度予算額 851,796百万円の内数
> 　※この他に防災・安全交付金の内数及びデジタル庁一括計上分

（6）河川・ダム・道路管理用情報通信設備の整備

　国土交通省においては、雨量、水位、路温等の水文・道路気象データを収集するためのテレメータや、ダム等の放流による河川水位上昇を警報するための警報設備、監視カメラ設備、雨量を高精度かつリアルタイムに捉えるＭＰ（マルチパラメータ）レーダ等の整備を行う。また、高機能化を図った河川情報システムの整備を引き続き推進するとともに、各部局及び地方公共団体が保有するデータの共有を推進する。さらに、東日本大震災、紀伊半島大水害、関東・東北豪雨等を踏まえた、情報通信設備の耐震対策、津波・洪水による浸水対策、停電対策等を実施する。

（7）土砂災害の防止

　国土交通省においては、人家や公共建物を保全する砂防設備、地すべり防止施設の整備を推進するとともに、都道府県が実施する急傾斜地崩壊防止施設等の整備を支援する。

令和６年度予算額　　852,184百万円の内数
　　※この他に防災・安全交付金の内数及びデジ
　　　タル庁一括計上分
令和５年度予算額　　851,796百万円の内数
　　※この他に防災・安全交付金の内数及びデジ
　　　タル庁一括計上分

（8）道路における防災対策

　国土交通省においては、大規模災害への備え
として、高規格道路のミッシングリンクの解消
及び暫定２車線区間の４車線化、高規格道路と
代替機能を発揮する直轄国道とのダブルネット
ワークの強化等を推進するとともに、災害時の
交通機能を最大限活用するためのインフラ整備
や道路構造令等の見直し等を推進する。また、
渡河部の橋梁や河川に隣接する道路構造物の流
失防止対策や法面・盛土の土砂災害防止対策を
推進する。さらに、危険箇所等の調査方法の高
度化に向けた取組を実施する。

令和６年度予算額　　2,118,300百万円の内数
　　※この他に防災・安全交付金及び社会資本整
　　　備総合交付金の内数
令和５年度予算額　　2,118,262百万円の内数
　　※この他に防災・安全交付金及び社会資本整
　　　備総合交付金の内数

（9）港湾における高潮・高波対策の推進

　国土交通省においては、激甚化・頻発化する
台風に伴う高潮・高波による港湾内の被害軽減
を図るため、最新の設計沖波等で照査した結果
を踏まえ、港湾施設の嵩上げ・補強等を推進す
る。

令和６年度予算額　　244,903百万円の内数
　　※この他に防災・安全交付金及び社会資本整
　　　備総合交付金の内数
令和５年度予算額　　244,403百万円の内数
　　※この他に防災・安全交付金及び社会資本整
　　　備総合交付金の内数

（10）気候変動を考慮した臨海部の強靱化

　国土交通省においては、物流・産業・生活機
能が集積し、多様な関係者が存在する臨海部に
おいて、岸壁・防潮堤等の被災リスクや堤内
地・堤外地の浸水リスク、漂流物により海上輸
送の大動脈が機能不全に陥るリスク、一つの港
湾における被災の影響が広域的に波及するリス

ク等の増大に対応するため、官民が連携し、気
候変動等を考慮した臨海部の強靱化を推進す
る。

（11）下水道における浸水対策

　国土交通省においては、都市化の進展や下水
道の計画規模を大きく上回る集中豪雨の多発に
伴う雨水流出量の増大に対応して、都市におけ
る安全性の確保を図るため、主として市街地に
降った雨水を河川等に排除し、浸水被害を防止
することを目的とした雨水幹線や貯留浸透施設
等の下水道の整備を推進する。併せて、内水ハ
ザードマップの作成・公表や下水道の水位情報
の提供等のソフト対策、また、住民自らの取組
による自助を組み合わせた総合的かつ効率的な
浸水対策を推進し、施設の計画規模を上回る降
雨に対して被害の最小化を図る（後掲　第３章
９）。

令和６年度予算額　　　　　　80,450百万円
　　※この他に防災・安全交付金及び社会資本整
　　　備総合交付金の内数
令和５年度予算額　　　　　　66,451百万円
　　※この他に防災・安全交付金及び社会資本整
　　　備総合交付金の内数

（12）風水害に強いまちづくりの推進

　国土交通省においては、風水害に対する都市
の防災性向上のための根幹的な公共施設の整備
として、次の事業を実施する。
・避難地、避難路、帰宅支援場所及び防災活動
　拠点となる都市公園の整備
令和６年度予算額　　　32,386百万円の内数
　　※この他に防災・安全交付金及び社会資本整
　　　備総合交付金の内数
令和５年度予算額　　　32,386百万円の内数
　　※この他に防災・安全交付金及び社会資本整
　　　備総合交付金の内数
・避難路として活用される道路等における街路
　事業の実施
令和６年度予算額　　2,118,300百万円の内数
　　※この他に防災・安全交付金及び社会資本整
　　　備総合交付金の内数
令和５年度予算額　　2,118,262百万円の内数
　　※この他に防災・安全交付金及び社会資本整
　　　備総合交付金の内数

・避難地・避難路の整備を都市の防災構造化と併せて行う土地区画整理事業の実施
　令和6年度予算額
　　防災・安全交付金及び社会資本整備総合交付金の内数
　令和5年度予算額
　　防災・安全交付金及び社会資本整備総合交付金の内数
・避難地として活用される都市公園予定地等の取得を行う地方公共団体に対する都市開発資金の貸付け
　令和6年度予算額　　　　292百万円の内数
　令和5年度予算額　　　　492百万円の内数
風水害に強い都市構造の推進として、次の事業を実施する。
・台風や洪水による風水害が想定される防災上危険な市街地における都市防災総合推進事業の実施
　令和6年度予算額
　　防災・安全交付金の内数
　令和5年度予算額
　　防災・安全交付金の内数
・土地の嵩上げや避難路として活用される道路の整備等による防災性の向上に資する都市再生区画整理事業の実施
　令和6年度予算額
　　防災・安全交付金及び社会資本整備総合交付金の内数
　令和5年度予算額
　　防災・安全交付金及び社会資本整備総合交付金の内数
・都市構造再編集中支援事業等を活用した災害弱者施設（病院、老人デイサービスセンター等）の移転や耐震性貯水槽、備蓄倉庫、避難空間等の整備の実施
　令和6年度予算額　　　70,068百万円の内数
　　※この他に社会資本整備総合交付金の内数
　令和5年度予算額　　　70,000百万円の内数
　　※この他に社会資本整備総合交付金の内数
・事前復興まちづくり計画等に基づき行われる、防災拠点の形成に必要なインフラ整備の実施
　令和6年度予算額
　　防災・安全交付金の内数
　令和5年度予算額
　　防災・安全交付金の内数

・土地が持つ雨水貯留浸透機能を活用したグリーンインフラの取組の実施
　令和6年度予算額　　　　666百万円の内数
　　※この他に防災・安全交付金及び社会資本整備総合交付金の内数
　令和5年度予算額　　　　329百万円の内数
　　※この他に防災・安全交付金及び社会資本整備総合交付金の内数
・災害時に都市の機能を維持するための拠点市街地の整備の実施
　令和6年度予算額
　　防災・安全交付金の内数
　令和5年度予算額
　　防災・安全交付金の内数
・都市・地域交通戦略推進事業を活用した、多くの人々が集まる駅・駅前広場と周辺地区等における防災力に資する整備の実施
　令和6年度予算額　　　1,000百万円の内数
　　※この他に防災・安全交付金及び社会資本整備総合交付金の内数
　令和5年度予算額　　　1,000百万円の内数
　　※この他に防災・安全交付金及び社会資本整備総合交付金の内数

（13）空港における浸水対策

　国土交通省においては、空港における高潮・高波・豪雨等による大規模災害に備えるため、護岸の嵩上げや排水機能の強化等の浸水対策を実施する。
　令和6年度予算額　　　395,947百万円の内数
　令和5年度予算額　　　394,163百万円の内数

（14）港湾における走錨対策の推進

　国土交通省においては、令和元年房総半島台風等で発生した走錨事故を踏まえ、港内避泊が困難な港湾や混雑海域周辺の港湾等において、避泊水域確保のための防波堤等の整備を推進する。
　令和6年度予算額　　　244,903百万円の内数
　　※この他に防災・安全交付金及び社会資本整備総合交付金の内数
　令和5年度予算額　　　244,403百万円の内数
　　※この他に防災・安全交付金及び社会資本整備総合交付金の内数

（15）港湾等の漂流物対策の推進

国土交通省においては、令和3年8月海底火山「福徳岡ノ場」の噴火による軽石により航路等が埋塞したことも踏まえ、引き続き船舶の航行安全に資するよう、漂流物の回収体制の強化に向けて検討を進める。

（16）住宅・建築物の風水害対策等の促進

国土交通省においては、風水害に対する住宅や建築物の防災性向上のため、次の事業を実施する。
・水害からの一時避難場所整備の促進
　令和6年度予算額
　　地域防災拠点建築物整備緊急促進事業
　　　　　　　　　10,640百万円の内数
　令和5年度予算額
　　地域防災拠点建築物整備緊急促進事業
　　　　　　　　　11,200百万円の内数
・住宅・建築物の風水害対策のための改修支援
　令和6年度予算額
　　防災・安全交付金及び社会資本整備総合交付金の内数
　令和5年度予算額
　　防災・安全交付金及び社会資本整備総合交付金の内数

4-3　その他

（1）土砂災害・水害等の災害時における避難対策等の推進

内閣府においては、首都圏等における大規模水害時の広域避難や、水害・土砂災害からの住民の主体的な避難行動の促進に係る検討等の取組を行う。
　令和6年度予算額　　　　　　　46百万円
　令和5年度予算額　　　　　　　52

（2）風水害に対する警戒体制の強化

警察庁においては、管区警察局及び都道府県警察に対して災害危険箇所の事前把握、災害の発生が予想される場合における警備体制の早期確立、部隊派遣の検討・実施、自治体・関係機関との連携による迅速な避難誘導の徹底を指示するなど、警戒警備体制の強化を図る。

（3）風水害対策の推進

消防庁においては、災害応急対策の実施体制の確立、迅速かつ的確な避難指示等の発令・伝達、指定緊急避難場所等の周知、避難行動要支援者等の避難対策の推進、防災訓練の実施等について地方公共団体に対し要請・助言等を行う。

（4）災害時要援護者関連施設に係る防災対策の推進

農林水産省においては、「災害弱者関連施設に係る総合的な土砂災害対策の実施について」（平成11年1月、文部省、厚生省、林野庁、建設省及び消防庁共同通達）等を受け、災害時要援護者関連施設を保全するため、本施設に係る山地災害危険地区及び農地地すべり危険箇所等の周知を図るとともに、治山事業及び農地防災事業等による防災対策を推進する。
　令和6年度予算額　　　　100,452百万円の内数
　　※この他に農山漁村地域整備交付金の内数
　令和5年度予算額　　　　103,410百万円の内数
　　※この他に農山漁村地域整備交付金の内数

（5）山地災害防止のための普及啓発活動

農林水産省においては、山地災害の未然防止について、住民への山地災害危険地区等の周知徹底及び防災意識の高揚に資することを目的に、山地災害防止キャンペーン（5月20日から6月30日）を実施する。

（6）要配慮者利用施設に係る防災対策の推進

国土交通省においては、「水防法」（昭和24年法律第193号）及び「土砂災害警戒区域等における土砂災害防止対策の推進に関する法律」（平成12年法律第57号。以下「土砂災害防止法」という。）に基づき、市町村地域防災計画において浸水想定区域内又は土砂災害警戒区域内の要配慮者利用施設の名称及び所在地、情報伝達体制等を定めるとともに、これら要配慮者利用施設の管理者等による避難確保計画の作成及び計画に基づく訓練の実施を促進するなど、引き続き警戒避難体制の充実・強化を図る。

（7）河川情報基盤整備の推進

国土交通省においては、適切な施設管理や避

難行動等の防災活動等に役立てるため、高分解能・高頻度に集中豪雨や局地的な大雨を的確に把握できる国土交通省ＸＲＡＩＮ（高性能レーダ雨量計ネットワーク）の配信エリアの拡大を図るとともに、洪水時の水位観測に特化した低コストな水位計や簡易型河川監視カメラなど、防災情報の迅速かつ的確な把握・提供のための情報基盤の整備を推進する。

（8）河川情報・洪水情報の提供の推進

国土交通省においては、観測施設等の情報基盤を適切に維持管理するとともに、災害時における迅速な危機対応のため、国土交通省「川の防災情報」等のウェブサイトによりリアルタイムのレーダ雨量、河川水位、洪水予報、河川カメラ画像等を提供する。また、河川水位等の河川情報をデータ配信し、民間企業やメディア等と連携し、ウェブサイトやアプリ等を通じて、住民の避難行動等に資する河川情報の提供を推進する。

（9）流域治水の加速化・深化

国土交通省においては、気候変動による水災害の激甚化・頻発化に対応するため、ハード・ソフト一体の事前防災対策を加速するとともに、水災害リスクを踏まえ特定都市河川の指定を拡大する等、流域のあらゆる関係者が協働して一体的に取り組む「流域治水」を推進する（後掲　第3章　1（1））。

（10）水害リスク情報等の充実

国土交通省においては、「水防法」に基づく想定最大規模の降雨（洪水・内水）・高潮に対応した浸水想定区域図の作成や「土砂災害防止法」に基づく土砂災害警戒区域等の設定を促進し、市町村による洪水・内水・高潮及び土砂災害に係るハザードマップの作成・公表を支援する。その他、ハザードマップの作成・公表状況を関係自治体間で共有する等、関係自治体と連携し、引き続き住民の防災意識の高揚と災害への備えの充実を図る。

また、浸水範囲と浸水頻度の関係をわかりやすく図示した「水害リスクマップ（浸水頻度図）」を新たに整備し、水害リスク情報の充実を図り、土地利用・住まい方の工夫等の促進を図る。

（11）総合的な土砂災害対策の推進

国土交通省においては、土砂災害による人命、財産の被害の防止・軽減に資することを目的として、ハード対策としての関係機関と連携した砂防堰堤等の施設整備と、ソフト対策としての都道府県が行う土砂災害警戒区域等の指定や情報基盤整備等、ハード・ソフト対策を組み合わせた総合的な土砂災害対策について支援を行う。また、「土砂災害防止法」に基づき、大規模な土砂災害が急迫している状況において緊急調査を行い、被害が想定される区域等に関する情報の周知を図る。

 令和6年度予算額 852,184百万円の内数
  ※この他に防災・安全交付金の内数及びデジタル庁一括計上分
 令和5年度予算額 851,796百万円の内数
  ※この他に防災・安全交付金の内数及びデジタル庁一括計上分

（12）土砂災害防止のための普及啓発活動

国土交通省においては、土砂災害による人命、財産の被害の防止・軽減に資することを目的として、6月を「土砂災害防止月間」、6月の第一週を「がけ崩れ防災週間」と定め、土砂災害防止に関する広報活動や防災教育を推進するとともに、土砂災害防止功労者の表彰、土砂災害警戒区域等の土砂災害の危険性が高い箇所の周知、点検、関係行政機関が連携した実践的な訓練、住民等が主体となって地域の実情に応じた避難訓練等を実施する。

（13）水防に関する普及啓発活動

国土交通省においては、水防に対する国民の理解を深めるとともに広く協力を求めるため、水防月間において、都道府県、水防管理団体等とともに実施する各種の行事・活動、市町村等職員に対する水防研修、水防団員に対する水防技術講習会を引き続き実施する。

（14）地下駅等の浸水対策

国土交通省においては、各地方公共団体の定めるハザードマップ等により浸水被害が想定される地下駅等（出入口及びトンネル等）について、止水板や防水ゲート等の浸水対策を推進する。

 令和6年度予算額

鉄道施設総合安全対策事業費補助
4,514百万円の内数
都市鉄道整備事業費補助（地下高速鉄道）
13,864百万円の内数
令和5年度予算額
鉄道施設総合安全対策事業費補助
5,035百万円の内数
都市鉄道整備事業費補助（地下高速鉄道）
8,050百万円の内数

(15) 鉄道施設の豪雨対策

国土交通省においては、近年、激甚化・頻発化する豪雨災害に適切に対応するため、河川に架かる鉄道橋りょうの流失・傾斜対策や鉄道に隣接する斜面からの土砂流入防止対策を推進する。

令和6年度予算額
鉄道施設総合安全対策事業費補助
4,514百万円の内数
令和5年度予算額
鉄道施設総合安全対策事業費補助
5,035百万円の内数

(16) 港湾における災害対応力強化

（再掲　第2章2-3（7）、3-3（3））

(17) 予報、警報その他の情報の発表及び伝達

気象庁においては、台風や線状降水帯等による集中豪雨、豪雪等の自然現象による災害の防止・軽減を図るため、適時適切な予報、警報及び大雨警報・洪水警報の危険度分布等の防災気象情報を発表するとともに、防災関係機関等に伝達することで、避難指示等の判断等、地方公共団体等が行う災害応急対策や、国民の自主的防災行動に資する。

⑤ 火山災害対策

5-1 教育訓練

警察庁における教育訓練

警察庁においては、都道府県警察の幹部に対して火山災害発生時の災害応急対策等についての教育訓練を行う。また、都道府県警察に対して火山災害対策上必要な教育訓練の実施及び災害の発生が予想される場合における警備体制の

早期確立について指示する。

5-2 防災施設設備の整備

(1) 民間の認定こども園、幼稚園、保育所等における降灰対策の推進

こども家庭庁においては、「活動火山対策特別措置法」の規定に基づき、降灰防除地域の指定を受けた地域に所在する民間の認定こども園、幼稚園、保育所等の降灰除去に要する費用を負担する。

令和6年度予算額　　　1,661,736百万円の内数
令和5年度予算額　　　1,594,795百万円の内数

(2) 火山地域における治山事業の推進

（再掲　第2章2-2（10）、4-2（1））

農林水産省においては、火山地域における山地災害の防止・軽減を図るため、治山施設の整備等を推進する（後掲　第2章6-2（3）、第3章2）。

令和6年度予算額　　　　62,351百万円の内数
　※この他に農山漁村地域整備交付金の内数
令和5年度予算額　　　　62,291百万円の内数
　※この他に農山漁村地域整備交付金の内数

(3) 火山砂防事業の推進

国土交通省においては、火山地域における土砂災害による人命、財産の被害の防止・軽減に資することを目的として、砂防堰堤等の施設整備を推進するとともに、噴火時の土砂災害による被害を軽減するため、ハード・ソフト対策からなる火山噴火緊急減災対策砂防計画の実行性を高めるための見直しを関連機関と連携して推進する。

令和6年度予算額　　　852,184百万円の内数
　※この他に防災・安全交付金の内数及びデジタル庁一括計上分
令和5年度予算額　　　851,796百万円の内数
　※この他に防災・安全交付金の内数及びデジタル庁一括計上分

5-3 その他

(1) 火山災害対策の推進

内閣府においては、「活動火山対策特別措置法」の改正を踏まえ、火山防災に関する自治体

支援など、火山防災に関する取組を一層強化するほか、火山防災対策に関する連携強化及び推進体制、広域噴火災害対策の検討等の取組を行う。

令和6年度予算額	158百万円
令和5年度予算額	158

（2）活動火山対策の推進

消防庁においては、火山防災協議会等連絡・連携会議等の場を通じて、関係府省庁と連携して、火山防災対策の推進を図るとともに、火山噴火に係る住民等避難への対応の支援や、避難施設や避難情報伝達手段の整備、救助体制の強化、防災訓練の実施等について、関係地方公共団体に対し要請・助言等を行う。

（3）火山災害防止のための普及啓発活動

国土交通省においては、火山と地域の安全について火山地域の自治体が情報交換を行い、火山砂防事業を含む火山噴火対策への自治体・住民の理解を深めることを目的とした火山砂防フォーラムの開催を支援する等、火山災害防止のための啓発活動を行う。

（4）測地技術を用いた地殻変動の監視

（再掲　第1章2-1（11））

（5）火山防災協議会における警戒避難体制の整備

国土交通省においては、火山噴火に伴う土砂災害の観点から火山砂防ハザードマップの検討を行うとともに一連の警戒避難体制の検討に参画する。

（6）噴火警報等の発表、伝達等

気象庁においては、火山監視観測を行い、噴火警報等を適時適切に発表し、防災関係機関等への警戒等を呼びかけることで、災害の防止・軽減に努める。また、火山防災協議会での共同検討を通じて避難計画や噴火警戒レベルの改善を推進する。

令和6年度予算額	1,112百万円
令和5年度予算額	1,195

⑥ 雪害対策

6-1 教育訓練

警察庁における教育訓練

警察庁においては、都道府県警察の幹部に対して雪害発生時の災害応急対策等についての教育訓練を行う。また、都道府県警察に対して雪害対策上必要な教育訓練の実施及び災害の発生が予想される場合における警備体制の早期確立について指示する。

6-2 防災施設設備の整備

（1）民間の認定こども園、幼稚園、保育所等における雪害防止

こども家庭庁においては、特別豪雪地帯における民間の認定こども園、幼稚園、保育所等に対し、除雪に要する費用を負担する。

令和6年度予算額	1,661,736百万円の内数
令和5年度予算額	1,594,795百万円の内数

（2）民間社会福祉施設の雪害防止

厚生労働省においては、特別豪雪地帯に所在する保護施設等の行政委託等が行われる民間社会福祉施設の除雪に要する費用を措置費に算入している。

令和6年度予算額	4百万円
令和5年度予算額	4

（3）積雪地帯における治山事業の推進

（再掲　第2章2-2（10）、4-2（1）、5-2（2））

農林水産省においては、積雪地帯における雪崩による被害から集落等を守るため、雪崩の防止を目的とする森林の造成や防止施設の設置を推進するとともに、融雪に伴う山腹崩壊箇所等の復旧整備等を図る（後掲　第3章2）。

令和6年度予算額	62,351百万円の内数
※この他に農山漁村地域整備交付金の内数	
令和5年度予算額	62,291百万円の内数
※この他に農山漁村地域整備交付金の内数	

（4）冬期における道路交通の確保

国土交通省においては、積雪寒冷特別地域における安定した冬期道路交通を確保するため、

除雪、防雪、凍雪害防止の事業を推進する。特に短期間の集中的な大雪時等においても、人命を最優先に幹線道路上における大規模な車両滞留を徹底的に回避することを基本的な考え方として、関係機関と連携したタイムラインを策定しつつ、前広な出控えや広域迂回等の呼びかけ、通行止め予測の公表を行うとともに、高速道路と並行する国道等の同時通行止めも含め、広範囲での予防的・計画的な通行止めや集中除雪等を行う。また、除雪機械の自動化や、ＡＩによる交通障害の自動検知により、立ち往生車両等を早期に発見し、移動措置等、現地対応の迅速化を図る。

　　令和６年度予算額　　2,118,300百万円の内数
　　　※この他に防災・安全交付金及び社会資本整備総合交付金の内数
　　令和５年度予算額　　2,118,262百万円の内数
　　　※この他に防災・安全交付金及び社会資本整備総合交付金の内数

（5）雪に強いまちづくりの推進

　国土交通省においては、豪雪時の都市機能の確保を図るため、積雪・堆雪に配慮した体系的な都市内の道路整備を行い、下水処理水や下水道施設等を活用した積雪対策のより一層の推進を図る。

　　令和６年度予算額
　　　防災・安全交付金及び社会資本整備総合交付金の内数
　　令和５年度予算額
　　　防災・安全交付金及び社会資本整備総合交付金の内数

（6）融雪時の出水や雪崩に伴う土砂流出対策等

　国土交通省においては、融雪時の出水や雪崩に伴う土砂流出を防止するため、砂防設備等の施設整備を推進する。

　　令和６年度予算額　　852,184百万円の内数
　　　※この他に防災・安全交付金の内数及びデジタル庁一括計上分
　　令和５年度予算額　　851,796百万円の内数
　　　※この他に防災・安全交付金の内数及びデジタル庁一括計上分

（7）空港の雪害防止

　国土交通省においては、積雪寒冷地域における航空交通を確保するため、空港の除雪、除雪機械等の整備を行う。

　　令和６年度予算額　　　　　　338百万円
　　令和５年度予算額　　　　　　267

（8）除排雪時等の死傷事故防止

　国土交通省においては、除排雪時等の死傷事故を防止するため、豪雪地帯において持続可能な除排雪体制の整備等に取り組む地方公共団体を支援する。

　　令和６年度予算額　　　　　　75百万円
　　令和５年度予算額　　　　　　75

6-3　その他

（1）雪害予防のための広報啓発活動

　警察庁においては、雪害の発生実態を踏まえ、雪害予防のための情報提供に努めるとともに、都道府県警察に対して雪崩危険箇所等の把握や広報啓発活動の実施について指示する。

（2）雪害対策の推進

　消防庁においては、災害初動体制の確立、気象等に関する情報の収集・伝達の徹底、除雪中の事故防止対策、要配慮者等の避難誘導体制の整備等について、関係地方公共団体に対し要請・助言等を行う。

（3）集落における雪崩災害防止のための普及啓発活動

　国土交通省においては、雪崩災害による人命、財産の被害防止・軽減に資することを目的として、12月の第一週を「雪崩防災週間」と定め、雪崩災害防止に関する広報活動の推進、雪崩災害防止功労者の表彰、危険箇所の周知、点検、避難訓練等を実施する。

（4）予報、警報その他の情報の発表及び伝達

　気象庁においては、避難指示等の判断等、地方公共団体等が行う災害応急対策や、国民の自主的防災行動に資するため、降積雪や雪崩等に関する適時適切な予報、警報及び解析積雪深・解析降雪量等の防災気象情報を発表するとともに、防災関係機関等に伝達し、災害の防止・軽

減に努める。

7 火災対策

7-1　教育訓練

（1）消防庁消防大学校における教育訓練

消防庁消防大学校においては、国及び都道府県の消防の事務に従事する職員並びに市町村の消防職員及び消防団員に対し、幹部として必要な火災予防、火災防御、火災時の救助・救急等に関する教育訓練を行う。

（2）海上保安庁における消防訓練等

海上保安庁においては、船舶火災対応等に従事する職員を対象とした事故発生時の対応に係る教育、関係機関と連携した消防訓練を実施する。

令和6年度予算額	2百万円
令和5年度予算額	2

7-2　防災施設設備の整備

（1）林野火災の予防対策

農林水産省においては、林野火災を予防するため、全国山火事予防運動等林野火災の未然防止についての普及や予防体制の強化等を地域単位で推進する事業並びに防火及び消火活動の円滑な実施にも資する林道や防火線の整備等を行う。

令和6年度予算額　　　72,798百万円の内数
　　※この他に農山漁村地域整備交付金、デジタル田園都市国家構想交付金（内閣府計上）の内数
令和5年度予算額　　　70,266百万円の内数
　　※この他に農山漁村地域整備交付金、デジタル田園都市国家構想交付金（内閣府計上）の内数

（2）災害の防止に寄与する耐火建築物等に対する建設・購入資金融資

独立行政法人住宅金融支援機構等においては、災害の防止に寄与する耐火建築物等のうち、合理的土地利用建築物の建設・購入に対し、融資を行う。

（3）空港における消防体制の整備

国土交通省においては、計画的に国管理空港の化学消防車の性能向上を図って更新を行う。

令和6年度予算額	1,029百万円
令和5年度予算額	1,615

7-3　その他

（1）火災予防体制の整備等

消防庁においては、火災による被害を軽減するため、次のとおり火災予防体制の整備を図る。

・火災予防対策、消防用機械器具業界の指導育成

令和6年度予算額	3百万円
令和5年度予算額	3

・製品火災対策の推進及び火災原因調査の連絡調整

令和6年度予算額	5百万円
令和5年度予算額	3

・住宅防火対策等の推進

令和6年度予算額	17百万円
令和5年度予算額	16

・消防法令に係る違反是正推進

令和6年度予算額	18百万円
令和5年度予算額	19

・消防の技術に関する総合的な企画立案

令和6年度予算額	4百万円
令和5年度予算額	4

・火災予防の実効性向上及び規制体系の再構築

令和6年度予算額	15百万円
令和5年度予算額	20

・消防用設備等及びその点検における新技術導入の推進

令和6年度予算額	9百万円
令和5年度予算額	1

・火災予防分野における各種手続の電子申請等の推進

令和6年度予算額	0百万円
令和5年度予算額	0

（2）林野火災予防体制の整備等

消防庁及び農林水産省においては、共同して全国山火事予防運動を実施し、林野火災の防火意識の普及啓発に努める。

（3）建築物の安全対策の推進

　国土交通省においては、火災等の災害から建築物の安全を確保するため、多数の者が利用する特定の特殊建築物等に対して、維持保全計画の作成、定期調査・検査報告、防災査察等を推進し、これに基づき適切な維持保全及び必要な改修を促進する。

　また、既存建築物の防火上・避難上の安全性の確保を図るため、建築物の火災安全対策改修に対する支援を行う。

　　令和6年度予算額
　　　防災・安全交付金及び社会資本整備総合交付
　　　金の内数
　　令和5年度予算額
　　　防災・安全交付金及び社会資本整備総合交付
　　　金の内数

⑧ 危険物災害対策

8-1　教育訓練

（1）消防庁消防大学校における教育訓練

　消防庁消防大学校においては、国及び都道府県の消防の事務に従事する職員並びに市町村の消防職員に対し、危険物災害及び石油コンビナート災害における消防活動等に関する教育訓練を行う。

（2）海上保安庁における危険物災害対応訓練等

　海上保安庁においては、危険物災害対応に従事する職員を対象とした災害発生時の対応に係る教育、関係機関と連携した危険物災害対応訓練等を実施する。

　　令和6年度予算額　　　　　　　　13百万円
　　令和5年度予算額　　　　　　　　13

8-2　その他

（1）火薬類の安全管理対策

　警察庁においては、火薬類取扱事業者による火薬類の保管管理と取扱いの適正化を図るため、火薬類取扱場所等への立入検査の推進及び関係機関との連携を図るよう都道府県警察に対して指示する。

（2）各種危険物等の災害防止対策

　警察庁においては、関係機関との緊密な連携による各種危険物運搬車両等に対する取締りの推進及び安全基準の遵守等についての指導を行うよう都道府県警察に対して指示する。

（3）危険物規制についての要請・助言等

　消防庁においては、「消防法」（昭和23年法律第186号）に基づき、次の予防対策を推進する。

・危険物の安全を確保するための技術基準等の整備の検討（ＡＩ・ＩｏＴ等の新技術を活用した効果的な危険物保安等の在り方の検討に要する経費）

　　令和6年度予算額　　　　　　　　71百万円
　　令和5年度予算額　　　　　　　　60

・危険物施設の事故防止対策等

　　令和6年度予算額　　　　　　　　12百万円
　　令和5年度予算額　　　　　　　　12

・危険物データベースの精度の向上、新規危険性物質の早期把握及び危険性評価等

　　令和6年度予算額　　　　　　　　10百万円
　　令和5年度予算額　　　　　　　　10

（4）石油コンビナート等防災対策の推進

　消防庁においては、石油コンビナートにおける事故防止及び被害軽減のための検討を行うとともに、「石油コンビナート等における自衛防災組織の技能コンテスト」を開催し、自衛防災組織等の技能や士気の向上を図る。

　　令和6年度予算額　　　　　　　　27百万円
　　令和5年度予算額　　　　　　　　26

　消防庁及び経済産業省においては、石油及び高圧ガスを併せて取り扱う事業所の新設等に際し、事業所内の施設地区の設置等について審査するとともに、必要な助言等を行う。

　　令和6年度予算額　　　　　　　　2百万円
　　令和5年度予算額　　　　　　　　2

（5）産業保安等に係る技術基準の調査研究等

　経済産業省においては、高圧ガスや火薬類等に係る事故・災害の未然防止を図り、もって公共の安全を確保するため、技術基準の見直し等に向けた調査研究等や、事故情報の原因解析及び再発防止策の検討を行い、産業保安基盤の整備・高度化に資する事業を実施する。

令和6年度予算額	600百万円の内数
令和5年度予算額	600百万円の内数

（6）高圧ガス及び火薬類による災害防止の指導等

経済産業省においては、製造事業者等に対する立入検査等及び保安教育指導並びに地方公共団体等担当者に対する研修等を行う。

（7）都市ガス分野における災害対応・レジリエンス強化に係る支援事業

経済産業省においては、災害時連携計画の効果を高めることを通じて都市ガス分野における災害対応・レジリエンスを強化するため、災害時の復旧作業等の迅速化に資する機器や設備の導入を行う中小規模の一般ガス導管事業者に対して、その費用の一部の補助を行う。

令和6年度予算額	185百万円
令和5年度予算額	200

（8）危険物の海上輸送の安全対策の確立

国土交通省においては、国際基準の策定・取り入れについて十分な評価検討を行い、危険物の特性に応じた安全対策を講じる。また、危険物の海上輸送における事故を防止するため、危険物を運送する船舶に対し運送前の各種検査及び立入検査を実施する。

令和6年度予算額	268百万円の内数
令和5年度予算額	274百万円の内数

（9）危険物積載船舶運航及び危険物荷役に関する安全防災対策

海上保安庁においては、輻輳海域における危険物積載船舶の航行の安全を確保するとともに、危険物専用の岸壁や桟橋における適切な荷役等について指導し、安全防災対策を推進する。

（10）沿岸海域環境保全情報の整備

海上保安庁においては、油流出事故が発生した際の迅速かつ的確な油防除活動等に資する目的で、沿岸海域の自然的・社会的情報等をデータベース化し、海図データ及び油の拡散・漂流予測結果等と併せて表示する沿岸海域環境保全情報の整備を引き続き行う。

令和6年度予算額	1百万円
令和5年度予算額	1

（11）漂流予測体制の強化

海上保安庁においては、油流出事故による防除作業を的確に行うため、常時監視可能なブイを用いて漂流予測の評価・補正を行い、高精度の漂流予測が実施可能な体制を整備する。

令和6年度予算額	3百万円
令和5年度予算額	3

（12）油防除対策に係る分野別専門家等の登録

海上保安庁においては、「油等汚染事件への準備及び対応のための国家的な緊急時計画」に基づき、関係行政機関等の協力を得て国内の各種分野の専門家等に関する情報を一元化するとともに、関係機関の要請に応じて提供可能な体制を確保する。

⑨ 原子力災害対策

9-1 教育訓練

（1）原子力防災に関する人材育成の充実・強化整備

内閣府においては、原子力災害時において中核となる防災業務関係者について、体系的かつ効果的な訓練や研修等により人材育成を推進する。また、原子力防災の国内外の知見の分析・蓄積を行うための調査研究を実施する。

令和6年度予算額	384百万円
令和5年度予算額	408

（2）警察庁における教育訓練

警察庁においては、都道府県警察の幹部に対して原子力に関する基礎的な知識、原子力災害発生時の災害応急対策、放射線量のモニタリング等についての教育訓練を行う。また、都道府県警察に対して原子力災害対策に必要な訓練の実施を指示する。

（3）消防庁消防大学校における教育訓練

消防庁消防大学校においては、国及び都道府県の消防の事務に従事する職員並びに市町村の消防職員に対し、原子力災害における消防活動等に関する教育訓練を行う。

（4）放射性物質安全輸送講習会

国土交通省においては、輸送作業従事者等に

対し、輸送に関する基準及び放射性物質輸送に
関する専門的知識等に係る講習会を実施する。

　　令和6年度予算額　　　　　　　0百万円
　　令和5年度予算額　　　　　　　0

（5）環境放射線モニタリングのための研修等

　　原子力規制委員会においては、地方公共団体
職員等を対象に、放射能分析に係る技術向上及
び緊急時モニタリングの実効性向上のための研
修等を実施する。

　　令和6年度予算額　　　　　　201百万円
　　令和5年度予算額　　　　　　228

（6）海上保安庁における原子力災害対応訓練等

　　海上保安庁においては、原子力災害対応に従
事する職員を対象とした災害発生時の対応に係
る教育、関係機関と連携した原子力災害対応訓
練等を実施する。

　　令和6年度予算額　　　　　　　2百万円
　　令和5年度予算額　　　　　　　2

9-2　防災施設設備の整備

原子力施設等の防災対策

　　原子力規制委員会においては、原子力災害に
係る緊急時対策支援システム整備、その他の原
子力防災体制整備等を行う。

　　令和6年度予算額　　　　　4,162百万円
　　令和5年度予算額　　　　　4,072

9-3　その他

（1）地域防災計画・避難計画の具体化・充実化支援（原子力発電施設等緊急時安全対策交付金事業）

　　内閣府においては、地域防災計画・避難計画
の具体化・充実化を進めるため、地方公共団体
が行う防災活動に必要な放射線測定器、防護服
等の資機材の整備の支援などを行う。また、緊
急時避難円滑化事業により避難の円滑化を着実
に推進する。

　　令和6年度予算額　　　　10,000百万円
　　令和5年度予算額　　　　10,042

（2）原子力防災体制等の構築

　　内閣府においては、原子力災害時に行われる
避難退域時検査等の資機材の標準化・相互融通
等の検討や自治体の実施体制構築の支援、甲状
腺被ばく線量モニタリングの運用方法の検討な
どを通し、原子力防災体制の充実・効率化を図
る。

　　令和6年度予算額　　　　　　39百万円
　　令和5年度予算額　　　　　　50

（3）食品中の放射性物質に関するリスクコミュニケーション

　　消費者庁においては、食品中の放射性物質に
関し、関係府省、地方公共団体等と連携した意
見交換会の開催、「食品と放射能Q＆A」によ
る情報提供等を行う。

　　令和6年度予算額　　　70百万円の内数
　　令和5年度予算額　　　71百万円の内数

（4）地方消費者行政の充実・強化、放射性物質検査体制の整備

　　消費者庁においては、風評被害の払拭のた
め、地方消費者行政強化交付金により、地方公
共団体の取組を支援する。

　　被災県（福島県）に対しては、別途地方消費
者行政推進交付金（復興特別会計）により、消
費サイドの放射性物質検査体制の整備等を支援
する。

　　令和6年度予算額　　1,869百万円の内数
　　令和5年度予算額　　1,994百万円の内数

　　また、原発事故を踏まえ、食品と放射能に関
する食の安全・安心を確保するため、消費者庁
及び国民生活センターにおいては、放射性物質
検査機器の貸与を引き続き行うとともに、検査
機器等に関する研修会を開催する。

　　令和6年度予算額　　3,166百万円の内数
　　令和5年度予算額　　3,366百万円の内数

（5）原子力災害対策の推進

　　消防庁においては、地方公共団体における地
域防災計画の見直しの助言・支援、原子力防災
訓練への助言・協力等を行う。

　　令和6年度予算額　　　　　　　1百万円
　　令和5年度予算額　　　　　　　1

（6）海上輸送に係る原子力災害対策

国土交通省においては、放射性物質等の海上輸送時の事故や災害発生時に想定される原子力災害への対応に備え、防災資材の整備・維持や衛星電話通信の維持、放射性物質災害防災訓練の指導等を行う。

令和6年度予算額	268百万円の内数
令和5年度予算額	274百万円の内数

⑩ その他の災害対策

10-1 教育訓練

（1）消防庁消防大学校における教育訓練

消防庁消防大学校においては、国及び都道府県の消防の事務に従事する職員並びに市町村の消防職員に対し、生物剤及び化学剤に起因する災害における消防活動等に関する教育訓練を行う。

（2）船員の災害防止のための教育

国土交通省においては、一般公共メディアを通じて船員等に対し安全衛生教育を行う。

令和6年度予算額	86百万円の内数
令和5年度予算額	99百万円の内数

（3）船員労働災害防止対策

国土交通省においては、船員災害防止基本計画に基づき、船員労働災害防止を効果的かつ具体的に推進するため、船員災害防止実施計画を作成し、各船舶所有者による自主的な船員災害防止を促すとともに、運航労務監理官による船舶及び事業場の監査指導を行う。

令和6年度予算額	373百万円の内数
令和5年度予算額	291百万円の内数

10-2 その他

（1）特殊災害対策の充実強化

消防庁においては、特殊災害に係る防災対策について、関係機関との連携を強化し、災害防止対策及び消防防災対策の充実強化を図るため、防災体制や消防活動の検討を行う。

令和6年度予算額	4百万円の内数
令和5年度予算額	3百万円の内数

（2）労働災害防止対策

厚生労働省においては、労働災害防止計画に基づき、計画的な労働災害防止対策の展開を図る。化学プラント等における化学物質による災害の防止、自然災害に伴う道路復旧工事等における土砂崩壊災害などの労働災害の防止等を図る。

なお、上記のうち一部については、令和5年度より独立行政法人労働者健康安全機構の事業の一環として、当該法人への交付金により行われている。

令和6年度予算額	222百万円の内数
令和5年度予算額	217百万円の内数

（3）鉱山に対する保安上の監督

経済産業省においては、鉱山における危害及び鉱害を防止するため、「鉱山保安法」（昭和24年法律第70号）及び「金属鉱業等鉱害対策特別措置法」（昭和48年法律第26号）に基づき、立入検査等を行う。

（4）ライフライン関連施設の保安の確保

経済産業省においては、電気、ガスの供給に関する施設の適切な維持運用のため、関係法令に基づき、立入検査等を行う。

（5）外国船舶の監督の実施

国土交通省においては、「海上人命安全条約」等の国際基準に適合しない船舶（サブスタンダード船）を排除し、海難事故を未然に防止するため、外国船舶監督官の組織を引き続き整備するとともに、我が国に寄港する外国船舶に対する監督（ＰＳＣ）を的確に実施する。

令和6年度予算額	99百万円
令和5年度予算額	111

第3章　国土保全

① 治水事業

　国土交通省においては、令和5年7月の大雨等による被害や気候変動の影響を踏まえ、令和5年度補正予算と一体として「防災・減災、国土強靱化のための5か年加速化対策」も活用し、国土強靱化のための治水対策等を着実に進める。
・流域治水の加速化・深化
・インフラ老朽化対策等による持続可能なインフラメンテナンスサイクルの実現
・流域ビジネスインテリジェンス（BI）による防災・減災DXの推進
　令和6年度予算額　　　852,184百万円の内数
　　※この他に防災・安全交付金の内数及びデジタル庁一括計上分
　令和5年度予算額　　　851,796百万円の内数
　　※この他に防災・安全交付金の内数及びデジタル庁一括計上分

（1）流域治水の加速化・深化
　（再掲　第2章　4-3（9））
　気候変動による水災害の激甚化・頻発化に対応するため、ハード・ソフト一体の事前防災対策を加速するとともに、水災害リスクを踏まえ特定都市河川の指定を拡大する等、流域のあらゆる関係者が協働して一体的に取り組む「流域治水」を推進する。

（2）インフラ老朽化対策等による持続可能なインフラメンテナンスサイクルの実現
　予防保全によるライフサイクルコストの縮減・平準化を図るため、長寿命化計画に基づく定期点検等により確認された修繕・更新が必要な施設への対策を加速するとともに、新技術の積極的な活用等により効率的かつ持続可能なメンテナンスサイクルを実現する。

（3）流域ビジネスインテリジェンス（BI）による防災・減災DXの推進
　流域に関する様々なデジタルデータの取得、取得したデータの蓄積・共有、知りたいことが一目で分かるようなデータの分析・可視化に関する技術開発を行い、流域治水の自分事化、イ

ンフラの整備や管理、防災対策の省人化・高度化を推進する。

② 治山事業

　（再掲　第2章2-2（10）、4-2（1）、5-2（2）、6-2（3））
　農林水産省においては、大雨や短時間強雨の発生頻度の増加等により、山地災害が激甚化・頻発化する傾向にあることを踏まえ、山地災害の被害を防止・軽減する事前防災・減災の考え方に立ち治山対策を推進する。具体的には、流域治水の取組と連携しつつ、山地災害危険地区等において、土砂流出の抑制、森林土壌の保全強化を図るための治山施設の設置等、荒廃森林の整備及び海岸防災林の整備等のハード対策と、山地災害危険地区に係る監視体制の強化推進等のソフト対策を一体的に実施することにより、地域の安全・安心の確保を図る。
　令和6年度予算額　　　62,351百万円の内数
　　※この他に農山漁村地域整備交付金の内数
　令和5年度予算額　　　62,291百万円の内数
　　※この他に農山漁村地域整備交付金の内数

2-1　国有林治山事業

　農林水産省においては、国有林野内における治山事業を実施する。
　令和6年度予算額　　　20,909百万円の内数
　令和5年度予算額　　　20,889百万円の内数

2-2　民有林治山事業

　農林水産省においては、次の事業を実施する。

（1）直轄事業
・直轄治山事業
　継続16地区について、民有林直轄治山事業を実施する。
・直轄地すべり防止事業
　林野の保全に係る地すべりについて、継続7地区（直轄治山と重複している地区を含む。）において事業を実施する（後掲　第3章3-1（1））。
　令和6年度予算額　　　12,850百万円の内数

第3部　令和6年度の防災に関する計画

令和5年度予算額　　　12,838百万円の内数
・治山計画等に関する調査
　治山事業の効果的な推進を図るため、山地保全調査、治山事業積算基準分析調査、治山技術等推進調査及び流域山地災害等対策調査を実施する。
　　令和6年度予算額　　　184百万円の内数
　　令和5年度予算額　　　184百万円の内数

（2）補助事業
・治山事業
　荒廃山地の復旧整備や水土保全機能が低下した森林の整備、海岸防災林の整備・保全等を実施する（後掲　第3章3-1（2））。
　　令和6年度予算額　　　28,408百万円の内数
　　　※この他に農山漁村地域整備交付金の内数
　　令和5年度予算額　　　28,380百万円の内数
　　　※この他に農山漁村地域整備交付金の内数

③　地すべり対策事業

3-1　農林水産省所管事業

　農林水産省においては、次の事業を実施する。

（1）直轄事業
・直轄地すべり対策事業
　農用地・農業用施設に被害を及ぼすおそれが大きく、かつ、地すべりの活動が認められる等緊急に対策を必要とする区域のうち、規模が著しく大きい等の地すべり防止工事について、事業を実施する。
　　令和6年度予算額　　　720百万円
　　令和5年度予算額　　　720
・直轄地すべり防止事業
　（再掲　第3章2-2（1））
・地すべり調査
　地すべり災害から農地及び農業用施設を保全するため、地すべり防止に係る調査を実施する。
　　令和6年度予算額
　　　基礎技術調査費　　　219百万円の内数
　　令和5年度予算額
　　　基礎技術調査費　　　219百万円の内数

（2）補助事業
・地すべり対策事業
　農用地・農業用施設に被害を及ぼすおそれが大きく、かつ、地すべりの活動が認められる等緊急に対策を必要とする区域に重点を置き、事業を実施する。
　　令和6年度予算額　　　38,101百万円の内数
　　令和5年度予算額　　　41,119百万円の内数
・地すべり防止事業
　（再掲　第3章2-2（2））
　林野の保全に係る地すべりについて、集落、公共施設等に被害を及ぼすおそれが大きく、かつ、緊急に対策を必要とする地区において事業を実施する。
　　令和6年度予算額　　　28,408百万円の内数
　　　※この他に農山漁村地域整備交付金の内数
　　令和5年度予算額　　　28,380百万円の内数
　　　※この他に農山漁村地域整備交付金の内数

3-2　国土交通省所管事業

　国土交通省においては、地すべりによる人命、財産の被害の防止・軽減に資することを目的として、地すべり防止施設の整備を行うとともに、都道府県において、地すべりの危険がある箇所を把握し、土砂災害警戒区域等の指定等による警戒避難体制の整備を支援する。
　また、大雨、地震等により新たな地すべりが発生又は地すべり現象が活発化し、経済上、民生安定上放置し難い場合に緊急的に地すべり防止施設を整備し、再度災害防止を図る。
　　令和6年度予算額　　　852,184百万円の内数
　　　※この他に防災・安全交付金の内数及びデジタル庁一括計上分
　　令和5年度予算額　　　851,796百万円の内数
　　　※この他に防災・安全交付金の内数及びデジタル庁一括計上分

④　急傾斜地崩壊対策事業

　国土交通省においては、都道府県が指定する急傾斜地崩壊危険区域における急傾斜地崩壊防止施設の整備や、土砂災害警戒区域等の指定等による警戒避難体制の整備等を支援する。
　　令和6年度予算額　　　852,184百万円の内数
　　　※この他に防災・安全交付金の内数及びデジ

タル庁一括計上分
令和5年度予算額　851,796百万円の内数
※この他に防災・安全交付金の内数及びデジ
タル庁一括計上分

⑤ 海岸事業

（再掲　第2章2-2（12）、3-2（4）、
4-2（2））

農林水産省及び国土交通省においては、国土
保全上特に重要な海岸において、地震、津波、
高潮、波浪、侵食対策等を重点的に推進する。

⑥ 農地防災事業

農林水産省においては、次の農地防災事業を
実施する。

（1）直轄事業

・国営総合農地防災事業

農村地域の自然的社会的条件の変化により、
広域的に農用地・農業用施設の機能低下又は災
害のおそれが生じている地域において、これに
対処するため農業用用排水施設等の整備を行う
事業を実施する。

令和6年度予算額　　25,737百万円
令和5年度予算額　　26,966

（2）補助事業

・農地防災事業

農用地・農業用施設の湛水被害等を未然に防
止又は被害を最小化するため、農村地域防災減
災事業、特殊自然災害対策施設緊急整備事業等
を実施する。

令和6年度予算額　　38,101百万円の内数
※この他に農山漁村地域整備交付金の内数
令和5年度予算額　　41,119百万円の内数
※この他に農山漁村地域整備交付金の内数

⑦ 災害関連事業

（1）農林水産省所管事業

農林水産省においては、被災した農林水産業
施設・公共土木施設等の再度災害防止のため、
災害復旧事業と併せて隣接施設等の改良等の災
害関連事業を実施する。

令和6年度予算額　　　5,592百万円
令和5年度予算額　　　5,446

（2）国土交通省所管事業

国土交通省においては、災害復旧事業の施行
のみでは再度災害の防止に十分な効果が期待で
きないと認められる場合に、災害復旧事業と合
併して新設又は改良事業を実施する。また、河
川、砂防等について、災害を受けた施設の原形
復旧に加え、これに関連する一定の改良復旧を
緊急に行うほか、施設災害がない場合において
も豪雨等により生じた土砂の崩壊等に対処する
事業等を緊急に実施する。

令和6年度予算額　　15,640百万円
令和5年度予算額　　17,817

（3）環境省所管事業

環境省においては、国立公園内における緊急
避難場所となる利用拠点施設の整備等を実施す
る。

令和6年度予算額　　8,235百万円の内数
令和5年度予算額　　8,235百万円の内数

⑧ 地盤沈下対策事業

（1）地盤沈下対策事業

・地下水調査（保全調査）

農林水産省においては、農業用地下水利用地
帯において、地盤沈下等の地下水障害状況の実
態把握等に関する調査を実施する。

令和6年度予算額
基礎技術調査費　　　219百万円の内数
令和5年度予算額
基礎技術調査費　　　219百万円の内数

・地盤沈下対策事業

農林水産省においては、地盤の沈下により低
下した農用地・農業用施設の効用の回復を図る
ため、緊急に対策を必要とする地域に重点を置
き、農業用排水施設を整備する等の事業を実施
する。

令和6年度予算額　　38,101百万円の内数
※この他に農山漁村地域整備交付金の内数
令和5年度予算額　　41,119百万円の内数
※この他に農山漁村地域整備交付金の内数

第3部
令和6年度の防災に関する計画

（2）地盤沈下防止対策事業等

経済産業省においては、地盤沈下防止のため、次の事業を実施する。

・地盤沈下防止対策工業用水道事業

地下水に代わる水源としての工業用水道の整備を推進する事業を実施する。

令和6年度予算額	812百万円
令和5年度予算額	497

・地下水位観測調査

「工業用水法」（昭和31年法律第146号）に基づく指定地域における規制効果の測定を行うため、地下水位についての観測を継続的に実施する。

令和6年度予算額	2百万円
令和5年度予算額	2

（3）低地対策関連河川事業

国土交通省においては、次の事業を実施する。

・地盤沈下関連水準測量等

国土地理院においては、全国の主要地盤沈下地域を対象に、人工衛星の観測データを用いたSAR干渉解析や水準測量を実施し、地方公共団体の行う測量結果と併せて地盤変動の監視を行う。

令和6年度予算額	230百万円の内数
令和5年度予算額	232百万円の内数

（4）地下水対策調査

国土交通省においては、濃尾平野、筑後・佐賀平野及び関東平野北部の地盤沈下防止等対策の実施状況を把握するとともに、地下水データの整理と分析を行い、地盤沈下を防止し、地下水の保全を図るための検討を行う。また、地下水採取量、地下水位及び地盤沈下の関係について分析を行い、適正な地下水採取量の検討を行う。

さらに、広域的な地下水マネジメントが必要となる地盤沈下防止等対策要綱地域等を対象に、関係者が収集・整理する地下水データを相互に活用する地下水データベースの運用を行う。

令和6年度予算額	27百万円
※この他にデジタル庁一括計上分	
令和5年度予算額	22

※この他にデジタル庁一括計上分

（5）地下水・地盤環境対策

環境省においては、全国の地盤沈下に関する測量情報を取りまとめた「全国の地盤沈下地域の概況」及び代表的な地下水位の状況や地下水採取規制に関する条例等の各種情報を整理した「全国地盤環境情報ディレクトリ」を公表する。また、地盤沈下を防止しつつ、地中熱等で需要が高まっている地下水利用に対応するため、持続可能な地下水の保全と利用の両立を推進するための方策について調査・検討を行う。

令和6年度予算額	29百万円の内数
令和5年度予算額	29百万円の内数

⑨ 下水道における浸水対策

（再掲 第2章4-2（11））

⑩ その他の事業

（1）緊急自然災害防止対策事業債等

総務省においては、地方公共団体が自然災害を未然に防止するために行う地方単独事業を防災対策事業債（自然災害防止事業）の対象とするとともに、河川管理施設又は砂防設備に関する工事その他の治山治水事業等の地方単独事業を一般事業債（河川等事業）の対象とする。また、「防災・減災、国土強靱化のための5か年加速化対策」と連携しつつ、緊急に自然災害を防止するための社会基盤整備や流域治水対策に関する地方単独事業について緊急自然災害防止対策事業債の対象とする。さらに、地方公共団体が単独事業として緊急的に実施する河川や防災重点農業用ため池等の浚渫について緊急浚渫推進事業債の対象とする。

（2）保安林等整備管理費

農林水産省においては、全国森林計画等に基づき保安林の配備を進めるとともに、保安林の適正な管理を推進するため、保安林の指定・解除等の事務、保安林の管理状況の実態把握等の事業を実施する。

令和6年度予算額	453百万円
令和5年度予算額	459

（3）休廃止鉱山鉱害防止等事業等

経済産業省においては、鉱害防止義務者が不存在又は無資力の休廃止鉱山の鉱害防止のために地方公共団体の実施する事業に対して補助を行うとともに、同義務者が実施する休廃止鉱山の坑廃水処理事業のうち、義務者に起因しない汚染に係る部分に対し補助を行う。

令和6年度予算額	2,100百万円
令和5年度予算額	2,100

（4）鉄道防災事業

国土交通省においては、旅客鉄道株式会社が施行する落石・雪崩等対策及び海岸等保全のための防災事業並びに独立行政法人鉄道建設・運輸施設整備支援機構が施行する青函トンネルの防災事業を推進する。

令和6年度予算額	923百万円
令和5年度予算額	923

（5）鉄道施設の老朽化対策

国土交通省においては、鉄道事業者に対して、予防保全の観点から構造物の定期検査の実施、それに基づく健全度の評価を行い適切な維持管理を行うよう指示するとともに、人口減少が進み経営状況が厳しさを増す地方の鉄道事業者に対して、長寿命化に資する鉄道施設の補強・改良を推進する。

令和6年度予算額	4,514百万円の内数
令和5年度予算額	5,035百万円の内数

（6）防災・減災対策等強化事業推進費

国土交通省においては、年度当初に予算に計上されていない事業について、事業推進に向けた課題が解決されたこと、災害が発生するおそれが急遽高まっていること又は災害により被害が生じていることなど、年度途中に事業を実施すべき事由が生じた場合に、国民の安全・安心の確保をより一層図るため、緊急的かつ機動的に事業を実施し、防災・減災対策を強化する。

令和6年度予算額	13,886百万円
令和5年度予算額	13,886

（7）港湾施設の老朽化対策

国土交通省においては、第2次「国土交通省インフラ長寿命化計画（行動計画）」（令和3年6月策定）を踏まえた予防保全型の取組への転換を加速するため、新技術を活用するなどして、計画的・集中的な老朽化対策を推進する。

令和6年度予算額	244,903百万円の内数
令和5年度予算額	244,403百万円の内数

（8）海岸保全施設の老朽化対策

農林水産省及び国土交通省においては、急速に進行する海岸保全施設の老朽化に対処するため、戦略的な維持管理・更新等による予防保全型のインフラメンテナンスへの転換に向けて、海岸保全施設の老朽化対策を集中的かつ計画的に推進する。

令和6年度予算額	40,297百万円の内数

※この他に農山漁村地域整備交付金、防災・安全交付金及び社会資本整備総合交付金の内数

令和5年度予算額	40,297百万円の内数

※この他に農山漁村地域整備交付金、防災・安全交付金及び社会資本整備総合交付金の内数

（9）一般廃棄物処理施設の老朽化対策

環境省においては、ダイオキシン対策により整備した一般廃棄物処理施設が老朽化し、地域でのごみ処理能力の不足、事故リスク増大のおそれがあることから、市町村が行う一般廃棄物処理施設の整備事業に対して循環型社会形成推進交付金を交付することで、施設の適切な更新や改修を図るとともに、地域住民の安全・安心を確保する。

令和6年度予算額	30,852百万円
令和5年度予算額	30,933

（10）浄化槽の整備推進

環境省においては、個別分散型汚水処理施設であり、災害に強い浄化槽の整備を推進するとともに、地球温暖化対策に資する浄化槽の省エネ改修等に対して国庫助成を行う。

令和6年度予算額	10,967百万円
令和5年度予算額	10,810

第4章　災害復旧等

① 災害応急対策

1-1　自衛隊の災害派遣

防衛省においては、災害派遣に直接必要な経費として、災害派遣等手当、災害派遣された隊員に支給される食事等に係る経費を計上している。

令和6年度予算額	1,137百万円
令和5年度予算額	1,122

1-2　非常災害発生に伴う現地災害対策等

内閣府においては、令和6年度に発生する災害について、職員を派遣し、被災情報の把握を行うとともに、必要に応じて政府調査団等による現地派遣を行い、地方公共団体の長等に対し必要な指導・助言等を行う等、的確かつ迅速な災害応急対策を行う。

令和6年度予算額	48百万円
令和5年度予算額	43

1-3　緊急消防援助隊の災害派遣

消防庁においては、大規模災害や特殊災害の発生に際し、「消防組織法」第44条第5項の規定に基づく消防庁長官の指示により出動した緊急消防援助隊の活動に要する費用について、同法第49条の規定に基づき国庫負担とするための経費を確保する。

令和6年度予算額	10百万円
令和5年度予算額	10

1-4　災害救助費の国庫負担

内閣府においては、「災害救助法」（昭和22年法律第118号）に基づく救助に要する費用を同法に基づき負担する。

令和6年度予算額	2,839百万円
令和5年度予算額	2,839

1-5　災害弔慰金等の支給及び災害援護資金の貸付

内閣府においては、「災害弔慰金の支給等に関する法律」（昭和48年法律第82号）に基づき、災害弔慰金等の一部負担及び災害援護資金の原資の貸付を行う。

（1）災害弔慰金等の国庫負担

令和6年度予算額	140百万円
令和5年度予算額	140

（2）災害援護資金の原資の貸付

令和6年度予算額	150百万円
令和5年度予算額	150

1-6　その他の災害応急対策

（1）感染症法に基づく消毒や害虫駆除等の実施

厚生労働省においては、「感染症の予防及び感染症の患者に対する医療に関する法律」（平成10年法律第114号）に基づき、感染症の発生予防及びまん延防止のために必要な消毒や害虫駆除等について、都道府県等に対し補助を行う。

令和6年度予算額	1,200百万円の内数
令和5年度予算額	1,200百万円の内数

（2）災害廃棄物の処理

環境省においては、地方公共団体が災害のために実施した廃棄物の収集、運搬及び処分に係る事業に対して補助を行う。

令和6年度予算額	200百万円
令和5年度予算額	200

② 災害復旧事業

2-1　公共土木施設等災害復旧事業

（1）治山施設等

農林水産省においては、次のとおり災害復旧事業を実施する。
・直轄事業
治山施設について、令和6年災害に係る復旧事業の円滑な施行を図る。また、農村振興局所

管の地すべり防止施設について、令和6年災害に係る復旧事業の円滑な施行を図る。さらに、漁港施設について、令和6年災害に係る復旧事業の円滑な施行を図る。

令和6年度予算額	893百万円
令和5年度予算額	893

・補助事業

治山施設について、令和4年災害の復旧を完了し、令和5年災害及び令和6年災害に係る復旧事業の円滑な施行を図る。また、農村振興局所管の海岸保全施設及び地すべり防止施設について、令和3年災害の復旧を完了し、令和4年災害、令和5年災害及び令和6年災害に係る復旧事業の円滑な施行を図る。さらに、漁港施設及び水産庁所管の海岸保全施設について、令和4年災害の復旧を完了し、令和5年災害及び令和6年災害に係る復旧事業の円滑な施行を図る。

令和6年度予算額	12,098百万円の内数（2-2農林水産業施設災害復旧事業分を含む）
令和5年度予算額	11,409百万円の内数（2-2農林水産業施設災害復旧事業分を含む）

（2）河川等

国土交通省においては、次のとおり災害復旧事業を実施する。

令和6年度予算額	41,208百万円
令和5年度予算額	38,644

・直轄事業

河川、ダム、海岸保全施設、砂防設備、地すべり防止施設、道路及び港湾施設について、令和元年災害、令和2年災害、令和4年災害、令和5年災害及び令和6年災害に係る復旧事業の円滑な施行を図る。

令和6年度予算額	22,502百万円
令和5年度予算額	20,128

・補助事業

河川、海岸保全施設、砂防設備、地すべり防止施設、急傾斜地崩壊防止施設、道路、水道、下水道、公園、都市施設及び港湾施設について、平成29年災害、令和2年災害、令和4年災害、令和5年災害及び令和6年災害に係る復旧事業並びに堆積土砂排除事業の円滑な施行を図るとともに、火山噴火に伴い多量の降灰のあった市町村が行う市町村道及び宅地等に係る降灰除去事業に対してその費用の一部を補助す

る。

令和6年度予算額	18,706百万円
令和5年度予算額	18,516

2-2 農林水産業施設災害復旧事業

農林水産省においては、次のとおり災害復旧事業を実施する。

・直轄事業

「土地改良法」（昭和24年法律第195号）に基づき直轄土地改良事業により施行中及び完了した施設及び国有林野事業（治山事業を除く。）に係る林道施設等について、令和5年災害及び令和6年災害に係る復旧事業の円滑な施行を図る。

令和6年度予算額	1,634百万円
令和5年度予算額	2,349

・補助事業

地方公共団体、土地改良区等が施行する災害復旧事業については、「農林水産業施設災害復旧事業費国庫補助の暫定措置に関する法律」（昭和25年法律第169号）の規定により補助し、農地、農業用施設、林業用施設、漁業用施設、農林水産業共同利用施設について事業の進捗を図る。

令和6年度予算額	12,098百万円の内数（2-1公共土木施設等災害復旧事業分を含む）
令和5年度予算額	11,409百万円の内数（2-1公共土木施設等災害復旧事業分を含む）

2-3 文教施設等災害復旧事業

（1）国立大学等施設災害復旧事業

（再掲　第2章2-2（3））

文部科学省においては、災害により被害を受けた国立大学等施設の復旧事業に対し、国庫補助を行う。

令和6年度予算額	36,265百万円の内数
令和5年度予算額	36,265百万円の内数

（2）公立学校施設災害復旧事業

文部科学省においては、災害により被害を受けた公立学校施設の復旧事業に対し、国庫負担（補助）を行う。

令和6年度予算額	431百万円
令和5年度予算額	539

（3）文化財災害復旧事業

文化庁においては、災害により被害を受けた国指定等文化財の復旧事業に対し、国庫補助を行う。

令和6年度予算額	21,358百万円の内数
令和5年度予算額	21,289百万円の内数

2-4　その他の災害復旧事業

（1）公営住宅等

国土交通省においては、地方公共団体が実施する災害により被害を受けた既設公営住宅等の復旧事業に対し、補助を行う。

令和6年度予算額	101百万円
令和5年度予算額	101

（2）鉄道災害復旧事業

国土交通省においては、鉄軌道事業者が行う豪雨等による鉄道施設の災害復旧事業に対して「鉄道軌道整備法」（昭和28年法律第169号）に基づく補助を行うとともに、熊本地震を踏まえ、特に、大規模な災害により甚大な被害を受けた鉄道の復旧事業に対しては、より強力に支援する。

令和6年度予算額	1,000百万円
令和5年度予算額	985

（3）廃棄物処理施設の災害復旧事業

環境省においては、地方公共団体が実施する災害により被害を受けた廃棄物処理施設を原形に復旧する事業に対して補助を行う。

令和6年度予算額	30百万円
令和5年度予算額	30

③　財政金融措置

3-1　災害融資

（1）沖縄振興開発金融公庫の融資

沖縄振興開発金融公庫においては、本土における政策金融機関の業務を、沖縄において一元的に行う総合政策金融機関として、沖縄県内の被災した中小企業者、生活衛生関係業者、農林漁業者、医療施設開設者等の再建及び被災住宅の復興に資するため、貸付資金の確保に十分配慮するとともに、必要に応じて貸付条件を緩和

した復旧資金の融資措置を講ずる。

（2）日本私立学校振興・共済事業団の融資（私立学校施設）

災害により被害を受けた私立学校が日本私立学校振興・共済事業団から融資を受ける際、貸付条件を緩和する復旧措置を講ずる。

（3）独立行政法人福祉医療機構の融資

独立行政法人福祉医療機構においては、融資の際、病院等の災害復旧に要する経費について貸付資金の確保に十分配慮するとともに、貸付条件を緩和した復旧資金の融資措置を講ずる。

（4）被災農林漁業者に向けた災害関連資金の融通

ＪＡ等金融機関においては、被災した農林漁業者等に対して災害関連資金を融通する。さらに、甚大な自然災害については、災害関連資金の金利負担を貸付当初5年間軽減する措置を講ずる。また、農業信用基金協会等においては、被災農林漁業者等の資金の借入れに対して保証を行う。さらに、甚大な自然災害については、保証料を保証当初5年間免除する措置を講ずる。

（5）（株）日本政策金融公庫（国民一般向け業務）の融資

株式会社日本政策金融公庫（国民一般向け業務）においては、被災中小企業者等に対し、必要な資金を融通する。また、既往債務の条件変更等に柔軟に対応する。

さらに、激甚災害の指定を受けた災害については、災害貸付の利率の引下げを実施し、被災中小企業者等の事業再開に向けた資金繰りを支援する。

（6）（株）日本政策金融公庫（中小企業向け業務）の融資

株式会社日本政策金融公庫（中小企業向け業務）においては、被災中小企業者に対し、運転資金・設備資金など必要な資金を融通する。また、既往債務の条件変更等に柔軟に対応する。

さらに、激甚災害の指定を受けた災害については、災害復旧貸付の利率の引下げを実施し、被災中小企業者の事業再開に向けた資金繰りを

支援する。

（7）（株）商工組合中央金庫の融資

株式会社商工組合中央金庫においては、被災中小企業者に対し、プロパー融資により運転資金・設備資金など必要な資金を融通する。また、既往債務の条件変更等に柔軟に対応する。

さらに、激甚災害の指定を受けた災害であって特に中小企業への影響が大きい場合については、災害復旧貸付を実施し、被災中小企業者の事業再開に向けた資金繰りを支援する。

（8）信用保証協会による信用保証

信用保証協会においては、被災中小企業者による運転資金・設備資金などの必要な資金の借入れに対して保証を行う。具体的には「災害救助法」が適用された自治体等において、当該災害の影響により売上高等が減少している被災中小企業者に対しては、通常の保証限度額とは別枠で融資額の100％を保証するセーフティネット保証4号を適用する。

さらに、激甚災害の指定を受けた災害についても、通常の保証限度額とは別枠で融資額の100％を保証する災害関係保証を措置し、被災中小企業者の事業の再建に向けた資金繰りを支援する。

（9）独立行政法人住宅金融支援機構の融資

独立行政法人住宅金融支援機構においては、被災家屋の迅速な復興を図るため、その建設・補修等について災害復興住宅融資を行う。

3-2　災害保険

（1）地震再保険

財務省においては、「地震保険に関する法律」（昭和41年法律第73号）に基づき地震再保険事業を運営しているところであるが、令和6年度においては、1回の地震等により政府が支払うべき再保険金の限度額を11兆6,586億円と定めて実施する。

令和6年度予算額	113,241百万円
令和5年度予算額	108,891

（2）農業保険

農林水産省においては、「農業保険法」（昭和22年法律第185号）に基づき、農業経営の安定を図るため、農業者が災害その他の不慮の事故によって受ける損失を補填する農業共済事業及びこれらの事故等によって受ける農業収入の減少に伴う農業経営への影響を緩和する農業経営収入保険事業を実施する。

令和6年度予算額	116,388百万円
令和5年度予算額	121,695

（3）漁業保険

農林水産省においては、漁業者が不慮の事故によって受ける損失を補填し、経営の維持安定を図るため、次の災害補償等を実施する。

・「漁業災害補償法」（昭和39年法律第158号）に基づき、漁業災害に関する漁業共済事業を実施する。

令和6年度予算額	12,695百万円
令和5年度予算額	13,127

・「漁船損害等補償法」（昭和27年法律第28号）に基づき、漁船の損害及び船主の損害賠償責任等に関する保険事業を実施する。

令和6年度予算額	7,008百万円
令和5年度予算額	6,925

（4）森林保険

国立研究開発法人森林研究・整備機構においては、「森林保険法」（昭和12年法律第25号）に基づき、森林所有者が火災、気象災及び噴火災によって受ける森林の損害を補填し、林業経営の維持安定を図るため、森林災害に関する森林保険業務を実施する。

3-3　地方債

総務省においては、災害復旧事業債について令和6年度地方債計画（通常収支分）において1,119億円を計上している。

令和6年度地方債計画額	〔111,900〕百万円
令和5年度地方債計画額	〔112,600〕

④　災害復興対策等

4-1　被災者生活再建支援金の支給

（1）被災者生活再建支援金の支給

内閣府においては、「被災者生活再建支援法」

（平成10年法律第66号）に基づき、被災者に支給される被災者生活再建支援金について、その半額を補助する。

令和6年度予算額	600百万円
令和5年度予算額	600

（2）被災者生活再建支援基金への拠出財源に対する地方財政措置

総務省においては、「被災者生活再建支援法」に基づき、各都道府県が被災者生活再建支援基金における運用資金のために拠出した経費に係る地方債の元利償還金について、引き続き普通交付税措置を講じる。

4-2 阪神・淡路大震災に関する復興対策

（1）震災復興事業に係る特別の地方財政措置

総務省においては、「被災市街地復興特別措置法」（平成7年法律第14号）に基づく「被災市街地復興推進地域」において被災地方公共団体が実施する土地区画整理事業及び市街地再開発事業について、引き続き国庫補助事業に係る地方負担額に充当される地方債の充当率を90％にするとともに、その元利償還金について普通交付税措置を講じる。

（2）被災地域の再生等のための面的整備事業の推進

国土交通省においては、被災市街地復興推進地域等の再生、被災者のための住宅供給及び新都市核の整備のため、市街地再開発事業について、引き続き推進・支援する。

令和6年度予算額
　　社会資本整備総合交付金の内数
令和5年度予算額
　　社会資本整備総合交付金の内数

4-3 東日本大震災に関する復興対策

（1）被災者支援

復興庁等関係省庁においては、被災者の心のケア、コミュニティの形成、生きがいづくり等の「心の復興」、見守り・相談支援など、多様化・個別化してきている被災者の状況に応じたきめ細かな支援を実施する。

令和6年度予算額	21,814百万円

令和5年度予算額	24,881

（主な事業）
①被災者支援総合交付金

令和6年度予算額	9,258百万円
令和5年度予算額	10,201

②被災した児童生徒等への就学等支援

令和6年度予算額	2,022百万円
令和5年度予算額	2,304

③緊急スクールカウンセラー等活用事業

令和6年度予算額	1,503百万円
令和5年度予算額	1,572

④仮設住宅等

令和6年度予算額	463百万円
令和5年度予算額	728

⑤被災者生活再建支援金補助金

令和6年度予算額	1,195百万円
令和5年度予算額	2,038

⑥地域医療再生基金

令和6年度予算額	2,128百万円
令和5年度予算額	2,385

（2）住宅再建・復興まちづくり

復興庁等関係省庁においては、住まいとまちの復興に向けて、災害公営住宅に関する支援を継続するほか、災害復旧事業等について支援を継続する。

令和6年度予算額	53,041百万円
令和5年度予算額	47,638

（主な事業）
①家賃低廉化・特別家賃低減事業

令和6年度予算額	21,600百万円
令和5年度予算額	21,910

②社会資本整備総合交付金

令和6年度予算額	16,176百万円
令和5年度予算額	11,553

③森林整備事業

令和6年度予算額	3,991百万円

令和5年度予算額　　　　　　4,413

④災害復旧事業
　令和6年度予算額　　　　8,447百万円
　令和5年度予算額　　　　7,492

⑤ハンズオン型ワンストップ土地活用推進事業
　令和6年度予算額　　　　　85百万円
　令和5年度予算額　　　　　104

（3）産業・生業（なりわい）の再生
　復興庁等関係省庁においては、福島県農林水産業の再生、原子力災害被災12市町村における事業再開支援、避難指示解除区域における工場等の新増設支援等の取組を引き続き実施するとともに、ＡＬＰＳ処理水の処分に伴う対策として、福島県をはじめとした被災県に対しての水産に係る加工・流通・消費対策や漁業者に対する人材育成の支援などの生産体制の強化を実施する。
　令和6年度予算額　　　　33,103百万円
　令和5年度予算額　　　　33,906

（主な事業）
①災害関連融資
　令和6年度予算額　　　　1,285百万円
　令和5年度予算額　　　　1,573

②復興特区支援利子補給金
　令和6年度予算額　　　　　399百万円
　令和5年度予算額　　　　　494

③中小企業組合等共同施設等災害復旧事業
　令和6年度予算額　　　　　889百万円
　令和5年度予算額　　　　2,708

④水産業復興販売加速化支援事業
　令和6年度予算額　　　　4,053百万円
　令和5年度予算額　　　　4,053

⑤漁業経営体質強化機器設備導入支援事業
　令和6年度予算額　　　　　420百万円
　令和5年度予算額　　　　　99

⑥被災海域における種苗放流支援事業
　令和6年度予算額　　　　　961百万円

令和5年度予算額　　　　　　699

⑦被災地次世代漁業人材確保支援事業
　令和6年度予算額　　　　2,121百万円
　令和5年度予算額　　　　　698

⑧福島県農林水産業復興創生事業
　令和6年度予算額　　　　3,953百万円
　令和5年度予算額　　　　3,955

⑨福島県営農再開支援事業
　令和6年度予算額　　　　2,106百万円

⑩原子力災害による被災事業者の自立等支援事業
　令和6年度予算額　　　　1,930百万円
　令和5年度予算額　　　　1,631

⑪自立・帰還支援雇用創出企業立地補助金
　令和6年度予算額　　　　12,180百万円
　令和5年度予算額　　　　14,090

⑫原子力災害被災12市町村の農地中間管理機構による農地の集積・集約化
　令和6年度予算額　　　　　123百万円
　令和5年度予算額　　　　　123

⑬福島県における観光関連復興支援事業
　令和6年度予算額　　　　　500百万円
　令和5年度予算額　　　　　500

⑭ブルーツーリズム推進支援事業
　令和6年度予算額　　　　　266百万円
　令和5年度予算額　　　　　270

（4）原子力災害からの復興・再生
　復興庁等関係省庁においては、避難指示が解除された地域における生活環境の整備や、帰還困難区域の特定復興再生拠点の整備、特定帰還居住区域への帰還に向けた取組等を実施するとともに、中間貯蔵施設の管理運営等・放射性物質汚染廃棄物の処理・除去土壌等搬出完了後の仮置場の原状回復等を着実に推進する。また、ＡＬＰＳ処理水の処分に伴う対策を含めた農林水産・観光等における風評払拭及び放射線に関するリスクコミュニケーションの取組を引き続

き実施する。
  令和6年度予算額　　　　333,816百万円
  令和5年度予算額　　　　417,025

（主な事業）
①特定復興再生拠点整備事業
  令和6年度予算額　　　　37,017百万円
  令和5年度予算額　　　　43,579

②特定帰還居住区域整備事業
  令和6年度予算額　　　　44,962百万円
  令和5年度予算額　　　　5,166

③福島再生加速化交付金
  令和6年度予算額　　　　60,150百万円
  令和5年度予算額　　　　60,179

④福島生活環境整備・帰還再生加速事業
  令和6年度予算額　　　　5,287百万円
  令和5年度予算額　　　　8,012

⑤帰還困難区域の入域管理・被ばく管理等
  令和6年度予算額　　　　3,785百万円
  令和5年度予算額　　　　4,761

⑥放射性物質対処型森林・林業再生総合対策事業
  令和6年度予算額　　　　3,679百万円
  令和5年度予算額　　　　3,734

⑦福島県浜通り地域等の教育再生
  令和6年度予算額　　　　616百万円
  令和5年度予算額　　　　618

⑧帰還困難区域等における鳥獣捕獲等緊急対策事業
  令和6年度予算額　　　　484百万円
  令和5年度予算額　　　　413

⑨中間貯蔵関連事業
  令和6年度予算額　　　　100,806百万円
  令和5年度予算額　　　　178,646

⑩放射性物質汚染廃棄物処理事業等
  令和6年度予算額　　　　40,736百万円
  令和5年度予算額　　　　72,993

⑪除去土壌等適正管理・原状回復等事業
  令和6年度予算額　　　　14,981百万円
  令和5年度予算額　　　　16,929

⑫風評払拭・リスクコミュニケーション強化対策
  令和6年度予算額　　　　1,965百万円
  令和5年度予算額　　　　1,965

⑬地域の魅力等発信基盤整備事業
  令和6年度予算額　　　　385百万円
  令和5年度予算額　　　　239

⑭福島医薬品関連産業支援拠点化事業
  令和6年度予算額　　　　1,998百万円
  令和5年度予算額　　　　2,021

⑮原子力被災地域における映像・芸術文化支援事業
  令和6年度予算額　　　　316百万円
  令和5年度予算額　　　　330

（5）創造的復興
　復興庁等関係省庁においては、単に震災前の状態に戻すのではなく、「創造的復興」を実現するため、上記の取組に加えて、福島国際研究教育機構の取組や福島イノベーション・コースト構想の推進、移住等の促進、高付加価値産地の形成等に係る取組を実施する。
  令和6年度予算額　　　　23,944百万円
  令和5年度予算額　　　　23,627

（主な事業）
①福島国際研究教育機構関連事業
  令和6年度予算額　　　　15,361百万円
  令和5年度予算額　　　　14,492

②福島イノベーション・コースト構想関連事業
  令和6年度予算額　　　　5,385百万円
  令和5年度予算額　　　　6,111

③福島県高付加価値産地展開支援事業
  令和6年度予算額　　　　2,688百万円
  令和5年度予算額　　　　2,688

④「新しい東北」普及展開等推進事業

令和6年度予算額　　　283百万円
令和5年度予算額　　　304

⑤「大阪・関西万博」を契機とした復興に向けた情報発信強化事業
　　令和6年度予算額　　　228百万円
　　令和5年度予算額　　　32

（6）東日本大震災の教訓継承事業

　復興庁においては、東日本大震災の教訓を国内外に広く展開するため、10年間の政府の復興政策の経緯・課題等の取りまとめについて、検索性・視認性等に優れた形式での公表及び英訳を行うとともに、被災者を始めとする国民の有する復興に係る知見を収集し、ウェブコンテンツ等で公表する。
　　令和6年度予算額　　　99百万円
　　令和5年度予算額　　　73

（7）震災復興特別交付税

　総務省においては、東日本大震災の復旧・復興事業に係る被災地方公共団体の財政負担について、被災団体以外の地方公共団体の負担に影響を及ぼすことがないよう、別枠で「震災復興特別交付税」を確保し、事業実施状況にあわせて決定・配分する。
　　令和6年度
　　　地方財政計画額　　　90,417百万円
　　令和5年度
　　　地方財政計画額　　　93,502

（8）日本司法支援センター（法テラス）における復興対策

　法務省においては、日本司法支援センター（法テラス）にて、被災者への法的支援として、「総合法律支援法」（平成16年法律第74号）に基づく情報提供、民事法律扶助の各業務を実施する。

（9）登記事務処理の復興対策

　法務省においては、東日本大震災における被災地復興の前提として、以下の施策を行う。
・被災者のための登記相談業務の委託
・復興に伴う登記事務処理体制の強化

（10）人権擁護活動の強化

　法務省においては、人権擁護機関（法務省人権擁護局、全国の法務局及び人権擁護委員）が、震災に伴って生起する様々な人権問題に対し、人権相談を通じて対処するとともに、新たな人権侵害の発生を防止するための人権啓発活動を実施する。
　　令和6年度予算額　　　1百万円
　　令和5年度予算額　　　1

4-4	平成28年（2016年）熊本地震に関する復興対策

（1）農林水産省の対策

　農林水産省においては、平成28年熊本地震による災害の復旧対策として、以下の事業を実施する。
・農業施設災害復旧事業
　被災した農林水産業施設・公共土木施設の復旧整備を実施する。
　　令和6年度予算額　　8,234百万円の内数
　　令和5年度予算額　　8,189百万円の内数
・林業施設整備等利子助成事業
　　令和6年度予算額　　236百万円の内数
　　令和5年度予算額　　244百万円の内数

（2）国土交通省の対策

・土砂災害対策の推進
　国土交通省においては、地震により地盤の緩んだ阿蘇地域において土砂災害対策を行う。
　　令和6年度予算額　　852,184百万円の内数
　　※この他に防災・安全交付金の内数及びデジタル庁一括計上分
　　令和5年度予算額　　851,796百万円の内数
　　※この他に防災・安全交付金の内数及びデジタル庁一括計上分
・宅地耐震化の推進
　国土交通省においては、被災宅地の再度災害を防止するための宅地の耐震化を支援する。
　　令和6年度予算額
　　　防災・安全交付金の内数
　　令和5年度予算額
　　　防災・安全交付金の内数
・被災市街地の早期復興のための復興まちづくりの推進
　熊本地震により甚大な被害を受けた熊本県益

城町中心部における早期復興に向け、主要な幹線道路の整備や土地区画整理事業等によるまちの復興を支援する。

    令和6年度予算額　　　　70,068百万円の内数
      ※この他に防災・安全交付金の内数
    令和5年度予算額　　　　70,000百万円の内数
      ※この他に防災・安全交付金の内数

4-5　平成29年（2017年）7月九州北部豪雨に関する復興対策

農林水産省の対策

農林水産省においては、平成29年7月九州北部豪雨を含む平成29年台風第3号及び梅雨前線による6月7日からの大雨による災害の復旧対策として、以下の事業を実施する。

・災害復旧事業
被災した農林水産業施設・公共土木施設の復旧整備を実施する。
    令和6年度予算額　　　　8,234百万円の内数
    令和5年度予算額　　　　8,189百万円の内数
・林業施設整備等利子助成事業
    令和6年度予算額　　　　236百万円の内数
    令和5年度予算額　　　　244百万円の内数
・治山事業
    令和6年度予算額　　　　62,351百万円の内数
      ※この他に農山漁村地域整備交付金の内数
    令和5年度予算額　　　　62,291百万円の内数
      ※この他に農山漁村地域整備交付金の内数
・森林整備事業
    令和6年度予算額　　　　125,370百万円の内数
    令和5年度予算額　　　　125,249百万円の内数

4-6　平成30年（2018年）7月豪雨に関する復興対策

（1）農林水産省の対策

農林水産省においては、平成30年7月豪雨を含む平成30年の梅雨期における豪雨及び暴風雨による災害の復旧対策として、以下の事業を実施する。

・災害復旧事業
被災した農林水産業施設・公共土木施設の復旧整備を実施する。
    令和6年度予算額　　　　8,234百万円の内数
    令和5年度予算額　　　　8,189百万円の内数

・林業施設整備等利子助成事業
    令和6年度予算額　　　　236百万円の内数
    令和5年度予算額　　　　244百万円の内数
・治山事業
    令和6年度予算額　　　　62,351百万円の内数
      ※この他に農山漁村地域整備交付金の内数
    令和5年度予算額　　　　62,291百万円の内数
      ※この他に農山漁村地域整備交付金の内数
・森林整備事業
    令和6年度予算額　　　　125,370百万円の内数
    令和5年度予算額　　　　125,249百万円の内数
・漁業経営基盤強化金融支援事業
    令和6年度予算額　　　　343百万円の内数
    令和5年度予算額　　　　265百万円の内数

（2）国土交通省の対策

国土交通省においては、再度災害の防止を目的に、広島県等において土砂災害対策を集中的に行う。

    令和6年度予算額　　　　852,184百万円の内数
      ※この他に防災・安全交付金の内数及びデジタル庁一括計上分
    令和5年度予算額　　　　851,796百万円の内数
      ※この他に防災・安全交付金の内数及びデジタル庁一括計上分

4-7　平成30年（2018年）台風第21号に関する復興対策

農林水産省の対策

農林水産省においては、平成30年台風第21号による災害の復旧対策として、以下の事業を実施する。

・林業施設整備等利子助成事業
    令和6年度予算額　　　　236百万円の内数
    令和5年度予算額　　　　244百万円の内数
・治山事業
    令和6年度予算額　　　　62,351百万円の内数
      ※この他に農山漁村地域整備交付金の内数
    令和5年度予算額　　　　62,291百万円の内数
      ※この他に農山漁村地域整備交付金の内数
・森林整備事業
    令和6年度予算額　　　　125,370百万円の内数
    令和5年度予算額　　　　125,249百万円の内数
・漁業経営基盤強化金融支援事業
    令和6年度予算額　　　　343百万円の内数

令和５年度予算額　　　265百万円の内数

（1）農林水産省の対策

　農林水産省においては、平成30年北海道胆振東部地震による災害の復旧対策として、以下の事業を実施する。
・林業施設整備等利子助成事業
　　令和６年度予算額　　　236百万円の内数
　　令和５年度予算額　　　244百万円の内数
・治山事業
　　令和６年度予算額　　　62,351百万円の内数
　　　※この他に農山漁村地域整備交付金の内数
　　令和５年度予算額　　　62,291百万円の内数
　　　※この他に農山漁村地域整備交付金の内数
・森林整備事業
　　令和６年度予算額　　　125,370百万円の内数
　　令和５年度予算額　　　125,249百万円の内数
・漁業経営基盤強化金融支援事業
　　令和６年度予算額　　　343百万円の内数
　　令和５年度予算額　　　265百万円の内数

（2）国土交通省の対策
・宅地耐震化の推進
　国土交通省においては、被災宅地の再度災害を防止するための宅地の耐震化を支援する。
　　令和６年度予算額
　　　防災・安全交付金の内数
　　令和５年度予算額
　　　防災・安全交付金の内数

農林水産省の対策

　農林水産省においては、平成30年台風第24号による災害の復旧対策として、以下の事業を実施する。
・林業施設整備等利子助成事業
　　令和６年度予算額　　　236百万円の内数
　　令和５年度予算額　　　244百万円の内数
・治山事業
　　令和６年度予算額　　　62,351百万円の内数
　　　※この他に農山漁村地域整備交付金の内数

令和５年度予算額　　　62,291百万円の内数
　※この他に農山漁村地域整備交付金の内数
・森林整備事業
　令和６年度予算額　　　125,370百万円の内数
　令和５年度予算額　　　125,249百万円の内数
・漁業経営基盤強化金融支援事業
　令和６年度予算額　　　343百万円の内数
　令和５年度予算額　　　265百万円の内数

農林水産省の対策

　農林水産省においては、令和元年8月の前線に伴う大雨を含む令和元年8月から9月の前線に伴う大雨（台風第10号、第13号、第15号及び第17号の暴風雨を含む。）、台風第19号等による災害の復旧対策として、以下の事業を実施する。
・林業施設整備等利子助成事業
　　令和６年度予算額　　　236百万円の内数
　　令和５年度予算額　　　244百万円の内数
・治山事業
　　令和６年度予算額　　　62,351百万円の内数
　　　※この他に農山漁村地域整備交付金の内数
　　令和５年度予算額　　　62,291百万円の内数
　　　※この他に農山漁村地域整備交付金の内数
・森林整備事業
　　令和６年度予算額　　　125,370百万円の内数
　　令和５年度予算額　　　125,249百万円の内数
・漁業経営基盤強化金融支援事業
　　令和６年度予算額　　　343百万円の内数
　　令和５年度予算額　　　265百万円の内数

農林水産省の対策

　農林水産省においては、令和元年台風第15号を含む令和元年8月から9月の前線に伴う大雨（台風第10号、第13号及び第17号の暴風雨を含む。）、台風第19号等による災害の復旧対策として、以下の事業を実施する。
・林業施設整備等利子助成事業
　　令和６年度予算額　　　236百万円の内数
　　令和５年度予算額　　　244百万円の内数

・治山事業
　令和6年度予算額　　　　62,351百万円の内数
　　※この他に農山漁村地域整備交付金の内数
　令和5年度予算額　　　　62,291百万円の内数
　　※この他に農山漁村地域整備交付金の内数
・森林整備事業
　令和6年度予算額　　　　125,370百万円の内数
　令和5年度予算額　　　　125,249百万円の内数
・漁業経営基盤強化金融支援事業
　令和6年度予算額　　　　343百万円の内数
　令和5年度予算額　　　　265百万円の内数

4-12　令和元年（2019年）東日本台風に関する復興対策

（1）農林水産省の対策

　農林水産省においては、令和元年台風第19号を含む令和元年8月から9月の前線に伴う大雨（台風第10号、第13号、第15号及び第17号の暴風雨を含む。）等による災害の復旧対策として、以下の事業を実施する。
・災害復旧事業
　被災した農林水産業施設・公共土木施設の復旧整備を実施する。
　令和6年度予算額　　　　5,345百万円の内数
　令和5年度予算額　　　　5,360百万円の内数
・林業施設整備等利子助成事業
　令和6年度予算額　　　　236百万円の内数
　令和5年度予算額　　　　244百万円の内数
・治山事業
　令和6年度予算額　　　　62,351百万円の内数
　　※この他に農山漁村地域整備交付金の内数
　令和5年度予算額　　　　62,291百万円の内数
　　※この他に農山漁村地域整備交付金の内数
・森林整備事業
　令和6年度予算額　　　　125,370百万円の内数
　令和5年度予算額　　　　125,249百万円の内数
・漁業経営基盤強化金融支援事業
　令和6年度予算額　　　　343百万円の内数
　令和5年度予算額　　　　265百万円の内数

（2）国土交通省の対策
・治水対策及び土砂災害対策の推進
　国土交通省においては、再度災害の防止を目的に、甚大な被害を受けた長野県等において治水対策を行うとともに、宮城県等において土砂

災害対策を集中的に行う。
　令和6年度予算額　　　　852,184百万円の内数
　　※この他に防災・安全交付金の内数及びデジタル庁一括計上分
　令和5年度予算額　　　　851,796百万円の内数
　　※この他に防災・安全交付金の内数及びデジタル庁一括計上分
・道路事業
　国土交通省においては、広範囲で浸水による道路損傷が発生した国道349号において、「大規模災害からの復興に関する法律」（平成25年法律第55号）に基づく直轄権限代行により復旧を推進する。
　令和6年度予算額　　　　22,502百万円の内数
　令和5年度予算額　　　　20,128百万円の内数

4-13　令和2年（2020年）7月豪雨に関する復興対策

（1）農林水産省の対策

　農林水産省においては、令和2年7月豪雨による災害の復旧対策として、以下の事業を実施する。
・災害復旧事業
　被災した農林水産業施設・公共土木施設の復旧整備を実施する。
　令和6年度予算額　　　　13,579百万円の内数
　令和5年度予算額　　　　13,549百万円の内数
・林業施設整備等利子助成事業
　令和6年度予算額　　　　236百万円の内数
　令和5年度予算額　　　　244百万円の内数
・治山事業
　令和6年度予算額　　　　62,351百万円の内数
　　※この他に農山漁村地域整備交付金の内数
　令和5年度予算額　　　　62,291百万円の内数
　　※この他に農山漁村地域整備交付金の内数
・森林整備事業
　令和6年度予算額　　　　125,370百万円の内数
　令和5年度予算額　　　　125,249百万円の内数
・漁業経営基盤強化金融支援事業
　令和6年度予算額　　　　343百万円の内数
　令和5年度予算額　　　　265百万円の内数

（2）国土交通省の対策
・治水対策及び土砂災害対策の推進
　国土交通省においては、再度災害の防止を目

的に、甚大な被害を受けた熊本県等において治水対策を行うとともに、土砂災害対策を支援する。

　令和6年度予算額　　　852,184百万円の内数
　　※この他に防災・安全交付金の内数及びデジタル庁一括計上分
　令和5年度予算額　　　851,796百万円の内数
　　※この他に防災・安全交付金の内数及びデジタル庁一括計上分

・道路事業

　国土交通省においては、豪雨により流出した熊本県の球磨川沿いの橋梁10橋を含む国道219号や県道等の約100kmにおいて、「道路法」（昭和27年法律第180号）に基づく直轄権限代行により復旧を推進する。

　令和6年度予算額　　　22,502百万円の内数
　令和5年度予算額　　　20,128百万円の内数

・宅地耐震化の推進

　国土交通省においては、被災宅地の再度災害を防止するため、公共施設と宅地との一体的な嵩上げを支援する。

　令和6年度予算額
　　防災・安全交付金の内数
　令和5年度予算額
　　防災・安全交付金の内数

・被災鉄道の復旧支援

　国土交通省においては、令和2年7月豪雨により被災した鉄道の早期復旧を図るため、経営基盤の脆弱な鉄道事業者が行う災害復旧事業について支援を行う。

　令和6年度予算額　　　1,000百万円の内数
　令和5年度予算額　　　985百万円の内数

4-14 令和2年（2020年）台風第10号に関する復興対策

農林水産省の対策

　農林水産省においては、令和2年台風第10号による災害の復旧対策として、以下の事業を実施する。

・林業施設整備等利子助成事業
　令和6年度予算額　　　236百万円の内数
　令和5年度予算額　　　244百万円の内数
・治山事業
　令和6年度予算額　　　62,351百万円の内数
　　※この他に農山漁村地域整備交付金の内数

　令和5年度予算額　　　62,291百万円の内数
　　※この他に農山漁村地域整備交付金の内数
・森林整備事業
　令和6年度予算額　　　125,370百万円の内数
　令和5年度予算額　　　125,249百万円の内数
・漁業経営基盤強化金融支援事業
　令和6年度予算額　　　343百万円の内数
　令和5年度予算額　　　265百万円の内数

4-15 令和2年（2020年）12月から令和3年（2021年）1月の大雪等に関する復興対策

農林水産省の対策

　農林水産省においては、令和2年12月から令和3年1月の大雪等による災害の復旧対策として、以下の事業を実施する。

・林業施設整備等利子助成事業
　令和6年度予算額　　　236百万円の内数
　令和5年度予算額　　　244百万円の内数
・森林整備事業
　令和6年度予算額　　　125,370百万円の内数
　令和5年度予算額　　　125,249百万円の内数
・漁業経営基盤強化金融支援事業
　令和6年度予算額　　　343百万円の内数
　令和5年度予算額　　　265百万円の内数

4-16 令和3年（2021年）福島県沖を震源とする地震に関する復興対策

農林水産省の対策

　農林水産省においては、令和3年福島県沖を震源とする地震による災害の復旧対策として、以下の事業を実施する。

・災害復旧事業

　被災した農林水産業施設・公共土木施設の復旧整備を実施する。

　令和6年度予算額　　　13,579百万円の内数
　令和5年度予算額　　　14,626百万円の内数
・林業施設整備等利子助成事業
　令和6年度予算額　　　236百万円の内数
　令和5年度予算額　　　244百万円の内数
・森林整備事業
　令和6年度予算額　　　125,370百万円の内数
　令和5年度予算額　　　125,249百万円の内数
・漁業経営基盤強化金融支援事業
　令和6年度予算額　　　343百万円の内数

| 4-17 | 令和3年（2021年）7月1日からの大雨に関する復興対策 |

農林水産省の対策

　農林水産省においては、令和3年7月1日からの大雨による災害の復旧対策として、以下の事業を実施する。

・災害復旧事業

　被災した農林水産業施設・公共土木施設の復旧整備を実施する。

令和6年度予算額　　　　13,579百万円の内数
令和5年度予算額　　　　14,626百万円の内数

・林業施設整備等利子助成事業

令和6年度予算額　　　　　236百万円の内数
令和5年度予算額　　　　　244百万円の内数

・治山事業

令和6年度予算額　　　　62,351百万円の内数
　※この他に農山漁村地域整備交付金の内数
令和5年度予算額　　　　62,291百万円の内数
　※この他に農山漁村地域整備交付金の内数

・森林整備事業

令和6年度予算額　　　　125,370百万円の内数
令和5年度予算額　　　　125,249百万円の内数

・漁業経営基盤強化金融支援事業

令和6年度予算額　　　　　343百万円の内数
令和5年度予算額　　　　　265百万円の内数

| 4-18 | 令和3年（2021年）8月の大雨に関する復興対策 |

（1）農林水産省の対策

　農林水産省においては、令和3年8月の大雨による災害の復旧対策として、以下の事業を実施する。

・災害復旧事業

　被災した農林水産業施設・公共土木施設の復旧整備を実施する。

令和6年度予算額　　　　13,579百万円の内数
令和5年度予算額　　　　14,626百万円の内数

・林業施設整備等利子助成事業

令和6年度予算額　　　　　236百万円の内数
令和5年度予算額　　　　　244百万円の内数

・治山事業

令和6年度予算額　　　　62,351百万円の内数

　※この他に農山漁村地域整備交付金の内数
令和5年度予算額　　　　62,291百万円の内数
　※この他に農山漁村地域整備交付金の内数

・森林整備事業

令和6年度予算額　　　　125,370百万円の内数
令和5年度予算額　　　　125,249百万円の内数

・漁業経営基盤強化金融支援事業

令和6年度予算額　　　　　343百万円の内数
令和5年度予算額　　　　　265百万円の内数

（2）国土交通省の対策

・土砂災害対策の推進

　国土交通省においては、甚大な被害を受けた広島県等において、土砂災害対策を集中的に行う。

令和6年度予算額　　　　852,184百万円の内数
　※この他に防災・安全交付金の内数及びデジタル庁一括計上分
令和5年度予算額　　　　851,796百万円の内数
　※この他に防災・安全交付金の内数及びデジタル庁一括計上分

| 4-19 | 令和4年（2022年）福島県沖を震源とする地震に関する復興対策 |

（1）農林水産省の対策

　農林水産省においては、令和4年福島県沖を震源とする地震による災害の復旧対策として、以下の事業を実施する。

・災害復旧事業

　被災した農林水産業施設・公共土木施設の復旧整備を実施する。

令和6年度予算額　　　　14,600百万円の内数
令和5年度予算額　　　　14,626百万円の内数

・林業施設整備等利子助成事業

令和6年度予算額　　　　　236百万円の内数
令和5年度予算額　　　　　244百万円の内数

・森林整備事業

令和6年度予算額　　　　125,370百万円の内数
令和5年度予算額　　　　125,249百万円の内数

・漁業経営基盤強化金融支援事業

令和6年度予算額　　　　　343百万円の内数
令和5年度予算額　　　　　265百万円の内数

（2）国土交通省の対策

・道路事業

国土交通省においては、地震により被災した福島県の国道399号伊達橋において、「道路法」に基づく直轄権限代行により復旧を推進する。

令和6年度予算額	22,502百万円の内数
令和5年度予算額	20,128百万円の内数

4-20 令和4年（2022年）低気圧や前線による大雨に関する復興対策

（1）農林水産省の対策

農林水産省においては、令和4年7月の低気圧や前線によって発生した大雨による災害の復旧対策として以下の事業を実施する。

・災害復旧事業

被災した農林水産業施設・公共土木施設の復旧整備を実施する。

令和6年度予算額	14,600百万円の内数
令和5年度予算額	14,626百万円の内数

・林業施設整備等利子助成事業

令和6年度予算額	236百万円の内数
令和5年度予算額	244百万円の内数

・治山事業

令和6年度予算額	62,351百万円の内数
※この他に農山漁村地域整備交付金の内数	
令和5年度予算額	62,291百万円の内数
※この他に農山漁村地域整備交付金の内数	

・森林整備事業

令和6年度予算額	125,370百万円の内数
令和5年度予算額	125,249百万円の内数

・漁業経営基盤強化金融支援事業

令和6年度予算額	343百万円の内数
令和5年度予算額	265百万円の内数

（2）国土交通省の対策

・治水対策の推進

国土交通省においては、再度災害の防止を目的に、令和4年7月の低気圧や前線による大雨により甚大な被害を受けた宮城県等において治水対策を行う。

令和6年度予算額	852,184百万円の内数
※この他に防災・安全交付金の内数及びデジタル庁一括計上分	
令和5年度予算額	851,796百万円の内数
※この他に防災・安全交付金の内数及びデジタル庁一括計上分	

4-21 令和4年（2022年）8月3日からの大雨等に関する復興対策

（1）農林水産省の対策

農林水産省においては、令和4年8月3日からの大雨等による災害の復旧対策として以下の事業を実施する。

・災害復旧事業

被災した農林水産業施設・公共土木施設の復旧整備を実施する。

令和6年度予算額	14,600百万円の内数
令和5年度予算額	14,626百万円の内数

・林業施設整備等利子助成事業

令和6年度予算額	236百万円の内数
令和5年度予算額	244百万円の内数

・治山事業

令和6年度予算額	62,351百万円の内数
※この他に農山漁村地域整備交付金の内数	
令和5年度予算額	62,291百万円の内数
※この他に農山漁村地域整備交付金の内数	

・森林整備事業

令和6年度予算額	125,370百万円の内数
令和5年度予算額	125,249百万円の内数

・漁業経営基盤強化金融支援事業

令和6年度予算額	343百万円の内数
令和5年度予算額	265百万円の内数

（2）国土交通省の対策

・治水対策及び土砂災害対策の推進

国土交通省においては、再度災害の防止を目的に、甚大な被害を受けた石川県等において治水対策を行うとともに、新潟県等において土砂災害対策を集中的に行う。

令和6年度予算額	852,184百万円の内数
※この他に防災・安全交付金の内数及びデジタル庁一括計上分	
令和5年度予算額	851,796百万円の内数
※この他に防災・安全交付金の内数及びデジタル庁一括計上分	

4-22 令和4年（2022年）台風第14号に関する復興対策

（1）農林水産省の対策

農林水産省においては、令和4年台風第14号による災害の復旧対策として以下の事業を実

施する。
・災害復旧事業
　被災した農林水産業施設・公共土木施設の復旧整備を実施する。
　　令和6年度予算額　　　14,600百万円の内数
　　令和5年度予算額　　　14,626百万円の内数
・林業施設整備等利子助成事業
　　令和6年度予算額　　　　　236百万円の内数
　　令和5年度予算額　　　　　244百万円の内数
・治山事業
　　令和6年度予算額　　　62,351百万円の内数
　　　※この他に農山漁村地域整備交付金の内数
　　令和5年度予算額　　　62,291百万円の内数
　　　※この他に農山漁村地域整備交付金の内数
・森林整備事業
　　令和6年度予算額　　　125,370百万円の内数
　　令和5年度予算額　　　125,249百万円の内数
・漁業経営基盤強化金融支援事業
　　令和6年度予算額　　　　　343百万円の内数
　　令和5年度予算額　　　　　265百万円の内数

（2）国土交通省の対策

・土砂災害対策の推進
　国土交通省においては、甚大な被害を受けた宮崎県等において、土砂災害対策を集中的に行う。
　　令和6年度予算額　　　852,184百万円の内数
　　　※この他に防災・安全交付金の内数及びデジタル庁一括計上分
　　令和5年度予算額　　　851,796百万円の内数
　　　※この他に防災・安全交付金の内数及びデジタル庁一括計上分

4-23　令和4年（2022年）台風第15号に関する復興対策

農林水産省の対策

　農林水産省においては、令和4年台風第15号による災害の復旧対策として、以下の事業を実施する。
・災害復旧事業
　被災した農林水産業施設・公共土木施設の復旧整備を実施する。
　　令和6年度予算額　　　14,600百万円の内数
　　令和5年度予算額　　　14,626百万円の内数
・林業施設整備等利子助成事業

　　令和6年度予算額　　　　　236百万円の内数
　　令和5年度予算額　　　　　244百万円の内数
・治山事業
　　令和6年度予算額　　　62,351百万円の内数
　　　※この他に農山漁村地域整備交付金の内数
　　令和5年度予算額　　　62,291百万円の内数
　　　※この他に農山漁村地域整備交付金の内数
・森林整備事業
　　令和6年度予算額　　　125,370百万円の内数
　　令和5年度予算額　　　125,249百万円の内数
・漁業経営基盤強化金融支援事業
　　令和6年度予算額　　　　　343百万円の内数
　　令和5年度予算額　　　　　265百万円の内数

4-24　令和5年（2023年）石川県能登地方を震源とする地震に関する復興対策

農林水産省の対策

　農林水産省においては、令和5年石川県能登地方を震源とする地震による災害の復旧対策として、以下の事業を実施する。
・災害復旧事業
　被災した農林水産業施設・公共土木施設の復旧整備を実施する。
　　令和6年度予算額　　　14,600百万円の内数
　　令和5年度予算額　　　14,626百万円の内数
・雇用就農資金（次世代経営者育成派遣研修タイプ）
　　令和6年度予算額　　　12,124百万円の内数
　　令和5年度予算額　　　10,603百万円の内数
・林業施設整備等利子助成事業
　　令和6年度予算額　　　　　236百万円の内数
　　令和5年度予算額　　　　　244百万円の内数
・治山事業
　　令和6年度予算額　　　62,351百万円の内数
　　　※この他に農山漁村地域整備交付金の内数
　　令和5年度予算額　　　62,291百万円の内数
　　　※この他に農山漁村地域整備交付金の内数
・森林整備事業
　　令和6年度予算額　　　125,370百万円の内数
　　令和5年度予算額　　　125,249百万円の内数
・漁業経営基盤強化金融支援事業
　　令和6年度予算額　　　　　343百万円の内数
　　令和5年度予算額　　　　　265百万円の内数

4-25 令和5年（2023年）梅雨前線による大雨及び台風第2号に関する復興対策

（1）農林水産省の対策

農林水産省においては、令和5年梅雨前線による大雨及び台風第2号による災害の復旧対策として、以下の事業を実施する。

・災害復旧事業

被災した農林水産業施設・公共土木施設の復旧整備を実施する。

令和6年度予算額　　　　　14,600百万円の内数
令和5年度予算額　　　　　14,626百万円の内数

・雇用就農資金（次世代経営者育成派遣研修タイプ）

令和6年度予算額　　　　　12,124百万円の内数
令和5年度予算額　　　　　10,603百万円の内数

・林業施設整備等利子助成事業

令和6年度予算額　　　　　　　236百万円の内数
令和5年度予算額　　　　　　　244百万円の内数

・治山事業

令和6年度予算額　　　　　62,351百万円の内数
　※この他に農山漁村地域整備交付金の内数
令和5年度予算額　　　　　62,291百万円の内数
　※この他に農山漁村地域整備交付金の内数

・森林整備事業

令和6年度予算額　　　　125,370百万円の内数
令和5年度予算額　　　　125,249百万円の内数

・漁業経営基盤強化金融支援事業

令和6年度予算額　　　　　　　343百万円の内数
令和5年度予算額　　　　　　　265百万円の内数

（2）国土交通省の対策

・治水対策及び土砂災害対策の推進

国土交通省においては、再度災害の防止を目的に、甚大な被害を受けた埼玉県等において治水対策を行うとともに、和歌山県等において土砂災害対策を支援する。

令和6年度予算額　　　　852,184百万円の内数
　※この他に防災・安全交付金の内数及びデジタル庁一括計上分
令和5年度予算額　　　　851,796百万円の内数
　※この他に防災・安全交付金の内数及びデジタル庁一括計上分

・鉄道事業

国土交通省においては、令和5年（2023年）梅雨前線による災害の復旧対策として、鉄軌道事業者が行う鉄道施設の災害復旧事業に対して支援を行う。

令和6年度予算額　　　　　1,000百万円の内数

4-26 令和5年（2023年）梅雨前線による大雨に関する復興対策

（1）農林水産省の対策

農林水産省においては、令和5年梅雨前線による大雨による災害の復旧対策として、以下の事業を実施する。

・災害復旧事業

被災した農林水産業施設・公共土木施設の復旧整備を実施する。

令和6年度予算額　　　　　14,600百万円の内数
令和5年度予算額　　　　　14,626百万円の内数

・雇用就農資金（次世代経営者育成派遣研修タイプ）

令和6年度予算額　　　　　12,124百万円の内数
令和5年度予算額　　　　　10,603百万円の内数

・林業施設整備等利子助成事業

令和6年度予算額　　　　　　　236百万円の内数
令和5年度予算額　　　　　　　244百万円の内数

・治山事業

令和6年度予算額　　　　　62,351百万円の内数
　※この他に農山漁村地域整備交付金の内数
令和5年度予算額　　　　　62,291百万円の内数
　※この他に農山漁村地域整備交付金の内数

・森林整備事業

令和6年度予算額　　　　125,370百万円の内数
令和5年度予算額　　　　125,249百万円の内数

・漁業経営基盤強化金融支援事業

令和6年度予算額　　　　　　　343百万円の内数
令和5年度予算額　　　　　　　265百万円の内数

（2）国土交通省の対策

・治水対策及び土砂災害対策の推進

国土交通省においては、再度災害の防止を目的に、甚大な被害を受けた福岡県等において治水対策を行うとともに、土砂災害対策を支援する。

令和6年度予算額　　　　852,184百万円の内数
　※この他に防災・安全交付金の内数及びデジタル庁一括計上分
令和5年度予算額　　　　851,796百万円の内数
　※この他に防災・安全交付金の内数及びデジ

タル庁一括計上分

4-27 令和5年（2023年）7月15日からの梅雨前線による大雨に関する復興対策

（1）農林水産省の対策

農林水産省においては、令和5年7月15日からの梅雨前線による大雨による災害の復旧対策として、以下の事業を実施する。

・災害復旧事業

被災した農林水産業施設・公共土木施設の復旧整備を実施する。

令和6年度予算額	14,600百万円の内数
令和5年度予算額	14,626百万円の内数

・雇用就農資金（次世代経営者育成派遣研修タイプ）

令和6年度予算額	12,124百万円の内数
令和5年度予算額	10,603百万円の内数

・林業施設整備等利子助成事業

令和6年度予算額	236百万円の内数
令和5年度予算額	244百万円の内数

・治山事業

令和6年度予算額	62,351百万円の内数
	※この他に農山漁村地域整備交付金の内数
令和5年度予算額	62,291百万円の内数
	※この他に農山漁村地域整備交付金の内数

・森林整備事業

令和6年度予算額	125,370百万円の内数
令和5年度予算額	125,249百万円の内数

・漁業経営基盤強化金融支援事業

令和6年度予算額	343百万円の内数
令和5年度予算額	265百万円の内数

（2）国土交通省の対策

・治水対策の推進

国土交通省においては、再度災害の防止を目的に、甚大な被害を受けた秋田県等において治水対策を行う。

令和6年度予算額	852,184百万円の内数
	※この他に防災・安全交付金の内数及びデジタル庁一括計上分
令和5年度予算額	851,796百万円の内数
	※この他に防災・安全交付金の内数及びデジタル庁一括計上分

4-28 令和5年（2023年）8月3日からの前線による大雨に関する復興対策

農林水産省の対策

農林水産省においては、令和5年8月3日からの大雨による災害の復旧対策として、以下の事業を実施する。

・災害復旧事業

被災した農林水産業施設・公共土木施設の復旧整備を実施する。

令和6年度予算額	14,600百万円の内数
令和5年度予算額	14,626百万円の内数

・雇用就農資金（次世代経営者育成派遣研修タイプ）

令和6年度予算額	12,124百万円の内数
令和5年度予算額	10,603百万円の内数

・林業施設整備等利子助成事業

令和6年度予算額	236百万円の内数
令和5年度予算額	244百万円の内数

・森林整備事業

令和6年度予算額	125,370百万円の内数
令和5年度予算額	125,249百万円の内数

・漁業経営基盤強化金融支援事業

令和6年度予算額	343百万円の内数
令和5年度予算額	265百万円の内数

4-29 令和5年（2023年）台風第6号に関する復興対策

農林水産省の対策

農林水産省においては、令和5年台風第6号による災害の復旧対策として、以下の事業を実施する。

・災害復旧事業

被災した農林水産業施設・公共土木施設の復旧整備を実施する。

令和6年度予算額	14,600百万円の内数
令和5年度予算額	14,626百万円の内数

・雇用就農資金（次世代経営者育成派遣研修タイプ）

令和6年度予算額	12,124百万円の内数
令和5年度予算額	10,603百万円の内数

・林業施設整備等利子助成事業

令和6年度予算額	236百万円の内数
令和5年度予算額	244百万円の内数

・治山事業

令和6年度予算額　　　62,351百万円の内数
　　※この他に農山漁村地域整備交付金の内数
令和5年度予算額　　　62,291百万円の内数
　　※この他に農山漁村地域整備交付金の内数
・森林整備事業
令和6年度予算額　　　125,370百万円の内数
令和5年度予算額　　　125,249百万円の内数
・漁業経営基盤強化金融支援事業
令和6年度予算額　　　343百万円の内数
令和5年度予算額　　　265百万円の内数

4-30 令和5年（2023年）台風第7号に関する復興対策

（1）農林水産省の対策

　農林水産省においては、令和5年台風第7号による災害の復旧対策として、以下の事業を実施する。
・災害復旧事業
　被災した農林水産業施設・公共土木施設の復旧整備を実施する。
令和6年度予算額　　　14,600百万円の内数
令和5年度予算額　　　14,626百万円の内数
・雇用就農資金（次世代経営者育成派遣研修タイプ）
令和6年度予算額　　　12,124百万円の内数
令和5年度予算額　　　10,603百万円の内数
・林業施設整備等利子助成事業
令和6年度予算額　　　236百万円の内数
令和5年度予算額　　　244百万円の内数
・治山事業
令和6年度予算額　　　62,351百万円の内数
　　※この他に農山漁村地域整備交付金の内数
令和5年度予算額　　　62,291百万円の内数
　　※この他に農山漁村地域整備交付金の内数
・森林整備事業
令和6年度予算額　　　125,370百万円の内数
令和5年度予算額　　　125,249百万円の内数
・漁業経営基盤強化金融支援事業
令和6年度予算額　　　343百万円の内数
令和5年度予算額　　　265百万円の内数

（2）国土交通省の対策

・土砂災害対策の推進
　国土交通省においては、甚大な被害を受けた京都府等において、土砂災害対策を支援する。

令和6年度予算額　　　852,184百万円の内数
　　※この他に防災・安全交付金の内数及びデジタル庁一括計上分
令和5年度予算額　　　851,796百万円の内数
　　※この他に防災・安全交付金の内数及びデジタル庁一括計上分

4-31 令和5年（2023年）台風第13号に関する復興対策

（1）農林水産省の対策

　農林水産省においては、令和5年台風第13号による災害の復旧対策として、以下の事業を実施する。
・災害復旧事業
　被災した農林水産業施設・公共土木施設の復旧整備を実施する。
令和6年度予算額　　　14,600百万円の内数
令和5年度予算額　　　14,626百万円の内数
・雇用就農資金（次世代経営者育成派遣研修タイプ）
令和6年度予算額　　　12,124百万円の内数
令和5年度予算額　　　10,603百万円の内数
・林業施設整備等利子助成事業
令和6年度予算額　　　236百万円の内数
令和5年度予算額　　　244百万円の内数
・治山事業
令和6年度予算額　　　62,351百万円の内数
　　※この他に農山漁村地域整備交付金の内数
令和5年度予算額　　　62,291百万円の内数
　　※この他に農山漁村地域整備交付金の内数
・森林整備事業
令和6年度予算額　　　125,370百万円の内数
令和5年度予算額　　　125,249百万円の内数
・漁業経営基盤強化金融支援事業
令和6年度予算額　　　343百万円の内数
令和5年度予算額　　　265百万円の内数

（2）国土交通省の対策

・土砂災害対策の推進
　国土交通省においては、甚大な被害を受けた千葉県等において、土砂災害対策を支援する。
令和6年度予算額　　　852,184百万円の内数
　　※この他に防災・安全交付金の内数及びデジタル庁一括計上分
令和5年度予算額　　　851,796百万円の内数

※この他に防災・安全交付金の内数及びデジタル庁一括計上分

・鉄道事業

国土交通省においては、令和5年（2023年）台風第13号による災害の復旧対策として、鉄軌道事業者が行う鉄道施設の災害復旧事業に対して支援を行う。

| 令和6年度予算額 | 1,000百万円の内数 |

4-32 その他の災害に関する復興対策

（1）自然災害による被災者の債務整理に係る支援

金融庁においては、自然災害の影響によって既往債務を弁済できなくなった被災者が、「自然災害による被災者の債務整理に関するガイドライン」（平成27年12月25日策定）に基づき債務整理を行う場合における弁護士等の登録支援専門家による手続支援に要する経費の補助を行う。

| 令和6年度予算額 | 64百万円 |
| 令和5年度予算額 | 88 |

（2）雲仙岳噴火災害に関する復興対策

国土交通省においては、水無川流域で砂防設備を整備するとともに、監視カメラ映像等の情報提供等、火砕流・土石流に対する警戒避難体制の整備を推進する。

| 令和6年度予算額 | 852,184百万円の内数 |

※この他に防災・安全交付金の内数及びデジタル庁一括計上分

| 令和5年度予算額 | 851,796百万円の内数 |

※この他に防災・安全交付金の内数及びデジタル庁一括計上分

（3）三宅島噴火災害に関する対策

国土交通省においては、泥流災害及び流木災害防止のため、砂防設備の整備を支援する。

| 令和6年度予算額 | 852,184百万円の内数 |

※この他に防災・安全交付金の内数及びデジタル庁一括計上分

| 令和5年度予算額 | 851,796百万円の内数 |

※この他に防災・安全交付金の内数及びデジタル庁一括計上分

（4）平成23年（2011年）台風第12号による災害に関する復興対策

国土交通省においては、大規模崩壊が多数発生し、現在も顕著な土砂流出が継続している紀伊山系等において土砂災害対策を集中的に行う。

| 令和6年度予算額 | 852,184百万円の内数 |

※この他に防災・安全交付金の内数及びデジタル庁一括計上分

| 令和5年度予算額 | 851,796百万円の内数 |

※この他に防災・安全交付金の内数及びデジタル庁一括計上分

（5）平成26年（2014年）御嶽山噴火災害に関する復興対策

国土交通省においては、関係機関への観測情報の提供など警戒避難体制の整備を支援する。

| 令和6年度予算額 | 852,184百万円の内数 |

※この他に防災・安全交付金の内数及びデジタル庁一括計上分

| 令和5年度予算額 | 851,796百万円の内数 |

※この他に防災・安全交付金の内数及びデジタル庁一括計上分

（6）令和3年（2021年）海底火山「福徳岡ノ場」の噴火に係る漂流・漂着軽石に関する対策

農林水産省においては、令和3年（2021年）海底火山「福徳岡ノ場」の噴火に係る漂流・漂着軽石による災害の復旧対策として、以下の事業を実施する。

・漁業経営基盤強化金融支援事業

| 令和6年度予算額 | 343百万円の内数 |
| 令和5年度予算額 | 265百万円の内数 |

第5章　国際防災協力

① 多国間協力

（1）国際関係経費

　内閣府においては、第3回国連防災世界会議で策定された「仙台防災枠組2015-2030」の普及・定着を図るとともに、我が国の災害から得られた経験・知見・技術をいかし、戦略的な国際防災協力の展開、アジア地域における多国間防災協力に加え、その他二国間防災協力を推進する。

令和6年度予算額	251百万円
令和5年度予算額	236

（2）ICT防災に係る国際協力のための調査・実証等

　総務省においては、地上デジタルテレビ放送日本方式採用国等において、地上デジタルテレビ放送日本方式の特徴の一つである緊急警報放送システム（EWBS）を活用した防災ICTシステムの普及に係る調査・実証、導入・運用の協力を行う。

令和6年度予算額	100百万円
令和5年度予算額	140

（3）消防用機器等の国際動向への対応

　消防庁においては、消防用機器等をめぐる国際動向を踏まえ、各種の規格・基準の整備等を含む必要な対応について調査・検討を行う。

令和6年度予算額	5百万円
令和5年度予算額	5

（4）日本規格に適合した消防用機器等の競争力強化

　消防庁においては、東南アジア諸国等における消防制度の整備状況や消防用機器等の導入実態の把握や、国内の製造事業者、認証機関等との海外展開に向けた制度的課題の検討等を通じて、日本規格適合品の海外展開を促進するとともに、東南アジア諸国等において消防技術に係る国際協力や日本の規格・認証制度の普及を図る。

令和6年度予算額	15百万円
令和5年度予算額	15

（5）国際消防救助隊の海外派遣体制の推進

　消防庁においては、国際消防救助隊の一層の能力強化を図るため、国際消防救助隊の連携訓練やセミナーの開催など、教育訓練の一層の充実を図る。

令和6年度予算額	25百万円
令和5年度予算額	21

（6）消防の国際協力及び国際貢献の推進

　消防庁においては、我が国がこれまで培ってきた消防防災の技術、制度等を広く紹介する国際消防防災フォーラムを、主にASEAN諸国を対象に開催し、消防防災能力の向上を図る。また、日韓両国の消防防災の課題等について情報共有、意見交換等を行う日韓消防行政セミナーを開催し、日韓消防の交流、連携及び協力の推進を図る。

令和6年度予算額	4百万円
令和5年度予算額	5

（7）消防防災インフラシステムの海外展開の推進

　消防庁においては、急速な人口増加や経済成長に伴い、大規模ビルや石油コンビナート等における火災や爆発のリスクが増大している新興国等において、日本企業による消防用機器等の紹介、展示の場を設け、我が国企業と相手国消防防災関係者との関係構築を図る。

令和6年度予算額	35百万円
令和5年度予算額	35

（8）国連・国際機関等への拠出

　外務省においては、国連等と協力し「仙台防災枠組2015-2030」の着実な実施や「世界津波の日」の啓発活動等を推進するため、国連防災機関（UNDRR）への拠出等を行う。また、リアルタイムに世界の災害情報を提供するリリーフウェブ等を管理・運営する国連人道問題調整事務所（OCHA）の活動等を支援する。

令和6年度予算額	872百万円
（UNDRR：627百万円、OCHA：72百万円、その他　173百万円）	
令和5年度予算額	837
（UNDRR：627百万円、OCHA：48百万円、その他162百万円）	

（9）衛星を利用した防災に関する国際協力の推進

　国立研究開発法人宇宙航空研究開発機構においては、アジア太平洋地域における衛星の災害関連情報の共有を目的として我が国が主導する「センチネルアジア」等の国際的な枠組みを通じて、陸域観測技術衛星2号「だいち2号」（ALOS－2）の観測データ等を活用し、海外の災害状況把握に貢献する。

（10）防災分野の海外展開支援

　国土交通省においては、世界における水防災対策の推進及び我が国の水防災技術の海外展開を進めるため、国連における防災と水に関する国際会議等の活動を支援する。

令和6年度予算額	80百万円
令和5年度予算額	70

（11）気象業務の国際協力

　気象庁においては、アジア太平洋域各国に対し、台風や豪雨等の監視に資する静止気象衛星画像、台風の解析・予報に関する資料、季節予報資料及び気候監視情報等を提供するとともに、利用技術や人材育成を支援する活動を行う。

（12）北西太平洋津波情報の提供

　気象庁においては、北西太平洋域における津波災害の軽減に資するため、米国海洋大気庁太平洋津波警報センターと連携し、津波の到達予想時刻や予想される高さ等を北西太平洋関係各国に対して提供する。

（13）油流出事故等に対する国際協力推進

　海上保安庁においては、日本海及び黄海等における海洋環境の保全を近隣諸国とともに進める「北西太平洋地域海行動計画（NOWPAP）」への参画や、各国関係機関との油防除に関する会議や訓練を通じて、事故発生時に関係国が協力して対応できる体制の構築に努め、国際的な連携強化を推進する。

令和6年度予算額	6百万円
令和5年度予算額	6

② 二国間協力

（1）防災分野における「地球規模課題対応国際科学技術協力プログラム（SATREPS）」の活用

　外務省・独立行政法人国際協力機構（JICA）及び文部科学省・国立研究開発法人科学技術振興機構（JST）においては、我が国の優れた科学技術と政府開発援助（ODA）との連携により、地球規模課題の解決に向けて、我が国と開発途上国の研究機関が協力して国際共同研究を実施するSATREPSにより、研究分野の一つとして防災分野における協力を行う。

　令和6年度予算額
　　JICA運営費交付金の内数、JST運営費交付金の内数
　令和5年度予算額
　　JICA運営費交付金の内数、JST運営費交付金の内数

（2）防災に関する国際協力の推進

　国土交通省においては、防災面での課題を抱えた新興国等を対象に、「防災協働対話」など両国の産学官が参画し、平常時から防災分野の二国間協力関係を強化するとともに本邦防災技術の海外展開を図る取組を引き続きインドネシア、ベトナム、フィリピン、トルコなどで実施する。さらに、ダム再生案件等の海外の関心が高い分野について、本邦技術の優位性を紹介する会議を新興国等を対象に行う。これらの取組については産学官の協力体制を構築する組織である「日本防災プラットフォーム」と協力し、引き続き海外展開を推進する。

　また、日本が優位性を持つ衛星による観測・予測、氾濫解析等の技術を活用し、アジア太平洋地域等を対象に水害リスク評価等を実施するとともに、水害リスクマップを作成し、水害リスクの可視化を行う。

　さらに、水防災に関する国際標準形成を推進するため、二国間会議等を上記の国に加え、先進国等とも実施する。

令和6年度予算額	112百万円
令和5年度予算額	109

　国土地理院においては、地震に関する科学的知見を深めるため「天然資源の開発利用に関す

る日米会議（ＵＪＮＲ）」地震調査専門部会を
日本で開催する。

　　令和6年度予算額　　　　　　　7百万円

附 属 資 料

附属資料　目次

年　月　日	災害名	主な被災地	死者・行方不明者数
昭和20. 1.13	三河地震 (M6.8)	愛知県南部	2,306人
9.17 ～ 18	枕崎台風	西日本 (特に広島)	3,756人
21.12.21	南海地震 (M8.0)	中部以西の日本各地	1,443人
22. 8.14	浅間山噴火	浅間山周辺	11人
9.14 ～ 15	カスリーン台風	東海以北	1,930人
23. 6.28	福井地震 (M7.1)	福井平野とその周辺	3,769人
9.15 ～ 17	アイオン台風	四国から東北 (特に岩手)	838人
25. 9. 2 ～ 4	ジェーン台風	四国以北 (特に大阪)	539人
26.10.13 ～ 15	ルース台風	全国 (特に山口)	943人
27. 3. 4	十勝沖地震 (M8.2)	北海道南部、東北北部	33人
28. 6.25 ～ 29	大雨 (前線)	九州、四国、中国 (特に北九州)	1,013人
7.16 ～ 24	南紀豪雨	東北以西 (特に和歌山)	1,124人
29. 5. 8 ～ 12	風害 (低気圧)	北日本、近畿	670人
9.25 ～ 27	洞爺丸台風	全国 (特に北海道、四国)	1,761人
32. 7.25 ～ 28	諫早豪雨	九州 (特に諫早周辺)	722人
33. 6.24	阿蘇山噴火	阿蘇山周辺	12人
9.26 ～ 28	狩野川台風	近畿以東 (特に静岡)	1,269人
34. 9.26 ～ 27	伊勢湾台風	全国 (九州を除く、特に愛知)	5,098人
35. 5.23	チリ地震津波	北海道南岸、三陸海岸、志摩海岸	142人
38. 1	昭和38年1月豪雪	北陸、山陰、山形、滋賀、岐阜	231人
39. 6.16	新潟地震 (M7.5)	新潟、秋田、山形	26人
40. 9.10 ～ 18	台風第23、24、25号	全国 (特に徳島、兵庫、福井)	181人
41. 9.23 ～ 25	台風第24、26号	中部、関東、東北、特に静岡、山梨	317人
42. 7 ～ 8	7、8月豪雨	中部以西、東北南部	256人
43. 5.16	十勝沖地震 (M7.9)	青森県を中心に北海道南部・東北地方	52人
47. 7. 3 ～ 15	台風第6、7、9号及び7月豪雨	全国 (特に北九州、島根、広島)	447人
49. 5. 9	伊豆半島沖地震 (M6.9)	伊豆半島南端	30人
51. 9. 8 ～ 14	台風第17号及び9月豪雨	全国 (特に香川、岡山)	171人
52. 1	雪害	東北、近畿北部、北陸	101人
52. 8. 7 ～ 53.10	有珠山噴火	北海道	3人
53. 1.14	伊豆大島近海の地震 (M7.0)	伊豆半島	25人
6.12	宮城県沖地震 (M7.4)	宮城県	28人
54.10.17 ～ 20	台風第20号	全国 (特に東海、関東、東北)	115人
55.12 ～ 56. 3	雪害	東北、北陸	152人
57. 7 ～ 8	7、8月豪雨及び台風第10号	全国 (特に長崎、熊本、三重)	439人
58. 5.26	日本海中部地震 (M7.7)	秋田、青森	104人
7.20 ～ 29	梅雨前線豪雨	山陰以東 (特に島根)	117人
10. 3	三宅島噴火	三宅島周辺	－
12 ～ 59. 3	雪害	東北、北陸 (特に新潟、富山)	131人
59. 9.14	長野県西部地震 (M6.8)	長野県西部	29人
61.11.15 ～ 12.18	伊豆大島噴火	伊豆大島	－
平成 2.11.17 ～ 7. 6. 3	雲仙岳噴火	長崎県	44人
5. 7.12	北海道南西沖地震 (M7.8)	北海道	230人
7.31 ～ 8. 7	平成5年8月豪雨	全国	79人
7. 1.17	阪神・淡路大震災 (M7.3)	兵庫県	6,437人
12. 3.31 ～ 13. 6.28	有珠山噴火	北海道	－
6.25 ～ 17. 3.31	三宅島噴火及び新島・神津島近海地震 (M6.5)	東京都	1人
16.10.20 ～ 21	台風第23号	全国	98人
10.23	平成16年 (2004年) 新潟県中越地震 (M6.8)	新潟県	68人
17.12 ～ 18. 3	平成18年豪雪	北陸地方を中心とする日本海側	152人
19. 7.16	平成19年 (2007年) 新潟県中越沖地震 (M6.8)	新潟県	15人
20. 6.14	平成20年 (2008年) 岩手・宮城内陸地震 (M7.2)	東北 (特に宮城、岩手)	23人
22.12 ～ 23. 3	雪害	北日本から西日本にかけての日本海側	131人
23. 3.11	東日本大震災 (Mw9.0)	東日本 (特に宮城、岩手、福島)	22,325人
23. 8.30 ～ 23. 9. 5	平成23年台風第12号	近畿、四国	98人
23.11 ～ 24. 3	平成23年の大雪等	北日本から西日本にかけての日本海側	133人
24.11 ～ 25. 3	平成24年の大雪等	北日本から西日本にかけての日本海側	104人
25.11 ～ 26. 3	平成25年の大雪等	北日本から関東甲信越地方 (特に山梨)	95人
26. 8.20	平成26年8月豪雨 (広島土砂災害)	広島県	77人
26. 9.27	平成26年 (2014年) 御嶽山噴火	長野県、岐阜県	63人
28. 4.14及び 4.16	平成28年 (2016年) 熊本地震 (M7.3)	九州地方	276人
30. 6.28 ～ 7. 8	平成30年 (2018年) 7月豪雨	全国 (特に広島、岡山、愛媛)	271人
30. 9. 6	平成30年北海道胆振東部地震 (M6.7)	北海道	43人
令和 1.10.10 ～ 1.10.13	令和元年東日本台風	関東、東北地方	108人
2. 7. 3 ～ 2. 7.31	令和2年 (2020年) 7月豪雨	全国 (特に九州地方)	88人
3. 7. 1 ～ 7.14	令和3年 (2021年) 7月1日からの大雨	全国 (特に静岡)	29人
3. 8. 7 ～ 3. 8.23	令和3年 (2021年) 8月の大雨	全国 (特に長野、広島、長崎)	13人
4. 9.17 ～ 4. 9.20	令和4年 (2022年) 台風第14号	九州、中国、四国地方	5人
6. 1. 1	令和6年能登半島地震 (M7.6)	石川県、新潟県、富山県	244人

注1　死者・行方不明者について，風水害は500人以上，雪害は100人以上，地震・津波・火山噴火は10人以上のもののほか，「災害対策基本法」による非常災害対策本部等政府の対策本部が設置されたもの。死者・行方不明者数は令和6年3月末時点のもの。

注2　令和6年能登半島地震は、一連の地震における最大規模の地震（令和6年1月1日16時10分石川県能登地方の地震）を記載。

出典：気象年鑑、理科年表、警察庁資料、消防庁資料、緊急災害対策本部資料、非常災害対策本部資料、特定災害対策本部資料、兵庫県資料をもとに内閣府作成

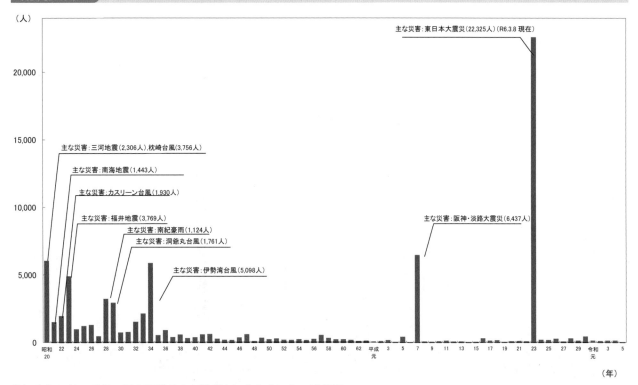

注）令和5年の死者・行方不明者は内閣府取りまとめによる速報値
出典：昭和20年は主な災害による死者・行方不明者（理科年表による）。昭和21～27年は日本気象災害年報、昭和28年～
　　　37年は警察庁資料、昭和38年以降は消防庁資料をもとに内閣府作成

年	人	年	人	年	人	年	人	年	人
昭和20	6,062	37	381	54	208	8	84	25	173
21	1,504	38	575	55	148	9	71	26	280
22	1,950	39	307	56	232	10	109	27	65
23	4,897	40	367	57	524	11	141	28	297
24	975	41	578	58	301	12	78	29	129
25	1,210	42	607	59	199	13	90	30	452
26	1,291	43	259	60	199	14	48	令和元	159
27	449	44	183	61	148	15	62	2	128
28	3,212	45	163	62	69	16	318	3	150
29	2,926	46	350	63	93	17	148	4	159
30	727	47	587	平成元	96	18	177	5	35
31	765	48	85	2	123	19	41		
32	1,515	49	324	3	190	20	101		
33	2,120	50	213	4	19	21	115		
34	5,868	51	273	5	438	22	89		
35	528	52	174	6	39	23	22,585		
36	902	53	153	7	6,482	24	192		

注）令和5年の死者・行方不明者は内閣府取りまとめによる速報値
出典：昭和20年は主な災害による死者・行方不明者（理科年表による）。昭和21～27年は日本気象災害年報、昭和28年～37年は警察庁資料、昭和38年以降は消防庁資料を基に内閣府作成

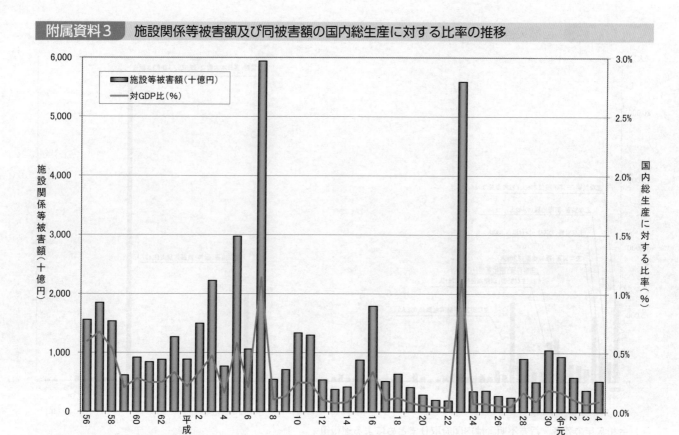

凡例：
- 施設等被害額（十億円）
- 対GDP比（%）

注）国内総生産（GDP）は、平成5年までは平成12年基準（1993SNA）、平成6年以降は平成23年基準（2008SNA）
出典：各省庁資料より内閣府作成

附属資料4　令和4年発生災害による災害別施設関係等被害額

区分	台風（百万）	豪雨（百万）	地震（百万）	豪雪（百万）	その他（百万）	合計（百万）	備考
公共土木施設関係	103,868	122,249	27,111	14	36,424	289,665	河川、治山施設、港湾等
農林水産業関係	61,710	103,644	6,969	1,459	7,538	181,320	農地、農業用施設、林道、漁業用施設、農林水産物等
文教施設等関係	1,128	2,088	8,583	90	446	12,335	学校施設、文化財等
厚生施設関係	1,978	3,036	25,155	36	0	30,205	社会福祉施設、水道施設等
その他の施設関係	3,668	2,514	1,036	229	58	7,506	自然公園、電信電話、都市施設等
合計	172,353	233,531	68,854	1,827	44,467	521,032	

注）単位未満四捨五入のため、内訳と合計が一致しない場合がある。
出典：各省庁資料より内閣府作成

	契機となった災害等	災害対策に係る主な法制度	法制度の説明
1940年代 1945(昭和20年)	枕崎台風		
1946(昭和21年)	南海地震		
1947(昭和22年)	カスリーン台風	47「災害救助法」	
1948(昭和23年)	福井地震		
		49「水防法」	
1950年代		50「建築基準法」	
1959(昭和34年)	伊勢湾台風		
1960年代		60「治山治水緊急措置法」	
1961(昭和36年)	豪雪	61「災害対策基本法」	我が国の災害対策の最も基本となる法律 ・防災行政の責任の明確化 ・総合的かつ計画的な防災行政の推進等
		62 中央防災会議設置	
		63 防災基本計画	
		62「激甚災害に対処するための特別の財政援助等に関する法律」	
1964(昭和39年)	新潟地震	「豪雪地帯対策特別措置法」	
		66「地震保険に関する法律」	
1967(昭和42年)	羽越豪雨		
1970年代 1973(昭和48年)	桜島噴火	73「災害弔慰金の支給等に関する法律」	
	浅間山噴火	→「活動火山周辺地域における避難施設等の整備等に関する法律」（→昭和53年、「活動火山対策特別措置法」）	
1976(昭和51年)	東海地震発生可能性の研究発表（地震学会）		
1978(昭和53年)	宮城県沖地震	78「大規模地震対策特別措置法」	
1980年代		80「地震防災対策強化地域における地震対策緊急整備事業に係る国の財政上の特別措置に関する法律」	
		81「建築基準法施行令」一部改正	
1990年代 1995(平成7年)	兵庫県南部地震（阪神・淡路大震災）	95「地震防災対策特別措置法」 「建築物の耐震改修の促進に関する法律」 「災害対策基本法」一部改正	・ボランティアや自主防災組織による防災活動の環境整備、内閣総理大臣が本部長となる「緊急災害対策本部」の設置要件緩和、自衛隊の災害派遣要請の法定化等
		96「特定非常災害の被害者の権利利益の保全等を図るための特別措置に関する法律」	
		97「密集市街地における防災地区の整備の促進に関する法律」	
		98「被災者生活再建支援法」	
1999(平成11年)	広島豪雨		
	JCO臨界事故	99「原子力災害対策特別措置法」	
2000年代 2000(平成12年)	東海豪雨	00「土砂災害警戒区域等における土砂災害防止対策の推進に関する法律」	
		01「水防法」一部改正	
		02「東南海・南海地震に係る地震防災対策の推進に関する特別措置法」	
		03「特定都市河川浸水被害対策法」	
2004(平成16年)	新潟・福島豪雨等	04「日本海溝・千島海溝周辺海溝型地震に係る地震防災対策推進に関する特別措置法」	
	新潟中越地震	05「水防法」一部改正 「土砂災害警戒区域等における土砂災害防止対策の推進に関する法律」一部改正 「建築物の耐震改修の促進に関する法律」一部改正	
		06「宅地造成等規制法」一部改正	

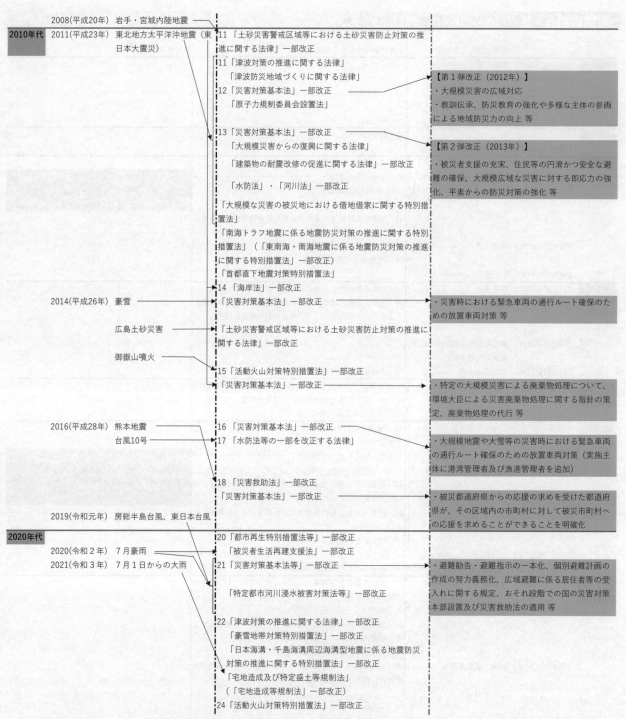

	2008(平成20年) 岩手・宮城内陸地震	
2010年代	2011(平成23年) 東北地方太平洋沖地震（東日本大震災）	11「土砂災害警戒区域等における土砂災害防止対策の推進に関する法律」一部改正

2008(平成20年) 岩手・宮城内陸地震

2010年代
2011(平成23年) 東北地方太平洋沖地震（東日本大震災）

11「土砂災害警戒区域等における土砂災害防止対策の推進に関する法律」一部改正

11「津波対策の推進に関する法律」
「津波防災地域づくりに関する法律」

12「災害対策基本法」一部改正
「原子力規制委員会設置法」

【第1弾改正（2012年）】
・大規模災害の広域対応
・教訓伝承、防災教育の強化や多様な主体の参画による地域防災力の向上 等

13「災害対策基本法」一部改正
「大規模災害からの復興に関する法律」
「建築物の耐震改修の促進に関する法律」一部改正
「水防法」・「河川法」一部改正
「大規模な災害の被災地における借地借家に関する特別措置法」
「南海トラフ地震に係る地震防災対策の推進に関する特別措置法」（「東南海・南海地震に係る地震防災対策の推進に関する特別措置法」一部改正）
「首都直下地震対策特別措置法」

【第2弾改正（2013年）】
・被災者支援の充実、住民等の円滑かつ安全な避難の確保、大規模広域な災害に対する即応力の強化、平素からの防災対策の強化 等

2014(平成26年) 豪雪

14「海岸法」一部改正
「災害対策基本法」一部改正

・災害時における緊急車両の通行ルート確保のための放置車両対策 等

広島土砂災害
「土砂災害警戒区域等における土砂災害防止対策の推進に関する法律」一部改正

御嶽山噴火
15「活動火山対策特別措置法」一部改正
「災害対策基本法」一部改正

・特定の大規模災害による廃棄物処理について、環境大臣による災害廃棄物処理に関する指針の策定、廃棄物処理の代行 等

2016(平成28年) 熊本地震
台風10号
16「災害対策基本法」一部改正
17「水防法等の一部を改正する法律」

・大規模地震や大雪等の災害時における緊急車両の通行ルート確保のための放置車両対策（実施主体に港湾管理者及び漁港管理者を追加）

18「災害救助法」一部改正
「災害対策基本法」一部改正

・被災都道府県からの応援の求めを受けた都道府県が、その区域内の市町村に対して被災市町村への応援を求めることができることを明確化

2019(令和元年) 房総半島台風、東日本台風

2020年代
2020(令和2年) 7月豪雨
2021(令和3年) 7月1日からの大雨

20「都市再生特別措置法等」一部改正
「被災者生活再建支援法」一部改正
21「災害対策基本法等」一部改正
「特定都市河川浸水被害対策法等」一部改正

・避難勧告・避難指示の一本化、個別避難計画の作成の努力義務化、広域避難に係る居住者等の受入れに関する規定、おそれ段階での国の災害対策本部設置及び災害救助法の適用 等

22「津波対策の推進に関する法律」一部改正
「豪雪地帯対策特別措置法」一部改正
「日本海溝・千島海溝周辺海溝型地震に係る地震防災対策の推進に関する特別措置法」一部改正
「宅地造成及び特定盛土等規制法」（「宅地造成等規制法」一部改正）
24「活動火山対策特別措置法」一部改正

出典：内閣府資料

附-5